河北宏观经济研究

2022

HEBEI MACROECONOMIC
RESEARCH 2022

河北省宏观经济研究院　主编

经济管理出版社

ECONOMY & MANAGEMENT PUBLISHING HOUSE

图书在版编目（CIP）数据

河北宏观经济研究.2022／河北省宏观经济研究院主编.—北京：经济管理出版社，2023.11

ISBN 978-7-5096-9484-8

Ⅰ.①河… Ⅱ.①河… Ⅲ.①宏观经济—研究报告—河北—2022 Ⅳ.①F127.22

中国国家版本馆 CIP 数据核字（2023）第 227841 号

组稿编辑：杨　雪

责任编辑：杨　雪

助理编辑：王　蕾

责任印制：许　艳

责任校对：张晓燕

出版发行：经济管理出版社

（北京市海淀区北蜂窝 8 号中雅大厦 A 座 11 层　100038）

网　　址：www.E-mp.com.cn

电　　话：（010）51915602

印　　刷：唐山昊达印刷有限公司

经　　销：新华书店

开　　本：787mm×1092mm/16

印　　张：26.25

字　　数：607 千字

版　　次：2023 年 12 月第 1 版　　2023 年 12 月第 1 次印刷

书　　号：ISBN 978-7-5096-9484-8

定　　价：139.00 元

编　委　会

河北省宏观经济研究院于 2021 年 2 月由原河北省经济信息中心和原河北省发展和改革委员会宏观经济研究所整合而成，是河北省专门从事宏观经济发展战略研究的专业机构。成立以来，河北省宏观经济研究院紧紧围绕中共河北省委、省政府中心工作和加快建设经济强省、美丽河北的需要，深入贯彻落实习近平新时代中国特色社会主义思想，践行习近平总书记"深、实、细、准、效"的要求，大兴调查研究，深入开展宏观经济研究工作，形成了一系列的研究成果。为更好展示、宣传河北省宏观经济研究院的科研工作成效，现将 2021~2022 年部分研究成果结集出版。

本书按照研究方向分为综合经济篇、产业发展篇、协同发展篇、区域经济篇、社会发展篇五个部分。综合经济篇围绕河北省整体经济发展的方向、思路、政策等，提出有针对性的分析、研究和政策参考。产业发展篇针对河北省重点产业的发展情况进行深入分析，提出相关产业未来发展方式、发展路径的思考。协同发展篇聚焦京津冀协同发展，对河北如何紧紧扭住承接北京非首都功能疏解"牛鼻子"，在对接京津、服务京津中加快发展自己，提出针对性的对策研究和政策建议。区域经济篇围绕河北省区域经济和开发区建设的重大问题，通过深入调研和专项研究，提出解决问题的思路和举措建议。社会发展篇收集了河北省宏观经济研究院围绕社会发展的相关热点，从共同富裕、就业、农民增收、居家养老、生态环境等多方面入手，进行针对性研究所形成的相关研究成果。

本次结集出版的成果来源于河北省宏观经济研究院研究人员的辛勤工作，但难免会有不妥之处，敬请各位专家、领导和读者批评指正。

目 录
CONTENTS

综合经济篇

河北省服务和融入新发展格局的思路与对策

加快形成以国内大循环为主体、国内国际双循环相互促进的新发展格局，推进高质量发展，是以习近平同志为核心的党中央根据我国发展阶段、环境、条件变化作出的战略决策，是事关全局的系统性深层次变革。当前，河北省正处在转型升级、爬坡过坎的关键阶段，既面临重大国家战略叠加的历史性机遇，也面临新旧动能转换的艰巨任务。加快构建新发展格局和推进高质量发展，在国家大格局、大目标、大战略中找准定位和谋划发展，对于河北破解中长期矛盾问题、抢抓重大发展机遇、全面重塑比较优势、根本转换发展动能、努力担当新的历史使命都具有十分重大的战略意义。

一、构建新发展格局的内涵要义

构建新发展格局在本质特征、发展重点、核心关键、动力源泉、安全底线等方面有其深刻内涵。

(一)构建新发展格局最本质的特征是实现高水平的自立自强

构建新发展格局最本质的特征是实现高水平的自立自强。我国是一个发展中的社会主义大国，坚持独立自主、自力更生，把发展的立足点放在自身基础上，是我国毫不动摇的一贯方针。当前，我国身处百年未有之大变局，面临着新冠肺炎疫情和全球经济衰退叠加的严峻挑战，着眼于我国长远发展和长治久安，必然要求实现更高水平的自立自强，将发展主动权牢牢掌握在自己手中，提高经济双循环体系的有机性和完整性，为保障国家经济安全、国防安全和其他安全奠定更加坚实、可靠的基础。

(二)构建新发展格局的重点在于国民经济重大比例关系再平衡

加快形成以国内大循环为主体、国内国际双循环相互促进的新发展格局，是根据我国发展阶段、环境、条件变化作出的战略决策，是事关全局的系统性深层次变革。当前，我国经济旧的平衡已经被打破，需求和供给、积累和消费、实体经济和虚拟经济等结构正发生重大变化，生产体系内部循环不畅和供求脱节现象初显，脱实向虚苗头显现，促进国民经济均衡、可持续增长面临巨大挑战，必须加快建立国民经济高水平的新平衡。构建新发展格局，重构国民经济重大比例关系，必须瞄准关键问题、紧扣重要环节，以扩大内需为战略基点，以深化供给侧结构性改革为战略方向，逐步推进"五大再平衡"，即供给与需求再平衡、积累和消费再平衡、实体经济和虚拟经济再平衡、国内和国际再平衡、新兴要素和传统要素再平衡。

（三）构建新发展格局的关键在于经济循环的畅通无阻

构建新发展格局的关键在于经济循环的畅通无阻。大国经济的重要特征是内部可循环，只有立足自身，把国内大循环畅通起来，才能任由国际风云变幻，始终充满朝气地生存和发展下去。进入新发展阶段，我国经济发展面临更多深层次矛盾和问题，增强经济的生存力、竞争力、发展力、持续力，必须重视国民经济循环问题，着力畅通国民经济循环、提高经济循环水平和效率。畅通经济循环，就是要打通生产、分配、流通、消费各个环节，不断清淤除障、固本强基，通过畅通产业循环释放生产力，通过畅通市场循环培育竞争力，通过畅通经济社会循环推进民生福祉，最大限度激发国内经济发展潜力。

（四）构建新发展格局的主要动力来自改革、开放和创新

构建新发展格局是发展问题，但本质上是改革问题，必须继续用足用好改革这个关键一招，围绕构建新发展格局中的重点问题，着力"清淤、通堵、解难"。构建新发展格局，必须坚持高水平对外开放，深入推进对外贸易创新发展，推动进出口协同发展，提高国际双向投资水平，建设更高水平开放型经济新体制。构建新发展格局，必须坚持创新驱动发展，加快推动以科技创新为核心的全面创新，引领核心技术和关键环节实现新突破、新飞跃。

（五）构建新发展格局的安全底线是不发生系统性风险

今后一个时期，我国将面对更多逆风逆水的外部环境，必须做好应对一系列新的风险挑战的准备。构建新发展格局是在我国经济安全受到威胁的情况下提出的战略部署，其根本的出发点和归宿就在于维系经济安全。构建新发展格局，必须科学统筹发展和安全，既要推动经济发展，又要维系经济安全；既要处理好发展与安全的关系，又要处理好开放与安全的关系；既要图之于未萌，又要虑之于未有，要突出底线思维，加强经济安全风险预警、防控机制和能力建设，有效防范"黑天鹅""灰犀牛"事件，警惕负面的"蝴蝶效应"和"多米诺骨牌效应"，守住不发生系统性风险的底线，实现发展质量、结构、规模、速度、效益、安全相统一。

二、河北在新发展格局中的功能角色

在新发展格局中发挥比较优势、找准自身定位，是新形势下河北省展现更大作为、

做出更大贡献的基本前提，是事关发展全局的重大战略问题，必须审时度势、科学分析、深入思考。

（一）新发展格局下我国区域发展面临的新形势

随着我国国民经济重大比例关系、基本动力、循环方式的重大变革，影响区域功能角色的主导因素也将发生显著变化，土地、矿产、水等传统要素地位作用明显下降，创新资源、人口规模、制造基础、交通区位等要素地位作用明显上升，在这些因素的推动下，我国区域发展格局将面临深刻调整。

一是创新资源集中区核心引领作用将明显增强。随着我国进入新发展阶段，依靠创新驱动实现内涵型增长成为必由之路，同时国际环境日趋复杂，不稳定性、不确定性明显增加，通过对外引进和全球化红利的技术升级路径难以为继，科技自立自强成为推动国内大循环、畅通国内国际双循环的关键。党的十九届五中全会将科技创新提升到前所未有的高度，提出坚持创新在我国现代化建设全局中的核心地位，把科技自立自强作为国家发展的战略支撑。在此背景下，科技、人才、金融等创新资源较为集中的省市，将成为引领我国创新驱动发展的主要引擎，不仅在全国发展大局中的地位作用明显提升，还在激烈的区域竞争中更容易抢占先机、加速崛起。

二是产业配套能力强的地区将更具发展优势。产业链供应链安全稳定是构建新发展格局的基础。面对外部环境变化带来的新矛盾、新挑战，我国将顺势而为调整经济发展路径，坚定不移地把制造业和实体经济做强做优做大，增强产业链供应链自主可控能力，以强大的供给能力，实现内部可循环，支撑并带动外循环。在此背景下，制造业基础雄厚、产业链供应链相对完善的地区，抵御外部风险的能力更强，经济发展的韧性更足，对生产要素的吸引力更大，具备做大做强实体经济的突出优势，将成为我国补齐产业发展短板、完善产业链供应链的主要支撑区。

三是人口密集地区经济发展位势将进一步提升。随着外部环境变化和我国扩大内需政策效果持续显现，外需市场扩张速度放缓，我国内需潜力不断释放，外需和内需市场相对关系呈现此消彼长的态势。未来一个时期，我国将继续扭住扩大内需这个战略基点，使生产、分配、流通、消费更多依托国内市场，国内市场主导国民经济循环的特征将更加明显。在这一背景下，人口密集地区依托人口和市场规模优势，在释放消费潜能、扩大有效投资、吸引资源要素聚集方面将拥有更为有利的条件，在国内经济大循环中将扮演更加重要的角色，成为拉动经济增长的重要引擎。

四是重要枢纽地区的节点链接功能将进一步强化。促进国内市场和国际市场更好联通，加快推动中国市场成为全球市场，拓展不同区域参与全球经济发展的广度、深度和韧度，进一步提升我国对全球战略要素资源的配置主导能力，培育新形势下我国参与国际合作和竞争新优势，是我国构建新发展格局的主要目标。在此背景下，陆路、海路、航空枢纽地区促进国内国际商品资源要素流通的作用越发凸显，特别是随着"一带一路"加快建设，沿海、延边、内陆枢纽等地区在我国对外开放大局中的地位明显上升，具备陆海空多式联运条件的枢纽型城市将逐步崛起为串联"国内大循环、国内国际双循环"的门户接口，在扩大对内对外双向开放、促进陆海联动方面发挥着越来越重要的纽带作用。

综合来看，具备上述条件的地区集中分布在我国 19 个城市群。这些城市群创新资源富集、产业配套能力较强、人口规模较大、枢纽地位突出，在我国创新驱动发展、先进制造业集聚、市场空间拓展、要素资源配置等方面发挥着主导作用，是我国构建新发展格局的主要空间载体。其中，京津冀、长三角、粤港澳大湾区是我国着力打造的三大世界级城市群，在我国各主要城市群中占据龙头地位，2020 年三大城市群集聚了全国近 1/3 的人口、2/5 的地区生产总值、4/5 的世界 500 强高校[①]、1/4 的高铁里程[②]，是我国参与国际竞争的主要阵地，是畅通国内大循环和链接国内国际双循环的中心支点。

(二) 新发展格局下河北功能和角色的再认识

河北作为京津冀地区的重要组成部分，必须在协同发展大局中分析比较优势，考虑自身定位，找准服务和融入新发展格局的立足点和切入点。

从京津冀地区看，三地常住人口 1.1 亿、地区生产总值 8.6 万亿元、出口总值 1.0 万亿元、世界 500 强高校 8 所、专利授权量 33.1 万件、高铁里程 2289 千米(见表 1)，除地区生产总值和出口总值外其他指标在我国着力打造的三大世界级城市群中均居次席，在我国主要城市群中人口规模、产业基础、创新能力、交通条件优势突出，未来必将成为具有全球影响力的商品和服务供给基地、国际消费中心和世界要素配置中心，在我国新发展格局中客观承担着国内大循环中心支点、国内国际双循环的战略链接功能。

表 1　我国三大世界级城市群地区主要发展指标

地区	常住人口 (万)	地区生产总值 (亿元)	出口总值 (亿元)	世界 500 强 高校(所)	专利授权量 (万件)	高铁里程 (千米)
京津冀地区	11036.9	86393.2	10251.9	8	33.1	2289
长三角地区	23521.4	244713.2	69323.7	8	115.1	6008
粤港澳大湾区	8617.0	91109.1	72242.4	10	6.9	1232

注：常住人口指标，除香港、澳门来源于香港特区政府统计处和澳门统计暨普查局 2020 年数据外，其他各省市均来源于 2020 年 11 月 1 日零时第七次全国人口普查数据；地区生产总值、出口总值、专利授权量三项指标，除香港和澳门来源于香港特区政府统计处和澳门统计暨普查局 2020 年数据、浙江省专利授权量来源于《2020 年浙江省知识产权保护与发展白皮书》外，其他数据来源于各省市 2020 年国民经济和社会发展统计公报，特别指出的是澳门地区生产总值数据通过 2020 年 12 月 31 日的澳门元对人民币汇率收盘价折算得到，安徽省进出口总额由 2020 年 12 月 31 日美元对人民币汇率中间价折算得到，河北以专利申请授权量代替专利授权量数据(该省专利授权量数据未公布)，粤港澳大湾区专利授权量仅含珠三角九市 2020 年的数据(香港、澳门专利授权量数据无法获取)；世界 500 强高校数据来源于 2021 年 QS 世界大学排名；高铁里程数据来源于中国国家铁路集团有限公司(截至 2019 年末)。

---

① 资料来源于 2021 年 QS 世界大学排名，含中国香港、中国澳门。
② 资料来源于中国国家铁路集团有限公司(截至 2019 年末)。

就河北省而言，其在京津冀地区具有独特优势，突出表现在四个方面：一是制造业基础雄厚。首先，产业规模较大，2020年河北全部工业增加值11545.9亿元，分别是北京和天津的2.7倍和2.8倍，占京津冀地区的57.9%；其次，产业门类齐全，形成了以装备制造、钢铁、石化、食品、医药、建材、纺织服装七大产业为主导并涵盖40个工业行业大类的较为完备的产业体系，这些都是北京和天津所不具备的优势条件。二是人口规模优势突出。根据第七次全国人口普查结果，2020年河北常住人口7461.0万，是北京的3.4倍、天津的5.4倍，占京津冀地区的比重高达67.6%(见表2)。庞大的人口规模，使河北不仅具有产业发展所需的人力资源支撑，还具有巨大的市场消费潜力。三是交通运输条件优越。河北具有极其重要的交通区位，是华北和西北的重要出海通道，是连接关内关外的重要枢纽。全省交通设施完善，拥有以曹妃甸港这一渤海湾内最好的天然深水良港为代表的现代化港口群，建成了连接全国各地的高速公路、铁路体系，基本形成以石家庄为中心的干支结合的航空网络，目前全省高铁里程是北京的4.7倍、天津的5.3倍，沿海港口货物吞吐量是天津的2.4倍。四是自然人文资源丰富。河北省是全国唯一兼有海滨、平原、湖泊、丘陵、山地、高原的省份，自然风光秀美，人文底蕴深厚，文化遗产众多，具备文旅康养体育等服务业发展的有利条件。综合来看，河北与北京、天津相比，拥有人口、制造、交通、资源等多重优势，只要发挥优势、抢抓机遇、创造条件，就有机会打造成为具有全球影响力的先进制造业基地、具有国际吸引力的功能性消费目的地、具有世界资源聚合力的陆海双向开放枢纽，承担起国内大循环重要节点、国内国际双循环重要链接功能。

表2 京津冀三省(市)主要发展指标

地区	常住人口 (万)	地区生产总值 (亿元)	工业增加值 (亿元)	进出口总值 (亿元)	专利授权量 (万件)	高铁里程 (千米)
北京	2189.3	36102.6	4216.5	23215.9	16.3	359
天津	1386.6	14083.7	4188.1	7340.66	7.5	317
河北	7461.0	36206.9	11545.9	4410.4	9.2	1675

注：常住人口指标来源于第七次全国人口普查2020年11月1日零时数据；地区生产总值、工业增加值、专利授权量、进出口总值四项指标数据，来源于各省市2020年国民经济和社会发展统计公报；高铁里程数据来源于中国国家铁路集团有限公司(截至2019年末)。

三、河北服务和融入新发展格局的重点任务

河北必须瞄准打造具有全球影响力的先进制造业基地、具有国际吸引力的功能性消费目的地、具有世界资源聚合力的陆海双向开放枢纽总目标，厚植发展优势、注入强劲动能，更好承担起时代赋予河北新的历史使命。

(一)构建开放式创新体系，走出创新发展"新路径"

以开放促进创新，充分利用好国内外一流创新资源，走出一条自主的开放创新之

路。一是全力打造雄安全球创新中心。全面增强基础研究能力，打造全国一流技术创新基地，加快全国双创示范基地建设，形成全国创新发展的策源地、国内外优质创新资源的汇聚地。二是下大力气引培骨干原始创新平台。全力推进高水平院校建设，争取国家重大科研设施在河北省布局，支持现有龙头创新平台升级，打造国家原始创新"河北队"。三是多方式深化京津冀协同创新。联手京津共同打造特色创新体系，联合京津共建新型研发机构，持续深入推进京津科技成果河北转化。四是努力营造全国一流创新生态。深入推进科技管理体制改革，完善引留结合的人才政策，营造激励创新的社会氛围。

（二）推动优势产业再升级，撑起先进制造"顶梁柱"

坚持绿色化、智能化、高端化、集群化发展方向，统筹锻长板、补短板，提升供给体系对国内需求的适配性。一是以碳达峰碳中和为牵引推动产业绿色化改造。坚决遏制"两高"项目盲目发展，大力推进钢铁、化工、建材等重点行业绿色低碳改造，实施可再生能源替代行动，加强重点行业和用能单位节能管理。二是以数字经济发展为动力加快制造业智能化转型。提升数字化服务能力，发展智能企业、未来企业，积极开展网络化协同制造，持续实施"企业上云"行动。三是以战略性新兴产业培育为重点推动产业高端化跃升。切实把产业发展的重心聚焦到战略性新兴产业上，创新培育方式，围绕重点领域滚动实施一批产业化示范项目，全面提升产业功能集聚度、产业链条丰富度、优质企业牵引度、高端人才吸引度，打造战略性新兴产业发展主阵地。四是以我国提升产业自主可控能力为契机加快布局"补短板"产业。研究制定产业"补短板"河北行动方案，整合相关领域企业、科技、项目等资源，加快发展"紧缺型"高端产业。五是与京津共建世界级产业集群，确立全球产业链供应链主导地位。加强数字经济、新能源智能网联汽车、生命健康、高端装备等重点产业链对接，探索"扩散对接""互补对接""连锁对接"等产业合作新模式，创新京津冀产业集群协同发展机制，高水平融入全球产业链供应链。

（三）布局新场景跑出新赛道，下好未来产业"先手棋"

紧紧围绕应急产业、被动式超低能耗建筑、康复辅助器具等前沿科技和产业变革领域布局新场景新赛道，积极培育新技术、新产品、新业态、新模式，增添产业发展新动能。一是大力引培未来产业"头部企业"。支持优势企业抢占发展新赛道，面向重点培育的未来产业，着力引进一批平台型高科技公司、产业生态主导型企业、新经济初创企业以及重大发明创造产业化项目，提高对"头部企业"的精准服务能力。二是打造未来产业研发和孵化平台。新建一批重大科研设施和平台，培育一批新型未来研究机构，积极新建一批省级以上产业创新中心、技术创新中心、制造业创新中心、产业孵化中心，为未来产业发展提供有力支撑。三是建设未来产业先导示范区。布局一批未来产业先导示范区，超前布局前沿科技及产业化运用，加强示范区未来产业发展政策集成。四是拓展未来技术应用场景。在重点区域打造场景创新中心，持续推动数字政府建设，在河北工业数字化改造中广泛开展场景创新。

（四）实施扩大内需战略，启动消费和投资"双引擎"

坚持系统观念，紧紧扭住投资、消费和项目建设不放松，多措并举扩大内需。一是全面促进消费。提升传统消费，培育新型消费，发展服务消费，扩大节假日消费，繁荣发展夜间经济，营造一流消费环境。二是积极扩大有效投资。强化重大项目建设，加强对重点区域的投资，调整优化投资结构，激发全社会投资活力，为国内大循环和国内国际双循环奠定坚实基础。三是推动消费与投资互促共进。发挥好投资对消费的促进作用、消费对投资的引领作用，加快投资与消费良性循环发展。四是以高质量供给适应引领创造新需求。把实施扩大内需战略同深化供给侧结构性改革有机结合起来，适应居民消费升级趋势、大力提升供给质量，瞄准专精特新细分市场、引领需求升级新动向，聚焦新技术新业态新模式、创造培育需求新热点，不断提升供给体系适配性。

（五）构筑品质服务高地，形成汇聚全球资源"引力场"

统筹推进生产性服务业和生活性服务业高质量发展，打造面向世界具有广泛影响力和较强吸引力的品质服务新高地，充分汇聚全球资源为我所用。一是以现代生产性服务业汇聚先进制造资源。支持制造业企业工业设计中心建设，推动供应链金融、信息数据、人力资源等服务创新发展，提高现代物流、采购分销、生产控制、运营管理、售后服务、会展等产业发展水平，形成对全球先进制造资源的强大引力。二是以高品质生活性服务业集聚人才和消费资源。主动顺应人力资源、消费市场全球化趋势，以提升便利度和改善服务体验为导向，推动生活性服务业向高品质和多样化升级，形成布局合理、功能完备、优质高效的生活服务体系，建成具有国际吸引力的功能性消费目的地、全球人才汇聚高地。三是大力引培旗舰服务企业和品牌。坚持"外引内培"相结合，大力引进外部领军服务企业和品牌，吸引国内外知名品牌新品首发，引导本地企业增加优质商品和服务供给，大力培育本土服务品牌，加快高端服务要素空间集聚，以优质服务形成"引力"效应。四是打造具有国际吸引力的高端服务标志区。聚焦重点优势领域，打造一批生产性服务标志区，打造标志性文旅消费目的地、打造环京津养老服务带、打造特色康养标志区、打造河北标志性大型主题游乐基地，形成对全球资源要素的强大吸引力。

（六）建设高能级流通平台枢纽，确立要素配置"高位势"

把打造高能级平台枢纽作为融入新发展格局的重要抓手，以重大交通枢纽建设加快各类要素的循环流通，以高能级交易平台建设提升资源要素的配置能力，以枢纽地位的提升增强对国内国际资源的聚合力、吸引力，在畅通经济循环中发挥更大作用。一是加快"一带一路"重大枢纽建设。打造现代化环渤海港口群、重要国际陆港枢纽、连接国内战略功能区的重大枢纽，提升河北省在"一带一路"中的功能地位，以更高"位势"链入国内国际双循环。二是打造国际化要素和商品交易平台。在大宗商品贸易和高端要素流通方面提前布局，打造国际化大宗商品交易区域中心和分销分拨中心、高端要素的调度流通中心、京津冀智慧能源调控中心，谋划建设京津冀灾备物资调度中心、跨区域生态价值实现中心。三是提升资源要素流通网络通达能力。加快推进以港口为龙头的集疏运体系建设，统筹推进机场和航空支干线建设，强化多式联运，构建高速智能的信息网络，持续提升资源要素流通网络通达能力，为提升区域枢纽地位提供有力支撑。四是推动枢纽经济加快聚集发展。加快空港、海港、高铁、陆港四大枢纽经济区建设，培育壮大特色枢纽产业集群，促进枢纽产业城市融合发展。

(七)加强对内对外双向开放，打造国内、国际双循环"交汇点"

坚定实施双向开放战略，着力提升陆海联动水平，努力打造具有世界资源聚合力的陆海双向开放枢纽。一是以沿海经济带为龙头带动陆海联动开放。以推进沿海经济带高质量发展为抓手，加快打造对外开放先行区，积极构建开放型经济新体制，推动陆海港口联动发展，促进陆海产业联动发展。二是以自贸区为引领营造更高水平开放环境。差异化推进各片区开放制度探索，推动与重点区域的联动开放，加快成熟制度成果复制推广，引领河北省实现更高水平开放。三是以跨国企业引培为抓手加快打造"海外河北"。实施本土跨国企业培育计划，加强与海外跨国企业合作，深化国际产业投资合作。四是以制度、标准、渠道为重点推动内外贸融通发展。全面对接国际制度体系，积极推动国内国际标准接轨，推进贸易渠道互通，为对外贸易创造更广阔的腾挪空间。

(八)与京津共建世界级城市群，构建支撑新发展格局"主载体"

河北省既要坚定不移地把省会城市建设好，又要全面推进京津冀协同发展，畅通区域经济循环，为更好融入新发展格局奠定基础。一是加快建设现代化、国际化美丽省会城市。坚持大省会发展理念，全面提升省会规划建设管理水平，加强优质公共服务供给，持续抓好环境污染治理和生态文明建设，形成河北省资源要素的聚集核和经济循环的关键枢纽。二是以城镇扩规提质增强资源要素承载力、吸引力。坚持城镇"扩规""提质"两手抓，深入实施"两翼"带动发展战略，培育壮大区域中心城市，实施县城建设提质升级行动，因地制宜发展小城镇和特色小镇，进一步优化河北省城镇空间结构。三是以城市协同发展畅通区域经济循环。建设现代化省会都市圈，促进廊坊北三县与北京通州区一体化发展，推动高水平交通一体化，加快推动公共服务均等化，深化产业合作对接，整体提升城市协同发展水平。四是以乡村振兴促进城乡融合发展。推进城乡要素自由流动合理配置，推进城乡基本公共服务均等化，加快城乡基础设施一体化，加强城乡产业融合对接，加快建设全国城乡统筹示范区。

(九)坚定不移增进民生福祉，夯实人民群众幸福生活"硬支撑"

坚持以人民为中心的发展思想，积极办好民生实事，扎实推动共同富裕，让发展成果更多更公平惠及全体人民。一是深入实施就业优先战略。扩大就业容量和空间，完善就业服务体系，加强职业技能培训，提升就业质量。二是健全多层次社会保障体系。坚持应保尽保原则，完善社会保险体系，完善社会救助制度，完善社会福利制度，构建覆盖全民、统筹城乡、公平统一、可持续的多层次社会保障体系。三是建设高质量教育体系。提升基础教育发展水平，深化职业教育产教融合发展，推动高等教育高质量发展，构建服务全民的终身学习体系，努力办好人民满意的教育。四是全面推进健康河北建设。深入实施健康河北行动，完善公共卫生服务体系，健全基本医疗卫生体系，提高全民卫生健康水平，为人民群众提供全方位、全周期的健康服务。

（十）推进重点领域改革攻坚，建立与新发展格局相适应的“新机制”

以深化重点领域改革为抓手，坚持有效市场和有为政府更好结合，强化有利于提升区域吸引力、有利于提高资源配置效率、有利于调动全社会积极性的关键改革开放举措。一是构建以增强吸引力为核心的市场主体引育机制。实施更具含金量的招引措施，打造更加高效便利的政务环境，营造更加宽松有序的市场竞争环境，倾力打造市场主体聚集新高地。二是构建以增加居民收入为中心的收入分配机制。优化政府、企业和居民之间的分配格局，持续缩小城乡收入差距、行业收入差距，在“做大蛋糕”的同时“切好蛋糕”。三是构建以保障基本民生为重点的公共服务供给机制。以保障基本民生为重点，加快建立租购并举的住房供给制度，探索建立区域均衡的医疗保障制度，实行机会均等的教育供给制度，创新农村“双基工程”建设机制。四是构建以畅通高效为目标的要素市场化配置机制。深化土地要素市场化配置改革，引导劳动力要素畅通有序流动，努力增加有效金融服务供给，加快培育数据要素市场，为构建新发展格局提供要素支撑和保障。五是构建以“双碳”目标为约束的绿色发展机制。建立碳排放权总量控制制度和分解落实机制、非碳基能源发展激励机制，探索发展绿色金融，完善能源消费“双控”制度，积极开展碳普惠行动，加快形成制度化、市场化的绿色发展机制。

（本文作者：高智、黄贺林、刘春燕（河北省图书馆）、张金杰、苏凤虎、梁世雷、杨华、张宏兴、吴譞、王富华、王哲平、罗静、王素平、李岚。本文系中共河北省委财经委员会课题（课题编号：2021CJLY12-1）研究成果。根据本文主要研究观点撰写形成的《河北在协同发展中加快服务和融入新发展格局研究》，于 2022 年 8 月在《京津冀协同发展报告（2022）》发表。）

贯彻新发展理念
建设具有河北特色的现代化经济体系

建设现代化经济体系，是国家顺应时代要求作出的重大决策部署，已经成为当前和未来经济发展的行动总纲领。河北肩负重大国家使命，面临千载难逢的发展良机，建设现代化经济体系，关乎河北现在和未来发展大局，已经成为现代化经济强省美丽河北建设的核心任务。

一、河北发展的历史方位

建设具有河北特色的现代化经济体系，必须认清河北所处的历史方位，主动顺应世界发展的时代潮流、准确把握在国家发展大局中的功能地位、科学认知自身所处的发展阶段。

(一) 当今世界发展的时代潮流

当前，全球政治、经济、科技、贸易格局深度调整，纷繁复杂的变局中孕育着三大时代潮流。

一是技术突破推动经济形态、社会形态加速演进。历史一再证明，重大技术突破都大幅提高了生产力水平，催生了生产关系变革，引发了经济社会形态的重大改变。当前，以新一代信息技术为代表的一大批重大颠覆性技术轮番取得突破，产业技术路线和商业模式加速演变，带动产业发展路径、企业组织形态以及就业与消费方式发生重大变化。经济社会形态的加速演变势必对经济体系的结构、状态、层次和发展方向产生深刻影响。

二是世界经济可能步入全球化与区域化双轨并行时代。当今世界已经成为联系紧密的命运共同体，经济全球化仍是未来发展的主流。但也应看到，近年来逆全球化暗流涌动，部分国家重新反思全球化的影响，再加上新冠肺炎疫情冲击下的全球经济重构，经济安全越来越成为区域发展的重要考量，全球产业链和供应链战略性调整态势明显，经济发展的区域化、本地化趋势加速显现。世界经济全球化与区域化处于复杂的再平衡状态，极有可能步入双轨并行时代。

三是国家之间竞争越来越体现为经济体系的竞争。冷战结束后，经济在综合国力竞争中的地位凸显，已经成为国家竞争的核心内容。以往产业、科技、贸易等关键领域"单项冠军"往往能够在竞争中"一招制胜"，近年来各国经济竞争越来越表现为体系之争，不仅要拥有"单项冠军"，还不能有竞争弱项，更重要的是各领域配合默契协调、循环畅通高效。我国能够在中美贸易战中不落下风，正是得益于完整的产业结构、巨大的国内市场、强大的制度优势、全方位的对外开放等方面的综合作用。欧美国家积极倡导"再工业化"和"制造业回流"，加速完善经济体系，也是应对国际竞争需求、重塑竞争优势的主动选择。"国家强，经济体系必须强"①，也正是习近平总书记敏锐洞察国家竞争实质而提出的科学论断。

（二）河北在国家发展大局中的功能地位

站在全国发展的战略高度，充分认识全省的基础条件和国家未来发展要求，明确河北在国家战略布局中的三大功能地位。

一是京津冀地区物质生产的主要承担者。国家统计局公布的数据显示，京津冀地区面积 21.6 万平方千米、人口约 1.3 亿。从区域发展的一般规律看，面积如此大、人口如此多的一个区域，其物质供给单纯由区外供应是不经济、不安全、不现实的，必须建立区域内部相对完善的物质供应体系。按照区域功能分工，北京将主要建设服务主导型产业体系；天津虽然制造业基础较为雄厚，但发展空间整体受限；河北地域宽广、资源丰富、产业体系完备、制造业基础较好，有责任、有条件、有能力承担起区域物质财富创造的功能。

二是世界级城市群建设的重要支撑。建设京津冀世界级城市群是协同发展的首要任务，也是带动"三北"、引领全国发展的动力源，是代表我国参与全球竞争的核心区和标志区。从世界知名城市群观察，除拥有一个或两个的特（超）大城市以外，更要有与核心城市联系紧密的广大腹地作为重要支撑。从城市群发展的规律看，北京、天津两个特大城市毫无疑问是城市群的核心引领城市，河北则是世界级城市群的重要支撑。

三是国家经济发展和双向开放的中枢地区。从地理区位看，河北东连东北、西接西北、南通华东华中，是我国北方乃至东北亚地区的地理中心，是陆、海"丝绸之路"黄金交汇点之一，是沟通全国各大区域的枢纽，中枢区位特征十分明显。从经济区位看，河北所处的首都地区理应是全国发展水平最高，引领带动作用最强的区域。因此，无论是从地理区位还是从经济区位看，未来河北都应是全国经济发展和双向开放的中枢地区。

（三）当前河北所处的发展阶段

经过四十多年的长足发展，河北省进入了一个全新发展阶段，呈现以下六个方面的特点：

从工业化进程看，河北正处于由工业化中期向后期过渡阶段，面临更新动能、重塑优势的艰巨任务。通过国际通行的工业化阶段划分标准判断，当前河北正在由工业

---

① 2018 年 1 月，习近平总书记在中共中央政治局第三次集体学习时的讲话。

化中期进入工业化后期。按照国际经验，这一阶段创新驱动将代替要素驱动成为发展的主动能，需要严防新旧动能接续不当导致的"中等收入陷阱"。从全省看，河北作为资源型产业一直发挥核心支撑作用的传统经济大省，发展动能"青黄不接"已经导致全省经济地位持续下滑，处于转型升级阵痛期、爬坡过坎关键期，面临着更新动能、重塑优势的艰巨任务。

从城镇化进程看，河北已经进入都市圈形成阶段，面临提升核心城市能级和促进城际同城发展双重任务。按照国际经验，一个地区城镇化率超过50%，中心城市引领带动功能将持续增强，都市圈形成步伐将全面提速。2015年，河北城镇人口数首次超过乡村人口数，已经进入都市圈形成阶段。从发达国家发展看，都市圈主要具备以下条件：核心城市辐射带动作用足够强；周围一批中小城市(镇)实现了较为充分的成长，并与核心城市在功能上紧密联系、相互依存；城际轨道交通发达，形成1小时通勤圈(半径50~70千米)。当前河北省在都市圈建设阶段，面临着提升中心城市能级、强化中心城市与周边城镇联系协作的双重任务。

从信息化进程看，河北正在进入智能化加速发展阶段，面临全面推进数字河北建设的紧迫任务。当前全球第三次信息化浪潮扑面而来，河北省信息化进入了智能化加速发展阶段。智能化阶段的核心任务是深度挖掘数据和促进数据的融合应用。河北面临着推动实体经济和5G、互联网、大数据、人工智能深度融合，新一代信息技术在医疗卫生、文化教育、社交娱乐、社会治理等领域扩大应用，发展数字经济，建设数字河北的紧迫任务。

从市场化进程看，河北仍处于全面改革的攻坚克难阶段，面临着更加有效激励各类市场主体的迫切任务。党的十八届三中全会以来，河北重点推进九项改革，先后开展"双创双服""三深化三提升""三创四建""三重四创五优化"活动，大幅精简行政许可事项，持续提升政务服务效能，市场在资源配置中的决定性作用日益增强。但总体看，制约经济社会发展的体制机制障碍仍然没有根本突破，河北省仍处于全面改革的攻坚克难阶段，核心任务是营造一流国际营商环境，构建公平高效、统一透明、竞争有序的市场体系，充分激发市场主体活力。

从国际化进程看，河北仍处于低水平发展阶段，面临着在加速形成全面开放新格局中塑造新优势的重要任务。河北虽然与世界经济的联系互动日益密切，但是开放型经济规模小，对经济发展的支撑能力弱，全省仍处于开放发展的低水平阶段。河北面临的核心任务是主动适应新一轮高水平开放的新要求，探索开放型经济发展新模式、新路径、新机制，提高开放的质量效益，提升在全球价值链体系中的地位，塑造开放新优势。

从绿色化进程看，河北正在进入资源环境与经济社会日趋协调发展阶段，面临着以制度建设纵深推进绿色发展的核心任务。自21世纪以来，河北生态建设环境保护深度推进，绿色化进程不断加快，特别是党的十八大以来，生态文明建设和环境保护在河北的战略地位更为突出，经济社会与资源环境的矛盾日趋缓解，逐步进入协调发展阶段。阶段目标将由环境污染治理为主转向绿色生产生活方式的推行，核心任务是综合运用法律、制度、市场、行政等手段，完善法律制度，明确政策导向、技术准则和考核标准，全方位推动绿色发展。

二、建设河北特色现代化经济体系的思路和目标

建设具有河北特色的现代化经济体系，是关系河北未来 15～30 年发展全局的重大战略问题，必须清晰认知全球变局和国家发展大势，准确把握河北发展的阶段性矛盾和任务，统筹处理好内外重大关系，科学回答"要建设一个什么样的经济体系"的问题。

(一) 总体把握

回答上述问题，应站在全球发展大势、国家发展大局和河北发展全局的角度，从四个层面把握：一是要顺应世界经济和科技发展的时代潮流，把握世界变局、科技革命、产业变革大势，既顺势而为又主动作为，努力在变局中抢抓新机遇、抢占制高点。二是要符合经济高质量发展的根本要求，坚持质量第一、效益优先，崇尚创新、注重协调、追求绿色、厚植开放、深谋共享，推动经济发展质量变革、效率变革、动力变革。三是要服从京津冀协同发展的战略要求，坚持把河北发展寓于京津冀协同发展战略之中，把落实重大国家战略作为发展的总抓手，纵深推进京津冀协同发展，建设与京津密切协同的经济体系。四是要突出现代化经济强省美丽河北的目标导向，围绕跨越赶超紧迫需要，全面提高供给体系质量，持续激发改革开放源动力，不断增强河北经济创新力和竞争力。

(二) 战略目标

对于一个省级区域来说，确立建设现代化经济体系，不仅要充分契合其自身发展的阶段任务、体现其在国家发展大局中的功能定位，还要符合世界经济和科技发展潮流、具有鲜明的时代特征和发展导向。建设具有河北特色的现代化经济体系，要紧扣新时代社会主要矛盾变化、紧抓重大战略机遇、紧贴国家赋予河北的功能地位，努力构建创新驱动、协同京津、制造主导的经济体系，即：

建设以创新为核心动力的经济体系。创新是发展的核心动力，是建设现代化经济体系的战略支撑。对于河北而言，无论是破解当前发展困境，还是厚植未来发展优势，必须进一步确立创新的战略地位，全面实施创新驱动发展战略，切实提高创新对经济发展的贡献。

建设以协同京津为突出特征的经济体系。京津冀是一个相对完整的地理单元，更是一个相互依存的经济系统。协同京津既是国家重大战略的要求，也是河北发展的最大优势和鲜明特色。谋划河北发展，必须始终高举这一"金字招牌"，使协同京津成为河北现代化经济体系最亮眼的特征。

建设以先进制造业为主导的经济体系。制造业是国民经济命脉所系。对于河北这种区位和体量的省份来说，无论从自身发展需要和在国家发展大局中的使命责任看，

还是从应对当前挑战和推动高质量发展的要求看，任何时候都必须把建立和发展强大的制造业作为战略重心，坚持制造业立省不动摇，努力构建以先进制造业为主导的经济体系。

具体目标是：围绕"6+1"框架体系，筑牢"一个基础"，补齐"两个短板"，推动"两个转变"，强化"一个保障"。

筑牢"一个基础"，就是要突出产业在现代化经济体系建设中的核心基础地位，强力推进"制造强省"战略，持之以恒地推动传统产业优化升级、新兴产业裂变发展、未来产业战略布局，着力打造具有全球竞争力的产业集群，努力构建制造主导、优势凸显、梯度升级的现代产业体系。

补齐"两个短板"，就是要补齐创新能力不足的短板，加快创新型河北建设，统筹推进基础研究、应用基础研究和产业技术创新能力建设，深入推动京津冀协同创新，建设具有河北特色的区域创新体系，不断提高创新对经济发展的支撑力；就是要补齐开放水平不高的短板，强化开放意识，调整开放重点，创新开放方式，加速开放步伐，构建接轨国际、全方位、高水平开放新格局，提高现代化经济体系的国际竞争力。

推动"两个转变"，就是要推动资源依赖发展方式向绿色低碳发展方式转变，牢固树立绿水青山就是金山银山理念，保护资源环境系统、打造生态产业体系、推行低碳生活方式、构筑绿色发展格局，切实推进经济社会和资源环境协调发展，厚植现代化经济体系的本底；就是要推动城乡分割、区域割裂的经济布局方式向城乡融合、区域联动的空间治理模式转变，坚持在协调中优化、在优化中协调，强化规划引领，完善空间治理，构建区域联动、优势互补、融合协同、协调发展的城乡区域发展体系，优化现代化经济体系的空间格局。

强化"一个保障"，就是要全面深化改革，营造规范透明、竞争有序、充满活力的市场环境，建立效率与公平相统一的收入分配制度，为现代化经济体系建设提供强有力的制度保障。

三、建设河北特色现代化经济体系的主要任务

(一)大力实施制造强省战略，建设制造主导型产业体系

精准选择和培育新兴战略产业。从全省看，钢铁作为工业社会的基础材料产业，支撑了河北改革开放以来40多年的高速发展，至今仍是具有全球影响力的世界级产业，是河北名副其实的战略产业。但受制于环境容量、国家政策及其产业生命周期，虽然仍可做优、做高、做强，但是未来增量空间已十分有限，必须尽快确立并加快培育新兴战略产业。展望未来，信息智能、生物医药健康、新材料3个产业代表了新一轮科技革命和产业变革的三大方向，均具有明显的基础性、广泛的渗透性和广阔的市场前景，可以作为河北战略产业的备选方向。其中，生物医药健康不仅贯通一二三产业、符合公众生命健康认知和人口老龄化趋势，更为重要的是它是河北产业实力和人才技术积淀最为厚实、与雄安新区产业发展方向和京津冀协同发展需求高度契合的新

兴产业领域，最有可能培育成为引领河北未来30年发展的战略产业。

全力提升制造业智能化水平。当前，新一代信息技术不断向制造领域渗透，河北必须前瞻谋划、顺势而为，加快制造业数字化、网络化、智能化发展，实现制造业蜕变和"弯道超越"。下一步应重点做好三件事：一是加快数字河北建设。加快发展大数据、物联网、虚拟现实、区块链等新兴经济，加速新型基础设施建设步伐，提升数字服务能力。二是加快搭建工业互联网平台。推进"企业上云"，推动人机物智慧互联、产业链上共享协作，推行网络协同创新、精准化管理、云制造等"互联网+"新型制造模式。三是加快发展智能企业、未来企业。实施企业关键工序、关键岗位、关键流程智能化改造工程，大力支持智能工厂/数字化车间建设。

推动产业链集群化发展。产业链集群化发展是优化产业链结构、培育产业生态圈、塑造竞争优势的有效途径，推进产业链集群化发展对防控区域产业链断裂、提升经济抗风险能力具有重要意义。一是聚焦高端装备、绿色钢铁、绿色石化产业，强化基础材料、核心零部件和先进工艺突破，推动上下游企业、龙头与配套企业协同发展，提升产业链结构层次，建设标杆型产业链，打造具有全球话语权的产业链集群。二是聚焦生物医药健康、新能源、食品产业，加强关键技术攻关，推动生物医药健康产业高端化发展，加速可再生能源多领域规模化应用，提升食品加工业精深化、绿色化、系列化发展水平，建成具有国际影响力的产业链集群。三是聚焦信息智能、新材料、节能环保产业，加快引进一批行业领军企业，实施一批重大科技成果产业化项目，加大资源供给、优化发展环境，促进产业集聚化、规模化发展，努力打造成为国内领先的产业链集群。

（二）深入实施创新驱动发展战略，强化现代化经济体系的战略支撑

下决心提升基础研究能力。河北科技创新能力弱，根源主要是基础研究能力弱，产业技术创新处于无源之水的状态。新时代建设现代化经济体系，河北必须着眼未来，发扬"沉默长跑"精神，从创新源头上下功夫，加快基础研究体系建设，全面提升基础研究和原始创新能力，为全省创新发展打牢根基、提供源泉。一是谋划建设一批高水平的高等院校和基础学科。下定决心在石家庄、雄安新区谋划建设1~2所"双一流"高校，坚决补齐全省长期没有国家顶级高校的短板。支持重点高校开展一流基础学科建设。二是新建一批重大科研设施和平台。加快雄安新区国家实验室建设，谋划建设诺贝尔奖科学家实验室等高水平科研平台，争取国家重大科研设施和科学装置更多在河北布局，推动国家级创新平台数量倍增。三是积极开展重大问题基础研究。建立重大科技基础设施多元投入机制，鼓励支持基础研究和原始创新，实施信息科学、生命科学、材料科学等基础领域研究专项，形成一批具有支撑和引领作用的重大原创性科学成果。

围绕重点领域打造双创生态。推动创新驱动发展、提升创新能力的关键和前提在于创建优良的双创生态系统。一是借鉴杭州梦想小镇、武汉"创谷"建设经验，在雄安新区、城市新区等地谋划建设国际化的创新创业社区，按照"三生融合"的理念和国际

一流的标准，建设创新创业、公共服务和生活设施，构筑低成本、开放式、国际化的创新创业空间，打造双创生态系统建设的主载体。二是引进一批平台型高科技公司、产业生态主导型企业、新经济初创企业以及重大发明创造产业化项目，引领创新创业发展。三是加快建立与国际接轨的创新创业政策和制度体系，增强聚集创新要素吸引力，保障创新创业高效推进。四是营造大胆尝试、勇于探索、敢为人先的社会激情，打造尊重人才、崇尚创新、追求卓越的创新创业文化。

深入推进协同创新、开放创新。在当前自主创新能力较弱的情况下，利用外部资源，推进协同创新、开放创新，是提高河北创新供给能力的重要途径。一是深入推进与京津协同创新。加强河北产业链与京津创新链对接，鼓励河北企业与京津科研机构开展广泛合作，在大数据、生物医药、可再生能源等领域，加快建立联合创新机构，共同开展关键核心技术攻关。推动创新资源跨区域自由流动，促进京津科技成果在河北转化。二是深化开放创新。加大对河北企业、科研机构与海外科研机构合作的支持力度，鼓励优势企业在科技发达的国家和地区建设研发机构。聚焦河北优势主导产业发展，创建网络协同创新平台，线上汇集全球创新资源，打开全球创新链接，推进线上科技创新国际合作。

(三) 推动陆海统筹、双向开放，打造国际竞争和区域合作新优势

以"两区一带"引领全域开放。经验表明，在优势区域率先打造高开放功能区，进而带动全域开放，是提高对外开放水平和层级的有效途径。一是加快建设雄安新区开放发展先行区。支持雄安新区在对外开放前沿政策举措领域先行先试，创新投资准入政策、贸易制度安排和金融创新措施，在新一轮高水平对外开放中为河北乃至全国积累经验、树立样板。二是加快中国(河北)自由贸易试验区建设。深化投资和经贸领域改革，积极推动制度创新，推进高端高新产业在自贸区聚集发展，创新金融领域开放举措，着力建设国际商贸物流重要枢纽、新型工业化基地、全球创新高地和开放发展先行区。三是加快推动沿海地区开放开发。以装备制造、智能制造等临港产业为重点，加速培育壮大海洋经济，大力发展推动港口转型升级，打造一流的现代化港口群，构筑全省对外开放引领区。

东西双向拓展开放空间。建设河北特色现代化经济体系，必须以融入国家新发展格局为抓手，持续优化开放空间，提升海陆互动水平，弥补内陆开放短板，拓展"走出去"新空间，将河北打造成为"一带一路"重要战略支点。一是打通陆海大通道。加强冀蒙俄、冀新欧物流大通道的全方位对接，加快东西向交通干线和综合枢纽建设，构建全方位、立体化、东西向、互动型的现代化交通网络，为陆海联动开放提供设施支撑。二是支持内陆地区全面开放。谋划建设冀中南内陆开放型经济试验区，探索实施适合内陆地区特点的开放政策和体制机制，支持河北港口企业参与腹地内陆港建设，积极发展"水陆空铁"多式联运，大力推进贸易和投资自由化、便利化。三是提升国际产能合作能级。全方位加强与"一带一路"沿线国家和地区合作，打造一批大型综合物流基地，鼓励有实力的企业参与国际工程竞标，推进高铁、冶金建材、汽车机械等大型成

套装备出口和技术标准输出，发展中医药、文化艺术、服务外包等特色产品出口和现代服务贸易，全面提升产能合作的水平。

以制度创新盘活开放全局。河北要以制度创新为核心，加快规则变革，优化制度供给，逐步扫清开放发展障碍，全面激活开放发展动能。一是全面提高投资自由化、便利化水平。严格落实国家外商投资准入的相关管理制度，大力精简审批、核准等事项，探索外商投资信息报告制度，持续优化外商投资企业设立流程。二是健全贸易转型促进机制。提升跨境贸易便利化水平，支持自由贸易试验区设立海关特殊监管区、开展各类进出口贸易试点。支持大宗商品期货保税交割仓库、跨境交易平台建设。探索以外贸企业为单元的税收担保制度。三是创新国际产能合作保障机制。支持对外投资企业以境外资产和股权、采矿权等权益为抵押获得贷款，完善"走出去"综合服务和风险防控体系。

（四）推动经济绿色低碳转型，展现现代化经济体系亮丽底色

全过程推动产业绿色低碳发展。绿色低碳发展是建设生态文明的必由之路，必须加快生产方式全方位、系统性转变。一是培育循环经济。深入推进城市再生资源、大宗工业固体废物、企业低品位余热、农村农业废弃物等回收再利用。依托重点行业构建循环经济产业链，加快产业绿色转型，推广循环化、低排放的生产方式。二是大力倡导清洁生产。在重点高耗能、高排放产业领域，加快建立具有强制性的清洁生产审查制度，推广无废少害技术、工艺和装备，加强污染物排放全过程控制，彻底转变粗放的生产方式和发展方式。

全面推动资源利用方式变革。一是加强水资源的有序开发和节约利用。将节水落实到城市规划、建设、管理各环节，加强城乡输供水管网建设、用水管理和节水改造，推动优水优用、循环循序，提升用水效率。二是推动能源利用方式变革。充分利用云计算、大数据等新技术推动高耗能行业节能降耗，推广节能建筑、新能源运输装备，在供暖、发电等重点领域加快清洁能源替代利用。三是加强土地资源的高效集约利用。实施园区"腾笼换鸟"工程和工业企业节地挖潜工程，清理无效、低效用地。加强老旧小区的改造，腾出低效开发用地，提升土地利用效率。四是大力推广绿色建筑和节能建筑。拓展低碳建筑市场，鼓励建筑企业使用绿色建材，大力推广装配式建筑、超低能耗建筑。

建立健全生态文明制度。全力倡导生态文明，强化约束性制度建设，规范市场主体和广大居民生产生活行为。一是加强生态环境监管。以"三线一单"为重点，加强生态环境管控，建立打破地区、流域、海域限制的生态环境共治机制，探索实施能源、水、建设用地等关键生产要素的总量、强度"双控"。二是构建更加完善的生态环境保护体系。完善生态功能区转移支付制度体系，在生态环境损害赔偿方面加大力度，推广环境污染强制责任保险，以京津冀为重点推进横向生态补偿。三是加强自然资源资产产权和使用制度改革。开展相关产权的确权和登记，保护各类产权主体的应有权利，分离产权与使用权，鼓励使用权开展资本化运作。

(五)优化和完善现有经济体制,为现代化经济体系提供制度和机制保障

建设更高标准的市场体系。必须针对当前体制机制存在的突出问题,清理一切影响统一市场建设和开展公平竞争的规定和做法,建立市场自由开放、竞争充分有序、市场行为合理规范的现代市场体系。一是加大市场开放力度。制定好市场准入负面清单,坚决破除各类隐性门槛,保证各类市场主体"非禁可入"。二是推动要素合理自由流动。消除制约城乡建设用地统一市场建设的关键制度障碍,破解户籍制度壁垒,构建多层次人才、技术、资本市场,加快培育发展数据要素市场,破除妨碍要素流动的体制机制弊端。推进水、电、石油、天然气、电信等领域价格改革,最大限度发挥供需关系决定价格的作用。三是完善现代服务市场。破除流通领域体制机制障碍,全面减轻企业物流成本压力。建立服务标准体系,大力保护消费者权益,保障集体诉讼权利。

建立更具激励性的收入分配体系。建立与发展阶段相适应的收入分配体系,对于调动劳动者和市场投资主体的积极性意义重大,对促进经济增长、加快转型升级都具有巨大的推动作用。必须按照"体现效率、确保公平"的原则,优化收入分配体系,提升制度激励作用。一是建立更加注重效率的初次分配制度。坚持多劳多得,在初次分配中进一步提高劳动报酬比重。提升高校和科研机构工资分配自主权,鼓励企事业单位工资制度更多向科研人员倾斜。按照生产要素市场贡献决定分配比重。二是建立更加注重公平的再分配制度。进一步强化财政转移支付,在财政支出方面优化结构,促进基本公共服务均等均衡。优化城乡一体的养老和医疗保险制度,健全社会救助、福利、慈善等制度,加强优抚安置能力和水平,对基本民生保障实现全面兜底,增加低收入群体和弱势群体收入。

塑造更为优越的营商环境。营商环境就是竞争力。必须坚持需求和问题导向,注重政策效果,持续改善、优化、提升营商环境。一是打好政务服务环境优化提升战。围绕企业开办方便、项目投资便利、经营和生产便利,进一步压缩审批事项、优化办理流程,充分利用信息手段加强审批事项网上办理能力。二是努力构建更为宽松、更加包容的市场环境。推进结构性减税,严格落实留抵退税、社保降费等政策,规范行政事业性收费,全方位降低企业运营成本。建立包容审慎的市场监管机制,探索对"四新经济"的包容化管理,建立科学合理、适度合规的"容错"机制。三是建立更加公平、更加透明公开的法治环境。强化科学立法,健全执法记录、公示和审核制度,对垄断行为进行坚决抵制,加强公平竞争审查,保障知识产权拥有主体的权利,完善社会信用体系,营造能够保障各类主体依法获取资源、公平参与竞争、不因企业性质受到不公平待遇的法制环境。

(本文作者:苏凤虎、杨华、罗静。本文收录于《京津冀协同发展报告(2022)》。)

对河北经济发展的认识和思考

河北经济区位独特、战略地位突出，在国家发展大局中承担着重要功能、发挥着重要作用。党的十八大以来，全省上下坚决贯彻习近平总书记对河北的系列批示指示精神和中央决策部署，深入推进国家战略、国家大事落地落实，经济社会发展不断取得新成效。站在新的历史起点上，国内外发展环境发生深刻变化，河北既肩负着国家战略和国家大事落地落实的重要使命，又面临着高质量赶超发展的艰巨任务，需要准确识辨河北经济发展的主要矛盾问题，科学把握历史方位，针对性部署重大举措，推动全省经济行稳致远、跨越赶超。

一、河北经济发展的主要矛盾问题

（一）主要特征

河北内环京津、东临渤海，连接东北、西北、中原、华东四大经济区，既是名副其实的沿海省份，又是久负盛名的京畿重地，承担着拱卫首都安全的政治责任和服务京津及全国改革发展大局的重任，经济发展具有三个鲜明特点：一是资源依矿型[①]的产业结构，受益于良好的资源组合，形成了以钢铁、化工、建材等原材料工业为主的工业体系，是全国重要的重化工业基地，最高时重工业比重超过 80%[②]；二是城郊型的城镇体系，全省城镇基本围绕京津两个超大城市布局和配置功能，城市功能不全、层次不高、要素集聚能力较弱，至今没有形成对全省具有全局影响的中心城市，"大省小城"特点突出；三是割裂的区域发展，河北省是全国唯一一个内嵌两个直辖市的省份，省域空间一分为三，冀东、冀北、冀中南难以有效协调联动，始终没有形成独立统一的经济中心。

（二）矛盾问题

站在开启新征程的关键节点上，重新审视和观察河北经济发展存在的突出矛盾和问题，可以概括为两句话：综合实力与人口大省地位和优越区位条件不相称，经济总量（地区生产总值）已从 2010 年的全国第 6 位滑落到 2021 年的第 12 位；质量效益与全

---

① 主要产业是依托矿产资源发展起来的资源型产业。
② 作者根据历年的《河北统计年鉴》相关数据计算所得。

国相比存在较大差距，人均 GDP 全国倒数第 5，税收收入占一般公共预算收入比重比全国低 15 个百分点左右①，仍是东部区位、中部水平，发展不充分依然是河北省的主要矛盾。

具体表现为：一是增长动能转换不快。农产品加工转化率比全国低 10 个百分点，高附加值农产品占农产品出口总额的比重仅为 20%；规上工业中能源原材料工业占比仍超过 60%，高新技术产业增加值占比仅 21.5%，远低于安徽、江苏、浙江等省份；营业收入超百亿元的服务业企业仅 15 家，主要集中在能源、港口和房地产领域。二是城镇化水平低。2020 年，常住人口城镇化率 60.01%，居全国第 21 位，设区市无一进入"万亿城市俱乐部"，石家庄经济总量仅相当于郑州的 49.5%、济南的 58.5%。县域经济整体实力不强，地区生产总值超过 200 亿元的县不足四分之一，而山东、河南、安徽的比重均超过 70%。三是科技创新能力不足。综合科技创新水平指数排名全国第 18 位，2020 年研发投入占 GDP 比重比全国低 0.7 个百分点，专利授权量不足江苏的 1/5，仅为浙江的 1/4，"世界一流大学"建设高校仍是空白，万人大专以上学历人数在全国均处于中下游水平。四是开放水平较低。2021 年外贸依存度仅 13.4%，低于全国 21 个百分点，实际利用外资仅为河南的 55%、山东的 54%、江苏的 40%，进出口总值仅为江苏的 10.4%、浙江的 13.1%、山东的 18.5%、福建的 29.4%。五是营商环境不优。据北大光华 2021 年全国 31 省区市营商环境评比结果，河北省营商环境为 B 级，居全国第 16 位②。

（三）深层原因

一是思想保守，缺乏敢为人先的开创意识。在改革创新上畏首畏尾、迟疑不决，习惯于模仿跟随，即便是国家赋予了先行先试权也大多不敢为、不愿为、不会为，"帽子"拿了一大堆，却鲜有全国开创意义的探索试验。二是思维僵化，缺乏立足省情的自我谋划。对发展自己就是服务国家大局认识不清、把握不准，机械僵化地落实国家战略，聚焦自身发展的谋划不足，没有形成国家重大战略与河北发展需求、阶段任务深度结合的战略思路。三是应变不足，缺乏纲举目张的精准聚焦。虽然早已意识到钢铁作为河北省既有战略产业已无增量空间，但对打造新兴战略产业的必要性始终认识不足，缺乏深入研究、超前谋划、精准培育，发展重点面面俱到，主导产业仍达 12 个之多。四是战略摇摆，缺乏筑基利远的长期坚持。近十年来先后提出举全省之力打造两大增长极、举全省之力办好"三件大事"、全力支持省会建设发展，发展重心"摇摆"，不仅使广大干部群众无所适从，更导致战略资源分散和浪费，没有形成引领全省发展的战略增长极。五是奖惩失衡，缺乏干事创业的正向激励。在发展导向上，兜底类指标都是约束性的，发展类指标都是预期性的；在结果奖惩上，惩罚性负向约束硬、力度大，奖励性正向激励软、力度小；在过程监督上，名目繁多、频率过高、多头重复、重痕轻绩，动辄问责追责，导致广大干部缺乏谋发展的内生动力，很多人顾虑"洗碗越

---

① 作者根据历年的全国各省统计年鉴的相关数据计算所得。

② 作者根据河北省及相关省份统计年鉴相关数据计算汇总、《中国省份营商环境评价》、作者前期研究成果、网络媒体报道等渠道所得。

多摔碗越多"，不担当不作为，甚至直接"躺平"。

二、河北经济发展的总体考虑

(一)历史方位

胸怀大局、把握大势、着眼大事，因势而谋、应势而动、顺势而为，是谋发展的基本方法论。谋划新时期河北发展，不仅要抓住主要矛盾问题，更要把握新的历史方位。从时代大势看，新一轮科技革命和产业变革深度演进，国际竞争由增量共赢进入存量博弈时代，经济和科技发展的内在逻辑发生深刻变化，要求我们必须准确识变、科学应变、主动求变，在有效应对变局中抓住新机、开拓新局。从国家大局看，我国进入高质量发展新阶段，加快构建内外循环新格局，河北省有机会、有条件、也有责任打造具有全球影响力的先进制造业基地、功能性消费目的地、陆海双向开放枢纽，与京津共建大循环的中心支点和双循环的战略链接。从发展阶段看，河北省工业化正在由中期向后期过渡，制造业发展尚不充分，供给体系质量和效率依然不高，城市化尚处在人口和要素向中心城市集聚阶段，城乡低水平不平衡问题突出，促发展、快发展、大发展依然是河北省当前和今后一个时期的核心任务。

(二)基本思路

基于上述对河北经济发展主要矛盾问题和历史方位的认识，初步考虑下一步全省经济发展应围绕一个中心，即以高质量跨越赶超为中心，坚持发展第一要务，进一步解放思想、真抓实干，努力在较短时间内实现经济总量重返前十；聚焦两个重点，即把产业和城市发展摆在突出位置，集中资源，强力推进制造强省，打造具有全球竞争力的产业集群，全力推动中心城市扩能提质，打造引领区域发展的主平台；升级两个引擎，即牢牢扭住创新和开放两大动力源，以创新能力和开放水平大提升支撑全省经济大跨越；激活两大主体，即充分激发企业家投资置业、干部干事创业的内生动力，汇聚起全省砥砺奋发谋发展的中坚力量；用好关键一招，即全面深化市场化改革，聚焦重点领域、关键环节，推出一批关键性、突破性、创新性改革举措，努力营造公平、透明、可预期的制度环境。

(三)重大关系

推动全省经济高质量跨越赶超，在全局上应处理好四大关系：一是处理好自身发展与协同发展的关系。发展自己就是服务京津，缩小落差才能更好协同，既要落实好国家重大战略，更要用好历史性战略机遇，加快河北发展，以更好的自己担当国家使命。二是处理好速度与质量的关系。经济发展没有一定的速度很难谈到质量，没有相应的质量也很难维系发展速度，面对河北经济不进则退、慢进亦退的严峻形势，唯有保持一定的发展速度，才能保证更高质量发展。三是处理好破旧与立新的关系。坚持先立后破，谨慎出台收缩性政策举措，聚力培育新动能、创造新供给，持续推动增量崛起，确保全省经济动能不断档、发展不失速。四是处理好整体推进与重点突破的关系。既要整体性、系统性整装部署，更要聚焦重点领域、重点区域集中发力，以局部的快速突破引领全省跨越赶超。

三、河北经济发展的战略任务

基于上述总体考虑，今后一个时期，河北省经济发展应聚焦以下五大战略任务。

（一）能动有为，落实国家战略国家大事

深入贯彻落实习近平总书记"在对接京津、服务京津中加快发展自己"指示精神①，高标准高质量推进雄安新区建设发展，加紧探索雄安辐射周边、带动全省的新机制，打造新时代高质量发展的全国样板；深入推进京津冀协同发展，建好高水平承接平台和协同发展示范区，推动与京津共同开展要素市场化配置综合改革试点，吸引更多京津高端要素向河北聚集，加快打造高端产业集群；抓住新一轮基础设施建设重大机遇，全面加强5个方面、17个领域、30多类项目的谋划建设力度，积极跑办，争取更多项目纳入国家规划或计划"盘子"，推动全省基础设施水平实现新跨越。加快发展后奥运经济，大力发展冰雪产业，建好京张体育文化旅游带，放大奥运效应，释放奥运红利。

（二）精准聚焦，打造新兴战略产业

钢铁作为工业社会的基础材料产业，支撑了河北省40多年的高速发展，至今仍是具有全球影响力的世界级产业，是河北省名副其实的战略产业，但未来增量空间已十分有限。着眼未来，必须尽快确立并加快培育新兴战略产业。一是综合考虑市场前景、带动能力、产业基础、要素支撑等因素，建议将生物产业、高端装备和新一代信息技术三大产业作为新兴战略产业，集中力量和资源重点培育。二是研究制定新兴战略产业培育行动计划，逐一分析全球价值链格局，明确突破方向和发展目标，有针对性地制定发展路线图和时间表。三是不惜代价引进具有全局作用的重大项目、核心企业、关键技术、领军人才，超前谋划布局关键基础设施、重大载体平台、关联配套产业和要素保障条件。

（三）梯度推进，做大做强中心城市

中心城市是现代经济的发动机、区域竞争的主战场、科技创新的策源地，要实现全省经济跨越赶超，必须围绕与京津共同打造世界级城市群，因地制宜、梯次推进、分类施策，做大做强中心城市。一是集中资源打造3个万亿级头部城市，加快现代化、国际化美丽省会城市建设，推进唐山现代化滨海城市建设，推动保定与雄安新区同城化发展，形成京津冀世界级城市群的次核心城市。二是优化邯郸、沧州、廊坊、秦皇

---

① 2016年7月28日，习近平总书记视察唐山时，对河北推进京津冀协同发展提出明确要求，要"在对接京津、服务京津中加快发展自己"。

岛、张家口、承德、邢台、衡水等城市空间布局，完善现代服务功能，提升综合承载能力，打造一批五千亿级功能性节点城市。三是因地制宜加快县城基础设施提档升级，提升公共服务供给能力，大力发展县域经济，壮大107个县域特色产业集群，打造一批引领县域发展的千亿级中小城市。

（四）引培并举，强化战略科技力量

战略科技力量是体现一个国家或地区科技实力的中坚力量，国际和区域竞争比拼的就是战略科技力量的强弱。实现河北经济高质量跨越赶超，必须加快打造一支站在世界科技前沿、符合国家战略需求和河北发展需要的战略科技力量。一是加大力度争取国家实验室布局雄安，谋划建设诺贝尔奖科学家实验室，聚焦关键领域布局建设一批河北实验室，争取国家重大科研设施和科学装置在河北省布局建设，打造全省战略科技力量核心中枢。二是集中力量在石家庄打造1所"世界一流大学"，支持河北大学、燕山大学等重点高校开展一流基础学科建设，争取国家在河北布局基础学科研究中心，加快形成支撑河北省创新能力持续提升的学科体系。三是聚焦战略性领域，建设一批省级产业创新中心，争取国家产业创新中心在河北省布局建设，助力打造未来竞争新优势。四是强化政策和体制机制创新，大力引培科技领军企业和人才团队，打造高水平科研攻坚力量。

（五）提升能级，建设高水平开放平台

实现河北省高质量跨越赶超出路在开放、关键在平台特别是高能级平台。一是高标准建设雄安开放发展先行区，加快建设国家数字经济创新发展试验区、金融创新先行区和跨境电商综合试验区，全面深化服务贸易创新发展试点，探索更高水平开放型经济新体制。二是加快自由贸易试验区创新发展，聚焦重点领域主动开展首创性、差别化改革探索，构建制度创新和开放政策体系，打造国际化对外开放新平台。三是加快大兴国际机场临空经济区建设，落实国际交往中心功能承载区等定位，大力招引高端高新产业项目，打造国际投资新热点。四是全面提升开发区能级，推动开发区优化整合和升级扩区调区，深化开发区改革，推行公司化运营，营造国际化软硬环境，大力发展外向型经济，培育壮大主导产业，打造全省开放发展主阵地。

四、当前推动河北经济开新局的工作举措

推动河北经济重整行装再出发、凝心聚力开新局，应突出抓好以下五方面工作：

（一）组织开展解放思想大讨论

思想是行动的先导，没有思想的破冰，就难言行动的突围。推动河北经济高质量跨越赶超，既要从工作层面查问题、议对策，又要从思想层面找不足、挖根源，有的放矢地"解"、实实在在地"放"。要以"解放思想聚合力、真抓实干促发展"为主题，广泛开展大学习、大调研、大讨论活动，着力破除与新时代要求、高质量跨越赶超不相

适应的思想观念和思维定式，推动改革再深入、实践再创新、工作再抓实，在全省上下营造争先创优、创新求变、踏实务实、干事创业的浓厚氛围，以思想大解放推动发展大突破。

(二)实施招商引资"一号工程"

招商引资是经济发展的生命线和源头活水，实现经济高质量跨越赶超，必须把招商引资作为"一号工程"牢牢抓在手上，以超常的举措招商引资、招才引智、招大引强。创新招商方式，突出平台招商，深化展会招商，强化中介招商，开展资本招商，推动以商引商，加快云招商，提升招商精准度和成功率。建强招商队伍，全面加强招商人员培训，探索实施招商雇员制、专员制，聘任招商大使、招才顾问，打造专业队伍、投资人队伍、企业家队伍、冀商队伍四支招商大军。健全招商机制，实施招商引资一把手工程，建立重大项目招引协调机制，鼓励跨区域合作招商，完善招商考评激励机制，营造"比学赶超"招商氛围。

(三)狠抓项目建设

项目建设是推动经济发展的第一抓手，抓发展必须抓项目。坚持项目为王，强化重大项目谋划，围绕创新驱动发展、产业生态打造、城市能级提升，筛选重点领域细分赛道，谋划一批"大、好、高"项目，充实完善项目储备库。紧盯重大项目，建立一个项目、一位领导、一套班子、一套方案攻坚机制，确保项目快速落地。完善投资要素保障机制，坚持要素跟着项目走，全力保障项目用地、用能、用水和资金需求，确保项目快开工、快投产、快见效。

(四)塑造一流营商环境

营商环境就是生产力，一流营商环境才有竞争力，推动经济高质量跨越赶超必须打造全国营商环境新高地，形成吸引外部要素资源的"强磁场"。深化"放管服"改革，持续推进"一件事"集成审批机制改革，推动更多政务服务事项"最多跑一次"，加快政务服务全程在线办和指尖办，打造极简审批高速路，推进"无证明城市"建设。创新市场监管机制，探索推行动态审慎监管，量身定制包容审慎监管模式，打造投资创业最包容省份。全面推进透明执法、公正司法，甄别纠正一批侵害企业权益的错案冤案，切实保障民营企业家人身和财产安全，让企业家安心创业发展。建立健全政商交往正负面清单，鼓励支持干部与企业家交朋友，理直气壮、依法依规服务企业，构建亲清新型政商关系。

(五)建立科学考核激励机制

考核就是指挥棒，直接决定着各级干部的政绩观念和行为取向。推动经济高质量跨越赶超，必须发挥好考核的指挥棒作用，建立导向鲜明、简便易行的量化考核机制，考核内容上充实完善发展类指标，考核对象上突出省直部门和市县领导班子，考核方式上注重并联、减少重复、降低频率，考核结果运用上突出正向激励，引导干部由"要我干"变为"我要干、我会干"。加快完善容错纠错机制，真正落实"三个区分开来"，切实为担当者担当、为干事者撑腰、为创业者松绑。

（本文作者：高智、王素平、杨华、张金杰、张宏兴、苏凤虎、梁世雷、黄贺林、王哲平、罗静、王富华、吴谡、戴海益。本文系 2022 年河北省发展和改革委员会杨永君主任交办研究课题成果。）

河北发展重大战略问题研究

习近平总书记指出："战略上判断得准确，战略上谋划得科学，战略上赢得主动，党和人民事业就大有希望。"①党的二十大报告指出："未来五年是全面建设社会主义现代化国家开局起步的关键时期。"为全面落实国家重大战略，优化河北省重大战略布局，深化战略内涵，推动战略有效实施，特开展全省发展重大战略问题研究。

一、研究背景

(一) 开展战略问题研究的必要性

重视战略问题是中国共产党创造百年辉煌奋斗史的重要经验，是党团结带领中国人民不懈奋斗的重要命题，开展战略问题研究是面对复杂深刻的国际形势和艰巨繁重的改革发展任务的必然选择。

(二) 新发展阶段的重大国家战略

党的十八大以来，以习近平同志为核心的党中央针对关系全局、事关长远的问题，提出实施了一系列重大发展战略。主要有创新驱动发展战略，"一带一路"重大国家战略，京津冀协同发展、长江经济带发展、粤港澳大湾区建设、长三角一体化发展、黄河流域生态保护和高质量发展等区域重大战略，乡村振兴战略和以人为核心的新型城镇化战略、扩大内需战略、积极应对人口老龄化国家战略、就业优先战略、国家安全战略、粮食安全战略、能源资源安全战略、金融安全战略等。

二、河北省实施的重大战略历史回顾

(一) 事关全局的重大发展战略

河北省重大发展战略的演变历程，大体可以分为以下三个阶段。

---

① 2022 年 1 月 11 日，习近平总书记在省部级主要领导干部学习贯彻党的十九届六中全会精神专题研讨班开班式上的讲话。

第一，探索阶段（改革开放至 1992 年邓小平同志南方谈话）。党的十一届三中全会后，河北省在全国较早地开始了对经济发展战略的探索与实践。党的十三大提出："把发展科学技术和教育事业放在首要位置"，1988 年河北省确定了实施"科技兴冀"战略的思路。1991 年，河北省"八五"计划纲要明确提出坚持贯彻落实"科技兴冀"战略。

第二，深化阶段（1992 年至党的十六大）。1992 年，为贯彻落实党的十四大提出的"加速环渤海湾地区开放和开发"决策部署要求，中共河北省委四届五次全会提出"对外开放要以环渤海湾为重点，对内开放要以环京津为重点，借以带动全方位的大开放"，首次提出"两环开放带动"概念。1995 年，为贯彻落实党的十四届五中全会"科教兴国"战略方针，河北省将"科技兴冀"战略调整为"科教兴冀"战略，与"两环开放带动"战略一同确定为河北省现代化建设的两大主体战略。1996 年，《河北省国民经济和社会发展"九五"计划和 2010 年远景目标纲要》明确实施"科教兴冀"和"两环开放带动"两大主体战略。1997 年，党的十五大提出"在现代化建设中必须实施可持续发展战略"要求，河北省决定把"可持续发展"战略作为主体战略之一。1998 年，河北省明确提出：全力实施"科教兴冀""两环开放带动"和"可持续发展"三大主体战略。

第三，完善阶段（党的十六大至今）。2003 年，为贯彻落实党的十六大提出的"走中国特色的城镇化道路"决策部署，中共河北省委六届三次全会提出实施"城镇化"战略，与"科教兴冀""两环开放带动"和"可持续发展"一起，列为河北省经济社会发展的四大主体战略。2004 年，河北省调整"城镇化"的发展思路，将"城镇化"战略修订为"城市化"战略。2011 年，《河北省国民经济和社会发展第十二个五年规划纲要》提出，"推进新型城镇化"，"走符合河北实际的新型城镇化道路"。2013 年，党的十八届三中全会提出："坚持走中国特色新型城镇化道路"，河北省也将"新型城镇化"战略内涵进行了丰富完善，强调把新型城镇化作为发展的重大潜力，坚持走中国特色新型城镇化道路。至此，河北省主体战略演变为深入实施"科教兴冀""两环开放带动""新型城镇化""可持续发展"四大主体战略，指导引领河北经济和社会发展的四大主体战略体系基本构建形成。

（二）主要领域发展战略

1. 区域协调方面

2004 年，河北省提出"加快发展中间一线，积极推进南北两厢"的战略构想。2011 年提出实施"四个一"战略重点。2014 年深入实施"京津冀协同发展"战略。2016 年提出实施"主体功能区"战略。2017 年提出深入实施"两翼"带动发展战略、区域协调发展战略和主体功能区战略。

2. 经济发展方面

1992 年、1993 年河北省提出了建设"经济强省"的战略目标。1997~2017 年，先后提出实施"质量兴省名牌兴企"战略、"扩大内需"战略、"工业强省"战略、"质量兴省"战略、"大数据"战略、"旅游产业化"战略。河北省"十四五"规划纲要提出，实施"扩大内需"和"项目带动"战略，并把"质量兴省"战略修订为"质量强省"战略。

3. 创新驱动方面

20 世纪 80 年代末，河北省提出"科技兴冀"战略，之后演变为"科教兴冀"战略。为贯彻落实党的十八大决策部署，河北省提出大力实施"创新驱动发展"战略，并一直延续至今。

4. 生态保护方面

1988 年，河北省提出实施"可持续发展"战略。2012 年，河北省提出生态立省战略。"十三五"时期提出努力打造京津冀生态环境支撑区。"十四五"规划纲要提出实施可持续发展战略，落实碳达峰碳中和战略部署，打造首都水源涵养区和生态环境支撑区。

5. 民生改善方面

"九五"期间，河北省将教育事业摆在优先发展的战略地位。"十二五"时期提出实施就业优先战略、城乡社区警务战略等。"十三五"时期提出实施城乡均等化就业战略、"宽带中国"战略、"两河战略"等。"十四五"时期继续实施科教兴冀战略、就业优先战略、落实国家粮食安全战略，藏粮于地、藏粮于技战略，国家安全战略，又提出实施全民健身国家战略、积极应对人口老龄化国家战略等。

6. 改革开放方面

"九五"期间，河北省提出实施两环开放带动战略、以质取胜和市场多元化战略。"十五"时期提出实施大经贸战略和"走出去"战略。2004 年，河北省提出"科技兴贸"战略。2008 年，河北省提出实施出口品牌战略。"十三五"规划纲要提出实施优进优出战略，落实"一带一路"倡议。"十四五"规划纲要提出要促进国内国际双循环和实施"走出去"战略，实施开放带动战略，深度融入"一带一路"。

(三) 战略实施效果分析

从战略实施效果来看，呈现四个方面特征：一是战略决策具有前瞻性和引领性；二是战略制定具有时代性和针对性；三是战略布局既全面又能突出重点；四是战略实施具有科学性和灵活性。同时也存在一些问题：一是实施战略过程中缺乏有力抓手；二是实施战略过程中缺乏执行力；三是部分战略的实施缺乏连续性。今后，河北省要坚持发展是第一要务，发展仍是解决所有问题的关键这个重大战略判断，未来的重大战略必须围绕高质量发展这个主题展开。

三、河北省发展基础和当前形势分析

(一) 现实基础

党的十八大以来，河北省的经济社会取得了长足进步，重大国家战略深入实施，综合经济实力不断提升，生态环境质量持续改善，人民生活水平稳步提高，社会大局长期和谐稳定，为加快建设经济强省、美丽河北奠定了坚实基础。

(二) 重大机遇

河北面临京津冀协同发展、雄安新区建设、海洋强国建设、数字经济发展、绿色低碳发展和基础设施建设等机遇，这些都是千载难逢的宝贵机遇，这是河北省实现跨越提升的强大支撑。

(三) 面临挑战

河北省发展取得长足进步，但同时也面临诸多挑战：一是创新意识不强，发展动力不足；二是市场意识不强，资源配置不活；三是区域协调发展不充分，城乡发展不平衡；四是服务意识不强，营商环境不优；五是民生保障有待提高，一些领域存在风险隐患。

四、河北省重大战略重点

结合河北省现在所处历史方位和发展定位，河北发展重大战略既要贯彻中央的精神也要体现河北的特色，既要突出重点也要包含全面，既要坚持实施的连续性也要有内涵的创新性，按照此原则，提出下一阶段河北在五大领域深化各项战略思路和方向。

(一) 区域协调发展领域

1. 深入推进京津冀协同发展战略

推动重点领域协同发展向纵深拓展，推进产业链、创新链、供应链深度融合，加强公共服务共建共享。促进廊坊北三县与北京通州区一体化发展，积极承接北京非首都功能疏解，提升公共服务一体化水平，推动北京优质教育、医疗资源向廊坊北三县延伸。加快北京大兴国际机场临空经济区建设，推动空港型综保区、中国(河北)自由贸易试验区大兴机场片区建设。提升承接平台建设水平，加快综合承接平台建设发展，打造京津冀协同发展先行区。推进京津冀要素市场一体化，加快共建区域统一的市场制度规则，完善统一的区域要素服务链条。

2. 大力实施"两翼"带动发展战略

高质量高标准推进雄安新区建设，统筹推进城市整体开发建设。全面落实中央疏解清单，完善配套政策，打造体制机制和高水平开放新高地。大力发展后奥运经济，加强各地冰雪场地设施综合利用，加快发展冰雪产业，组织冰雪赛事，培育新型消费增长点。推进首都"两区"建设，精心打造京张体育文化旅游带，建设国家可再生能源示范区。

3. 优化提升四大战略功能区

一是环京津核心功能区，重点做好北京非首都功能疏解承接，加快北京大兴国际机场临空经济区、廊坊北三县等重点区域人口产业集聚发展。二是沿海率先发展区，重点发展战略性新兴产业、先进制造业以及生产性服务业，打造环渤海高质量发展新高地。三是冀中南功能拓展区，重点承担农副产品供给、科技成果产业化及高新技术产业发展功能，打造制造强省战略支撑区。四是冀西北生态涵养区，重点发挥生态保障、水源涵养、旅游休闲等功能，打造生态引领示范区。

（二）创新开放领域

1. 大力实施创新驱动战略

实施科教兴冀战略，打造京津冀协同创新共同体，加快科技创新平台建设，推进产学研用深度融合，加大科技创新和成果转化力度。实施人才强冀战略，深化人才发展体制机制改革，健全科技人才评价体系，全方位培养、引进、用好人才。加快数字河北建设，促进数字经济与实体经济深度融合，全面提升经济、社会、政务系统数字化、智能化水平。

2. 深入实施开放带动战略

实施沿海带动战略，推动港口带动、陆海联动、港产城融合发展，发展现代临港产业，建设海洋经济发展示范区和特色海洋产业集群。打造高水平开放平台，推动开发区提档升级，加快自贸区建设发展。实施"走出去"战略，积极融入共建"一带一路"，打造国际一流陆港，深化国际产业投资合作。全面深化改革，深化"放管服"改革，推动要素市场化配置改革，健全现代金融监管体系，完善现代企业制度和市场化经营机制。

3. 持续实施扩大内需战略

实施项目带动战略，着力强化要素供给，全力以赴推动项目建设，积极开展多种形式招商。扩大消费需求和畅通国内大循环，把实施扩大内需战略同深化供给侧结构性改革有机结合起来。建设全国现代商贸物流重要基地，畅通商品服务流通渠道。

（三）城乡融合发展领域

1. 统筹实施新型城镇化战略

打造现代化省会都市圈，实施大省会战略，持续增强省会经济实力，健全省会与周边城市常态化沟通协调机制，加快建设以首都为核心的世界级城市群的区域中心城市。大力发展城市经济，推进制造强省建设，推动现代服务业与先进制造业融合发展，发展现代都市型农业，推进城市更新，打造城市经济新载体。实施县城建设提质升级行动，把县城作为城镇化建设的重要载体，优化县域经济布局，实施县域特色产业振兴工程，推进县乡村功能衔接互补。分类引导小城镇发展，实施特色小镇高质量发展工程。

2. 扎实推进乡村振兴战略

推进农业高质量发展，深化农业供给侧结构性改革，统筹推进四个农业，打造国家粮食安全产业带。加强美丽宜居乡村建设，开展重点领域农村基础设施建设。强化乡村治理体系建设，全面落实"四议两公开"制度，培育文明乡风、良好家风、淳朴民风。健全城乡融合机制体制，积极稳妥推进农村改革，加快城乡基础设施一体化建设和公共服务向农村延伸、社会事业向农村覆盖。

（四）绿色低碳领域

1. 深入实施可持续发展战略

打好污染防治攻坚战，打好蓝天保卫战，系统推进水污染治理，扎实开展土壤污染防治，深化近岸海域综合治理。全面保护山水林田湖草沙生态系统，实施重要生态系统保护和修复重大工程，落实京冀、津冀流域横向生态补偿机制。实施全面节约战略，加快构建循环型工业、农业体系，推进废旧物资循环利用，推动形成绿色生活方式。

2. 科学有序推进"双碳"战略

强化碳达峰碳中和政策设计，制定碳排放达峰实施意见、行动方案和配套政策，推进碳排放权交易市场建设。积极发展新能源，严格控制煤炭消费，合理发展光电、风电、抽水蓄能，推动新能源增长、消纳和储能协调有序发展。推动新能源装备产业链集群化发展，打造张承地区风电光伏发电、绿氢制造"双基地"，科学谋划、精准布局输变电送出工程。

(五) 民生社会领域

1. 扎实推进共同富裕

不断提高人民收入水平，多渠道增加居民工资性、财产性、经营性收入，扩大中等收入群体。深入实施就业优先战略，鼓励大众创业、万众创新，突出做好重点群体就业工作，不断扩大就业容量和空间。促进基本公共服务便利共享，推动城乡基本公共服务标准统一、制度并轨、质量水平有效衔接，逐步缩小差距。

2. 深入实施积极应对人口老龄化国家战略

构建积极生育支持政策体系，推进优生优育全程服务，健全普惠托育服务体系，促进人口长期均衡可持续发展。提升养老保障能力，扩大养老保险覆盖面，深化基本医疗保险制度改革。构建居家社区机构相协调、医养康养相结合的养老服务体系，推进农村互助幸福院提质增效。建立老年健康支撑体系，完善老年健康服务设施，加强老年健康教育、预防保健、医疗卫生、康复护理、安宁疗护等服务。

3. 坚定不移实施国家安全战略

把政治安全放在首要位置，严格落实国家安全责任制，全面贯彻党的民族、宗教政策，及时消除各种政治隐患。切实保障人民生命财产安全，突出抓好重点行业监管、食品药品和农产品安全、防灾减灾、重大设施安全防范等工作。坚持发展和安全深度融合，完善重要民生商品价格调控机制，加强能源安全生产，健全地方金融监管体制机制，抓好网上意识形态阵地建设和重大信息基础设施安全。维护社会稳定安全，建立健全立体化、信息化社会治安防控体系。

五、推动战略有效实施

(一) 加强重大战略研究

高度重视重大发展战略在全省经济社会全局中发挥的重要作用，建立全省战略研究专家库，为开展相关问题研究提供智力支持。

(二) 加强部门协调协作

更好发挥重大发展战略统领作用，明确责任分工，健全工作机制，充分调动各方面的积极性、主动性和创造性，形成强大合力，共同推进战略有效实施。

(三) 加强战略实施保障

强化发展战略实施要素保障性作用，制定出台资金、土地、人才等支持配套政策，确保重大发展战略提出的重点任务、重大举措、重要改革落地实施。

(四) 加强战略刚性约束

充分发挥重大发展战略的基础性、宏观性、先导性作用，确保发展战略实施连续性、有效性和可持续性。

(本文作者：刘静、李珊珊、薛广武、李菁、彭克佳、高晨。本文系 2022 年中共河北省委财经委员会课题(课题编号：2022CJLY13-1)主要内容。)

主动适应新形势新要求
力争实现"十四五"良好开局

2021年是建党100周年，也是"十四五"开局之年，做好全年经济工作意义十分重大。当前，河北省面临的形势在变、任务在变、工作要求也在变，必须精准识变、科学应变、主动求变，确保"十四五"开好局、起好步。

一、准确把握当前河北省经济社会发展面临的内外部形势

当前，国内外形势分异化特征明显，"中国之治"彰显东方智慧。河北省发展动能不断累积，但也面临新一轮新冠肺炎疫情的冲击和影响。总体来看，河北省发展仍处于重要战略机遇期，但发展形势错综复杂。

国际环境不确定性因素增加，河北省扩大高水平对外开放面临严峻挑战。2021年世界经济复苏之路充满不确定性，国际经贸环境呈现多风险并存态势。一是由于新冠肺炎疫情发展情况以及应对措施各异，全球经济将经历不平衡复苏进程，南非等河北省主要对外投资目标国经济复苏不尽如人意，政府和企业债务水平均居高不下，河北省海外投资面临较高风险。二是各国"安全观"泛化问题突出，全球产业链供应链仍不稳定，河北省参与国际分工将面临更多困难和挑战。三是科技领域竞争更加激烈，美国利用多种手段对我国科技发展实施围堵挤压，河北省依靠海外技术提升经济竞争力难度加大。

国内经济呈现加速回暖态势，为河北省全面融入国内大循环创造了有利条件。2020年，我国取得抗击新冠肺炎疫情斗争的重大战略成果，成为全球唯一实现经济正增长的主要经济体。2021年，我国经济将延续回稳向好态势。一是消费持续回暖。随着市场回归常态，我国消费将出现补偿性反弹，同时受新冠肺炎疫情影响，境外消费加速回流，为河北省发展提供了强大的内需动力。二是投资稳定增长。企业经营预期显著好转，制造业投资继续回升，同时我国将持续加大对新基建、民生工程、乡村振兴等重点领域的投资力度，为河北省扩大有效投资创造了有利条件。三是出口呈现快速增长态势。在境外疫情仍未得到有效控制的情况下，国际生产订单不断向国内转移，河北省外贸出口形势较为乐观。

河北省经济增长动力持续增强，推进全省高质量发展具备良好基础。2021年，虽

然河北省受到新一轮新冠肺炎疫情的冲击和影响，但支撑全省发展有利因素持续累积，增长动能不断增强，实现经济高质量发展前景可期。一是重大国家战略和国家大事加快实施。京津冀协同发展深入推进，雄安新区承接非首都功能疏解转移进入加速期，北京冬奥会和冬残奥会筹办工作进入冲刺阶段，河北省战略叠加优势更为明显。二是市场主体活力稳步提升。市场信心不断恢复，民营经济增加值增速持续回升，河北省发展内生动力不断增强。三是创新在现代化建设全局中的核心地位巩固提升，数字经济成为新时期河北省经济发展的重要助推器，以知识、技术、信息、数据等新生产要素为支撑的新动能不断成长。

二、围绕落实新发展理念和构建新发展格局育先机、开新局

按照中共河北省委九届十二次全会要求，紧紧围绕深入落实新发展理念和构建新发展格局，积极应对内外部形势变化，持续推进高质量发展，不断开创各项事业新局面。

以新发展理念为指引，全力抢抓机遇应对挑战。始终坚持以新发展理念为思想指引，抓机遇、迎挑战，推动全省高质量发展。一是坚持创新发展，加快创新型河北建设，提升科技自主创新能力，实现科技自立自强。二是坚持协调发展，深入推进京津冀协同发展战略，加快雄安新区和张北地区开发建设，带动区域协调发展；坚定不移推进制造强省建设，巩固壮大实体经济发展根基；统筹发展和安全，防范化解各类风险。三是坚持绿色发展，做好碳达峰、碳中和工作，着力推进大气污染治理、水污染治理和土壤污染治理，不断增强全省可持续发展能力。四是坚持开放发展，积极融入"一带一路"建设，推动对外出口和对外投资多元化，完善相关预警机制，降低对外经贸合作风险。五是坚持共享发展，抓好重点群体就业工作，不断增加居民收入，实施20项民生工程，持续扩大消费需求，有效拉动投资需求。

全力构建新发展格局，主动适应内外形势变化。面对国际环境不确定因素增加的形势，河北省必须把满足国内需求作为发展的出发点和落脚点，打造国内大循环的重要节点，培育新形势下参与国际合作和竞争新优势。一是坚持扩大内需这个战略基点，在促进消费需求、拉动投资需求方面双向发力。既要以新业态新模式引领新型消费，推动消费升级，全面激活城乡消费市场，也要积极谋划实施"两新一重"工程项目，全面激发全社会投资动力、活力。二是实施产业基础再造工程，强化自主创新能力，提升产业链供应链自主可控水平，在更高起点上融入国内国际产业循环。三是以深化改革为动力，着力破解生产、流通、分配、消费等环节的循环梗阻，促进生产要素区域城乡间高效流动，畅通经济大循环。

三、瞄准关键领域和重点区域精准发力、攻坚突破

面对错综复杂的内外部发展环境，改革发展稳定的繁重任务，必须聚焦关键、突

出重点、精准施策、靶向发力。

打赢疫情防控歼灭战，为疫后经济恢复创造条件。积极应对新年伊始突如其来疫情的冲击和影响，统筹做好疫情防控和疫后恢复工作。一是全力以赴打好疫情防控歼灭战。抓紧抓实抓细疫情防控工作，有效遏制疫情蔓延扩散，为疫后经济恢复奠定坚实基础。二是前瞻性制订疫后重振计划。从要素保障、审批服务、融资支持、考核奖励等重点方面积极争取国家政策支持、研究出台地方政策，为疫后经济恢复提供政策保障。三是积极推进复工复产。着力破解堵点难点问题，在用工保障、减税降费等方面给予企业重点支持，同时加强科技赋能、提振有效需求、稳定外贸外资，为企业复工复产创造有利条件。

全力办好"三件大事"，发挥好国家战略叠加优势。扎实推动重大国家战略和国家大事取得新成效，增强"三件大事"对河北省高质量发展的支撑和引领作用。一是深入推进京津冀协同发展，在产业转移、交通一体化、基本公共服务均衡化、生态环境建设方面实现新突破，借助京津优势要素和市场资源促进河北省发展。二是加快雄安新区开发建设，着力承接北京非首都功能疏解，加强体制机制改革创新，形成可复制推广成功经验和制度成果，引领带动全省高质量发展。三是高质量推进北京冬奥会筹办工作，完善优化冬奥场馆和配套设施，大力发展冰雪产业，放大奥运经济辐射带动效应，努力交出冬奥会筹办和本地发展两份优异答卷。

提升重点地区发展能级，打造高质量发展增长极。集中要素和政策资源，支持优势地区率先崛起，引领带动全省高质量发展。一是提升自贸区建设水平。主动适应国际经贸规则重构趋势，建立具有国际竞争力的河北自贸区制度和政策体系，打造全省高质量发展新引擎。二是大力推进沿海经济带发展。支持唐山曹妃甸区、秦皇岛黄金海岸、沧州渤海新区加快开发建设，推动环渤海港口转型升级，培育壮大海洋经济，为河北省经济发展提供新动能。三是进一步推进开发区改革发展。加大投资、建设、运营、招商、管理市场化、企业化改革力度，增强开发区发展内生动力，打造河北省对外开放的桥头堡、科技创新的策源地。

（本文作者：黄贺林。本文发表于《共产党员》2021年第2期（上）。）

突出难点改革创新　持续优化营商环境

——加快建设全国统一大市场背景下的再思考

　　党中央、国务院高度重视优化营商环境工作。近年来，我国营商环境持续改善，特别是部分地方政府主动对标国际，率先加大营商环境改革力度，取得明显成效，对推动全国营商环境整体优化、培育和激发市场主体活力发挥了较好示范带动作用。2022年4月，《中共中央　国务院关于加快建设全国统一大市场的意见》发布，更是把加快营造稳定公平可预期的营商环境作为主要工作目标之一，提出"以市场主体需求为导向，力行简政之道，坚持依法行政，公平公正监管，持续优化服务，加快打造市场化法治化国际化营商环境。充分发挥各地区比较优势，因地制宜为各类市场主体投资兴业营造良好生态"。可见，优化营商环境，是建设全国统一大市场题中应有之义；建设全国统一大市场，也有赖于营商环境的持续改善。营商环境是市场主体面临的制度性条件，是市场主体生存发展的土壤。好的营商环境就是生产力、竞争力。在加快建设全国统一大市场的大背景下，河北以其特殊的区位和市场优势更应该提高站位、解放思想、改革创新，突出重点难点、持续攻坚优化营商环境。

一、更加突出法治保障，筑牢建设全国统一大市场的基石

　　2020年11月16日，习近平总书记在中央全面依法治国工作会议上的讲话中强调："加快转变政府职能，加快打造市场化、法治化、国际化营商环境"。营造良好的营商环境，加强法治是必然要求。2017年12月1日，河北省第十二届人民代表大会常务委员会第三十三次会议通过了《河北省优化营商环境条例》(以下简称《条例》)，《条例》聚焦彼时河北营商环境的热点、难点、焦点问题，为河北省打造公平公正透明、可预期的营商环境提供了法治保障。2020年1月1日，国务院《优化营商环境条例》正式施行。中共河北省委、河北省人民政府贯彻落实国务院《优化营商环境条例》精神，积极深化省内"放管服"改革，提出"三重四创五优化"工作要求，降低企业成本、提升窗口服务、精准帮扶企业，有力促进了省内营商环境的持续改善和经济的高质量发展。法治化就要营造公开透明、公平公正的法治环境，给市场主体以稳定的预期。要做到规则公开透明，政府所有规则和标准原则上都应该公开，不公开是例外，让市场主体知晓

并按照规则和标准去做。要做到监管公平公正，在法律面前各类市场主体一律平等，政府对各类市场主体一视同仁。要依法保护各类所有制企业合法权益，坚持为各类市场主体营造权利平等、机会平等、规则平等的营商环境，最大限度增加微观市场主体的获得感和安全感，让市场主体放心安心去发展创造。要坚持法治引领，把近年来在优化营商环境工作中的经验做法，变成具有法律约束力的制度规范，为各类市场主体在冀投资兴业提供基础性制度性保障。要坚持对标世界银行营商环境评估和中国营商环境评价两个评价体系，建立健全系统性营商规则体系，狠抓优化营商环境条例和各项政策执行，平等保护市场主体合法权益。

一是着力打造法治化营商环境，要建立健全营商环境法规体系。良法方能善治。《优化营商环境条例》截至2022年5月已全面实施两年多，《中华人民共和国市场主体登记管理条例》自2022年3月1日开始施行。各地各部门要做的就是扎扎实实落实到位，继续做好营商环境方面的法律法规立改废释工作，将行之有效的做法上升为制度规范，当前要重点抓好行政审批、行政收费、政务服务、数据安全共享等领域法规建设。随着"放管服"改革、优化营商环境向纵深推进，碰到法律法规"天花板"的情况越来越多。例如，一些地方推行电子证照、电子印章、电子签名、电子档案，由于法规不健全，造成认定使用难、跨地区办理难。不能让一些过时的规定成为改革的"绊马索"，要按照在法治下推进改革、在改革中完善法治的要求，抓紧清理修改一切不符合新发展理念、不利于高质量发展、不适应社会主义市场经济和人民群众期盼的法律法规，及时把改革中形成的成熟经验制度化。各级政府部门要主动与人大及司法机构沟通衔接，配合做好相关法律法规的立改废释工作，进而建立健全营商环境法规体系。要通过立改废，及时调整各项改革举措对应的规章、规范性文件，固化改革成果，将法治诚信打造成建设全国统一大市场和营商环境的最硬内核，以"法治第一保障"更好服务"发展第一要务"。

二是着力打造法治化营商环境，要依法保护各类市场主体产权和合法权益。构建亲清政商关系，健全政府守信践诺机制，建立政府承诺合法性审查制度和政府失信补偿、赔偿与追究制度，重点治理债务融资、政府采购、招投标、招商引资等领域的政府失信行为，畅通政府失信投诉举报渠道，健全治理"新官不理旧账"的长效机制。全面建立重大政策事前评估和评价制度，推进评估评价标准化、制度化、规范化。要完善产权保护制度，依法全面保护各类产权，严格执行知识产权侵权惩罚性赔偿制度，着力解决侵权成本低、维权成本高等问题。2022年，河北省着眼于打造竞争更加公平的市场环境，将探索完善建立市场准入效能评估制度、建立负面清单案例归集和报告制度、继续深化"证照分离"改革等30余项制度举措。

三是着力打造法治化营商环境，要严格规范公正文明执法。河北省人大常委会2021年四项联动监督发现，行政执法"一刀切""多头检查"问题依然突出。面向7000余个市场主体的问卷调查显示，仅有35%的市场主体对环保执法实施分级治理、杜绝"一刀切"的效果表示认可；面向1749名人大代表的问卷调查显示，42.3%的代表认为在行政执法方面，企业遇到的最突出问题是"执法简单化、一刀切"。要规范执法行为，坚决杜绝罚没任务化、指标化，对逐利执法、过度执法等行为开展专项整治。执法不规范不仅会打击市场信心，还会损害政府公信力和社会公平正义。有关部门应抓紧研究规范行政裁量权，纠正执法不严、简单粗暴、畸轻畸重等行为，提高执法水平。要健全市场监管综合执法工作体系，整合综合执法力量。全面实行执法事项清单管理制度，大力推行行政执法公示、执法全过程记录、重大执法决定法制审核制度。创新部门联合监管、联动执法机制，开展执法监督专项检查、案卷评查，进一步规范执法行动，提升市场监管执法成效。

二、更加突出知识产权保护，培植市场主体活力

产权保护特别是知识产权保护是塑造良好营商环境的重要方面。保护知识产权，就是保护创新、保护企业生产力。《中共中央　国务院关于加快建设全国统一大市场的意见》提出，"完善统一的产权保护制度。完善依法平等保护各种所有制经济产权的制度体系。健全统一规范的涉产权纠纷案件执法司法体系，强化执法司法部门协同，进一步规范执法领域涉产权强制措施规则和程序，进一步明确和统一行政执法、司法裁判标准，健全行政执法与刑事司法双向衔接机制，依法保护企业产权及企业家人身财产安全。推动知识产权诉讼制度创新，完善知识产权法院跨区域管辖制度，畅通知识产权诉讼与仲裁、调解的对接机制"。

一是突出知识产权保护，要完善顶层设计，严格落实统一的产权保护制度。要积极主动融入全国统一大市场建设，根据上位法的立改废，及时修订保护各所有制经济产权的法律规章。探索研究河北省重大产权和企业合法权益侵害事件评价标准。推动知识产权诉讼制度创新，完善知识产权法院跨区域管辖制度，畅通知识产权诉讼与仲裁、调解的对接机制。推进中国（河北）知识产权保护中心建设，加强跨区域知识产权保护协作。健全知识产权保护工作机制，积极构建"行政执法、司法审判、多元调解、商事仲裁、法律服务、社会监督、行业自律"的知识产权大保护格局。

二是突出知识产权保护，要立足促进知识产权转化运用。推动知识产权高质量发展，优化创新环境和营商环境，重在转化应用，以版权为抓手持续提升版权引领高质量发展的强劲动力，全面释放版权激励创新创造的巨大活力，推动经济高质量发展。中国新闻出版研究院"2020 年中国版权产业经济贡献"调研报告显示，2020 年中国版权产业的行业增加值为 7.51 亿元人民币，占 GDP 的比重为 7.39%。其中网络与视频、音乐、游戏等网络版权产业更是成为互联网产业发展的重要创新资源，市场规模首次突破万亿元，达到 1.18 万亿元，同比增长 23.6%。2021 年，中国著作权登记总量达626 万件，同比增长 24.3%。在全球经济复苏不确定性增多的背景下，创新和知识产权保护正成为推动科技进步、促进产业升级和实现可持续发展的重要推动力。一要充分挖掘知识产权信息价值。在确保数据安全的基础上，全面开放知识产权基础数据，充分发挥知识产权信息战略资源价值。围绕国家和河北省关键核心技术实施一批专利导航项目，助力企业优化技术创新方向和研发路径。二要提升知识产权市场化运营能力。

健全知识产权评估体系，完善知识产权价值评估机制和标准。充分发挥各类知识产权交易平台作用，做好质物处置工作。组织开展知识产权质押融资"入园惠企"专项行动，扩大知识产权质押融资普及度和惠益面。三要落实专利开放许可制度。建立专利开放许可信息公开机制，编制专利开放许可服务手册，保障专利开放许可制度规范高效运行。

三是突出知识产权保护，要突出加强商业秘密保护和侵权执法力度。企业的核心竞争力在核心技术。加快制订、发布、实施企业商业秘密管理规范地方标准，指导广大企业建立健全商业秘密管理体系，增强企业商业秘密自我保护能力。聚焦高新技术、关键核心技术领域以及事关企业生存和发展的侵犯商业秘密案件，加大案件办理力度。加大对采用盗窃、利诱、欺诈、胁迫、电子侵入或者其他不正当手段侵犯商业秘密的犯罪行为的打击力度。

三、更加重视服务效能提升，激发经济发展活力和社会创造力

在充分肯定近年河北省营商环境优化改善的同时，更要正视"网上办"获得感不高、政务信息互联互通不畅、生产要素保障不强、公平有序竞争不足、执法不规范、政府靠前服务不够、政务服务不够优、懒政怠政、中小企业融资难融资贵等问题依然存在。2022年4月，作者对2000家市场主体进行的问卷调查显示，近三成调查对象对项目审批工作"满意度"不够高，主要表现在：用地、环评、能耗、规划选址、施工许可等手续办理效率不高；水、暖、电、气等公共服务部门保障力度不能满足项目建设需要；帮扶指导不深不细，企业纾困解难工作针对性不强。在当前经济面临下行压力、建设全国统一大市场的背景下，想要赢得发展先机，就要持续在深化"放管服"改革、提高服务效能、优化营商环境方面下更大功夫，激发市场主体的创新活力和全社会的创造动能，让一切促进经济发展的力量得到充分发挥。

一是更加重视服务效能提升，要以"放"为目标，放出市场创新创业活力。要持续深化全省行政审批制度改革，确保行政许可事项"应放则放、能放尽放"。全面实施市场准入负面清单，严格落实"一张清单"管理模式，确保"一单尽列"；严格执行国家降税减费政策，制定公布相关收费目录清单，确保实现企业降本减负目标。严格执行财政资金直达基层的惠企利民政策，最大限度地发挥好财政资金的使用效能。

二是更加重视服务效能提升，要以"管"为手段，管出良好的统一大市场环境。政府监管部门要切实履行职能，提升"管"的针对性和实效性，对妨碍统一市场和公平竞争的各种规定及做法，严格排查及时整改到位。同时，强化监管手段，全面推行协同监管、信用监管、大数据智能化监管、告知承诺+事中事后监管、包容审慎监管等多重监管方式，积极推行行政执法公示制度和执法全过程记录制度，对政府及其工作人员相关违法违规和不作为、乱作为行为要依法依规严肃追责。对新兴产业要在守法的前提下，实行包容柔性监管。杜绝任何检查"一刀切"关停企业的做法，为营造良好营商环境提供保障。

三是更加重视服务效能提升，要以"服"为宗旨，实现快捷无缝对接服务。要按照

《国务院办公厅关于印发进一步深化"互联网+政务服务"推进政务服务"一网、一门、一次"改革实施方案的通知》要求，以企业和群众办事"只进一扇门"为目标，大力推行政务服务集中办理，实现"多门"变"一门"，政务服务线上线下集成融合，织密政府服务网，做到服务无缝对接，不断提升政府服务效能。全面提升各级政务服务大厅智慧办理水平，构建省、市、县、乡联网的网上办理机制，通过电子签章、人脸识别、电子证照等强化技术赋能，除网上不宜办理事项外，推动全流程网办政务服务事项 100%网上受理、网上审核、网上反馈。要打造"冀时办"升级版，实现便民事项"网上办""掌上办"全覆盖。要完善行政审批标准化建设，严格落实一次性告知和限时办结制度，切实做到"办事一网通""一证通办""一照通办"和限期办结。要加快推进"跨省通办"，尽快实现市场主体登记注册、养老保险关系转移接续等事项异地办理。

四、更加重视系统推进、协调联动、落地生效，持续优化营商环境、市场环境

持续优化营商环境，建设全国统一的大市场，绝非一时之功，也绝非一个地方一个部门之力所能为之，必须系统推进、协调联动、全面发力、久久为功，方能奏效。

一是更加重视系统推进、协调联动、落地生效，要加快改革创新。对标国际国内优化营商环境的先进经验做法，支持各地各部门突出问题和目标导向，聚焦市场主体和办事群众痛点、难点、堵点与期盼诉求，针对优化营商环境工作存在的矛盾问题和短板弱项，在法治框架内积极探索原创性、差异化的优化营商环境有效措施，鼓励基层先行先试创新实践。像深圳、苏州等市围绕中国营商环境评价 18 个指标领域，对标国内国际先进做法；济宁、福州等市依靠大数据平台支撑营商环境优化的创新案例；河北省定兴县推行的"免证办"、黄骅市推行的"云政务"等便民利企新举措，都值得河北省各级政府和部门结合职责和实际，认真研究借鉴，从而不断加大优化营商环境的创新力度。

二是更加重视系统推进、协调联动、落地生效，要加快数字政府建设。加强数字政府建设是创新政府治理理念和方式的重要举措，是创新行政管理方式、提高行政效能、建设服务型政府的重要路径。首先，数字政府建设要赋能提升政府决策能力。以数字化改革统筹推进各行业各领域政务应用系统集约建设、互联互通、协同联动，构建更为高效的政府履职能力体系，更好地为政府治理能力提升赋能与增效。尤其是运用信息技术手段建立健全社情民意反馈机制和反馈渠道，让更多群众参与政策制定、实施监督以及评估反馈，将自上而下的决策体制与自下而上的民意反馈机制有机结合，增强决策的科学性和精准性。要强化系统观念，健全科学规范的数字政府建设制度体系，依法依规促进数据高效共享和有序开发利用，统筹推进技术融合、业务融合、数据融合，提升跨层级、跨地域、跨系统、跨部门、跨业务的协同管理和服务水平。其次，数字政府建设要赋能提升市场主体和人民群众获得感。数字政府建设更有利于公共服务精准供给与对接，提供高质量、便捷、多样化、多层次的公共服务。要积极打造泛在可及、智慧便捷、公平普惠的数字化服务体系，让百姓少跑腿、数据多跑路。

最后，数字政府建设要绷紧数据安全这根弦。数字政府作为数字中国、数字经济的重要基础，已成为提升国家治理能力现代化的重要战略举措和推进服务型政府建设的有力抓手。但不容忽视的是，数字政府系统作为超级数据平台，也面临巨大的安全威胁和风险，需要进一步夯实数字政府建设的安全基石。要加快构建数字政府全方位安全保障体系，全面强化安全管理责任。加大研发和创新，建立相对独立的安全防护系统，为数字政府建设和个人信息保护提供安全可靠的技术支撑，实现数字政府、数字社会的长治久安。

三是更加重视系统推进、协调联动、落地生效，要进一步强化监管和执纪问责。第一，强化人大监督。将优化营商环境监督列入各级人大常委会持续监督重点，推动建立定期定点监督相互结合、人大系统监督上下联动、各级代表监督相互协同、各类信息数据相互联通的优化营商环境监督长效机制。第二，强化纪检监察监督。纪检监察机关要把优化营商环境作为日常监督的重要内容，督促各级党委政府和各有关部门把破除市场壁垒、优化营商环境摆上重要工作议事日程，进一步完善营商环境问题线索查处机制，从严惩处公职人员"无故刁难""吃拿卡要"等问题。同时，要深化以案促改。加强对优化营商环境违纪违法案件的分析总结，举一反三深入剖析问题成因、特点和规律，将监督效能更好地转化为治理效能，推动营商环境持续优化。第三，完善事前、事中、事后监管，全过程强化信用约束。充分发挥信用在市场经济中的"基础桩"作用，积极应用"互联网+"、大数据等手段，加快构建以信用为基础，衔接事前、事中、事后各环节的新型监督体系。做好事前告知承诺，制订可开展告知承诺的事项清单，扩大市场主体信用承诺覆盖面，推行自主公示型、行业自律型承诺；事中评估分类，综合市场主体信用情况，建立分级分类评估模型，匹配实施差异化监管措施；事后惩戒修复，建立失信惩戒措施清单，加快完善信用修复机制。要加快河北省诚信体系建设，健全完善信用联合奖惩和社会失信名单公布管理制度，构建"一处失信，处处受限"的信用惩戒机制，以净化和规范市场秩序，逐步消除和杜绝假冒伪劣、坑蒙拐骗等有悖市场规则行为。同时，加大政务失信行为治理力度，对行政服务失信单位和公务人员依纪依规严肃处理，努力打造诚实守信的和谐营商环境。

营商环境没有最好，只有更好；优化营商环境只有进行时，永远在路上。在建设全国统一大市场的背景下，河北省更要坚持市场化、法治化、国际化原则，大力发挥"有效市场+有为政府"组合效应，全方位贯彻"人人都是营商环境、处处优化营商环境"的理念，从法治保障、公平公正、普惠共享、涉企服务、数字赋能、智慧监管等方面，用改革思维、绣花功夫持续优化营商环境、市场环境，加快现代化经济强省美丽河北建设。

（本文作者：王树林、张计友。本文原载于内刊《专题研究》2022年第4期（2022年5月）。）

促进河北省民营经济发展的对策建议

> 民营经济是全省经济的重要组成部分，是县域经济、沿海经济和城市经济的主要支撑，是提升投资的重要途径、创新创业的主体力量、吸纳就业的主要渠道，是新时代全面建设现代化经济强省、美丽河北的主动力之一。

一、发展现状

民营经济稳中有升。2021 年前三季度，河北省民营经济增加值达到 17885.9 亿元，同比增长 8.1%，高于全省生产总值（GDP）增速（7.7%）0.4 个百分点，占 GDP 的比重达 61.5%，占比较 2020 年（63.3%）降低 1.8 个百分点。民营经济增加值中，分产业看，第一产业增加值 362.0 亿元，同比增长 7.0%；第二产业增加值 8365.6 亿元，同比增长 4.8%；第三产业增加值 9158.3 亿元，同比增长 11.1%。民营经济三次产业结构为 2.0∶46.8∶51.2[①]。

民营经济市场主体持续增长。2021 年上半年，全省市场主体达到 704.3 万户，较 2020 年（692.9 万户）新增 11.4 万户。民营经济市场主体规模不断扩大，吸纳就业能力显著增强。在河北省深化"放管服"改革暨推动民营经济发展工作会议上，通报 2021 年河北省民营企业 100 强，从地区来看，民营企业 100 强排行榜中，邯郸市有 21 家，唐山市有 19 家，沧州市有 13 家，石家庄市有 12 家，保定市有 10 家。从行业来看，黑色金属冶炼和压延加工业企业最多有 37 家，其次为零售业 6 家。从营业收入来看，前十名企业营业收入共计 11813.92 亿元，占总营业收入的 43.6%[②]。

民间投资增长呈现疲态。2021 年 4 月以来，民间投资一直处于负增长，前三季度，全省民间投资同比下降 2.6%。从区域看，雄安新区民间投资下降 57.3%，邢台下降 26%，石家庄（不含辛集）下降 25.1%，秦皇岛下降 1.9%，保定（不含定州、雄安新区）下降 1.6%，沧州下降 1.5%[③]。

二、存在的问题

与先进省份相比，河北省民营经济发展仍有较大差距。一是规模偏小，实力不强。

[①②③] 资料来源于河北统计月报。

2020 年,河北省民营经济的规模仅为福建的 76.4%、浙江的 53.5%、江苏的 39.5%。河北省缺少龙头企业带动,品牌集聚效应不明显,2020 年全国民营企业 500 强,河北省入围 32 家,而浙江、江苏、广东分别为 96 家、90 家、58 家(见表1)。二是创新不足,质量不高。河北省营业收入超过百亿元的民营企业有一半以上是石化和钢铁企业,民营经济的发展还处于产业链中低端,高新技术产业增加值占规上工业的比重低。科技创新能力薄弱,人才和技术缺乏,投放市场的新产品种类、申请发明的专利数少。三是观念保守,管理粗放。部分民营企业家发展理念不够新,小进即满、小富即安等思想较浓,干事创业劲头集中在创业前期。多数企业起源于家族式管理,至今尚未建立比较完善的现代企业制度,管理水平落后、手段单一,管理模式转变与企业发展步伐不一致,制约了企业融资渠道拓展和良性发展。四是环境欠佳,服务不优。玻璃门、弹簧门、旋转门的现象不同程度地存在,出台的有关扶持政策落实不到位,行政审批仍繁杂,资源配置方式仍需优化,融资难、融资贵,政企沟通不畅等问题反映仍然比较强烈。

表1　2020 年河北省民营经济规模、民间投资、民营市场主体与先进省份比较

指标	河北	浙江	江苏	福建	广东
民营经济规模(亿元)	22907.2	42800	58000	30000	58838.4*
民营经济增速(%)	4.4	3.7	5.3	4.3	—
民营经济占 GDP 比重(%)	63.3	66.3	56.8	70	54.6*
民营经济占全部税收收入比重(%)	62.5	66.6	69.9	70	—
民间投资增速(%)	−5.1	2.6	−0.8	1	1.1
民间投资占 GDP 比重(%)	66.9	59.8	68.8	57.8	52.1
民营市场主体(万户)	692.9	776	1189.1	—	—
国家专精特新"小巨人"(家)	102	162	113	117	141
"2020 中国民营企业 500 强"入围企业(家)	32	96	90	21	58

注:表中带 * 数据为 2019 年数据。

资料来源:作者根据各省统计年鉴数据整理所得。

三、对策建议

全面落实习近平总书记关于民营经济发展的一系列重要讲话和对河北工作的重要指示批示精神,通过与浙江、江苏、福建、广东等民营经济大省的比较分析和经验借鉴,提出推动河北省民营经济高质量发展的相关建议。

(一)坚持解放思想促进民营经济大发展

坚持解放思想。党的二十大报告强调:"坚持和完善社会主义基本经济制度,毫不动摇巩固和发展公有制经济,毫不动摇鼓励、支持、引导非公有制经济发展。"深入贯

彻落实党的二十大精神，借鉴先进省份发展民营经济的宝贵经验，在思想上放心放胆，坚持解放思想、实事求是。

鼓励制度创新。放宽放活政策制度，勇于创新，对民营经济发展进行各种政策鼓励，出台支持细化政策，使之落地见效，主动消解过时的、扭曲配置、不利于企业公平竞争环境营造的制度和规则。积极完善相关政策制度，积极推动出台《河北省民营经济发展促进条例》，从各个方面确保民营企业公平参与市场竞争，做到"不限发展比例，不限发展速度，不限经营方式，不限经营规模"，切实履行承诺，促进民营经济快发展大发展。

(二)完善政策供给提振民企发展信心

支持引导民营企业深度参与重大战略实施。加强政企沟通与对接合作，降低民营企业参与区域重大战略的投资门槛，通过政府特许经营、委托建设、购买服务等方式参与河北省重大任务和重大战略建设。瞄准区域重大战略实施需要，政府和行业组织在民营企业投资上加强战略引导和监管服务，提供精准的配套服务，切实提高民营企业投资的有效性和精准性。

充分发挥支持政策的效用。支持民营经济发展，政府服务是关键，要以更优的服务来落实各项政策，最大限度地发挥"政策造血+服务输血"的作用。降低准入门槛，支持民间投资"非禁即入"，确保国家减税降费等税费优惠相关政策落实，强化金融服务实体经济，缓解资金压力，始终给予民营企业广阔的发展舞台。完善政策执行方式，全面梳理已出台支持政策，强化政策的可操作性，确保利好民营企业的改革措施和改革方案能够落地落实，不能让好政策变成空政策。

提升数字化普惠服务能力。加快全省中小企业数字化转型步伐，推动中小企业上云、用数、赋智，促进从生产加工、经营管理至销售服务等全流程数字化转型。发展数字普惠金融，加强数字金融创新，简化融资手续，降低金融服务成本，增加小额信贷供给，破解民营企业融资难、融资贵的难题，推动形成数字普惠金融的应用生态。建立区域内中小微企业信息平台，充分利用智慧城市建设、信用体系建设、互联网+政务服务等信息基础设施，打通生产过程与金融、物流、交易市场等渠道数字通道，实现小微企业工商登记信息及相关的行政许可、行政处罚、税务、用电、用水、物流、金融等关联信息的共享，构建起联结中小企业、银行、物流、仓储以及海关、税务、电信等的信息网络，打破信息孤岛。

(三)激发市场主体活力增强发展内生动力

培育壮大民营市场主体。对标国家"保市场主体"政策要求，围绕先进制造、战略性新兴产业等重点方向，推动要素集聚，实施高新技术企业和科技型中小企业培育计划，引导中小企业走专精特新"小巨人"发展道路，加大对"隐形冠军"、全国"单项冠军"培育企业扶持力度。加强民营企业家队伍建设，实施企业家素质提升培训工程，强化管理创新，做大做强市场主体。实施省外冀商回归推动计划，重点引导冀商总部回归、金融资本回归、人才科技回归、公益事业回归。

增强创新主体作用。将民营企业的创新主体作用视为关键，鼓励民营企业增强自主研发能力和增加投入比重。建立"大企业+创新单元"创新模式，鼓励大企业开放资源、场景、应用、需求，将中小企业创新成果纳入企业采购，促进河北省大中小企业协同创新。聚焦电子信息、新材料、生物医药等重点产业链，打造以创新型领军企业为龙头的"头部企业+中小微企业"协同创新生态圈，促进重点创业链头部企业做大做强做优。开展民营制造企业研发机构提档升级行动，加强河北省民营企业与国家、京津的高端技术平台的深度合作，打造民间协同创新共同体。

(四)加快转型升级促进高质量发展

加强创新赋能促进新旧"齐飞"。加强创新引领，以打造产业生态为目标，引导民营企业向创新链、产业链、价值链高端攀升。持续开展中小企业创新发展"专利护航"行动计划，聚焦提升中小企业创新能力和专业化水平，以专利综合分析应用为切入点，提高中小企业专利意识，推动专利创造，加强知识产权信息利用和知识产权运营服务。着力发展壮大科技服务业，深化知识产权强省战略和标准、商标、品牌战略，将传统成本优势、人力优势转换为技术优势、人才优势，将"劳动力密集生产"转向"智能制造"。发展民营经济，特别是县域经济，学习借鉴先进省份经验，推动县域特色产业提质增效，深入推进品牌营销，提升产品美誉度和市场占有率。

建立政企科技创新的伙伴关系。民营企业是强大的科技力量，需要政府与市场协同发力，公共政策不仅要引导研发和人力资本投入，在市场机制的设计上也应该以促进创新为导向，对重点环节、关键领域给予引领和支持，发挥"四两拨千斤"的杠杆作用，引导更多的民营企业参与。对于在高新技术、新型产业领域有一定基础的民营企业，政府应在资金、建设条件方面给予重点支持，促进企业补短板、固优势，在技术实力和经营规模上上台阶。既要注重"量"的提升，更要着眼于"质"的飞跃，量质并重，才能促进民营经济更高质量、更有效率、更可持续地发展。

推动民营制造业服务化。发挥中小微企业植根于市场、贴近用户和消费者，具有制造服务化的条件和环境的优势，推动制造业与互联网深度融合，大力发展智能产品和智能装备产品，通过"制造+服务"模式，加强产品全生命周期管理和服务，引导民营企业向数字化、网络化、智能化转型。实施服务型制造行动计划，开展试点工作，引导和支持有条件的民营企业由提供设备向提供系统集成总承包服务转变、由提供产品向提供整体解决方案转变；围绕客户需求创造价值，构建服务型制造由传统的产品系统发展成为集产品和服务于一体的产品服务系统。

(五)推进民营经济积极融入城乡统筹示范区建设

鼓励民营经济参与新型城镇化战略。引导民营企业向城镇新区、开发区等集聚发展，吸纳更多农业转移人口就业，为新型城镇化建设发挥重要支撑作用。深化城乡公共服务一体化改革，鼓励民营企业参与城乡公共服务建设，补齐城镇公共服务短板弱项。制定民营经济同等享受各种要素资源的政策，支持民间投资参与"两新一重"建设，鼓励民间资本在基础设施建设、老旧小区改造、公共服务、多城同创等领域加大投资。

支持民营经济融入乡村振兴战略。建立公平竞争的市场环境，大幅减少民营经济准入限制政策，提高基层治理法治化水平和管理服务能力，为民营投资"入乡进村"提供专业化服务。立足乡村产业特点、乡风民俗文化和农民利益诉求，创新利益联结机制，形成民营企业、乡村经济和农村居民三方共赢的发展格局，促进城乡居民共同富裕。创新发展乡村振兴政策，结合各地文化和民俗特点，强化政策的系统性、协同性、可操作性，确保政策可以落地落实。

(六)引导民营经济积极应对"双碳"约束

支持民营经济积极参与碳达峰、碳中和。实现碳达峰、碳中和是以习近平同志为核心的党中央从中华民族永续发展和构建人类命运共同体的高度作出的重大战略决策，是我国向世界作出的庄严承诺。双碳目标将加快驱动民营经济新发展，实现包括生产模式、产业结构、能源供给、能源消费等方面的深刻变革。鼓励民营企业加快技术升级和流程改造，谋划新的发展方向与路径，重新定义低碳经济新版图，加快绿色发展。

鼓励民营企业发展新兴产业。依据各级行业协会，加强研究力量，增强低碳技术创新推广应用，促进煤电、石化、钢铁、水泥等高碳民营企业的低碳转型，积极利用清洁低碳能源，充分利用气候条件和生态资源优势，统筹生态建设和环境保护，全面实现产业低碳化发展。鼓励民营企业压减传统化石能源使用，加强光伏、风电等清洁能源利用，提高清洁能源利用比例。

(七)改善政府服务构建政商"亲""清"关系

持续深化"放管服"改革。充分释放"放管服"制度红利，"放"要更大胆，"管"要更有效，"服"要更周到，主动消除各种隐性壁垒，营造公平竞争营商环境，为民营企业创造更大市场空间，充分激发民营经济发展活力。倡导爱岗敬业精神，整治纪律松弛、工作懒散、态度恶劣等现象，杜绝"出工不出力、干多干少都一样"的行为，提升服务意识。

加强信用信息共享共用。加快归集完善企业纳税、社保、法院执行、不动产、水电煤气等信用档案，建立信用共享机制，推进信用信息和信用产品应用，为金融等机构提供社会信用信息支撑。建立信用激励机制，加大对"红名单"守信企业的项目和政策支持力度，落实失信"黑名单"联合惩戒机制，对严重失信企业实行跨部门联合惩戒。

完善政企沟通制度。畅通政企常态化沟通渠道，健全企业家参与涉企政策制定机制。加强社会舆论宣传引导，大力营造尊重和激励企业家干事创业的社会氛围。强化政府诚信，特别是在招商引资时做出的承诺，在实施中应积极履行承诺，不因政府换届而毁约。

(本文作者：刘静。本文发表于《经济论坛》2022年第1期。)

河北省民营经济转型升级的思考

民营经济从无到有、从小到大，既是一部波澜壮阔的发展史，也是一个在内外部多重压力下艰难前行的过程。改革开放以来，民营经济已经成为中国经济发展最活跃的力量，但总体来看，民营经济发展仍然面临着很多难题和体制机制障碍，特别是从新冠肺炎疫情的冲击影响来看，民营经济根基不稳、抵御市场风险能力较弱等问题格外突出。疫情期间，民间投资增速持续下滑，企业家信心不足，大型企业破产重整持续增加，中小微企业盈利水平持续走低，这种情况下，推动民营经济转型升级和高质量发展变得尤为迫切。

一、民营经济转型升级的重要意义

(一)是全面推动我国高质量发展的关键所在

我国经济已由高速增长阶段转向高质量发展阶段。高质量发展要求从经济、政治、社会、文化和生态等多维度、多角度出发，转变发展方式，满足人们更高标准、更多样化的需求。民营经济是国民经济的重要组成部分，创造了60%以上的国内生产总值，也是科技创新的主体，70%以上的技术创新成果来自民营企业，同时，民营经济还是吸纳劳动力就业的主要载体，80%以上的劳动力在民营企业就业[1]。因此，民营经济转型升级和高质量发展事关经济社会发展全局，事关做好"六稳"工作和落实"六保"任务大局，对全国实现高质量发展至关重要。

(二)是建设现代化经济体系的必然要求

现代化经济体系是高度市场化、高度法制化和高度国际化的经济体系。而民营企业在诞生时就依赖于市场，在市场经济大潮中发展壮大起来，它们植根于市场，最了解市场属性，是市场规则的创造者和践行者，是现代化经济体系建设的重要力量；与国有企业相比，民营企业也更期望法制社会的形成和国际市场的开放。建设现代化市场体系离不开民营企业的深度参与，同时也对民营经济发展提出了更高要求。民营经

---

[1] 资料来源于《人民日报》。

济只有转型升级和高质量发展，才能适应国际国内复杂的经济形势，把握时代脉搏，增强应对风险能力，在现代化经济体系建设中贡献应有力量。

（三）是促进社会和谐稳定的基础

民营经济是解决就业问题的主要渠道，也是现代文明的主要推动力，在和谐社会建设中承担着重要的角色。一方面，民营经济的持续健康发展有利于稳定就业、减少社会不稳定不和谐因素。另一方面，由于企业逐利本性，一些民营企业自身素质不高，社会诚信意识不足，存在商标假冒、产品伪劣、财务失真、偷漏税款等各种问题，特别是在中小民营企业中更为突出，劳动纠纷、资源浪费、环境污染、违法犯罪、商业贿赂等问题直接影响到社会的和谐稳定。只有加快民营经济转型升级和高质量发展，加强民营企业自身建设，营造民营企业良好发展环境，才能有效遏制不稳定因素，为社会和谐奠定良好基础。

（四）是民营企业自身持续健康发展的必然选择

近年来，经济下行趋势明显，民营企业面临资金困难、生产成本上升、通货膨胀等一系列问题。一些民营企业处于产业链分工的低端位置，发展方式粗放，技术含量和附加值较低，随着资源环境约束增强，这些企业落后的产业形态已不能适应激烈市场竞争的要求，甚至危及到企业的生存，不转型就有可能被市场所淘汰。突如其来的新冠肺炎疫情不仅对人民群众的生命健康造成严重威胁，也使民营经济面临更严峻的挑战，许多民营企业遭受重创、陷入困境。在疫情和经济下行双重打压下，民营企业唯有转型升级和高质量发展，增强核心竞争力，才能摆脱困境，实现持续健康发展。

二、河北省民营经济发展现状

（一）民营经济成为稳增长的重要支撑

河北民营经济在河北省经济中"三分天下有其二"，总量规模不断壮大、产业结构逐步优化、质量效益持续提升。2020年，民营经济增加值22907.2亿元，比2019年增长4.4%，占全省生产总值的比重达63.3%。在经济形势严峻复杂、产业结构深度调整、发展方式加快转变的关键时期，民营企业勇挑重担，积极适应经济发展新常态，业务领域不断拓展，在高端装备制造、新能源汽车、大健康与生物医药、电子信息、大数据等战略性新兴产业和现代服务业发展中发挥了举足轻重的作用，形成了14个省级战略性新兴产业集群，成为河北经济发展中的强劲动力和吸纳劳动力就业的主要渠道。2020年，河北省280个以民营经济为主的县域特色产业集群收入2348.86亿元，同比增长14.95%，从业人员446.99万人，同比增长3.14%①。

---

① 资料来源于河北省工业和信息化厅。

(二)民营龙头企业带动作用明显

2021 年度河北省民营企业百强榜显示，民营企业 100 强在民营经济发展中发挥了重要领头羊作用，纳税总额约占全部民营经济的 30%，涌现出敬业集团、新奥集团、津西钢铁、长城汽车、华夏幸福等一批行业领军企业，有 25 家企业进入中国制造业 500 强，18 家企业进入中国服务业 500 强。龙头企业在吸纳就业领域发挥了重要作用，民企百强企业中有 18 家企业吸纳就业人员超过 1 万人，其中河北千喜鹤饮食股份有限公司吸纳就业人员达到 11.51 万人[①]。在疫情防控阻击战中，民营龙头企业也表现出了良好的社会责任和抵御风险的能力，随着复工复产的有序推进，新冠肺炎疫情对优质龙头企业的影响逐步降低。

(三)中小微企业生存状态不佳

中小微企业数量多、规模小、经营机动灵活，但资金、人才缺乏，经营管理水平不高，抗风险能力较低，在市场中处于弱势地位。新冠肺炎疫情之前，由于信息不对称程度高、自身经营风险大、转型升级困难、经济增速下滑、中美贸易摩擦等原因，中小微企业已处于较为严峻的经营困境，全省约四分之一的中小微企业利润出现下降。新冠肺炎疫情暴发后，企业停工停产、人流物流中断使中小企业收入大幅减少，同时还要承担较高的人工、租金、原材料等成本，中小微企业盈利空间受到收入与成本两端严重挤压，老难题加新冲击使中小微企业在疫情面前尤其脆弱；特别是交通、旅游、住宿餐饮、居民服务、娱乐、线下培训等行业遭受重创，而这些行业恰恰是中小微企业聚集领域，即使在减税情况下企业的生存压力依然较大。

三、民营经济转型升级面临的主要问题

(一)民营企业转型升级的路径选择风险和压力较大

民营企业特别是中小微企业大多以传统产业为主，个体分散经营，对资源环境依赖性较高，科技创新能力较弱。随着人民生活水平的提高、居民消费结构的升级，对物质、文化、生活环境都提出了更高的要求，企业发展面临着在产业结构、产品质量、环境成本、个性化程度等多方面的调整，这个调整过程对于许多民营企业来说既是一系列创新的过程，也是一个艰难的蜕变过程，一旦决策失误，企业将产生巨大损失，甚至是毁灭性打击，因转型升级失败而使企业陷入困境的案例举不胜举。

(二)民营企业对人才、资金等创新要素的引入困难

转型升级和高质量发展必须要走创新之路。而大部分民营企业创新能力不足，一方面，缺乏创新意识，安于现状，对企业发展缺乏长远规划；另一方面，严重缺乏创

---

① 资料来源于河北省工商业联合会。

新需要的高端创新人才和资金支持。一般情况下，高端创新型人才对工作和成长环境及工资福利待遇等软硬件设施的要求都较高，多数民营企业特别是中小微企业难以满足他们的要求。转型升级需要的一系列研发创新、成果转化、技术改造等行动，都需要大量的资金予以支撑，而民营企业由于综合实力较弱、抗风险能力较差、信用评级机制不完善、缺乏足够抵押物等原因仍然处于"融资难""融资贵"的尴尬境地。人才、资金的缺乏对民营经济转型升级造成了很大制约。

(三)民营企业自身建设的固有缺陷难以突破

民营企业转型升级和高质量发展必须要建立现代企业制度，提升民营企业内生价值和核心竞争力，但长期以来，大多数民营企业以家族式管理为主，缺乏明晰健全的产权制度，"家企不分""族企不分"的现象普遍存在；家长至上的个人决策和"任人唯亲"的用人思想根深蒂固，缺乏拼搏奋进、民主决策、集成管理、理性宽容和以人为本等具有现代特征的企业文化，很难建立起以股份制为主的现代企业制度。由于缺乏长远发展的眼光，大部分民营企业只做生产，不做品牌；重技术设备，不重人才培养；重短期利益，缺乏可持续发展能力。

四、推动民营经济转型升级和高质量发展的几点建议

(一)推动产业转型升级，提高民营经济质量效益

民营企业转型升级的主要方向是产业的转型升级，要逐步摆脱传统产业束缚，以满足人民日益增长的消费需求为导向，向战略性新兴产业、现代服务业和新产业新业态布局。一是推动生产的转型升级和高质量发展。立足于生产高品质产品，着力提升创新能力和水平，积极开展与高等院校和科研机构的合作，开展新产品研发，加快成果转化，延伸产业链条，不断生产新产品，开拓新领域，制定新标准，时刻走在时代的前沿；充分利用大数据、物联网、人工智能等新技术，推进"制造技术、自动化技术和信息化技术"三者融合，形成以"机器自主者"为核心的智能制造，实现工序之间的无缝对接。二是推动服务的转型升级和高质量发展。紧贴市场需求变化，创新服务理念、服务模式、服务内容。在生产服务领域，积极拓展研发设计服务、知识产权服务、科技成果检测、中介咨询等科技含量较高的服务业领域；在生活性服务业领域，突破物理限制和服务半径，提升专业化和精细化程度，提高以健康、医疗、养老和教育为核心的最终需求型服务业价值比重，不断探索新产业、新业态、新模式的发展，加快提升服务业的高端化水平。

(二)加强民营企业自身建设，增强民营经济发展内生动力

民营经济转型升级要苦练内功，把重点放在加强自身建设上，以提升自身发展的内生动力和竞争力为目标，实施企业组织结构、管理制度、技术工艺等改革创新。一要提高民营企业对转型升级和高质量发展的认识。建立优秀企业文化，树立在转型升

级中求发展的理念，增强企业的忧患意识、发展意识、创新意识，要不断开阔眼界、拓展思路，增强加快转型升级、培育核心竞争力的信心和决心，解决企业"不想转""不敢转""不会转"的问题。二要推动企业管理的转型升级和高质量发展。现代企业制度是企业发展壮大的重要制度基础，有条件的民营企业应积极建立现代企业制度，严格按照公司法要求，建立有效运作的股东（大）会、董事会、监事会和经营管理层，完善法人治理结构；暂时不具备条件的民营企业也应从自身实际出发，努力健全企业制度，创新管理方式，强化民主决策、科学决策意识，积极引入职业经理人、现代营销理念，加强企业人才队伍建设，努力提高企业经营管理水平。三要加强品牌建设。品牌既是一个企业的无形资产，也是企业核心价值及核心竞争力的体现。民营企业转型升级和高质量发展，一定要加强品牌意识，提炼品牌核心价值，做好品牌定位和长期发展规划，增强知识产权、商标和专利等保护和防范意识，通过市场营销和产品推广提高品牌知名度和美誉度，推动品牌价值的最大化。

（三）加大创新要素投入，提升民营经济持续发展能力

人才、资金、技术等创新要素既是民营经济转型升级和高质量发展的重要保障，也是民营企业最关心、最难解决的问题，不仅需要企业自身对创新要素的合理使用，更需要相关政策的引导和扶持。一要更加注重人才引进、培养和使用。人才是创新的第一资源。有条件的民营企业应该营造重视人才、尊重人才良好氛围，创造人才生产生活和晋升发展的良好环境，激发人才巨大的潜力和创新力；暂时不具备自主培养人才条件的民营企业要加强与相关机构平台的人才合作，借力发展；政府机构要发挥优势，协助民营企业实施精准人才对接，既要拓展企业"智力通道"，又要避免人才浪费和人才流失。二要积极拓展投融资渠道。现金流是民营企业生存和发展根基，为企业转型升级、人才引进、扩能增产提供重要支撑。民营企业自身要加强信用建设，规范守法经营，坚持创新发展，积极争取各类财政资金支持；参与各类银企对接、项目对接等活动，主动争取银行、投资公司等资金支持；积极争取在主板、新三板和区域股权市场等上市融资，拓展直接融资渠道。金融机构应助力企业在维持流动性的基础上拓宽融资渠道，进一步降低融资成本，实现稳健、可持续发展。一方面，加快推进利率市场化改革。扭转金融抑制现象，充分发挥市场机制作用，引导市场利率下行，降低民营企业融资成本；缓解金融排斥不公，打破金融市场分割，畅通货币政策传导，促进资金脱虚向实。另一方面，创设机制为民营企业增信。在现有征信体系的基础上，由人民银行、银保监会（2023 年 5 月 18 日正式更名为国家金融监督管理总局）等部门联合对企业信用信息采集和公布，解决银企信息不对称问题，培育营造"阳光"业态；通过打造企业信用能力，弥补抵押物不足问题，提高金融机构对民营企业的青睐度。各级政府要引导和鼓励创业投资机构、风险投资机构、私募、基金等各类投资机构为民营企业提供融资服务，对符合国家产业政策和环保政策的转型升级民营企业给予重点支持；设立专门用于民营企业转型升级的贷款担保基金，建立民营企业信用再担保体系。三要有效利用数据等新生产要素。抓住河北省发展数字经济的政策红利，提高民营企业对于数据要素的认知和使用能力，将大数据、物联网、云计算等信息技术充分推广应用到企业生产和经营管理等方方面面，推动民营实体经济和服务经济同步提档升级，实现高质量发展、可持续发展。

(四)持续优化营商环境，激发民营经济发展活力

营商环境是企业生存发展的土壤，营商环境的优劣直接影响企业的设立和经营状况，民营经济转型升级和高质量发展更需要一个公平、透明、法治的发展环境。一是要营造公平的竞争环境。要打破各种各样的"卷帘门""玻璃门""旋转门"，在市场准入、审批许可、经营运行、招投标、军民融合等方面，清理废除与企业性质挂钩的不合理规定，保障民营企业平等获取生产要素和政策支持；要推进产业政策由差异化、选择性向普惠化、功能性转变，清理违反公平、开放、透明市场规则的政策文件，推进反垄断、反不正当竞争执法；鼓励民营企业参与国有企业改革。二是要构建亲清新型政商关系。在常态化疫情防控下，要进一步调整措施、简化手续，促进全面复工复产、复市复业；推动更多服务事项一网通办，做到企业开办全程网上办理；放宽小微企业、个体工商户登记经营场所限制，便利各类创业者注册经营、及时享受扶持政策。深入企业开展"大走访、大调研"活动，摸排企业在政策了解、经营管理中的需求，主动对接职能部门开展政策宣讲会、"送政策上门"活动，点对点将政策推送到企业，切实解决政策信息不对称问题；鼓励和支持地摊经济发展，激发底层消费，减免所有税费，着力解决食品卫生和公共卫生环境问题，营造良好经营环境。三是要依法保护民营企业和民营企业家合法权益。要健全平等保护的法制环境，坚持执法、司法等各环节依法平等保护民营企业产权和民营企业家的人身、财产合法权益，为民营企业家创造更多安全感。审慎适用强制措施，禁止超范围查封扣押冻结涉案财物，坚决防止将经济纠纷当作犯罪处理，坚决防止将民事责任变为刑事责任，让企业家专心创业、放心投资、安心经营。营造尊重和激励企业家干事创业的社会环境，构建有利于企业家干事创业的机制，对企业家给予更多包容和鼓励。

(五)充分发挥行业协会(商会)作用，助力民营经济转型升级

行业协会(商会)具有对市场信号敏感、对市场反应敏锐、对行业政策熟悉、对行业趋势了解的独特优势，在民营经济转型升级和高质量发展过程中，可以畅通民营企业与政府、生产者与经营者沟通，帮助民营企业解决实际问题，促进民营经济转型升级。一是充分发挥"桥梁纽带"作用。宣传党和政府的方针政策，引导民营企业规范发展；及时反映本行业突出困难，提出有价值的意见，推动政府部门优化政策措施；搭建行业发展的"平台"，推动企业信息共享，根据不同企业不同需求进行对接合作，抱团发展。二是充分发挥咨询服务作用。根据行业性质、专业领域和个人专长，成立行业专家组，充分利用企业家和专家学者丰富的实战经验和深厚的理论功底，为民营企业转型升级开展咨询服务，用创新性、战略性思维对转型升级需要开展的相关项目或重大问题进行协同创新与攻关。三是充分发挥组织协调作用。以行业协会(商会)的信

用担保为依托，组织银企对接洽谈会，解决民营企业融资难题；组织会员校企对接，充分利用科研机构和大专院校的科技研发力量，开展校企合作，解决民营企业创新不足等问题；组织开展各类培训，为民营企业提供企业经营、政策咨询、投资融资等专项服务。

（本文作者：李云霞。本文发表于《经济论坛》2022 年第 4 期。）

河北省推进城乡融合高质量发展研究

改革开放40多年来，河北省在提升城乡发展质量、完善城乡融合发展体系、推进农业转移人口市民化、壮大县域经济和乡村经济等方面取得了一定成绩。但是，城乡公共资源配置失衡、要素流动不顺畅、发展差距较大等问题仍然存在，城乡二元经济结构特征明显，"以城带乡、城乡互促"的新型城乡关系尚未形成。"十四五"时期既是城镇与乡村发展的加速融合期、社会治理现代化的全面推进期，也是形成共生共荣城乡关系的关键时期。推进河北省城乡融合高质量发展、促进城乡要素自由流动、推动县域经济和乡村经济高质量发展、提高城乡基础设施一体化和城乡基本公共服务均等化水平、完善城乡社会治理体系、打造城乡融合高质量发展特色平台，探索一条具有河北特色的城乡融合高质量发展新路径，形成河北省城乡融合高质量发展新格局，对于破解城乡二元结构、实现经济社会高质量发展意义重大。

一、城乡融合发展的内涵与意义

(一) 城乡融合发展的内涵

城乡融合发展理论最早由马克思与恩格斯提出，他们认为现代的历史就是乡村城市化，最终实现城市与乡村达到城乡一体的过程。在我国，党的十六大最早提出了统筹城乡经济社会发展的战略构想，党的十九大报告明确提出要建立健全城乡融合发展体制机制和政策体系。

城乡融合发展重点在"融合"，主要表现为"四个融合"。一是城乡人员的融合发展，户籍制度逐渐放开，越来越多的农业转移人口进入城市生活工作，农民与市民的身份差别消失，城乡人口可以自由合理流动。二是城乡空间的融合发展，城市和农村逐渐打破空间上的二元分割，解决了城市发展空间不够、乡村发展空间闲置的问题，将城乡整体规划，让空间得到合理利用。三是城乡公共服务的融合发展，统筹配置优质公共服务资源，为城市与农村提供同等的基本公共服务。四是城乡产业的融合发展，人、地、财、物、技等要素资源在城乡之间自由流动，城市和农村区域三次产业发展水平基本相当，一二三产业高度融合，形成城乡产业共同体。

在当前经济社会发展大背景下，城市和农村的关系决不能割裂开来，两者是相互促进、协调发展的关系。城乡共生是城乡融合高质量发展的基础，在坚持城乡地位平等、承认城乡差异的基础上，建立良好的城乡共生制度，缩小城乡差距，实现公平公正，达到城乡共生共荣、和谐相处的状态。城乡共建是城乡融合高质量发展的核心，充分发挥市场配置资源的主体作用，通过科技、人才、土地、资本等资源要素在城乡间的双向流动，建立健全城乡共建体制机制，促进城乡公共资源实现平等分配。城乡共享是城乡融合高质量发展的目标，在基础设施、公共服务、居民收入、发展环境等方面不断缩小差距，满足城乡人民日益增长的多层次需求，共同享有经济改革和社会发展成果。

(二)推进城乡融合高质量发展要处理好的六大关系

推进城乡融合高质量发展是一项复杂的系统工程，需要统筹考虑各项要素资源在城镇和乡村的分布配置，在充分发挥市场作用的前提下，引导更多要素资源向薄弱环节流动。同时，还需要处理好全面推进与示范带动的关系。

一是要处理好新型城镇化与乡村振兴的关系。新型城镇化的深入发展可以为乡村振兴提供产业、技术、人才、资金支持和庞大的城镇消费群体，而乡村振兴需要产业的发展、人才的支撑、资金的保障和城镇人口的消费。

二是要处理好新型城镇化与城乡融合的关系。新型城镇化与城乡融合在本质上是一致的，新型城镇化是城乡融合发展的有力支撑，城乡融合是新型城镇化发展的更高阶段。在新型城镇化背景下实施城乡融合发展，可以利用已经形成的城镇化发展优势，加快推动各类要素资源下乡助力农村地区发展。

三是处理好乡村振兴与城乡融合的关系。推进城乡融合发展就是要让城市反哺农村、工业反哺农业，通过加大现代化农村建设力度，大力发展乡村经济，不断缩小城乡差距，是乡村振兴可靠的制度保障。

四是要处理好城乡基础设施和公共服务协调发展的关系。作为城乡融合发展的重要内容，必须推动两者标准统一、制度并轨，既要坚持农村优先发展，向城市看齐，又要增强城市的辐射带动能力，发挥城市的先导性、引领性作用。

五是要处理好城市经济与县域经济的关系。两者"你中有我、我中有你"，不可分割，要协调推进城市经济和县域经济发展，打破固有思维和模式，发挥县城的桥梁纽带作用，形成城市经济带动辐射县域经济发展，县域经济支撑城市经济发展的互相促进融合发展的格局。

六是要处理好全面推进与示范带动的关系。城乡融合发展涉及省市县乡村各级行政机构和经济社会、生态文明等各个领域，开展试点示范、树立典型可以将系统工程分类、分块实施，便于在某一领域打破某种体制机制壁垒，实现创新突破，发挥示范带动作用。因此，在推进城乡融合发展基础上，要重视试点示范，鼓励有条件的地区勇于开展突破性创新实践，总结形成可复制、可推广的经验，为全面推进提供借鉴。

(三)推进城乡融合高质量发展的重大意义

推进城乡融合高质量发展是实现社会主义现代化的必由之路。现代化本质上是以人民为中心的全面发展现代化，包括城市的现代化和农村的现代化，两者缺一不可。只有城市实现现代化，农村一片萧条、破败，不是全面的现代化。建设城乡融合高质量发展体系有利于释放农村活力，推动形成农村和城市共生共荣、协调发展的新格局。

推进城乡融合高质量发展是实现经济社会高质量发展的强劲动力。城乡融合高质量发展促使人口、资金、技术等各种生产生活要素双向流动，合理配置，既为农业农村发展开辟空间、促进农业农村发展，又有利于缓解城市压力、改善城市生活。通过城乡基础设施、公共服务的一体化发展，有利于城乡多层次、多元化生产和交流，激发各类创造性和创新型实践，释放改革创新的活力和动力。

推进城乡融合高质量发展是促进城市和农村共同繁荣的重要抓手。推进城乡融合高质量发展能够提高城乡人口素质和居民生活质量，提升资源配置效率和劳动生产率，充分激发创新活力，进一步挖掘增长潜力，积极探索城市与农村共同发展共同进步的体制机制，从而提高整体经济社会发展质量，有助于破解新时代社会主要矛盾、解决城乡发展不平衡不充分问题。

二、国内外城乡融合发展实践

（一）发达国家推进城乡融合发展的经验分析

随着现代工业的出现、资本主义的产生，发达国家城市化进程飞速推进，大致经历了城市化率在30%以下的起步期、城市化率在30%～70%的加速增长期、城市化率达到70%以上的成熟期（稳定期）三个阶段。目前，大多数发达国家城市化率已经达到70%以上（见图1），处于第三阶段，进入了城市化率增长基本停滞、逆城市化出现、城乡融合发展加速的新阶段。

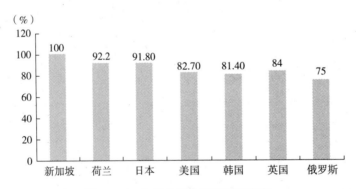

图 1 2020 年部分发达国家城市化率

资料来源：《世界概况》2020 年统计数据。

英国不断加大农村地区投入力度，通过农业规模化经营与发展农村中小企业并举，促进现代农业和农村发展；完善城乡一体的社会保险、社会救助和社会福利制度；实行城乡统一规划，加强城乡融合发展制度设计。法国分类进行城乡土地空间规划，构建区域一体的规划体系；推进旅游与农业发展深度融合，促进农村经济发展；加大农业保护和补贴力度；建设高度发达的城乡交通网络，增加公共服务供给。美国不断加强农村基础设施的规划建设，缩小城乡差距；坚持农业、工业协调发展的城镇化道路，鼓励城市工厂迁往郊区；推出了提高农民收入、发展农村教育、实行向农业农村倾斜的税收政策等重要法案。日本制定了法律政策，鼓励城市工业向农村转移；保护孵化农业骨干农户，实施六次产业支持政策，促进农产品"地产地销"和就地加工；充分发挥农协作用，为成员提供技术支持和销售服务。韩国开展"新村运动"，由政府投入财政资金，保障农村公共服务供给，着力改善农村生活生产环境；推动工业反哺农业，鼓励农民发展畜牧业，支持农产品加工业发展。

（二）国内有利于城乡融合发展的主要经验

贵州省湄潭县在推进城乡融合发展方面成果颇丰，在人、地、钱以及依托党建抓乡村治理等方面打出组合拳，各项改革相互借力。一是创新党的基层领导方式，建立能人带动与群众自治相结合的新机制。城乡融合发展首先要提升乡村能力，乡村发展关键靠能人，通过"强带弱、富帮穷"实现共同富裕，允许破格选用乡村能人成为村干部，强化党组织的执政能力，同时在日常生产生活中发挥群众的主体作用。二是开门借力，增强乡村对外来人口的吸引力。湄潭县多个村庄允许外来人口在本村落户，积极探索外来人口加入集体经济组织的具体方法，通过让他们共享村级集体经济收益，吸引人才助力乡村发展。三是建立政府—集体—个人收益分配原则，盘活宅基地和闲置农房。湄潭县创新性提出"综合类集体建设用地分割登记入市模式"，合理合法用好用活土地。四是促进金融要素下沉，探索乡村信用评级授信，将农村"两权"抵押拓展为"三权"抵押。提供"穷可贷、富可贷、不讲信用不可贷"的农村小额信用贷，逐步推开农村"三权"抵押融资，改变城市强势虹吸金融资源的现状，推动金融机构从乡村资金"抽水机"变"蓄水池"。

重庆市巴南区近年来积极引导城市要素下乡，成功创建了3个4A级景区，累计引进了几十个城乡融合发展项目，同时也有农户自愿放弃农村权益进城，是城乡融合发展的典型案例。乡村振兴离不开城市元素的积极运用，城市要素下乡主要是以人特别是企业家为主体带动，因此有必要构建城乡畅通的人口进入退出机制，逐渐拓展集体经济组织以外成员进入乡村的通道，创新城市企业家参与乡村各类资产运营和收益分配的机制。

四川省成都市较早开展城乡统筹配套改革试验，在城乡融合发展体制机制改革方面进行了很多探索，注重在明晰产权的基础上，通过提升土地利用效率、创新组织形式、引入城市要素促进本地发展。一是成都市把确权作为基础工程，将11项权利纳入确权范围，全面开展农村资源资产确权办证，实施集体资产股份化改革。二是通过政府和集体统一推动或市场自发流转，实现农用地规模化集中经营。三是通过农村建设用地再开发实现土地增值、收益增加，依托集体经营性建设用地招引的企业或依托宅基地发展的新业态，成为社区增强集体实力、增加农民收入、解决农民就业的重要渠道。四是发掘农业多重功能和价值，各村都充分利用自身资源，在传统农业种植的基础上，拓展农业新功能，发展乡村旅游，承接城市消费外溢。五是大力吸引城市人下乡或本村外出居民返乡，直接带动村民观念转变促进乡村发展，为乡村注入动力和活力。

三、河北省城乡融合发展现状与问题

(一)发展现状

城镇化水平明显提升，农业转移人口市民化取得重大进展。2020 年，河北省常住人口城镇化率达到 60.07%，比 2015 年提高 8.40 个百分点，增速高于全国 1.84 个百分点。除廊坊北三县等个别地区外，全省各地全面落实零门槛落户政策，居住证制度进一步完善，农业转移人口在城市的生活条件和各项待遇明显改善，全省城镇户籍人口达到 3518 万，户籍人口城镇化率达到 45.52%，高于全国平均水平 0.12 个百分点，比2015 年提高 9.18 个百分点(见图 2)。

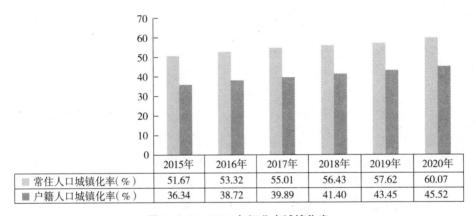

	2015年	2016年	2017年	2018年	2019年	2020年
常住人口城镇化率(%)	51.67	53.32	55.01	56.43	57.62	60.07
户籍人口城镇化率(%)	36.34	38.72	39.89	41.40	43.45	45.52

图 2 2015~2020 年河北省城镇化率

资料来源：历年的《河北经济年鉴》《河北省 2020 年国民经济和社会发展统计公报》。

城乡一体化基础设施建设进一步加快，城乡一体的基本公共服务逐步完善。河北省加快完善城乡基础设施统筹规划和多元化投入机制，城乡基础设施互联互通程度持续增强。2020 年，农村卫生改厕累计完成 905.74 万座，普及率为 72.2%；城乡一体化垃圾处理覆盖率达到 95%；农村公交化运营率不断提高，完成主街道硬化的村超过99%；建成便民市场 200 个，农民生产生活得到很大改善，乡村面貌明显改善。河北省加快推进教育、医疗、社会保障等公共服务向农村延伸，基本公共服务均等化投入显著提高，城乡居民基本公共卫生人均服务经费、基础养老金政府补贴最低标准稳步提高。

城乡要素配置有序推进，城乡融合平台载体加快建设。"人、地、钱"挂钩配套政策深入实施，农业转移人口市民化奖励资金成功设立，全面改进年度土地利用计划分配方式。建立健全城市人才入乡、优秀干部到村任职、工商资本下乡、科技成果入乡转化激励机制，城乡融合发展体制机制进一步完善。持续有序推进特色小镇高质量发展工程实施，截至 2020 年底，河北省 84 个特色小镇创建培育对象累计聚集人口 76 万，为农民增收拓展渠道。实施易地扶贫搬迁和"空心村"治理工程，对 30.2 万人进行搬迁安置,空置率 50% 以上的 1073 个"空心村"治理全部完成。

(二)存在问题

城乡公共资源配置不充分不平衡。整体来看,河北省城乡基础设施、公共服务供给水平不高,并且城乡间基础设施、公共资源配置和公共服务供给差异明显,农村地区水电气路讯、垃圾处理等基础设施不完善问题更加突出,教育、医疗、养老、文化体育等公共配套服务设施发展严重不足。

城乡资源要素流动不畅。资金、人才、技术等要素更倾向于留在城市、流向城市,缺乏有效的以城带乡动力。城乡二元的户籍壁垒客观存在,城乡统一的建设用地市场体系还没有真正建立起来,农村土地入市仍有制度障碍、认识误区,资本与农户的利益联结机制不健全不规范。

县域经济实力不强。大部分县非农产业规模小,县城就业岗位有限,小城镇产业支撑力不强,对农业转移人口的吸引力不足。2020 年全国综合竞争力百强县(市)榜单中河北省仅有 4 个县市上榜,与浙江(24 个)、江苏(23 个)、山东(10 个)等沿海先进省份有很大差距,与河南和福建(各 7 个)也有一定差距(见表 1)。

表 1　2020 年全国综合竞争力百强县(市)区域分布

省份	百强县(市)数量(个)
浙江省	24
江苏省	23
山东省	10
河南省、福建省	7
河北省、湖南省	4
安徽省、陕西省、辽宁省、云南省	3
贵州省、湖北省、内蒙古自治区	2
江西省、四川省、新疆维吾尔自治区	1

资料来源:中国社会科学院财经战略研究院发布的 2020 年《中国县域经济发展报告》。

城乡居民收入差距较大。虽然河北省城乡居民收入比由 2015 年的 2.37:1 缩减到 2020 年的 2.26:1,但城镇居民可支配收入和农村居民可支配收入差距不断扩大,已由 2015 年的 15101 元扩大到 2020 年的 20819 元,收入水平差距扩大了 5718 元(见图 3)。

四、推进河北省城乡融合高质量发展的几点建议

(一)推进城乡要素自由流动

破解城乡二元经济结构的关键在于是否能够实现各类资源要素在城乡间自由流动。当前,城乡要素市场一体化仍存在障碍,政府对城乡要素市场的管制仍然较强,持续深化城乡要素市场化改革,畅通要素自由流动渠道,是市场经济发展、优化资源配置

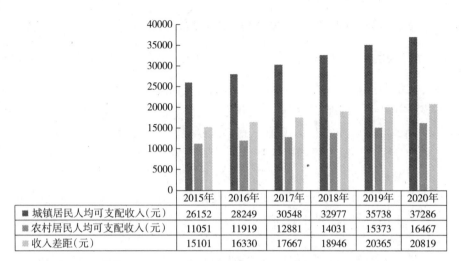

	2015年	2016年	2017年	2018年	2019年	2020年
■ 城镇居民人均可支配收入(元)	26152	28249	30548	32977	35738	37286
■ 农村居民人均可支配收入(元)	11051	11919	12881	14031	15373	16467
收入差距(元)	15101	16330	17667	18946	20365	20819

图3 2015~2020年河北省城乡居民可支配收入差距

资料来源：历年的《河北经济年鉴》《河北省2020年国民经济和社会发展统计公报》。

的内在要求，也是实现城乡融合高质量发展的重要前提。应加快构建城乡统一的建设用地市场，积极申报耕地和宅基地"三权"分置改革试点，推进农村集体经营性建设用地入市，引导农民盘活农村土地资源实现增收。探索市民村民"来去自由"转换机制，推动城镇常住人口与户籍人口享受同等公共服务与社会福利，破除劳动力资源流动障碍。鼓励工商资本参与现代农业园区、乡村服务业等项目建设。积极推动科技成果入乡转化，运用高端元素高新技术推进农业农村现代化进程。

(二)推进县域经济和乡村经济高质量发展

城乡融合高质量发展离不开城镇、乡村经济的高质量发展，没有产业的有力支撑，只是通过"乡改镇""农村改社区"等行政手段推进的融合发展是不可持续的。县域经济包括县城、乡镇及农村地区的经济，县域经济发展强弱，县城和小城镇能不能为农业转移人口提供足够的就近就业机会，并对周边人口产生吸引力，是实现就地城镇化和城乡融合发展的关键。应着力提升县域科技创新能力，打造县域特色产业集群，增强县城和小城镇的人口集聚能力，充分发挥其城乡统筹功能，使其成为推动城乡融合发展的主战场。同时，也要推动乡村经济高质量发展，大力发展特色高效农业，密切传统农业与制造业、服务业的关系，围绕服务城市功能，培育发展订单农业、现代都市型农业、田园生活体验、农业研学等新产业新业态，转变农村生产经营和组织方式，完善农企利益紧密联结机制，构建新型工农城乡关系。

(三)推进城乡基础设施一体化和城乡基本公共服务均等化

当前，城乡基础设施和公共服务配置标准差异较大，农村地区严重落后于城市，与城乡融合高质量发展要求有一定差距。应积极构建城乡基础设施统一规划建设机制，并在基础设施管理、运营与维护方面一体化考虑，形成良性长效机制。统筹规划城乡路网，推动城乡交通基础设施有序衔接，加快城乡客运一体化，将农村区域特别是城郊附近村庄纳入城市公共交通线路网络，探索城乡公交一卡通，推进县城、镇村公交规范化运营；健全农村物流基础设施末端网络，鼓励共建共享。统筹规划城乡供水设施，将乡镇供水纳入城市公共供水范围，构建城乡安全饮水保障体系。完善农村电网、天然气和热力管网，积极发展绿色、清洁能源。完善城乡数字信息网络，加快建设数字乡村，确保信息系统网络运行、重要数据和个人信息安全。加强推进城乡基本公共服务均等化的顶层设计和统筹协调，明晰各级政府财政支出范围和职责，加大农村地区基本公共服务投入力度，加快形成普惠、可持续的城乡一体化基本公共服务供给体系，推动各项基本公共服务向农村延伸覆盖，提升城乡居民共享发展水平。

(四)完善城乡社会治理体系

打造共建共治共享的现代乡村社会治理体系，构建科学规范、集约高效的基层治理体系，是推动治理体系和治理能力现代化的重要抓手，与城乡居民生活息息相关。应推动社会治理和服务职能下放到基层、来到群众身边，全面推进乡镇机构改革，扩大乡镇自主权限，将乡镇迫切需要且能够有效承接的县级管理权限下放到乡镇，推动更多资源下沉到基层。推动街道、社区管理精细化，充分发挥物业公司作用，运用政府购买等市场手段作为有效补充，为群众提供更加便捷、精准、多样化的服务。发挥农村基层党组织作用，加快农村基层组织发展，运用村级"小微权力"事项清单处理事务，打通政策落实"最后一公里"。加强村民自治，办好村民大会、村民代表大会，为群众提供表达利益诉求的平台，融洽党群、干群关系。

(五)打造城乡融合高质量发展特色平台

小城镇是城乡空间布局的重要节点，既具备城市功能，又与周边农村地区紧密相连，因此也是城乡融合发展的重要平台。河北省小城镇数量众多但实力不强，对周边农村地区发展的带动力偏弱，应分类推进小城镇建设，城市近郊小城镇加强与城市的互联互通、共建共享，逐步发展成为卫星城；远离城市的小城镇着重加快基础设施建设，提高公共服务供给质量，完善城镇功能，增强自身承载力，吸引农业转移人口聚集，并带动周边农村地区发展。特色小镇和农业综合园区是近年来兴起的产业投资项目，应引导其差异化、特色化发展，打造成为城乡产业融合发展典范，从而吸引更多工商资本下乡兴业。同时，还应积极开展试点示范，选择若干基础较好的市县列为省级试点，给予政策及资金支持，健全容错纠错机制，鼓励其在要素配置、城乡规划、乡村经济、居民增收等方面进行大胆探索实践，推动条件成熟、形成改革经验的地区积极争取国家城乡融合发展试验区试点。

(本文作者：李珊珊、李菁、郝雷。本文发表于《经济论坛》2022年第4期，系2021年河北省社会科学发展研究课题(课题编号：20210601048)。)

加快发展更高层次的开放型经济

发展更高层次的开放型经济，是党中央审时度势作出的重大决策部署，是新时代全面深化改革开放的重大战略任务。中共河北省委十届二次全会明确提出，要实行高水平对外开放，加快发展更高层次的开放型经济，进一步增强发展的动力活力。河北是沿海省份，区位优势独特，在国家现代化建设中肩负着重要使命和任务，必须立足国内国际两个大局，围绕服务和融入新发展格局，解放思想、奋发进取，以更宽的视野、更高的追求、更实的举措，全面提升对外开放水平，加快发展更高层次的开放型经济，为高质量发展注入新动力、增添新活力、拓展新空间、开辟新路径。

一、深刻认识加快发展更高层次开放型经济的重大意义

当前，国内外环境发生深刻变化，实行高水平对外开放，加快发展更高层次的开放型经济，对在新时代新征程上赢得优势、赢得主动、赢得未来意义重大。

适应全球经济格局变化的迫切需要。当前，世界百年变局和世纪疫情交织叠加，贸易保护主义、单边主义上升，经济全球化遭遇逆流，国际分工体系、市场规则、经贸格局加速重构，对外开放面临新的形势和挑战。加快发展更高层次的开放型经济，是河北省准确识变、科学应变、主动求变，在有效应对变局中抓住新机、开拓新局的战略选择，是更深层次融入全球产业链、供应链、价值链和创新链，塑造国际合作和竞争新优势的根本途径。

服务和融入新发展格局的内在要求。河北内环京津、东临渤海，具有联通东北亚与亚欧大陆腹地的陆海通道优势，是陆海丝绸之路的重要交汇点，有机会、有条件、也有责任打造具有全球影响力的先进制造业基地、功能性消费目的地、陆海双向开放枢纽，与京津共建国内大循环的中心支点和国内国际双循环的战略链接。加快发展更高层次的开放型经济，河北省才能切实履行好在新发展格局中的职责使命，承担好在新发展格局中的角色定位，发挥好在新发展格局中的功能作用。

加快建设经济强省、美丽河北的必由之路。从实际看，河北发展还存在不容忽视的短板，综合实力、质量效益、增长动力与在全国大局中所处的位置还不相称，与建设经济强省、美丽河北的目标要求还有一定差距。加快发展更高层次的开放型经济，

就是要通过实施更加积极主动的开放战略，以高水平对外开放促进深层次体制机制改革、开辟多样化多层次外部市场、引入更加丰富的资源要素，推动全省经济加快动能转换、重塑竞争优势、实现跨越赶超，为建设经济强省、美丽河北提供强大动力和支撑。

二、加快发展更高层次的开放型经济必须站位全局、科学谋划

加快发展更高层次的开放型经济，是一项系统工程，要求我们顺应国际大势、把握历史方位、找准时代坐标，在大局下谋划、大势中推进、大事上作为。

牢牢把握高质量发展这一主题。高质量发展是"十四五"乃至更长时期我国经济社会发展的主题，关系到我国社会主义现代化建设全局。开放是推动高质量发展的必由之路。河北省面临着产业结构层次不优、自主创新能力不强、高端资源要素短缺、市场化国际化程度不高等问题，迫切需要构建与发展阶段相适应、要素禀赋相匹配的开放新格局。加快发展更高层次的开放型经济，必须紧扣高质量发展主题，通过实施更大范围、更宽领域、更深层次对外开放，推动经济发展质量变革、效率变革、动力变革，使开放成为引领高质量发展的重要引擎。

紧紧扭住制度型开放这一关键。加快发展更高层次的开放型经济，必须把制度型开放作为主攻方向，全力打造市场化、法治化、国际化的营商环境，稳步拓展规则、规制、管理、标准等制度型开放，推动构建与国际通行规则相衔接的制度体系，加快形成更高水平开放型经济新体制，为推进高水平对外开放提供制度保障，确保开放型经济发展行稳致远。

始终围绕双循环互促这一核心。河北区位优势独特、交通优势明显、产业体系完备、内需市场广阔，具有链接贯通国内国际双循环的良好条件。加快发展更高层次的开放型经济，必须围绕国内国际双循环相互促进这个核心，立足实际，发挥比较优势，畅通国内市场和国际市场循环大通道，贯通生产、分配、流通、消费各环节，构建内外联动新机制，打造多元化国际化开放平台，促进内需和外需、进口和出口、引进外资和对外投资协调发展，实现高质量引进来和高水平走出去，充分利用国际国内两个市场、两种资源，全面提升对外开放能力和水平。

三、加快发展更高层次的开放型经济应主要从四个方面发力

加快发展更高层次的开放型经济，必须找准切入点、抓住关键点、聚焦发力点，真抓实干、奋力攻坚，努力在新的起点上开拓新局面、实现新跨越。

以高水平开放平台为引领，探索开放型经济新体制。高水平开放平台是发展开放型经济的主阵地，是推进制度型开放的试验田。要积极搭建高水平开放平台，探索构建更高水平开放型经济新体制。一是高标准打造雄安新区开放发展先行区，加快建设国家数字经济创新发展试验区、金融创新先行区和跨境电商综合试验区，全面深化服

务贸易创新发展试点，打造开放发展新引擎。二是推动中国（河北）自由贸易试验区创新发展，聚焦重点领域主动开展首创性、集成化、差别化改革探索，构建制度创新和开放政策体系，打造国际化对外开放新平台。三是加快大兴国际机场临空经济区建设，落实国际交往中心功能承载区等定位，大力招引高端高新产业项目，打造国际投资新热点。四是全面提升开发区开放能级，推动开发区优化整合升级，深化开发区制度性改革创新，打造全省开放发展主阵地。

以高能级开放枢纽为支撑，推动海陆统筹联动开放。高能级开放枢纽是国内国际双循环融合对接的桥梁，是推动陆海双向开放的纽带。要充分发挥高能级开放枢纽融通作用，推动形成陆海内外联动、东西双向互济的开放新格局。一是打造国际化交通枢纽。推动唐山港、秦皇岛港、黄骅港转型升级，打造内通外联的海陆枢纽；改造升级石家庄国际陆港，打造现代化陆港枢纽；提升正定国际机场等通达能力，打造国际航空枢纽。二是完善港口集疏运体系。加快陆海新通道建设，强化港口与陆港、机场对接联通，建设多式联运枢纽，增加国际航线、班轮、班列，畅通人流物流大通道。三是推动海陆联动发展。拓展港口保税仓储、进出口贸易和物流信息处理等国际物流服务功能，加强港口与开发区、自贸区、综合保税区互促互动，推动沿海与内陆腹地协同开放。

以融入共建"一带一路"为重点，拓展国际合作新空间。共建"一带一路"与构建新发展格局同频共振、相辅相成，是实行高水平对外开放的重要抓手和平台。要积极融入共建"一带一路"，全面拓展国际合作新领域、新空间。一是开辟多元化国际市场。深化与"一带一路"沿线国家经贸合作，深耕亚洲、欧洲市场，拓展非洲、拉美市场，扩大与周边国家贸易规模。二是提升外贸发展能级。大力发展高质量、高技术、高附加值产品贸易，培育一批超百亿元外贸龙头企业，积极发展海外仓、跨境电商、市场采购贸易等新业态新模式，推动服务贸易创新发展，提升贸易数字化水平。三是强化国际投资合作。积极推进对外招商，深化国际产能合作，拓展第三方市场合作，支持企业开展国际化投资与经营，健全对外投资合作服务体系，提高国际双向投资质量。

以"放管服"改革为抓手，营造国际一流营商环境。好的营商环境就是生产力，一流营商环境才有竞争力。要全力打造国际一流营商环境，构建汇聚全球资源要素的强大引力场。一是打造便捷高效的政务环境。深化"放管服"改革，持续推进"一件事"集成服务改革，推动更多政务服务事项"最多跑一次"，探索推行"极简审批"模式。二是打造公平竞争的市场环境。推动"非禁即入"普遍落实，推进"既准入又准营"制度建设；建立更具弹性的包容审慎监管制度，健全市场监管和执法体系；落实准入后国民待遇，依法保护外资企业合法权益。三是打造舒适宜居的生活环境。建设一批产城融合、职住一体、开放包容的国际人才社区，构建产业生态、人文生态、环境生态"三态合一"优质生活圈。

（本文作者：梁世雷。本文发表于 2022 年 9 月 21 日《河北日报》（理论版）。）

2022 年河北省经济形势分析报告

2022 年以来，河北省坚持稳字当头、稳中求进工作总基调，全面落实"疫情要防住、经济要稳住、发展要安全"要求，高效统筹疫情防控和经济社会发展，持续推动稳经济"一揽子"政策措施及接续政策落地见效，全省经济运行保持平稳增长、恢复向好态势。

一、前三季度经济运行基本情况

经济运行态势良好。2022 年前三季度，全省生产总值 30591.1 亿元，同比增长 3.7%，比上半年加快 0.3 个百分点。分产业看，第一产业增加值 2543.2 亿元，同比增长 3.9%；第二产业增加值 12378.8 亿元，增长 4.4%；第三产业增加值 15669.1 亿元，增长 3.1%。产业结构调整优化，三次产业比重为 8.3∶40.5∶51.2，"三二一"产业格局持续巩固[①]。

农业生产形势较好。蔬菜水果生产稳定，蔬菜总产量同比增长 3.6%；园林水果总产量增长 7.3%。畜牧业生产稳定，猪牛羊禽肉产量增长 3.8%，其中，猪肉产量增长 3.6%，禽蛋产量增长 4.4%；牛奶产量增长 10.8%。畜牧、蔬菜、果品三大优势产业产值占农林牧渔业总产值比重为 72.7%[②]。

工业生产平稳增长。前三季度，规模以上工业增加值同比增长 5.6%，比上年同期加快 0.5 个百分点。工业三大门类生产全面增长，制造业同比增长 4.4%，增加值占生产总值的比重为 29.5%；采矿业增加值同比增长 13.7%，电力、热力、燃气及水的生产和供应业增加值同比增长 8.3%。新兴产业较快增长，规模以上工业战略性新兴产业增加值同比增长 11.6%，其中，集成电路制造增长 19.3%，工业自动控制系统装置制造增长 24.2%，中成药生产增长 20.5%。高新技术产业增加值增长 7.8%，增速快于规模以上工业 2.2 个百分点。大中小型企业全面增长，大型企业增加值同比增长 7.9%，中型企业增长 8.1%，小型企业增长 0.5%[③]。

服务业恢复势头良好。前三季度，服务业对经济增长的贡献率为 45.9%。信息传输、软件和信息技术服务业增加值增长 8.8%，卫生和社会工作增长 9.8%，金融业增长

---

①②③　资料来源于河北统计月报

6.6%。1~8月，规模以上服务业企业实现营业收入3438.4亿元，同比增长6.7%①。

固定资产投资平稳增长。前三季度，固定资产投资同比增长8.2%，其中，建设项目投资增长10.3%，房地产开发投资增长1.4%。工业投资较快增长，同比增长13.6%，其中，工业技改投资增长25.7%。高技术产业投资快速增长，同比增长18.0%，其中，高技术制造业投资增长33.0%。投资结构优化，制造业投资占固定资产投资比重为33.0%，比上年同期提高1.3个百分点。民间投资同比增长6.3%②。

消费品市场平稳恢复。前三季度，社会消费品零售总额实现9901.4亿元，同比增长4.5%。分城乡看，城镇市场消费品零售额8452.9亿元，同比增长4.5%；乡村市场消费品零售额1448.5亿元，同比增长4.3%。限额以上单位实现零售额3224.3亿元，同比增长10.7%。民生保障类商品保持增长，限额以上单位粮油食品类商品零售额同比增长14.7%，服装鞋帽针纺织品类增长9.0%，中西药品类增长15.0%。升级类商品消费需求持续释放，限额以上单位金银珠宝类零售额同比增长13.4%，家用电器和音像器材类增长12.3%，通讯器材类增长27.7%。餐饮消费回升明显，餐饮收入89.5亿元，同比增长8.2%③。

对外贸易基本稳定。前三季度，全省进出口总额4078.1亿元，同比增长2.4%。其中，出口总额2486.8亿元，同比增长14.0%；进口总额1591.3亿元，同比下降11.6%。实际使用外资11.2亿美元，增长24.4%。从主要商品出口看，高新技术产品增长24.3%，农产品增长24.1%，机电产品增长20.3%。从主要商品进口看，钢材增长34.1%，汽车零配件增长20.6%④。

居民消费价格温和上涨。前三季度，居民消费价格同比上涨1.9%，涨幅比上年同期扩大1.3个百分点。其中，城市上涨1.7%，农村上涨2.3%。分类别看，食品烟酒价格上涨2.5%，衣着下降0.1%，居住上涨1.0%，生活用品及服务上涨0.3%，交通和通信上涨5.2%，教育文化和娱乐上涨1.4%，医疗保健上涨0.7%，其他用品和服务上涨1.5%。在食品烟酒价格中，粮食价格上涨4.0%，猪肉价格下降17.1%，鲜菜价格上涨7.8%。9月，居民消费价格同比上涨2.5%。工业生产者出厂价格同比上涨3.0%，工业生产者购进价格同比上涨8.1%，涨幅分别比上年同期收窄12.8个和9.8个百分点⑤。

二、2022年主要经济指标预测及2023年展望

(一)2022年主要经济指标预测

1. 宏观经济企稳回升

贯彻国家稳经济系列政策措施，高效统筹疫情防控和经济社会发展，落实国务院《进一步优化疫情防控的20条措施》和河北省《扎实稳定全省经济运行的一揽子措施及配套政策》《进一步巩固全省经济回升向好势头的十八条措施》等一系列政策措施，有利于推动河北省经济恢复活力。随着政策措施的深入实施，重大项目建设加快推进，服

①②③④⑤ 资料来源于河北统计月报。

务业新业态发展活跃，生产经营活动将稳步恢复，投资和消费需求将逐渐回暖，粮食和能源保供充分，物价将保持总体稳定，经济结构持续调整优化，宏观经济呈现稳步回升走势。国内疫情反复和外部环境的不确定性，导致企业持续经营受到制约、企业生产经营成本不减、财政收入下行压力加大，经济运行仍存在诸多矛盾和问题。初步预计，2022 年全省经济平稳增长，生产总值完成 43700 亿元，增长 4% 左右，其中一二三产业增加值分别为 4360 亿元、17740 亿元和 21600 亿元，分别增长 3.5%、4.6% 和 3.6%。

2. 工业生产平稳运行

受全球物流不畅、工业原材料价格高涨、供给瓶颈和部分零部件短缺等因素影响，企业生产经营仍未走出困境。但是，河北省大力实施项目带动战略，推动重大制造业投资项目开工建设，出台的一系列促进工业经济稳定增长的政策措施将持续发挥效应，一批新能源汽车、生物制造、新一代信息技术等重大工业项目加快实施，一批工业互联网创新发展、产业基础高级化和企业高端化、智能化、绿色化改造项目开工建设，将带动工业生产稳步回升。中央财政支持专精特新"小巨人"企业专项资金加快落实，增值税留抵退税政策大规模实施，助企纾困解难、项目服务、要素保障和政策支持力度加大，产业链供应链堵点卡点疏通初见成效，工业企业投资、生产信心逐步恢复，生产形势明显好转。与此同时，河北省工业体系较为完备，制造业供给能力弹性较强，能够应对外部需求变化。综合各种因素，预计 2022 年河北省工业增加值达到 15200 亿元，增长 4.5%，其中，规模以上工业增长 6.0%。

3. 投资增速保持平稳

随着稳投资政策持续发力，当前工业投资增长势能较强，新开工项目形成有力支撑，高技术服务业投资继续回升，基础设施投资降幅继续收窄，民间投资小幅回升，诸多积极因素可以支撑四季度投资较快增长。围绕国家政策导向和重点支持方向，河北省加强项目谋划储备，超前谋划一批网络型、数字型、城市、农业农村等重大基础设施项目，同时，加快产业转型升级、推动城市更新、全面推进乡村振兴、补齐民生短板等将进一步释放投资潜力，投资后劲明显增强。落实国家《关于进一步完善政策环境加大力度支持民间投资发展的意见》，不断优化营商环境，进一步放宽基础设施和公共事业等领域准入，减税降费、地方政府专项债券发行等政策效应显现，将提振企业投资信心，将激发民间投资活力。但是，受疫情形势变化、大宗商品价格上涨、企业利润空间收窄等多重因素影响，企业投资意愿仍然不高。预计 2022 年，河北省固定资产投资增长 8.0% 左右。

4. 消费需求总体保持平稳增长

宏观经济和就业形势保持总体稳定，助企纾困力度持续加大，企业效益逐步好转，城乡居民收入稳步回升，将对消费稳定增长发挥基础支撑作用。河北省出台《关于促消费十四条政策措施》，积极扩大汽车消费，稳住家居居住类商品消费，提振餐饮消费，有助于稳定传统消费；完善城市消费基础设施，建设文旅消费集聚区，拓展文化旅游消费、体育消费，将带动新兴消费快速增长。新型消费主体加速培育，数字技术对各个行业和应用场景加速渗透，网络消费成为新常态，云购物、云教育、云医疗、云健身、云会展新模式有序健康发展，成为消费增长新亮点。全面推进乡村振兴，健全农村消费品流通体系，大力发展农村电子商务，畅通城乡双向联动销售渠道，拓宽县域农村消费市场，扩大乡村优质商品和服务供给，将进一步释放乡村市场消费潜力。但是，受疫情反复影响，消费者对未来预期存在担忧，消费意愿仍需加强；部分行业就业岗位减少、增收难度加大，对消费的回升形成一定制约。预计 2022 年，全省社会消费品零售总额将达到 14180 亿元，增长 5.0%。

5. 对外贸易有所好转

当前国际环境复杂严峻，新冠肺炎疫情仍在蔓延，对全球的生产贸易活动造成冲击，全球产业链供应链加速重构，全球经济增长趋于放缓，我国出口的海外市场需求收缩。但河北省建立稳外贸激励机制，加大对外贸骨干企业、外贸新业态的支持力度，提升外贸基地发展能级，支持企业线上线下开拓国际市场，扩大优质产品和大宗商品进口，将促进河北省外贸扩大规模。高标准推进河北自贸试验区建设，加强与贸易伙伴互利合作，都有利于扩大工业产品出口。加快推进重大外资项目，全面落实外资奖励政策，有利于提高利用外资水平。综上所述，预计 2022 年河北省进出口总额达到 5617 亿元，增长 3.7%，其中，出口总额 3455 亿元，增长 14.0%；进口总额 2162 亿元，下降 9.4%。

6. 居民消费价格温和上涨

受国际形势变化的影响，全球粮食、能源供应出现偏紧局面，国际粮价、油价已上行至历史高位。尽管外部输入性压力加大，部分能源产品价格有所上涨，但是国内保供稳价的力度也在持续加大，粮食、能源供给基本稳定，保供稳价具有良好基础条件。河北省加强综合调节和价格调控，粮食丰收、库存高企和生猪生产恢复性增长，将使食品价格保持基本稳定，可以保障重要民生商品的有效供给。预计 2022 年，居民消费价格总指数增长 2.2% 左右。

(二) 2023 年展望

2023 年，在党的二十大精神的指引下，河北省将把握发展机遇，积极应对挑战，全省上下充满信心，干劲十足，将成为推动经济社会稳定发展的重大动力，确保经济社会能够保持稳中有进的局面。京津冀协同发展向纵深推进，河北省将积极促进京津冀各类要素合理流动和高效集聚，加快承接北京非首都功能疏解，在对接京津、服务京津中加快发展自己。雄安新区大规模建设，既服务保障首都发展，又辐射带动河北发展，将为河北省高质量发展注入源源不断的新动力。数字经济加快发展，将催生更多的新产业、新业态、新模式，促进河北省加快实现新旧动能转换。国家全面加强基础设施建设、构建现代化基础设施体系，为河北省实施项目带动战略，加强重点项目建设、补齐基础设施短板、带动产业升级提供了有利时机。河北省可再生能源发展起步较早，发展绿色经济、低碳经济、循环经济，将释放河北省巨大的绿色发展潜力。

综合分析，预计 2023 年全省生产总值达到 47380 亿元，增长 5.5%，其中一二三产业增加值分别达到 4600 亿元、18950 亿元和 23830 亿元，分别增长 4.0%、4.6%和 6.5%；规模以上工业增加值增长 5.5%；固定资产投资增长 8%；社会消费品零售额完成 15170 亿元，增长 7%；进出口完成 6000 亿元，增长 6.8%；城镇居民和农村居民人均可支配收入分别达到 44450 元、20950 元，分别增长 7%和 8%；居民消费价格上涨 2.5%。

三、对策建议

河北省深入学习宣传贯彻党的二十大精神，全面落实中共河北省委十届三次全会部署，在谋划推进中国式现代化河北场景中找准定位、抢抓机遇，解放思想、奋发进取，把学习宣传贯彻成果转化为推动高质量发展的实际成效，深入实施国家重大战略，全面深化改革创新，积极扩大内需，大力拓展外需，奋力开创加快建设经济强省、美丽河北新局面。

(一) 高效统筹疫情防控和经济社会发展

认真落实"疫情要防住、经济要稳住、发展要安全"要求，全力以赴抓好疫情防控、安全生产工作，确保全省经济社会大局平稳有序。加强疫情精准防控，避免疫情防控"简单化"、"一刀切"和"层层加码"，确保企业正常生产经营。着力疏通卡点堵点，振作工业经济，畅通经济循环，有效保障产业链、供应链安全稳定运行，特别是一些重要产业链供应链安全稳定运行，不断提升产业链供应链的韧性和安全水平。

(二) 在对接京津、服务京津中加快发展

深入实施区域协调发展战略，高质量、高标准推进雄安新区建设，坚持以疏解北京非首都功能为牛鼻子，加强服务保障，营造一流环境，全面落实中央疏解清单。深化京津冀协同发展重点领域合作，把构建轨道上的京津冀，与建设河北现代化交通体系结合起来，集中力量打造现代商贸物流基地。深化与京津产业对接合作，抓好重大平台建设，推动更多优质项目向河北转移。加快打造京津冀生态环境支撑区，提升环境容量和承载能力。用好京津辐射带动作用，在环京市县布局医养结合的康养产业和养老服务业。大力发展后奥运经济，扎实推进京张体育文化旅游带建设和张家口首都"两区"建设。推进京津冀要素市场一体化，加快共建区域统一的市场制度规则，完善统一的区域要素服务链条。

(三) 更好发挥创新驱动发展作用

加快实施创新驱动发展战略，实施科教兴冀，优化城乡教育资源配置，培育创新主体，加快科技创新平台建设，推进产学研用深度融合，健全国有企业研发投入刚性增长机制，全面落实研发费用加计扣除等普惠性政策，推进战略性新兴产业融合集群发展，加快规划建设新型能源体系。加强京津冀协同创新共同体建设，积极吸引创新

资源和先进要素，推动更多科技成果到河北孵化转化。实施人才强冀战略，深化人才发展体制机制改革，健全科技人才评价体系，全方位培养、引进、用好人才，着力造就拔尖创新人才。加快数字河北建设，促进数字经济与实体经济深度融合，全面提升经济、社会、政务系统数字化、智能化水平。

（四）增强投资对优化供给结构的关键作用

大力实施项目带动战略，聚焦 12 个省级主导产业和 107 个县域特色产业，加强项目谋划储备，围绕交通、水利、能源等重大基础设施项目建设，开展县城城镇化补短板强弱项行动，建设一批新型产业基础设施。用足用好国家支持政策，多渠道争取中央资金，完善项目前期各项手续，确保国家政策性开发性金融工具投放项目按期开工建设。完善重点项目建设推进机制，畅通审批"绿色"通道，试行"拿地即开工"审批改革，加强政银企常态化对接，强化项目建设条件保障，确保用地、融资、能源、环境等要素指标及时到位。激发民间投资活力，发挥重大项目牵引和政府投资撬动作用，支持民间投资参与重大工程和科技创新项目建设，推动民间投资项目加快实施，鼓励民间投资以多种方式盘活存量资产，加强民间投资融资支持，引导民间投资高质量发展。

（五）发挥消费对经济发展的基础性作用

全面落实国家扩大汽车消费、促进居住类消费的政策措施，统筹相关资金，对城乡居民汽车、家电等大宗消费给予补贴。鼓励各市聚焦汽车、家电、餐饮、体育、文化旅游等重点领域发放消费券。促进新型消费发展，积极拓展沉浸式、体验式、互动式消费新场景，高标准推进商业步行街和特色商业街建设。引导和推动社会性投资基金加大各类新型应用培育。组织开展线上线下消费促进活动，开展"双 11""双 12"网购节等线上促销活动，挖掘全渠道消费潜力。

（六）推进高水平对外开放

落实《关于稳住外贸外资基本盘的十六条政策措施》，积极支持企业开拓国际市场，支持石家庄、雄安新区两个跨境电商综试区建设"两平台、六体系"，支持廊坊、沧州市申请设立国家跨境电子商务综合试验区，支持唐山市申请建设国家市场采购贸易方式试点。高标准推进河北自贸试验区建设，支持河北省有实力企业和专业机构建设和运营海外仓，完善仓储配送、营销展示、出口退换货及售后服务功能。鼓励保险公司为海外仓企业提供海外投资保险、海外国别风险评估等资信服务。创新会展服务模式，聚焦 RCEP、"一带一路"等重点国家和地区，组织专场线上展览会，做好线上产品展示、对接洽谈工作。借助省内外重要经贸活动平台，用好跨境电商展会平台，组织系列招商活动，签约一批合作项目。加强对制造业外商投资企业的支持服务，全面落实外资奖励政策，进一步稳住和扩大外商投资。

（本文作者：刘静。本文原载于内刊《专题研究》2023 年第 1 期。）

产业发展篇

河北省钢铁产业发展研究报告(2021年)

河北省冶金行业协会数据显示,河北省是全国钢铁大省,钢铁产业是全省经济的支柱,对全球钢铁市场具有重要影响力。及时掌握河北省钢铁产业最新运行情况,明确钢铁产业发展中存在的突出矛盾和关键制约,进而对未来钢铁产业发展形势进行展望和预测,明确推动钢铁产业发展的基本方向和着力点,对全省经济高质量发展具有重大意义。

一、河北省钢铁产业发展现状和问题

(一)产业发展现状

1. 产品产量居各省首位,全国占比有所下滑

河北省冶金行业协会数据显示,2001 年河北省钢铁产量跃居全国首位,并保持至今。2012 年以来,河北省坚决贯彻执行国家钢铁"去产能"工作部署,全省钢铁主要产品产量增速趋缓,在全国比重也呈下降态势。2012~2021 年,全省粗钢、生铁和钢材产量年均增速分别为 2.5%、2.4% 和 3.9%,除钢材产量增速与全国基本持平外,粗钢和生铁产量增速分别比全国低 1.7 个和 0.8 个百分点,九年间占全国比重下降了 3.4 个和 1.6 个百分点。2021 年,全省钢铁产量大幅下挫,粗钢、生铁和钢材产量同比下降 9.9%、11.8% 和 1.8%,下降幅度高出全国 6.9 个百分点、7.5 个百分点和 2.4 个百分点。虽然全省钢铁产能在全国占比有所下降,但由于钢铁产业基础雄厚,全国第一钢铁大省的地位在短期内仍难以撼动。

2. 产业结构调整加快,钢企效益稳步提升

近年来,河北省加大钢铁产业结构调整力度,行业质量效益向好提升。一是产品结构日益优化。铁钢比例日趋合理,钢材及钢材深加工(冷轧)水平明显提升,新产品开发实现突破。河北省冶金行业协会数据显示,2020 年,河北省中高端钢材占全省钢材总产量比重达到 77%,家电板、商用车特钢产量位居全国首位;热轧薄板、涂层板、特厚板、冷轧薄板产量分别同比增长 54.7%、44.7%、42.7%、20.7%;新一代轻量化高疲劳寿命车轮钢 DP680、高级别稳定杆用钢 40MnB5、发动机零部件用钢、三缸发动机连杆用钢、同步器齿套零部件用钢、高抗拉强度轨枕钢丝等新产品填补了国内空白。

二是技术装备实现迭代升级。河北省发展和改革委员会公开的数据显示，截至 2021 年底，全省 1000 立方米及以上高炉产能占总产能比重达到九成以上，100 吨及以上转炉产能占总产能的比重超过八成。3D 打印技术、注塑冶金技术实现突破。三是企业效益大幅增长。2021 年，河北省黑色金属冶炼及压延加工业完成利润总额超过 700 亿元，同比增长超过 30%，占全省工业利润的 33.52%；吨钢利润为 341.87 元，同比上升 45.99%。

3. 产业资源向优势企业集中，行业龙头带动作用增强

近年来，河北省钢铁企业主动适应全球钢企集团化竞争新形势，加快整合重组步伐，产业集中度明显提升。河北钢铁集团 2010 年相继控股石家庄钢铁有限责任公司、重组河北宣工机械发展有限责任公司及 12 家民营钢铁企业，成功跻身全球钢铁企业 10 强。河钢敬业集团 2014 年收购重组乌兰浩特钢铁有限责任公司，2020 年 4 月接手永昌钢铁成立云南敬业钢铁公司、9 月接管泰都钢铁，集团实力大幅提升。冀南钢铁集团 2021 年 6 月完成对兴华钢铁的兼并，并加快推进对武安市裕华钢铁、文丰钢铁的兼并重组，钢铁产能超过 2000 万吨。2019 年 8 月新金钢铁等 4 家省内钢企整合重组为铭镔钢铁有限公司。2021 年 9 月河北普阳钢铁入股文安钢铁、邢台钢铁、烘熔钢铁 3 家钢厂，跻身"千万吨级"钢企行列。2021 年 8 月迁安九江线材控股唐山德龙钢铁。河北省冶金行业协会数据显示，通过企业的兼并重组，全省钢铁冶炼企业从 2015 年的 107 家减少至 2021 年底的 39 家，前 15 家钢铁企业产能规模占全省比重由 2015 年的 54.2% 提升到 2020 年的 76%，龙头钢铁企业实力显著增强。

4. 进出口呈分异态势，出钢进矿特征明显

近年来，河北省钢铁进出口分化发展态势明显。一是钢材出口总体呈量价齐增、市场集中度提升、产品高端化发展趋势。由于全球经济快速复苏，海外钢铁需求大幅增长，2021 年上半年河北省出口钢材 370.8 万吨，同比增加 21.1%，钢材出口额占全省出口总值接近 15%，均价达到 5739 元/吨，上涨 14.8%。出口市场较为集中，2021 年东盟和韩国成为河北省钢铁出口的主要目标市场，上半年对东盟、韩国出口钢材总量分别达到 112 万吨、44.5 万吨，价值达到 65.4 亿元、23 亿元，对东盟和韩国出口总量和价值分别占全省钢铁出口的 42.2% 和 41.5%。出口高端化趋势明显，2021 年 4 月、5 月、6 月钢材出口均价为 5401.8 元/吨、6478.5 元/吨、6625.3 元/吨，单位产品价值量明显提升。二是河北省钢铁进口量明显下滑，而铁矿石进口呈现总量上升态势。2021 年河北省进口钢材 7.41 万吨，较 2020 年下降了 24.2%，货源地主要为韩国和欧盟，两大市场占进口总值的 70% 以上；铁矿石进口较为活跃，2020 年河北省进口铁矿石 13075.58 万吨，同比增长 18.6%，其中澳大利亚和巴西占比最高，进口金额分别为 95.55 亿美元和 23.55 亿美元，两大市场进口总值占全省进口总值的 87.87% [①]。

5. 节能环保力度加大，绿色低碳水平全国领先

作为国家推进大气污染综合治理和化解过剩产能的重点地区，河北省加快推进供

---

① 石家庄海关. 2021 年上半年河北省外贸进出口情况新闻发布会 [EB/OL]. 中华人民共和国石家庄海关，[2021-07-29]. http://taiyuan.customs.gov.cn/shijiazhuang_customs/457043/xwfbh/3791639/index.html.

给侧结构性改革，河北省冶金行协会数据显示，"十三五"期间超额完成钢铁"去产能"任务，五年累计压减退出8000万吨以上，钢铁压减量占全国1/3。钢铁企业能耗水平大幅降低，吨钢综合能耗由2013年的571.6千克标准煤，减少到2021年的523.9千克标准煤，达到国内领先水平。企业低碳化改造积极推进，全面落实钢铁工业大气污染物超低排放标准，首钢京唐和迁安、德龙钢铁等企业实现超低排放，河钢集团探索氢冶金新路径，钢铁行业超低排放改造进度全国领先。绿色工厂建设取得积极成效，30家钢铁企业建成省级以上绿色工厂，数量位居全国首位，占全国的1/3。资源节约集约利用水平大幅提高，目前全省吨钢新水消耗量低于全国水平，固体废物利用率、可燃气体利用率高于全国平均水平。

6. 退城近海步伐加快，钢企加紧海外布局

在污染治理、成本效益、市场空间等因素驱动下，河北省钢铁产业布局呈区域集中、退城近海转移、海外投资拓展特征。一是区域布局集中度较高。目前，唐邯两市钢铁产能全省占比达到七成，曹妃甸、迁安、乐亭占据唐山钢铁产能的半壁江山，武安占邯郸市钢铁产能将近七成。二是退城近海转移明显加快。河钢唐钢搬迁至唐山乐亭，唐山唐银钢铁加快向沿海转移，纵横集团向丰南搬迁步伐加快。太行钢铁完成退城进园。新金钢铁、文安钢铁、烘熔钢铁、武安市永诚铸业等钢铁企业整合重组退城搬迁工作加快推进。邢钢加快退出主城区向威县迁建转移。曹妃甸、京唐港、丰南、渤海新区4个临港精品钢铁基地加速崛起。三是钢企海外投资步伐加快。2016年4月河钢完成对斯梅代雷沃钢厂（塞尔维亚）的收购。2016年10月和2020年3月，新兴铸管印尼MSP镍铁项目、德龙钢铁印尼钢厂分别建成投产。2019年5月，普阳钢铁年产60万吨镍铁生产线项目（印度尼西亚）完成备案。2020年3月，敬业集团成功收购英国钢铁公司。

（二）面临的突出问题

1. 自主创新能力不足，多数产品仍处中低端

虽然近年来河北省钢铁行业创新能级明显提升，但与先进地区相比创新能力仍显薄弱。一是研发机构不足。河北省钢铁企业研发投入仍然较低，特别是在新材料研发方面投入明显不足；研发机构数量少，高水平创新平台匮乏，全省只有唐钢、邯钢、承钢、新兴铸管、邢台机械轧辊、敬业集团6家入围国家企业技术中心（全国入列钢铁企业共75家），至今全省没有独立于企业之外的专门从事钢铁新材料研发的专业机构。二是高附加值产品仍然较少。河北省钢材品种虽然实现了全覆盖，但多数企业深加工能力不足，低端化同质化竞争十分严重，高铁齿轮钢、轴承钢尚属空白；用于桥梁建设的高强度耐候板还未形成规模。目前，全省钢铁产品仍以中低端为主，高中端产品分别仅占10%和25%。

2. 资源保障能力不强，外部供给风险较大

长期以来，河北省铁矿资源保障问题突出。河北省矿产资源条件先天不足。河北经济网相关的数据显示，虽然全省铁矿保有量不低，但其"贫、杂、难选"的特点突出，原矿平均品位仅为30%左右，富铁矿资源量所占比例不到1%，导致河北省铁矿石开采成本较高。河北省冶金矿山行业协会数据显示，目前河北省铁矿石高达83%需要进口，其中对澳大利亚和巴西进口最多，而两国不仅凭借铁矿石品位高、杂质少、埋藏浅、开采成本低等先天资源优势，形成了上游垄断，控制着铁矿石产出量和发货量，不断干扰铁矿石价格，严重侵蚀河北省钢铁工业利润。而且由于近年来国际形势紧张，铁矿石断供风险陡升。

3. 生态环境制约明显，钢铁扩能空间受限

河北生态区位脆弱敏感，环保压力较大，钢铁行业作为高耗能高排放行业受到较为严格的管控。特别是在能耗"双控"工作持续开展的背景下，高耗能行业错峰生产、停产、限产已成为常态，钢铁企业生产面临着脉冲式、持续性环保压力。可以预见，在"双碳""双控"目标约束下，国家、地方、行业的环保标准将持续升级，钢铁行业绿色低碳发展面临新的更高要求。未来，严格控制钢铁产能，加快推动企业绿色低碳转型，加强绿色低碳新产品的开发，成为钢铁企业实现逆势发展的必然路径。

二、河北省钢铁产业发展前景展望

(一)主要影响因素

1. 市场需求因素

当前，建筑、机械、汽车等是消纳钢铁产品的主要行业，其中建筑钢材需求量占据半壁江山，占比约为49%；其次为机械行业，占比为17%。当前，我国房地产市场整体低迷，机械行业增速下滑，汽车用钢基本饱和，其他领域规模较小尚不足以支撑钢铁产品的消纳，市场需求不旺的状况难以短期内改变。

房地产市场持续低迷。国家统计局公布的数据显示，经过40多年的发展，我国城镇化率已从17.92%上升到64.7%，城镇化已由快速扩张阶段转向提升质量新阶段，叠加人口老龄化、少子化趋势加的影响，我国房地产市场繁荣时代已经结束。2022年上半年，我国房地产增加值和开发投资额，分别同比下降4.6%和5.4%。虽然2022年下半年我国密集出台促进房地产市场平稳健康发展的支持政策，但受疫情冲击和市场信心不足影响，房地产行业回暖不及预期。由于房地产是钢铁消纳的最大行业，该行业持续低迷状态将给钢铁产业发展带来不利影响。

基础设施建设开始发力。为缓解稳增长压力，我国加快基建建设。国家发展和改革委员会公布的数据显示，2022年上半年，中国基础设施投资累积增速为7.1%，同时多地发布2022年重大项目投资清单，将加快布局基础设施建设。目前，高铁、水利、电力等一系列国家和省市级重大工程建设加快推进，基建领域所需钢铁将明显上涨。

机械行业加快转型升级。当前，我国机械行业面临的国际环境错综复杂，产品出口不容乐观，民间投资积极性尚未激发，产业升级需要时间，机械行业增长面临较大压力。但也应看到，国家大规模投资对机械行业回暖将起到积极作用，各级政府的消费激励政策也将拉动机械行业市场需求不断扩容。同时，我国加大对智能装备、工业

机器人、高端仪器仪表、航空航天装备、海工装备等的支持力度，高端机械和新兴机械将具有较大发展空间。综合判断，未来两年我国机械行业转型升级步伐加快，普通钢材需求将呈现稳中有降态势，特种钢材和高性能钢材需求量将大幅增长。

汽车市场趋近"饱和"且结构调整加速。公安部数据显示，经过多年普及，到 2022 年 9 月底，我国机动车保有量已达 4.12 亿辆，市场规模扩张时代已经结束。2017 年以来，我国汽车产量除 2021 年有所反弹外，其他年份均呈稳中有降趋势。中国汽车工业协会数据显示，2022 年上半年，全国汽车产量仍延续下滑态势，同比下降 3.7%，下半年随着疫情缓和，同时叠加政策刺激影响，汽车销量可能实现小幅增长，2022 年我国汽车在国内市场销售突破 2700 万辆，增幅达到 3% 左右；同时，我国汽车行业结构调整明显加速，特别是新能源车对传统燃油车的替代步伐逐步加快，我国新能源车产量由 2015 年的 34.1 万辆迅速增加到 2021 年的 354.5 万辆，年均增长 47.7%，2022 年新能源汽车市场占有率将达到 24.5%。由于新能源汽车产量增长导致用钢量的增加难以抵消传统汽车产量增速下降带来用钢量的减少，叠加我国汽车产品轻量化、轻质材料替代钢材成为新趋势等因素影响，我国汽车用钢量下滑成为必然态势，2018~2020 年三年间出现明显负增长。虽然 2021 年受低基数和经济复苏影响，汽车用钢增速由负转正，但这一趋势难以为继。据冶金工业经济发展研究中心预计，2025 年我国汽车用钢量约 6500 万吨，2030 年将下降为 6200 万吨。

2. 节能环保因素

由于河北省环京津的特殊地理区位，全省节能环保任务较其他省份更为艰巨。作为高能耗、高排放行业，钢铁行业是河北省推进节能减排的重点行业。特别是随着"双碳"战略深入实施，钢铁产业将面临更大的绿色低碳转型压力。

大气污染治理仍将延续，钢铁企业停产限产压力较大。2022 年 5 月河北省作出深入打好蓝天保卫战的重大部署，并明确提出 $PM_{2.5}$ 平均浓度下降、优良天数增长的具体目标。相关环保政策的实施，将对钢铁企业污染物减排提出更高要求，也将进一步提升钢铁企业治污成本。

碳排放"双控"取代能耗"双控"成为节能降碳主要举措。2022 年，我国在政府工作报告明确提出，将"双碳"目标推进作为统领节能减排工作的总抓手，制定统筹考核的办法，不再将可再生能源纳入能源消费总量控制，不再追求个别年份目标的实现，为经济发展留出了调控空间。为此，河北省钢铁产业能耗约束有所缓解，通过技术创新和服务体系创新提升能效、加快传统能源替代成为适应新的政策形势的重要举措。

3. 能源原材料因素

钢铁企业成本利润与能源和铁矿石价格休戚相关，因此铁矿石供给稳定性、能源和铁矿石价格波动对河北省钢铁产业发展具有重要影响。

受国际关系影响，铁矿石供给风险较高。河北省冶金行业协会数据显示，2020 年河北省钢铁企业八成以上铁矿石供给来自海外，其中澳大利亚占铁矿石进口金额的 70.49%，巴西占 17.38%，其他国家占比均小于 5%。随着我国与澳大利亚这一主要铁矿石进口国关系紧张，如果发生突发事件，河北省钢铁产业所需铁矿石将面临较大的断供风险。加快铁矿石多元化供给，成为保障全省钢铁企业稳定生产的必然选择。

铁矿石与煤炭价格将承压下行。一方面，由于全球钢铁产量增速放缓导致铁矿石需求下降，美元加快加息进程，大宗商品价格逐步承压。另一方面，进入 2023 年以来，我国煤炭市场整体供应相对宽松，煤炭价格呈震荡下行走势，再加之可再生能源的增长以及天然气对煤炭消费的加快替代，我国煤炭价格在 2023 年下半年呈现稳中有降趋势。由于铁矿石和煤炭在钢材中的成本占比高达 75%，铁矿石和煤炭价格的下降，将对河北省钢铁企业降低成本、提升利润提供支撑。

4. 对外贸易因素

当前，国际贸易摩擦加剧，美方对中国出口钢铁产品延续已有高关税政策，我国逐步取消钢铁产品出口关税优惠，均对我国钢铁产品出口造成不利影响。

钢铁贸易摩擦不断，国外对华钢铁出口调查案件有所增加。河北省冶金行业协会资料显示，2020 年，国(境)外对华钢铁出口调查比 2019 年增加了 7.41%，达到 116 起，其中涉及河北钢企的新立案件 16 起，比 2019 年增加 1 起，占全省案件总数比例超过了三成，河北省钢铁产品出口国际环境更加严峻。

美国延续对华涉钢产品进口加征关税政策，我国逐步退出钢铁产品出口关税优惠，河北省钢铁产品出口面临内外双重压力。一方面，2022 年 6 月美国以保护本国工人为由，保留了对钢铁和铝的部分进口关税，河北省钢铁产品出口仍面临较高的关税壁垒。另一方面，为更好保障国内钢铁供应，我国渐进式取消了钢铁出口退税，并逐步提升了部分产品关税额度。在这一背景下，河北省钢铁产品出口将承担更高的税收成本，调整发展策略，更加注重国内钢铁市场的开发，成为全省钢铁企业的必然选择。

(二) 发展前景研判

综合考虑多重影响因素，河北省钢铁产业将进入新的发展周期并呈现新的发展特点。

1. 钢铁产业进入下行周期

建筑用钢接近全社会钢铁消费总量的一半，房地产行业景气程度对钢铁产量具有决定性影响。由于当前房地产市场繁荣时代已经结束，投资下行的趋势几成定局，叠加节能环保压力加大、对外贸易不确定因素增加的影响，未来一段时间河北省钢铁产业将进入下行周期，产业规模呈稳中有降态势。

2. 制造用钢比重明显提升

随着我国加快"制造强国"建设，制造业用钢需求明显提升，钢铁市场需求结构将从建筑用钢为主向制造用钢为主转变。紧紧围绕调整优化产品结构，加强制造业用钢的开发和生产，提升产品附加值，提升钢铁供给结构与需求结构的匹配度，将是河北省钢铁企业突围的关键。

3. 钢企利润空间逐步收窄

受市场需求低迷、钢铁价格趋降、节能环保成本增加、我国出口关税提升、国外进口关税居高不下等不利因素影响，未来一段时间，河北省钢铁企业利润空间将进一步收窄，企业生产经营将面临更大成本压力。调整优化产品结构，减少库存，缩小应收账款，有效降低内部生产经营成本，将是河北省钢铁企业应对不利形势的现实选择。

4. 废钢电炉炼钢渐成趋势

随着城镇化工业化的推进，中信建投研究报告显示，进入21世纪我国人均钢铁积蓄量迎来了高速提升时期，截至2021年我国钢铁积蓄量已超过百亿吨，人均达到8吨以上。根据发达国家经验，当人均钢铁积蓄超过8吨，电弧炉炼钢将取代转炉炼钢成为主流。近年来，由于以废钢为主要原料的电弧炉短流程炼钢，实现了"以电代煤"，具有良好的降碳效应，在"碳达峰""碳中和"的背景下，推进电弧炉炼钢替代转炉炼钢成为河北省节能降碳的重要手段。

5. 数智化低碳化服务化转型提速

受人工成本上升、节能环保压力加大、用钢企业需求日趋个性化等因素影响，钢铁企业数字化智能化改造步伐将加快，废钢资源使用比重提高，电力和新能源将逐步替代煤炭等传统能源，能耗和排放管理水平将进一步提升，钢铁企业定制化生产比重将明显增加。

6. 钢企持续推进海外扩张

当前国内钢铁需求增长空间有限，而非洲、中东及东南亚等欠发达地区城市化程度还较低，各国正加大对基础设施建设、房地产开发的投资，上述地区将成为全球钢铁消费的主力，加大对上述地区的投资与扩张是河北省钢铁企业消纳过剩产能的必然选择。

三、加快河北省钢铁产业高质量发展的对策建议

（一）全面提升科技创新支撑能力

1. 打造高能级创新平台

支持河北钢铁技术研究总院打造全国钢铁工艺技术研发中心，鼓励优势钢铁企业集团争创国家企业技术中心，加快钢铁企业自设研发机构全覆盖，推动有条件的地方谋划建设区域性行业公共服务创新平台。

2. 加强关键核心技术攻关

围绕河北省钢铁企业发展需求，加强关键共性技术研发，加快通用专用装备和零部件开发，推进合金材料的研发和产业化，支持重大装备技术集成创新，增强关键工艺技术对钢铁产业转型升级的引领和支撑作用。

3. 着力提升装备工艺水平

支持钢铁企业开展对千立方米以下高炉、百吨以下转炉的改造和升级，加快主体装备大型化、专业化和高端化。支持企业逐步淘汰球团竖炉工艺，加快推进链箅机—回转窑、带式焙烧机的开发和应用。积极推广应用大型化、长寿命、低碳环保、安全可靠、信息智能炼钢设备的应用。

4. 推进数字化智能化改造

加快推进钢铁行业智慧赋能，建设以钢铁为主题的大数据中心，形成钢铁行业智慧"大脑"；打造省级和地市级钢铁工业互联网平台，重点加强与阿里云对接合作，建设"钢铁产业云"项目；加强上下游企业信息共享互联，促进钢铁企业与上游矿产资源采选企业和下游钢材产品应用企业协同生产；打造一批智能工厂和数字化工厂，利用机器人逐步代替人工，降低企业成本；提升钢铁产品物流的智慧化水平，建设信息化物流配送系统。

(二)调整优化全省钢铁产业结构

1. 加强制造用钢产品开发

顺应制造用钢需求增长的新形势，瞄准新能源汽车、轨道交通、远洋船舶、海洋装备、新能源装备、现代家电等装备产品用钢需求，加强支撑板材、关键零部件用合金材料的研发和生产，逐步占领装备制造用钢市场，提升市场占有率，实现钢铁产品结构由建筑用钢为主向装备用钢为主转型。

2. 积极有序发展电炉炼钢

按照"骨干企业先行、一般企业跟进、梯次有序推进"的思路，引导钢铁企业开展电炉炼钢生产；制定配套支持政策，在电炉炼钢企业开展产能置换、环保管理方面给予必要的政策扶持；支持有条件的地区建设电炉炼钢生产示范区，打造全省电炉炼钢标杆；加强废钢回收和配送体系建设，保障电炉炼钢企业原材料供给；在中心城市周边，允许符合节能环保要求的中小型电炉炼钢企业开展钢铁生产项目建设。

3. 延伸拓展钢铁产业链条

顺应生产制造企业服务化发展趋势，延伸钢铁产业链条，支持具备条件的钢铁企业拓展业务领域，开展多元化经营，重点建设钢材加工配送中心，在满足自身需求的基础上，为其他钢铁企业开展加工和配送等增值服务。加强省内钢铁企业与国内装备制造企业合作，及时沟通钢铁产品需求信息，采取定制化生产方式，为装备制造企业提供满足个性化需求的高端钢铁产品，推动钢铁企业由生产商向服务商转变。支持钢铁企业进入战略性新兴产业领域，延伸发展新材料、高端装备等产品，开展现代物流、金融服务等现代服务，实现制造型企业向服务型企业转型。

(三)着力打造世界级钢铁企业集团

1. 持续推进企业整合重组

立足省内优势大型钢铁企业，支持采取参股、控股、收购资产等方式，加强对省内外和境内外钢铁企业的整合重组，实现扩规增能，形成旗舰企业，助推河北省更好参与国际钢铁产业竞争。秉承开放思维，支持京津热轧和焦化企业参与河北省钢铁企业整合重组，构建更具优势的钢铁产业链，促进上下游企业紧密协作、互促共赢。

2. 支持优势钢企"走出去"

以龙头钢铁企业为引领，深化钢铁产能国际合作，积极参与"一带一路"建设，有序推动产品、装备、技术、服务等协同"走出去";开展与沿线国家和地区的优势钢铁企业合作,采取人才交流、信息共享、技术共同开发的方式,构筑互利共赢的钢铁产业生态圈。

3. 实施质量标准提升行动

支持龙头企业积极参与国际标准、国家标准、行业标准制修订,对取得相关成果的企业给予必要资助和奖励,提升钢铁企业研发标准、参与制定标准的积极性,增强河北省钢铁企业在全球钢铁行业的话语权和影响力。

(四)提升矿产资源安全保障水平

1. 增强省内铁矿供给能力

着眼提升铁矿石自给率、降低资源供给风险,加大对省内矿产资源的勘察开发力度,健全矿产资源和铁矿石矿山储备制度,加强超贫磁铁矿高效采选关键技术的开发,提升铁矿石生产和保障能力,降低钢铁企业铁矿石对外依存度。

2. 促进境外铁矿进口多元化

加强与西非、俄罗斯、哈萨克斯坦、蒙古等铁矿资源富集地区的合作,采取联合共建、资产购买等方式,加强对相关国家铁矿资源的开发,丰富境外铁矿进口来源渠道,提升海外铁矿资源保障水平。

3. 增强铁矿市场议价能力

以雄安新区注册成立中国矿产资源集团公司为契机,改变龙头钢铁国企和钢铁贸易商各自为战的局面,集中话语权,统一由中矿集团出面,开展铁矿石采购,形成统一战线,提升议价能力,有效应对铁矿石国际市场价格波动。

(五)全力支持钢铁企业降本增效

1. 实施税收优惠政策

全面落实研发费用税前加计扣除政策,支持钢铁企业开展技术研发创新活动。对于达标排放的钢铁企业,减免部分税费,增强企业发展动能,降低企业生产经营成本。

2. 加大金融扶持力度

支持金融机构对兼并重组、退城进园、工艺技术改造、产品升级换代的河北省钢铁企业给予必要金融扶持,为其提供高品质金融服务。支持有条件的钢铁企业开展上市融资。支持发展绿色金融,开发新型金融产品,为钢铁企业绿色低碳转型提供资金保障。建立专项纾困基金,为生产经营困难的钢铁企业提供资金支持,帮助企业渡过难关。

3. 盘活用好土地资产

对退城搬迁企业腾退土地,按照国土空间规划,及时调整土地性质。支持退城搬迁企业用足用好腾退土地资源,在符合城乡发展规划的前提条件下,合理开发战略性新兴产业项目,实现土地资源保值增值。支持钢铁企业将腾退土地进行市场交易,并给予必要的税收优惠,保障搬迁企业利益。

(六)积极推进钢企绿色低碳转型

1. 科学调控产能产量

全面落实碳达峰实施方案,科学确定钢铁行业碳达峰目标,合理调控钢铁产能规模。在压减钢铁产能过程中,避免"一刀切",对不同能效和排放状况的企业,采取差异化政策,分类采取管控措施。

2. 全力推动结构降碳

支持钢铁企业开发低能耗、低排放钢铁产品,有效降低铁钢比,降低单位产品能耗。鼓励企业开展电炉炼钢,增强对废钢废铁的消纳能力。支持钢铁企业开发利用新能源、清洁能源,逐步替代传统能源,实现用能结构的战略性调整。

3. 研发推广节能降碳技术

加快推进钢铁企业节能降碳工艺改造,引导钢铁企业开展高效率低成本洁净钢冶炼,支持氢能冶金技术研发,推广二氧化碳捕集和储存技术,减少能耗和碳排放。

(本文作者:黄贺林、王素平。本文任务来源于河北省发展和改革委员会,系 2021 年河北省宏观经济研究院产业部课题《河北省产业发展研究报告(2021 年)》系列研究成果之一;基于本文形成的《河北省钢铁产业发展现状、趋势及对策建议》文章于 2023 年 5 月收录于 2023 年 5 月出版的《河北蓝皮书:河北经济发展报告(2023)》。)

河北省装备制造产业发展研究报告(2021年)

　　装备制造业具有技术密集、产品附加值高、涉及领域广、产业关联度强、带动作用大等突出特点，是国民经济的脊梁、制造业的核心，是关系国家战略安全和国民经济命脉的基础性、战略性产业。当前，河北省装备制造业规模和质量都与先进省份存在较大差距，推动装备制造业加快崛起，是优化河北省工业结构、加速发展动能转换、提升经济综合竞争力的关键。本报告深入分析河北省装备制造业发展现状和问题，展望未来两年全省装备制造产业发展前景，在此基础上提出推动河北省装备制造产业加快发展的对策建议，为河北省推动装备制造业高质量发展提供决策支撑。

一、河北省装备制造产业发展现状和问题

(一)产业发展总体现状

1. 装备制造业增速有所放缓，全国规模占比先降后升

　　河北省装备制造行业协会数据显示，"十三五"以来，河北省装备制造业规模持续扩张，但增加值增速明显放缓，由2016年的10.22%滑落至2020年的3.91%，五年下降了6.31个百分点。2021年，河北省有效克服疫情的冲击和影响，积极应对不确定的国际国内形势，取得了"十四五"良好开局，全省装备制造业增加值增速大幅回升，全年同比增长8.83%，比全省工业高出近4个百分点，增加值占全省工业比重达到18.61%，是河北省名副其实的支柱性产业。但一年来，受能耗双控、大宗商品价格上涨、投资复苏乏力、"芯片"短缺、2020年初低基数等多重因素影响，装备制造业增加值增速呈逐月回落态势，由1~2月份的55.77%下滑至1~12月份的8.83%，全年回落了近47个百分点。河北省装备制造业规模占全国比重呈现先降后升态势，2016~2019年装备制造业营业收入占全国比重由2.84%下降为2.2%，四年下降了0.62个百分点。此后全省装备制造业占全国比重跌入近年来谷底后开始缓慢上升，2021年全省装备制造业营业收入占全国比重恢复到2.5%，较2019年上升了0.3个百分点。

2. 主要行业保持增长态势，金属汽车电气规模三甲

　　河北省装备制造行业协会数据显示，2021年，全省八大主要行业营业收入均保持

增长态势，其中计算机、通信和其他电子设备制造业增速最快，为26.6%，金属制品业增速处于第二位，为22.4%，专用设备制造业增速处于第三位，为17.8%，电气机械和器材制造业、汽车制造业、仪器仪表制造业、通用设备制造业、铁路、船舶、航空航天和其他运输设备制造业增速分别为17.1%、15.9%、14.3%、9.3%、9.1%，列各行业第四位至第八位。金属制品业、汽车制造业、电气机械和器材三大产业营业收入规模位列三甲，其中金属制品业、汽车制造业、电气机械和器材制造业营业收入占全省装备制造业比重分别高达28.6%、28.0%和16.0%。

3. 多数产品产量保持增长，不同类别产品分异明显

河北省装备制造行业协会数据显示，2021年，在重点监测的120种产品中，75种产品同比增长，占产品总数的62.5%，其中增速在10%以上的有60种，占全部产品的50%；增速在30%以上的有35种，占产品总数的29.2%；增长1倍以上的有10种，占产品总数的8.3%。全年装备制造业主要产品产量变化呈现以下特点：一是金属制品中多数产品保持增长，而铸造产品产量有所下滑。金属切削工具、金属包装容器、钢绞线等保持了20%以上的增长，铸造件产量小幅增长，铸钢件、铸件，粉末冶金零件有不同程度的下降。二是通用设备领域多数产品保持增长，而轴承产品产量大幅下挫。通用设备气体压缩机械、液压元件、输送机械、齿轮、金属密封件等产品保持20%以上的增速，滚动轴承大幅下滑，全年产量33707.7万套，同比下降61.0%。三是专用设备领域中建筑工程设备产量大幅增长，模具产品产量下行明显。在入统的26种专用设备产品中同比增长的有20种，其中建筑工程用机械同比增长268.3%，水泥专用设备产量同比增长45.4%，金属冶炼设备、金属轧制设备保持了20%以上的增长。产量滑坡且占比较大的产品是模具，全年产量34.6万套，同比下降40.5%。四是汽车产品产量稳步增长，年底增速有所回落。汽车全年产量110万辆，同比增长12.8%，其中12月当月整车生产12.6万辆，同比增长下降3.7%。五是新能源装备中"光伏""风电"升降各异。太阳能电池产量大幅增长，全年产量1147.9万千瓦，同比增长67.3%；而在风力发电政策退坡的影响下，风力发电机组同比下降42.3%。

4. 产品出口持续高位运行，交货值增速逐月下滑

河北省装备制造行业协会数据显示，2021年，河北省装备制造业出口保持高速增长态势，全年出口交货值同比增长19%，其中电气机械和器材出口同比增长90.9%，汽柴油车整车出口累计增长22.6%，光伏设备及元器件出口同比增长21.9%，仅有计算机和通信设备，铁路、船舶、航空航天设备出口交货值分别同比下降2.3%和2.2%。从月际变化情况看，2021年装备出口交货值增速呈逐月放缓态势，由1~2月的36%，下降为1~6月的22.7%，1~12月回落至19%，全年出口交货值增速比1~2月下降了17个百分点。

5. 区域集聚趋势明显，装备制造集群快速成长

近年来，河北省着力振兴区域经济，贯通产业链供应链，装备制造业集聚发展趋势日趋明显。河北省装备制造行业协会数据显示，2021年保定市、唐山市、沧州市、邯郸市装备制造业营业收入均超过千亿元，占全省比重分别为20.3%、16.9%、12.7%

和 12.7%，列全省各设区市前四位；装备制造业持续保持向四市集聚的态势，2021 年邯郸、沧州、保定装备制造业营业收入增速分别为 28.0%、21.7% 和 19.8%，分别高于全省 10.1 个百分点、3.8 个百分点、1.9 个百分点，列全省装备制造业营业收入增速前三名，唐山市装备制造业营业收入增速为 17.4%，与全省平均增速基本持平。依托经开区和高新区，一批上下游关联、具有较强竞争力的重点优势产业链集群初步形成，保定整车和零部件制造、唐山丰润轨道交通装备制造、保定新能源装备制造等 9 家装备制造产业园区被命名为"国家新型工业化产业示范基地"，省重点支持的 107 家特色产业集群中，装备制造特色产业集群达到 47 家。

(二) 存在突出问题短板

1. 总体规模仍然偏小，产业层级明显偏低

河北省装备制造行业协会数据显示，河北省装备制造业规模仍然较小，与河北省经济地位不匹配，2021 年河北省营业收入占全国装备制造业营业收入比重仅为 2.5%。装备自给率不高，企业生产主要集中在中低端制造领域，重大装备总集成、总承包能力弱，技术密集的大型成套设备较少，服务型制造占比较低，劳动密集、资源消耗大的加工型产品居多，大部分装备制造业企业还处于产业链和价值链中低端。龙头企业少、企业规模小、引领作用弱等问题十分突出，大企业、大集团和有牵引力的大项目不多，没有形成龙头企业引领、中小企业配套发展的专业化协同发展格局，与先进省份相比有较大差距。

2. 利润水平出现下滑，企业亏损形势严峻

河北省装备制造业利润增速和营收利润率呈现明显的"双低"特点。河北省装备制造行业协会数据显示，2021 年，河北省装备制造业实现利润 376.9 亿元，同比增长 6.5%，比全省工业利润增速低 4.1 个百分点，比全国装备制造业增速低 9.8 个百分点；营收利润率 3.3%，比 2020 年同期下降 0.3 个百分点，比全省工业平均水平低 1.1 个百分点，较全国装备制造业营收利润率低 2.7 个百分点。从行业大类看，电气机械及器材制造业，汽车制造业，仪器仪表制造业，计算机、通信和其他电子设备制造业四大行业利润分别同比下降 48.3%、7.0%、6.2% 和 3.4%，而同期全国同行业利润均实现正增长。装备制造企业亏损问题突出，主要表现为亏损企业增加、亏损面扩大，截止到 2021 年底，装备制造业亏损企业 805 家，同比增长 23.66%，亏损面 15.4%，较上年上升了 1.03 个百分点。从各行业情况看，亏损企业增速居前的行业分别是金属制品业、汽车制造业、电气机械及器材制造业，亏损面居前的行业是汽车制造业、计算机、通信和其他电子设备制造业和金属制品业，亏损额增长最大的是电气机械及器材制造业和计算机、通信和其他电子设备制造业，亏损额分别增长 67.97% 和 51.95%。

3. 自主创新能力较为薄弱，实现动能转换任重道远

当前，河北省装备制造产业领域自主创新能力薄弱，难以满足产业发展需求。一方面，研发投入明显不足，河北省装备制造行业协会数据显示，2020 年全省规模以上装备制造企业研发经费投入 180.9 亿元，研发投入强度为 1.86%，低于全国 0.36 个百

分点，八大行业中仅汽车制造业，计算机、通信和其他电子设备制造业研发投入强度超过全国平均水平，其他六大行业研发投入强度均明显低于全国平均水平；另一方面，成果产出效率不高，河北省装备制造行业协会数据显示，全省规模以上装备制造企业万名员工有效发明专利数为190.50件，比全国少126.62件；全省规模以上装备制造企业新产品销售收入占营业收入比重仅为32.07%，低于全国4.19个百分点；八大行业中仅汽车制造业，计算机、通信和其他电子设备制造业新产品销售收入占营业收入比重超过全国平均水平，其他六大行业均明显低于全国平均水平。由于科技创新支撑不足，河北省装备制造业拥有完全自主知识产权的技术产品缺乏，原创技术和基础研究较少，关键技术及核心部件均依赖进口，为整机和成套设备配套的基础零部件、自控系统和测试仪器、数控机床和基础制造装备的发展明显滞后。在创新作为装备制造业发展核心动力的背景下，加快提升创新能力，改变装备制造业低端产能过剩、高端产能不足的不利局面刻不容缓。

4. 产业在空间上集而不群，企业同质竞争问题突出

目前，河北省装备制造产业很多集群仍存在分工程度不高，产业链不完善，产业集而不群的问题。首先，高端产业集群偏少，多数产业集群均聚焦一般工业产品生产，产业集群综合竞争力不强。其次，产业集群多数企业处于产业链低端，所生产产品差异化不足、档次质量偏低，低水平重复建设与无序竞争现象并存。更为严峻的是，很多产业集群在产业定位、产业布局和招商引资时没有注重产业之间的联系，即使企业数量达到一定数目，但因企业间的关联度较小，不能形成完整的产业链上下游配套关系，技术和信息等资源无法共享，难以形成企业互促共进的良好局面，导致装备制造企业集而不群，难以形成发展合力。

二、河北省装备制造产业发展前景展望

当前，河北省装备制造业总体呈现复苏向好态势，但复苏的基础尚不稳固，未来两年装备制造业发展既面临很多有利因素，同时实现产业平稳增长也面临诸多压力和挑战。

(一) 有利条件

1. 一揽子稳经济措施深入推进

当前，我国经济延续恢复增长态势，经济循环日益畅通，市场预期不断改善。中共中央、国务院提出，要通过中央预算内投资、专项债等渠道，撬动更多社会资本，适度超前开展基础设施投资，"十四五"规划的102项重大工程开始陆续实施。2022年政府工作报告明确提出，将实施新一轮减税降费，对企业投入基础研究实行税收优惠，降低企业生产经营成本，加大企业创新激励力度，加强原材料、关键零部件等供给保障，推动消费持续恢复，继续支持新能源汽车消费等，将带来装备工业投资和需求的进一步恢复。此外，我国着力加强交通、能源、水利等网络型现代化基础设施体系建设，把联网、补网、强链作为建设的重点，着力提升网络效益，进一步释放投资潜力，

推动装备制造业高质量发展。

2. 产业支持政策密集出台实施

面对经济下行压力，装备制造业作为制造业的核心组成部分、国家工业发展的基石，成为我国为保持经济稳定增长并处于合理区间优先支持发展的重点产业。2021年以来，我国加大了对装备制造业的支持力度，制定实施了《"十四五"智能制造发展规划》《能源领域首台(套)重大技术装备评定和评价办法》《环保装备制造业高质量发展行动计划》等一系列重大文件，为加快装备制造产业结构调整和优化升级、增强自主创新能力、实现装备制造业振兴创造了有利的政策环境。

3. 新兴装备市场发展趋势向好

受新形势推动和新需求拉动，新兴装备行业发展迎来了有利时机。一方面，随着碳达峰和碳中和工作的深入推进，我国节能环保装备、新能源装备、新能源汽车等市场空间不断扩张。另一方面，随着我国人口红利逐步消退，劳动力成本持续上升，新冠肺炎疫情严重影响了劳动用工的稳定性，设备替代人工的需求呈上升趋势，智能制造装备、机器人行业成为发展焦点。此外，随着我国产业高端化步伐加快，特材装备、航空航天装备、卫星导航装备、海工装备、冰雪装备等市场需求不断攀升，发展前景极为广阔。

(二) 不利因素

1. 国内外经济复苏不确定性强，装备产品需求仍然低迷

当前，受诸多风险或不确定性因素影响，全球经济复苏的基础并不稳固。一是全球经济增速放缓成为大概率事件，将给装备工业产品需求带来冲击。大多数国际机构预测，2022年以后全球经济大概率保持低速增长。世界银行在2022年1月调低了对2022年全球经济的预测，认为2022年全球经济增长4.1%。二是与乌克兰危机还在进行甚至可能进一步升级，世界地缘政治局势可能进一步紧张，拖累全球经济增长，导致装备产品需求可能延续低迷状态。三是中美贸易摩擦仍将延续，河北省装备产品出口面临不确定性。四是后疫情时代，我国经济恢复、市场信心企稳需要一定时间。

2. 材料零部件供应不畅，产业链供应链稳定性面临挑战

由于部分关键材料和核心零部件对外依存度较高，加之地缘政治冲突、单边主义抬头，河北省装备制造产业链供应链稳定性面临挑战。一是以美国出台《芯片和科学法案》为标志，美国及西方国家将进一步加大对我国核心部件和关键技术的封锁力度，河北省相关产品和技术保障能力将面临严峻挑战。二是乌克兰是芯片制造关键材料氖、氢、氙的重要生产国，根据市场调研机构 Techcet 数据显示，供应量分别占全球的70%、40%和30%，与乌克兰危机如延续升级态势，可能会导致相关材料短缺甚至断供，进而影响全球芯片制造，必然干扰到河北省相关装备产品的生产。

3. 装备制造业投资增长乏力，产业发展后劲明显不足

2021年，除专用设备制造业，汽车制造业，计算机、通信和其他电子设备制造业外，其他五大行业固定资产投资增速均低于全省制造业平均水平，金属制品业、通用设备制造业、电气机械和器材制造业更是出现了严重的负增长局面。由于当前固定资

产投资决定了未来产业规模，2021 年装备制造业投资低迷，必然引致未来一至两年行业规模增长乏力。

(三)走势研判

综合有利条件和不利因素，初步判断未来一至两年河北省装备制造业运行主要呈现以下三方面特点：

1. 产业增长保持在合理区间并呈低位运行态势

未来两年，装备制造业面临的国际环境错综复杂，产品出口难以乐观，民间投资积极性尚未被激发出来，产业升级需要时间，2021 年经济数据回升明显垫高了对比基数，装备制造业增长面临较大压力。但也应看到国家大规模投资对装备制造业运行回暖将起到重要的支撑作用，各级政府的消费激励政策也将拉动装备制造市场需求不断扩容。综合判断，2022 年装备制造业主要指标将处于合理区间并保持低位增长态势，2023年如果疫情防控政策持续优化，装备制造业将保持中低速增长，并呈现逐步回升态势。

2. 企业生产经营压力增大且利润空间进一步收窄

未来一至两年，受到大宗商品价格高位运行、原材料和零部件供应不畅、产业链供应链不稳等因素影响，企业正常生产经营可能受到干扰。一方面，企业盈利空间进一步缩小。大宗商品价格走高、美西方加大对我国围堵力度等因素，可能抬高原材料、零部件和劳动力成本。另一方面，产业链供应链中断风险增加。受国际"芯片"断供、西方战略资源和核心零部件限售、局部地区疫情反复等因素影响，装备制造业可能面临原材料和零部件断供、技术发展受限、上下游企业供产销链条断裂风险。

3. 高端装备制造加快发展推动产业结构逐步优化

受"双碳"工作推进、能源原材料价格攀升、劳动力供给趋紧、科技创新驱动、产业促进政策实施等因素影响，河北省高端装备制造产业将迎来新的发展机遇，进入快速增长阶段。预计 2022 年和 2023 年，河北省新能源装备、新能源汽车、节能环保装备、智能制造装备、专用机器人、卫星导航装备、海工装备等高端装备产业将保持高速增长态势，成为装备制造业发展的重要驱动力，全省装备制造业结构将逐步优化，高端化发展趋势日益明显。

三、河北省装备制造产业发展的对策建议

(一)引培结合壮大装备制造产业规模

1. 实施重大战略项目引进工程

坚持项目为王、效率至上理念，以重大战略项目引进为突破口，加快做大装备制造产业规模，提升产业整体实力，着力引进一批具有"雁阵效应"的"领头雁"项目，集聚一批具有"孵蛋效应"的"老母鸡"项目，落地一批在产业链上具有关键卡位作用的"金钥匙项目"，提高重大项目对装备制造产业发展的引领带动作用，推动装备制造业跨越发展。分类推进项目引进，重点围绕通用航空、智能数控和机器人等体量还较小

的产业链，引进一批关键性、龙头型、基地型的大项目；对于轨道交通等尚不完善的产业链，加快引进"填空补缺"型项目。

2. 推进旗舰龙头企业打造计划

支持装备制造业龙头企业通过强强联合、上下游整合、外部引进、兼并重组等方式做大做强，提升核心竞争力和带动力。强化"一企一策"扶持，通过设立产业发展基金、支持首台(套)装备产品、实施企业上台阶等方式，推动重点龙头企业发展壮大。加大对现有龙头企业贷款、融资、项目专项研发资金支持，借助产业引导基金孵化、培育"种子企业"，培育行业龙头企业。

3. 开展中小微企业培育壮大行动

关注成长性好、专业化水平高的装备制造企业，培育一批具有持续创新力和竞争力的"专精特新""小巨人"企业。支持符合条件的中小微企业产品参与政府采购。落实中小微企业设备器具企业所得税税前扣除、制造业中小微企业延缓缴纳部分税费、新能源汽车税收减免优惠等政策。强化中小企业金融支持。完善中小企业服务体系，发挥好中小企业服务中心以及行业协会、商会作用，提供政策宣传、品牌培育、融资培训等服务。

(二)缓解大宗商品和零部件供给冲击

1. 增强大宗商品和关键部件的保障供给能力

在供给端，多渠道增加能源、原材料、关键零部件的有效供给。落实好国家能源资源保供稳价各项措施，加强关键零部件的研发力度、实施国产替代。加快张家口可再生能源示范区建设，促进风电、光伏发电多发满发，创新可再生能源就地消纳模式，推动可再生能源多用途、规模化应用。支持河北省有实力企业参股、收购、控股海外上游原材料企业，获取国际大宗商品开发权，建立海外大宗商品供应基地、关键零部件生产企业。在需求端，加快推进节能降耗。以"两高"企业为重点，深入实施节能降耗改造，提升资源能源利用效率，实现能源、原材料减量化利用。鼓励企业推行循环化生产方式，推进余热余压梯级利用，有效降低资源能源消耗需求。

2. 实施装备制造产业稳链保链行动

针对大宗商品价格上涨和关键零部件供给不畅造成的冲击和影响，深入实施"稳链保链"行动。一是逐个分析大宗商品价格上涨和关键零部件供应风险对河北省装备制造重点产业链的影响，并根据对不同环节行业、不同程度影响，分类施策，帮助行业企业化解风险、渡过难关。对于能源、原材料、关键零部件断供风险大的行业，要着重帮助行业优化原材料、零部件供应管理，扩大能源、原材料、零部件有效供给来源。二是发挥产业链"链长"企业作用，组织配套企业开展能源、原材料和关键零部件产品生产，实现国产化替代，打造产业链供需管理平台，推动产业上下游企业原材料、零部件供应和产销配套协作，加强资源高效配置和供需精准匹配，增强产业链韧性。

3. 出台定向支持政策缓解企业经营压力

深入剖析电气机械及器材制造业等重点行业利润下滑过快、企业亏损严重的深层原因，精准施策、靶向发力，着力解决企业生产竞争困难问题。对于生产成本大幅上升、利润严重下滑的行业，全面落实减税降费政策，帮助行业加强技术改造。完善金融支持政策，鼓励金融机构对受大宗商品价格和关键零部件供给影响较重的企业，出台贷款延期、本息迟缴、征信豁免、续贷转贷等政策，稳定授信规模。持续开展发放惠民红包等促销活动，择机出台促进汽车、家电等消费政策，挖掘消费端潜力，培育消费新增长点。

(三)全力提升装备制造产业创新能力

1. 健全产业技术创新体系

着眼于汽车、金属制品、电气机械和器材等本地优势领域，以及基础工业软件、高档数控系统、车规级芯片、新一代传感器及智能化仪器仪表等国家制造业急需，建设一批企业主导、产学研用紧密结合的产业技术创新联盟，建立联合开发、优势互补、成果共享、风险共担的产学研用合作机制，组织开展跨行业、跨领域、跨区域的产学研用协同创新。提升创新公共服务能力，推动在研发服务、计量标准、检测认证、成果转化等环节，建立一批科技公共服务平台。

2. 实施装备制造业科技"补短板"工程

瞄准我国重大工程、重大装备及重点产业主机配套亟需，引导河北省装备制造行业重点企业加快核心基础零部件攻关开发，重点发展智能化制造装备、能源装备、仪器仪表等装备产品生产所需的新型材料，持续推动清洁铸造、先进焊接、精密铸造、增材制造、高效热处理及表面工程等新技术新工艺的研制与应用。

3. 促进京津研发、河北转化

一是联合京津共建新型研发机构。拓宽引进京津骨干研发机构的渠道，围绕网联汽车、新能源汽车、新能源装备、海工装备等产业发展需求，与中科院、国家千人计划联谊会等北京国内外知名科研机构合作，组建新型研发机构，吸引集聚高端人才团队和技术成果。二是创新京津科技成果发现转化机制。实施装备制造企业对接京津科研机构三年行动计划，快速落地实施一批科技成果转移转化项目。支持市县和开发区向京津高校院所派驻科技专员，积极引进知名风投机构。三是营造有利于京津科技成果转化的创新创业环境。开展科创环境对标行动，全面落实研发费用加计扣除等普惠性政策，赋予科研人员职务科技成果所有权或长期使用权，为重大科技成果转移转化项目开辟绿色通道。

(四)推进装备制造产业智能化转型

1. 科学制定智能化改造方案

针对行业各细分领域智能化转型的特点、难点制定转型发展路线图，分步骤、分阶段推进数字化、网络化改进。一方面，实施中小企业数字化赋能专项行动，提升中小企业数字化网络化发展水平；另一方面，鼓励企业制定个性化智能转型提升方案，分步骤、分阶段实施持续改进计划；依托园区和产业集群，共享集成化工业软件平台、工业云红利。

2. 分层次推进企业智能化改造

支持产业链中的"链主"企业建设供应链协同平台，带动产业链上下游企业同步实施智能化升级。对于有基础、有条件的骨干企业，支持企业加大技改投入，加快新一代信息技术与制造全过程、全要素深度融合，实现制造技术突破、工艺创新和业务流程再造，建设数字化、网络化、智能化示范工厂；不具备条件的中小微企业，鼓励企业制定个性化的智能化改进实施方案，分步骤、分阶段进行全流程持续改进。

3. 开展多场景、多层次的应用示范

支持特色鲜明、转型需求迫切、基础条件好的园区和产业集群建设智能制造先导区，打造智能制造技术创新策源地，示范应用集聚区。开发面向产品全生命周期、制造全过程各环节的核心工业软件，研发嵌入式工业软件及集成开发环境，研制面向细分行业的集成化工业软件平台，开展智能制造系统解决方案供应商和用户的供需互动，推进工艺、装备、软件、网络的系统集成和深度融合。

(五) 加快推动装备制造产业集群化发展

1. 推动装备制造业空间集聚

抢抓高端装备制造产业加速发展机遇，因地制宜集聚高端装备制造业。重点支持唐山、石家庄、保定、秦皇岛、衡水打造先进轨道交通装备制造基地，石家庄、廊坊、张家口打造航空航天装备基地，廊坊、沧州、承德、唐山打造机器人及智能制造装备基地，邯郸、唐山打造现代应急装备及服务产业基地，石家庄、沧州、保定打造节能环保设备制造基地，张家口、雄安新区打造冰雪装备产业基地，形成带动全省高端装备产业发展的支撑区和引领区。

2. 培育县域特色装备产业集群

紧盯龙头企业、加强协作配套，加快做强永年标准件、宁晋河间电线电缆、孟村盐山管道、安平丝网等中场配套类产业集群；突出高端化、智能化、国际化，提升标准和质量，加快做优怀安定州汽车及零部件、迁安装备制造、东光包装机械等先进装备类产业集群；突出生态化、链条化、平台化，提升龙头企业带动作用，加快发展三河电子信息、固安新型显示等信息智能装备产业集群。

3. 打造一批现代装备制造产业园区

引导装备制造企业向优势开发区集聚发展，打造一批装备制造业发展增长点。一是支持唐山高新区、香河经开区、沧州高新区、京南·固安高新区，打造机器人产业基地。二是支持保定经开区、徐水经开区、怀安经开区、沧州经开区、秦皇岛经开区、顺平经开区，打造汽车及零部件产业集群。三是支持石家庄装备制造产业园区、沧州中捷高新区、沙城经开区、衡水桃城高新区和沙城经开区，打造无人机产业基地。四是支持丰润经开区、栾城装备制造产业园，打造轨道交通产业基地。

(本文作者：黄架林、王素平。本文任务来源于河北省发展和改革委员会，系 2021 年河北省宏观经济研究院产业部课题《河北省产业发展研究报告(2021 年)》系列研究成果之一。)

河北省石化产业发展研究报告(2021年)

石化产业经济总量大、产业关联度高,与经济发展、人民生活密切相关,是国民经济的重要支柱产业,在河北省工业体系中占有重要地位。本报告中石化产业是指以石油、天然气、煤炭、化学矿和生物质等为原料进行化学加工的产业,主要包括石油化工和化学工业两大部分,不包含石化专用设备制造业。报告基期数据为2021年,重点围绕全省石化产业发展情况和产业未来发展趋势与对策建议开展研究。

一、河北石化产业发展基础

河北拥有华北、冀东、大港三大油田,秦皇岛、唐山、黄骅三大港口,南平、长芦、大清河等我国主要的海盐产地,毗邻山西、陕西、内蒙古等煤炭大省,石化产业发展具备良好的资源基础。目前,全省基本形成了以石油化工、煤化工、盐化工、农用化工等为主的门类较为齐全的产业体系,部分产品产量在国内名列前茅,甚至跻身世界名牌且具有较高信誉,是名副其实的化工大省。

(一)产业发展状况

1. 规模与利润创新高

河北省石油和化学工业协会的数据显示,2021年,河北省石化产业完成营业收入5968.38亿元,位居全国第9位;实现利润368.32亿元,同比分别增长19.7%和95.4%,两大指标均刷新2017年以来的行业纪录,创历史最高水平。产业销售产值、出口交货值分别增长18.9%和29.3%,营业收入利润率比2020年增长2.4个百分点,达到6.2%,但工业增加值累计下降4.1%,产销率比同期下降0.1个百分点,为97.5%,累计下降0.1%。受新冠肺炎疫情影响,从两年内产业发展的情况看,营业收入和实现利润两年复合增长率分别为8.3%和52.2%,出口交货值和营业利润率两年复合增长率分别为22.3%和5%。

分行业领域看,石化行业四大领域中石油、煤炭及其他燃料加工业与化学原料、化学制品制造业两大领域是产业的核心支撑,2021年,两大领域合计完成营业收入4913.76亿元,实现利润314亿元,分别占石化产业的82.3%和84.6%。

2. 重点产品产量分化

经过多年发展，河北石化产业多元化趋势明显，基本形成从炼化一体到基础化学原料、合成材料、专用化学品制造等多门类产业体系，石油炼化、农用化学品、橡塑系列、油漆涂料等八大产品系列的发展框架逐步确立。

2021 年，河北石化产业全行业入统的 30 种主要化工产品中，各有 15 种产品产量实现同比增长和下降，其中涂料、合成橡胶、浓硝酸、橡胶轮外胎、化学试剂增长幅度均超过 10%，而精甲醇、磷酸一铵、杀菌剂原药、焦炭下降幅度均超过 10%，乙二醇更是全面停产。在石化产业重点产品中，河北氰化钠及衍生物和 DSD 酸 (染料中间体)产量位居全国第 1 位，焦炭和纯碱产量分别位居全国第 2 位和第 4 位，合成粘胶纤维、TDI、己内酰胺、聚醚多元醇和氨基乙酸等产品产量也居于行业前列[①]。

3. 创新能力不断提升

近年来，河北石化产业围绕产业发展的关键环节、核心技术和新产品开发，不断加大科技创新投入，原创性项目研发和重大技术攻关能力明显提升，一大批技术成果得到应用。2021 年，全省石化产业新增省级技术创新中心 17 家，累计建成河北省油气管网安全技术创新中心、河北省农药水分散粒剂产业技术研究院、河北省危险化学品安全与控制技术重点实验室等 9 个行业国家级科研中心，省、市级研发机构 134 家。其中：A 级 44 家，B 级 54 家，C 级 36 家。中化滏鼎 WBT 项目填补了国内空白，华北油气、华北石化、开滦中润等企业多项技术获得国家专利，荣获河北省科学技术进步奖一等奖 1 项、二等奖 5 项、三等奖 11 项[②]。

(二)产业发展问题

1. 核心竞争能力较弱

河北石化虽然具备一定的发展的规模，但产业整体还是以中小企业为主，领军企业少，2021 年进入全国化工百强的企业仅有 6 家，排名最高的新奥集团仅排名第 28 位，与山东、江苏、浙江等化工强省差距明显[③]。创新能力偏弱，在 1880 个规模以上石化企业中，国家认定的企业技术中心仅有中国乐凯、唐山三友等 7 家，产业国家级科研中心仅有 9 家，科技支撑产业快速发展的基础亟待提升。产品市场话语权不足，除焦炭、烧碱、纯碱、PVC 等大宗传统化工产品在全国具有一定的地位外，化工新材料和精细化学品等产品市场占有率偏低。经济效益差，2021 年全省石化产业营收利润率仅为 6.17%，不仅远低于山东、浙江等化工强省，甚至达不到 8.08% 的全国平均水平。

2. 产业发展层次偏低

经过多年的发展，河北石化产业不断壮大，产业体系框架逐步完善，但标志石化产业发展水平的乙烯、芳烃等大型联合装置仍未实现实质性突破，作为全国明确认定的七大石化基地之一，曹妃甸石化产业基地发展差强人意，与规划发展的目标相去甚远，上游原料缺失造成产业的"肠梗阻"，下游化工原料、精细化学品、合成材料等领

---

①② 河北省石油和化学工化协会数据

③ 2021 年中国石油和化工企业 500 强排行榜。

域发展严重受限。全省石化产业基础原料化工、传统化工产品占比仍然较大，化工新材料、高端化学品产业发展速度不快，优势不明显，对战略性新兴产业保障力度不大，高性能聚烯烃树脂、高强度纤维、特种工程塑料等产品仍严重依赖省外或国外进口。

3. 园区集聚水平亟待提升

近年来，随着国家和河北省对石化产业发展的重视，石化产业园区发展和建设日趋规范，但产业的园区化、集聚化、一体化发展水平较低，已经成为影响和制约产业发展的重要"瓶颈"。目前，河北省经过国家、省、市认定的化工园区已经有 79 个，园区数量远远大于江苏、浙江的 29 家和 45 家，与化工第一大省山东的数量相当①。但除沧州临港经开区、石家庄循环化工园区等少数园区具备一定的规模之外，多数园区规模小、布局分散，难以形成集聚效应。河北省化工企业入园率不足 50%，远远低于其他制造业的企业入园比例，给产业一体化链式发展和安全防控带来了严峻挑战。

4. 绿色安全生产任务艰巨

作为传统的资源依赖型产业，石化产业是高能耗、高排放的典型代表，未来必定是能源和碳排放监管的重点，尤其是河北石化产业布局相对分散，产业产品的层次相对偏低，生产工艺和技术装备距离行业领先者还有一定差距，在约束日趋增强的条件下，石化产业降碳减排、提质增效面临严峻挑战。与此同时，河北石化产业发展过程中生产和使用的危化品，在生产、运输、储存、输送、使用的全过程安全管控方面仍存在不少薄弱环节，生产过程特别是涉及危险化工工艺的自动化安全防范的总体水平仍有待提升。产生"三废"的源头控制、过程防范及末端治理仍有短板，在工艺技术、生产装备、控制手段、生产管理人员素质等多方面亟待提高。

二、石化产业发展前景展望

(一) 产业相关政策陆续出台对产业发展的影响

2020 年以来，国家和河北省日益重视石化产业发展，出台了系列发展规划、指导性文件和支持政策，收集梳理国家、相关部委、河北省、产业协会等发布的各项政策文件，科学研判对石化产业发展规模、重点方向、载体平台建设、主要任务等方面的影响(见表 1)。

表1 2020 年以来产业发展相关政策汇总

类型	年份	出台部门	政策名称	重点内容
规划与整体部署	2022	工业和信息化部、国家发展和改革委员会、科学技术部等六部委	《关于"十四五"推动石化化工行业高质量发展的指导意见》	2025 年，产业产能利用率达到 80% 以上；城镇人口密集区危险化学品生产企业搬迁改造任务全面完成；石化、煤化工等重点领域企业主要生产装置自控率达到 95% 以上
	2021	中国石油和化学工业联合会	《石油和化学工业"十四五"发展指南》	2025 年，化工新材料的自给率要达到 75%，占化工行业整体比重超过 10%

① 河北省石油和化学工业协会数据。

类型	年份	出台部门	政策名称	重点内容
规划与整体部署	2022	河北省人民政府办公厅	《河北制造业高质量发展"十四五"规划》	2025年,全省石化产业营业收入达到6500亿元,沿海地区石化产值占全省比重提高到60%
绿色低碳发展	2021	国务院	《2030年前碳达峰行动方案》	严控新增炼油和传统煤化工生产能力,稳妥有序发展现代煤化工,到2025年,国内原油一次加工能力控制在10亿吨以内
	2021	国家发展和改革委员会、工业和信息化部、生态环境部、市场监管总局、国家能源局	《石化化工重点行业严格能效约束推动节能降碳行动方案(2021-2025年)》	制定石化重点行业企业技术改造总体实施方案,引导能效落后企业装置实施技术改造
	2022	工业和信息化部、国家发展和改革委员会、生态环境部	《工业领域碳达峰实施方案》	重点控制化石能源消费,有序推进钢铁、建材、石化化工、有色金属等行业煤炭减量替代,在钢铁、石化化工等行业实施能效"领跑者"行动。支持发展生物质化工,推动石化原料多元化。鼓励依法依规进口再生原料。合理控制煤制油气产能规模
园区建设	2020	国家市场监督管理总局、国家标准化管理委员会	《化工园区综合评价导则》(GB/T 39217-2020)	
	2020	国家市场监督管理总局、国家标准化管理委员会	《智慧化工园区建设指南》(GB/T 39218-2020)	
	2020	中国石油和化学工业联合会园区委员会、宁波市标准化研究院、清华大学等	《绿色化工园区评价通则》T/CPCIF0051-2020	
其他政策	2022	应急管理部	《"十四五"危险化学品安全生产规划方案》	90%左右的化工园区达到D级(较低安全风险水平),实施重点化学品(高危化学品)专项整治行动
	2021	河北省人民政府办公厅	《河北省科技创新"十四五"规划》	完善以烯烃、芳烃为龙头的石化产业链条,发展轻量化、高强度、耐高温等化工新材料
	2021	国家发展和改革委员会办公厅	《关于做好化肥生产企业用煤用电用气保障工作的通知》	加强化肥生产用煤铁路运力保障,不得对化肥生产企业实施有序用电,不将化肥生产企业作为高能耗企业

资料来源:相关规划与政策汇总。

(二)外部环境对产业发展的影响

当前,百年变局和世纪疫情交织,世界经济低迷,经济全球化遭遇逆流,全球动荡源和风险点增多,全球发展不稳定性不确定性明显上升,作为与经济发展关联最为密切的产业,石化产业受到外部环境的影响显而易见,我们重点从地缘政治冲突、新冠肺炎疫情持续、贸易环境变化等几个方面分析对产业的具体影响。

1. 地缘政治冲突

自 2022 年 2 月起，乌克兰危机至今仍未有缓和的迹象。俄罗斯和乌克兰作为全球能源、工业原材料和农产品的重要供给国和连接欧亚大陆的重要运输通道，对全球主要产业有着"牵一发而动全身"的影响，乌克兰危机直接导致石油和天然气价格飞涨并持续高位运行。我国石油进口依赖程度高达 70% 以上，原材料价格上涨，将大幅增加化工产业尤其是炼化一体化项目的采购和生产成本，对下游化工品也会造成严重的连锁反应，相关产品价格上涨已成必然。乌克兰危机还对欧洲的化工产业造成重大影响，其中欧洲最重要的化工生产国德国对于俄罗斯的石油和天然气依赖程度最高，巴斯夫、拜耳、帝斯曼等石化企业都是行业中的龙头，且产品大多属于不可替代性高、技术壁垒高的产品，能源紧张极有可能导致这些企业减产，并对整个化工市场造成连锁影响。对于我国而言，部分行业和企业由于少了欧洲龙头企业的重要原料或许会影响正常生产秩序，但也为国内可替代产品带来了填补行业缺口的有利时机。同时，乌克兰危机导致能源价格高企，以石油和天然气作为重要原材料和高耗能的化工行业，企业生产成本急剧提升，欧洲化工生产企业跨区域投资意愿增强，2022 年以来，巴斯夫、壳牌、科思创、英伟达等化工巨头在华投资进程大幅提速。随着乌克兰危机的不断深化和演变，欧洲企业外迁企业的规模和层次将不断提高，中国化工产业借力发展迎来新的机遇。

与此同时，俄罗斯是全球最大的化肥供应国，其氮肥、钾肥、磷肥出口量分别居世界第一、第二和第三位。俄罗斯钾矿储量全球占比为 16%，位列全球第三，与白俄罗斯合计占全球钾肥出口量的 40%。随着乌克兰危机持续发酵，俄罗斯及白俄罗斯出口受阻，全球钾肥供应紧张的局面在短期内还会继续加剧，在供需格局难以缓解的境况下，国际化肥市场价格持续飙升。我国氮肥和磷肥均可实现自给自足，且有一定数量可供出口，而对钾肥则形成高度进口依赖，钾肥供给紧平衡状态将进一步加剧。

2. 新冠肺炎疫情反复持续

2022 年以来，全球疫情持续反弹，我国也呈现出多点频发、多地散发的状况，截至 2022 年 9 月，河北省沧州、唐山、石家庄等石化产业重点地区陆续发生疫情并持续扩散蔓延，相关地区石化企业生产秩序受到一定程度影响，无法开工或者生产效率低下直接造成企业损失，下游行业的原材料得不到供给补充，严重波及整条产业链的正常生产。疫情防控措施同样对化工产品和原材料的物流造成影响，物流运输效率的低效实质上切断了行业上下游的联系，企业短期经济效益和行业运行秩序严重受损。虽然疫情大多都在较短时间内得到了有效控制，疫情防控措施也与产业平稳运行逐步协调，但疫情造成的突发性、不确定性在增强，近期仍是石化产业发展的主要不确定性因素之一。

3. 国际贸易格局演变

随着新兴国家的快速崛起，尤其是美国日益重视中国的潜在挑战，以美国为代表的发达国家对现行多边贸易体系的态度发生根本性转变，以 WTO 框架为基础的国际贸易规则权威性受到挑战，发达国家不再愿意受到既有贸易规则的束缚，主动采取贸易保护措施，贸易壁垒问题日益突出，我国石化产业未来出口面临逐步趋紧的形势。与此同时，我国积极推动"一带一路"倡议，全球范围最大的区域自贸协定 RCEP 落地生效，也为作为两大区域合作战略枢纽的中国带来了开放合作的新机遇。

自 2018 年以来，中美贸易冲突逐步加剧，贸易商品关税调整、关键技术封锁成为美国打压中国关键产业、核心技术的主要手段，2022 年美国提出"芯片法案""通胀法案"，势必对全球半导体行业、新能源行业等产业的投资布局产生重大影响，作为各行业的基础支撑，石化产业尤其是化工新材料行业未来存在向美国转移或对美加大投资的倾向。随着世界逆全球化的趋势增强，如果中美关系进一步恶化，我国石化产业受到波及的程度也会越来越大，化工新材料、精细化学品的生产工艺和技术引进与合作有可能受到影响，极有可能会迟滞产业高端化转型发展步伐。

(三) 产业竞争格局对产业发展的影响

河北石化产业实力处于全国发展的中游水平，产业发展既与其他化工省份构成上下游的产业合作关系，同样也面临化工强省的竞争压力，需要全面梳理石化产业未来发展规模及结构变化、化工强省产业发展动向、重点产品供需状况，分析全省产业发展面临的竞争压力和产业发展重点。

化工强省发展规模与方向。自"十三五"以来，我国石化产业规模处于缓慢增长态势，受国外市场供给能力变化和新冠肺炎疫情的影响，年度间波动态势明显，未来几年，考虑全球经济低迷和我国进出口形势不明朗的因素，到 2025 年，我国石化产业规模将可能略高于 2021 年的水平，整体处于波动微升发展区间，分析我国化工强省的产业规模变化，前五大省份中广东、浙江和福建产业规模大幅提升，山东微弱上涨，江苏整体保持"十三五"时期的规模，对于包括河北省在内的产业中游省份，未来的竞争压力逐步加大。从各省发展的重点看，上游产业布局逐步趋紧，除广东明确上马世界级炼化一体项目外，其他省份均提出"降油增化"的要求，河北省发展乙烯、芳烃等上游原材料的成本将会大幅增加，弥补石化产业链上游短板的窗口越来越小；精细化学品、化工新材料发展均是各省未来发展的重点，部分细化行业和产品的竞争日趋激烈，国内自给程度低、工艺路线相对落后的产品成为未来几年行业竞争的焦点。

重点产品供给状况。石油炼化能力：2021 年，我国新建炼油产能 3600 万吨/年，2022 年，中国石油 2000 万吨/年炼油项目将建成投产，若干家小型炼油企业关停，我国炼油能力将达到 9.1 亿吨/年，超过美国成为世界第一大炼油国，成品油市场供过于求状况将进一步延续。基础石化原料：2022 年，我国乙烯预计新增产能 1505 万吨/年，乙烯产能将达到 5709 万吨/年，将成为世界最大的乙烯生产国，自给率将提高到 70% 左右。我国将新增丙烯产能 881 万吨/年，预计总产能达到 5975 万吨/年，受原料供应影响装置平均开工率将继续下降至 80% 左右。2022 年我国新增乙二醇产能 435 万吨/年，预计总产能将达到 2516 万吨/年，供应增速明显高于消费增速，供应缺口将减少 200 万~300 万吨，未来竞争将进入激烈博弈期。对二甲苯新增产能 1174 万吨/年，总产能预计将达到 4333 万吨/年，未来几年存在产能过剩的风险。其他领域产品：经过多年的产能调控，烧碱、甲醇、电石、钛白粉等基础化工原料产能利用率提高。化肥行业景气度回升，氮肥市场供求平衡，磷肥产能过剩有所改善。现代煤化工，迎来发展机遇，煤制油、煤制天然气、煤制烯烃的装置开工率均达到80%以上。合成树脂方面，聚烯烃和聚碳处于扩能高峰期，PVC仍产能过剩。受新能源车和储能行业的快速发展的影响，磷酸铁锂迎来发展良机，供求均快速增长。

综合判断：由于石化产业涉及领域极其广泛，无论是外部发展的环境变化、政策文件要求和应用市场的变化都对产业内不同行业产生截然不同的影响，整体来看，石化产业近期发展受全球经济从疫情中逐步恢复的影响，2022年产业面临的需求逐步增长，仍将延续营收与利润双上涨局面，但下半年受发达国家石化产业逐步步入正轨的影响，我国产业快速发展势头有可能减弱，未来几年，受全球经济持续低迷的影响，石化产业整体发展承压，持续保持快速发展的可能性较低，但整体仍将维持在良性的发展轨道上。从产业内部看，行业领域分化是大势所趋，受各国绿色低碳发展政策影响，传统的石油炼化环节将保持相对低的增速，减油增化成为必然，传统化学品和大宗化学品未来的增长空间相对受限，高耗能、高排放、沿用固有技术的中小企业受到的制约也会越来越明显，如果无法实现规模、技术等方面的突破，将面临被市场淘汰的风险，但与未来经济社会发展需求相适应的精细化工、化工新材料产业，受下游产业需求持续放大的影响，将面临良好的发展机遇，未来发展空间极为广阔。

三、石化产业发展的对策与建议

（一）高标准建设化工园区

优化园区布局，培育产业集群。发挥渤海新区临港经济区、曹妃甸化学工业园区、石家庄循环化工园区等大型石化园区的辐射带动作用，支持园区加快培育行业领军企业，引进推动行业跨越提升的重大项目，打造园区发展的"领头雁"，推动园区原料、物流、安防、管理、科创一体化发展，树立园区发展标杆，着力探索突破区域间资源要素制约，增强异构合作、统筹优化资源配置、加强协同错位发展，推动区域石化产业集群化发展。

强化规划引领，塑造园区特色。以国家和河北省认定的化工园区为重点，组织政府相关管理部门、行业协会、相关领域专家，指导园区制修订产业发展规划，准确把握产业未来发展趋势和要求，明确园区化工产业定位、发展方向和发展重点，实施补链、强链、延链行动，因地制宜调整产业结构，推动化工差异化、高端化发展，着力促进战略性新兴产业集聚，以化工新材料、高端精细化学品为特色，培育具有国内领先的专业化工园区。

推动企业入园，强化园区认定和整合。依照国家相关化工园区认定和建设标准，及时调整修订《河北省化工园区认定管理办法》，严格把控化工园区认定标准，完善园区进入和退出机制，推动产业发展领域接近、地域相邻的化工园区整合。支持园区出台入区企业标准和细则，鼓励化工企业入园发展，提高全省石化行业园区化率。

（二）加快产业结构调整步伐

做强产业中上游。顺应全球石化工业发展原料多元化的趋势，加快炼化一体化建设，促进降油增化，推进煤化工产业链延伸，补齐产业链短板、优化产品链结构，着力提升有机原料深加工产业规模和深度，积极争取扩大乙烯、PX产能，发展烯烃、芳烃深加工产业链，提高中高端石化产品占比，提升副产品资源化利用产业水平，培育形成优势产品链和特色企业，为下游产品提供原料，加快构建新的产业竞争优势。

着力发展化工新材料。围绕航空航天、电子信息、新能源、汽车、轨道交通、节能环保、医疗健康以及国防军工等行业需求，努力突破一批关键化工新材料以及配套原材料的供应瓶颈和国外封锁，提升化工新材料产业化水平。加强前沿材料研究，抢占技术制高点，在重点应用领域急需的新材料方向上取得突破，建设一批以化工新材料和专用化学品为特点的产业项目，加快培育前期市场、开拓应用市场，提升化工新材料在工业领域中的基础保障水平。

改造提升传统石化行业。以产品结构调整为抓手，加大力度实施产能整合，推进产品牌号及质量高端化升级和工艺技术绿色化升级，提高传统化工产品的高端化产品比率，满足环境保护日益严格和消费结构不断升级的需要。推动合成氨、焦炭、烧碱等产能结构性过剩的行业存量调整，积极开展上大压小、等量或减量替代。产能阶段性过剩的行业，加快消费市场培育和产品联产转型，开发适应市场新需求的高端产品，全面提升产品的制造水平和竞争力。

（三）提升科技创新能力

建设高能级创新平台。制定实施企业创新研发机构培育计划，加快完善由技术创新中心、行业研发机构、企业研究中心等组成的创新体系，鼓励有条件企业与高校、科研机构共建院士工作站、博士后科研工作站、技术研发与转移中心等，推动行业大中型企业集成创新能力跨越提升。围绕产业发展的关键与共性技术领域，发挥河北省油气管网安全技术创新中心、河北省染料中间体合成重点实验室等行业国家级科研中心作用，新建一批引领前沿、学科交叉、综合集成、国内外有影响的重点科研机构。面向企业的技术突破需求，鼓励建设石化产业孵化器和中试基地，引入产业基金和专项基金，为具备中试条件的创新技术成果提供中试场地和配套条件。

加强关键技术攻关及成果转化。瞄准精细化学品、电子化学品、高效节能降耗及碳储存利用等国内外化工科技重点领域，实施"揭榜挂帅""赛马制"等科研攻关模式，加快突破和形成一批国内领先的原创核心技术及战略性产品。积极培育化工领域专业化研发服务外包、研发中介等新业态。引导和支持社会第三方机构开展石化产业技术成果转化服务，促进国内外高校和科研院所优质科技资源、最新科技成果与企业技术需求进行精准对接和转化应用。

加大科技创新支持力度。鼓励企业申报高新技术企业，开展石化企业针对性政策和流程培训，积极打造产业的创新龙头。完善石化创新企业梯次培育制度，建立科技中小企业—高新技术企业（专精特新企业）—科技领军企业培育链条，分层次等级给予差异化政策与资金支持。支持石化创新型企业牵头申报省级、市级创新联合体，积极承担产业省级、市级重大科技项目，对创新企业有产业化潜力的技术给予多种方式的资金支持，加快重大技术、装备的消化吸收与再创新。

(四)促进数字化转型

推动企业数字化发展。强化数字化改造赋能，从政策规范、资金鼓励、人才培养等方面推动化工企业"机器换人"、数字化改造，继续加大对化工企业数字化建设的扶持和奖励，支持企业更新设备，采用先进的危险化学品输送、投料、反应、分离和干燥等设备以及 DCS、SIS 等先进智能控制手段，实现技改升级。积极推进 X 光检验自动化、在线智能检测应用等数字化技术，打造数字化车间和智能厂区。

加快建设智慧园区。对已经认证的化工园区全面开展智能化评估，依据诊断评估结果，制定"一园一策"智能化改造实施方案，组织推动园区、企业与技术方案服务商供需对接，尽快启动实施化工园区智能化改造。加快推进新一代信息技术与化工园区建设深度融合，以数据治理和集成应用为重点，推动 5G 技术、人工智能与园区管理相结合，打造园区数字中枢，在信息全面感知和互联的基础上，全面整合园区内外的资源，实现人、物、园区功能系统之间无缝连接与协同联动的智能自感知、自适应和自优化，形成具备可持续生命力的智能、便捷、高效的园区形态，全面提升园区综合管理智能化水平，增强园区数字化运营能力。

(五)增强产业安全防控水平

增强园区风险防范能力。严格划定封闭管理区域，优化园区内部布局，按照"分类控制、分级管理、分步实施"的要求，明确全省各化工园区和集中区内易燃易爆、有毒有害化学品、危险废物等物料和人员进出的区域，实现园区整体封闭管理。推动化工园区和涉及危险化学品重大风险功能区建立安全、环保、应急救援一体化管理平台，全面提升安全生产监管、预警和应急处置能力，有效控制和降低园区整体安全风险。

加强危化品管理。建立健全重大危险源安全管理制度、制定重大危险源安全管理技术措施和应急措施，引导企业加大重大危险源安全生产所必需的安全投入。完善省危险化学品全生命周期监管信息共享平台，加强危险化学品生产、储存、使用、经营、运输和废弃处置全过程监管，严格管控剧毒化学品和易制爆化学品流向。加强重大危险源监控的监督检查，督促企业落实主体责任，通过监管信息系统构建重大危险源动态监控及预警预报机制。

强化行业安全监管。建立石化园区和企业安全风险隐患排查制度，落实安全风险排查治理主体责任，建立安全风险隐患排查长效机制。以防范化解危险化学品重大安全风险为核心，构建安全风险分级管控和隐患排查治理双重预防机制，不断提升安全保障能力和水平，坚决遏制重特大事故。对安全监管人员进行定期的安全知识、消防应急知识和危化品安全特性方面的培训，提高专业能力与业务能力。

(本文作者：苏凤虎、王素平。本文任务来源于河北省发展和改革委员会，系 2021 年河北省宏观经济研究院产业部课题《河北省产业发展研究报告(2021 年)》系列研究成果之一。)

河北省食品产业发展研究报告（2021 年）

食品产业主要包括农副食品加工、食品制造、酒饮料及精制茶制造和烟草制造等大类，具有产业链长、行业跨度大、产业关联度高等优势，是国民经济的支柱产业和民生产业。习近平总书记强调，要将中国人的饭碗牢牢端在自己手里。本报告旨在通过深入分析国际国内行业发展动态，剖析河北省食品产业发展现状及问题，展望河北省食品产业未来发展趋势，对全省食品产业转型发展提出政策建议。

一、国际发展形势

（一）总体情况

食品行业总量规模保持增长，各细分行业发展日新月异，农副食品加工、食品制造、酒饮料及精制茶制造和烟草制造业四大门类新产品不断涌现，行业发展极具活力。从地理分布看，全球食品工业集中于亚太地区，中国、欧盟、美国、日本食品产业较为发达，南美、南亚等地区食品产业快速发展。发达国家在精深加工领域处于优势地位，部分发展中国家初级加工业具备一定优势。农副食品加工业主要位于亚洲、欧盟、北美和拉美等地，中国、印度、巴西等少数发展中国家凭借原料禀赋在部分初级加工领域具备一定优势。

（二）发展趋势

绿色化、个性化、功能化成为产品升级的主要趋势。全球绿色有机食品日益受到市场关注，体现个性化需求的食品更加受到消费者追捧，运动功能型、养生保健型、抗疲劳等新产品不断问世，功能性食品行业规模持续壮大。智能化、数字化、绿色化成为技术演进的主要方向。人工智能、智慧感应、智能车间和工业机器人等先进技术应用持续深化，欧美巨头纷纷推出全供应链净零排放路线图，绿色制造成为行业技术升级重要领域。业态融合成为产业升级的重要内容。行业创新由产品本身加速向设备制造、包装材料等上下游关联领域拓展，超低温粉碎、挤压膨化、超高温瞬时杀菌等新装备不断涌现，环保食品包装材料、可食用包装材料应用更加广泛，围绕保鲜、速食、无菌和绿色低碳等生产需求的上下游创新不断加速。以提升品牌价值、强化营销推广和畅通产业循环为目的的跨界融合日益活跃。

(三)行业竞争焦点

强化创新能力成为行业竞争核心领域。加大创新研发投入成为提升国际竞争力的核心手段，以功能性肉制品、植物基食品、全谷食品为代表的新品研发持续加速。市场竞争由成本竞争加速向品牌竞争转移。开展提升品牌知名度的慈善、赞助和文化交流等活动，成为国际食品巨头获取超额利润的重要手段。强化供应链控制成为提升竞争力的重要方式。世界四大粮油企业阿彻丹尼尔斯米德兰、邦吉、嘉吉和路易达孚在生产、储运、物流各环节完善全球布局，强化自身供应链控制力。

(四)跨国企业新动向

依托技术升级加速疫情脱困。新冠肺炎疫情暴发以来，跨国公司利用技术升级稳定生产运行，机器换人、远程协作等生产模式成为行业巨头新动向。雀巢公司采用增强现实技术(AR)生产远程支持系统，有效缓解疫情对生产的负面影响。依托创投活动加速新产品布局。跨国食品企业采取建设孵化器等方式投资高成长性初创公司和原创新品项目，积极抢占后疫情时代市场高地。依托并购重组提升盈利能力。2020年新冠肺炎疫情发生以来，跨国食品公司将维持运营能力作为首要目标，通过业务整合聚焦盈利较强的细分领域，卡夫亨氏32亿美元出售奶酪业务，雀巢公司出售北美饮用水业务，2022年美国食品企业家乐氏一分为三，分别聚焦零食、谷物和植物性食品三大业务，通过业务重组深耕高盈利行业。

二、国内发展状况

(一)产业规模变动

全国食品产业总量规模持续提升。2021年全国共有规模以上食品工业企业36477家，较2020年增加1103家，规上工业企业资产合计83361亿元，较2020年增加5247.8亿元，食品工业企业资产规模不断提升。2021年全国规上食品工业企业营业收入达103541亿元，较2020年增长11.4%。同期实现利润7369.5亿元，同比增长5.1%。食品工业以占全国规上工业5.1%的资产，创造7.1%的营业收入，贡献8.1%的利润，是我国国民经济支柱产业①。

初级加工占据主导，行业结构持续优化。从大类规模看，2020年农副产品加工业营业收入4.88万亿元，占据全行业半壁江山，食品制造、酒饮料和精制茶制造及烟草制造营业收入分别为19311.9亿元、14790.5亿元和11380.6亿元，分别占20.48%、15.69%和12.07%，以粮油加工为主的初级特征较为明显。门类结构持续优化，2020

---

① 资料来源于中国食品工业协会发布的《2021年中国食品工业经济运行报告》。

年农副食品加工业占比较 2016 年下降 3.7 个百分点，食品制造、酒饮料和精制茶和烟草制造业比重分别提高 1.2%、2.2% 和 0.3%，高附加值食品制造业规模快速壮大①。

(二) 产业区域布局特征

2021 年胡润中国食品企业百强中，南方地区企业占据三分之二，其中四川、广东分别有 10 家企业上榜，上海、安徽、湖北、江苏等省(市)上榜企业不少于 5 个，上榜企业数量排前十位的省份中(存在并列，前十实际 13 个省)南方占据 9 个，南方地区优势明显(见表 1)。

表 1　2021 年胡润中国食品百强企业数量区域分布

排名	总部	上榜企业数量	代表品牌
1	四川	10	五粮液、泸州老窖、舍得
1	广东	10	海天、温氏、东鹏特饮
3	上海	9	金龙鱼、百威、福临门
4	北京	7	红牛、飞鹤、元气森林
5	安徽	6	古井贡、迎驾贡酒、口子窖
5	湖北	6	安琪、稻花香、良品铺子
7	山东	5	青岛啤酒、张裕、鲁花
7	河北	5	六个核桃、汇福粮油、老白干
7	江苏	5	梦之蓝、今世缘、恒顺
10	河南	4	牧原、双汇、卫龙
10	贵州	4	贵州茅台、习酒、老干妈
10	香港	4	雪花啤酒、李锦记、维他奶
10	福建	4	达利园、安井、圣农
14	内蒙古	3	伊利、蒙牛、优然牧业
15	新疆	2	中粮糖业、伊力特
15	湖南	2	酒鬼酒、绝味鸭脖
15	浙江	2	农夫山泉、娃哈哈
15	黑龙江	2	北大荒、九三粮油
15	重庆	2	重庆啤酒、乌江榨菜
20	海南	1	椰树
20	辽宁	1	桃李
20	甘肃	1	金徽酒
20	天津	1	康师傅
20	西藏	1	梅花一品鲜
20	山西	1	汾酒
20	陕西	1	西凤酒
20	江西	1	正邦

资料来源：《2021 那香海·胡润中国食品行业百强榜》。

---

① 作者根据《中国统计年鉴》的相关数据计算得出。

三、河北省发展概况

(一)产业总体情况

总量规模不断壮大。2021 年全省规模以上食品工业企业增加值同比增长 10.5%，完成营业收入 4040 亿元，同比增长 13.6%，营收规模占全省规上工业的 7.75%。2021 年全省共有规模以上食品工业企业 1156 家，较 2020 年增加 26 家，企业方阵不断壮大。当年实现总利润 137 亿元，占全省规上工业利润的 7.54%。2020 年行业资产总额达到 2990 亿元，占全省规上工业企业资产的 5.83%[①]。

部分产品地位突出。河北省食品工业中农副食品加工、食品制造、酒饮料及精制茶制造和烟草制造等均有布局，共涉及 4 大类、23 个中类和 64 个小类，是行业门类齐全、产业体系完整的食品生产基地。部分产品在国内市场占据重要地位，2021 年全省乳制品产量达 35.3 万吨，较上年增加 2.2%，生产规模居全国首位，方便面、小麦粉、葡萄酒产量分别为 3.38 万吨、107.01 万吨、0.67 万千升，同比分别增长 9.4%、0.6% 和 16.8%，产量分别位居全国第二、第五和第七位，优势产品市场地位较为稳固[②]。

门类占比三升一降。2020 年全省农副食品加工、食品制造、酒饮料及精制茶制造及烟草制造营业收入分别为 2003.25 亿元、988.96 亿元、297.83 亿元和 279.23 亿元，分别占规上食品工业营业收入的 56.12%、27.71%、8.34% 和 7.82%(见图 1)，其中烟草制造和食品制造营收占比分别较 2015 年提高 3.39 个和 0.99 个百分点，农副食品加工微升 0.06 个百分点，酒饮料及精制茶制造下降约 4.45 个百分点，烟草制造和酒饮料及精制茶制造比重变动最为显著(见图 2)。

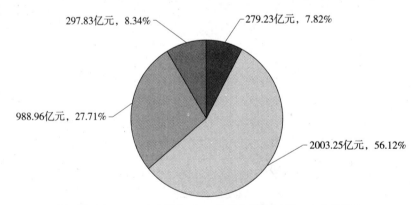

图 1 2020 年河北省食品工业四大门类营业收入及占比

资料来源:《河北统计年鉴 2021》。

---

①② 资料来源于河北省食品工业协会。

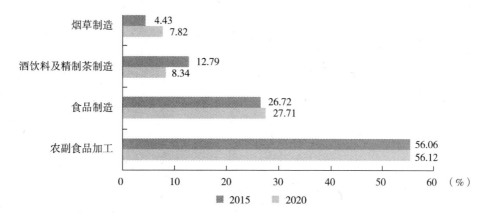

图 2　2015 年、2020 年河北省食品工业四大门类营业收入占比变动情况

资料来源:《河北统计年鉴 2021》和《河北经济年鉴 2016》。

冀中南地区总量优势突出。2020 年全省食品工业营业收入 3569 亿元,其中石家庄、廊坊、邢台、邯郸、保定五市分别为 608.01 亿元、485.50 亿元、467.58 亿元、435.15 亿元和 324.92 亿元(见图 3),营收规模位居全省前五,合计约占全省 65%,冀中南地区营收规模合计约 2730 亿元,占全省 76.49%,体量规模在全省占据绝对主导地位。同期全省拥有规上食品工业企业 915 家,石家庄、邯郸、唐山、保定、邢台规上食品企业个数位居前五,其中冀中南地区约占全省三分之二(见图 4)。当年实现利润总额 173 亿元,衡水、邢台、廊坊、邯郸和保定为全省五强,利润总额分别为 33.47 亿元、27.58 亿元、25.98 亿元、20.76 亿元和 15.05 亿元,合计占全省行业利润总额的七成,冀中南地区合计接近全省八成,是全省食品工业利润主要贡献地区(见图 5)。

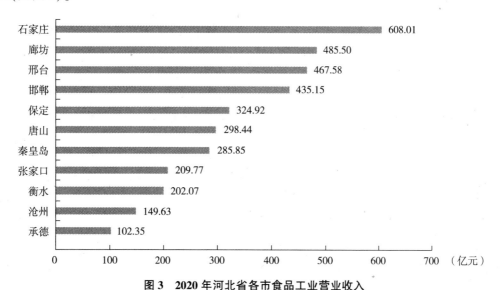

图 3　2020 年河北省各市食品工业营业收入

资料来源:河北省食品工业协会。

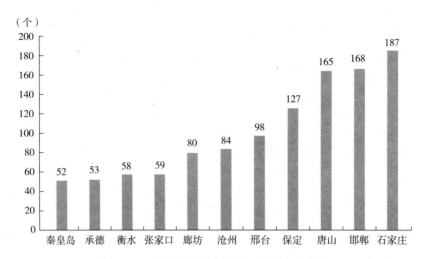

图4 2020年河北省各市食品工业规上企业数

资料来源：河北省食品工业协会。

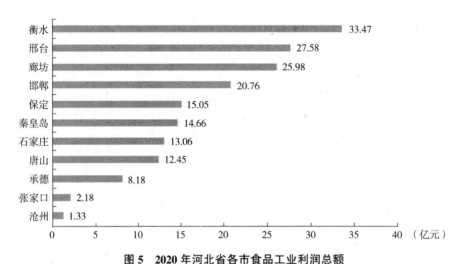

图5 2020年河北省各市食品工业利润总额

资料来源：河北省食品工业协会。

重点细分行业冀中南地区总体占优。2020年河北省粮食加工业主要集中于邢台和邯郸，食用植物油生产主要位于石家庄、廊坊、秦皇岛和衡水，乳制品主要分布于石家庄、邢台、保定、唐山和张家口，畜禽肉和水产品加工主要位于石家庄、邯郸、廊坊、唐山和秦皇岛，果蔬加工主要位于山前地区和环京津地区，全省农副食品加工总体呈现以冀中南为主、冀东和冀北略有分布的特征。酒类分布呈现"北葡南白啤散"特征，葡萄酒生产主要位于秦皇岛、张家口，白酒主要位于衡水、邯郸、保定、张家口和沧州，啤酒在唐山、石家庄、张家口等多地均有布局。饮料业主要分布于石家庄、承德、邢台、衡水等地，产量合计占全省六成以上，冀中南地区规模优势明显。食品制造中的方便食品制造主要位于邢台、石家庄等地，烘焙类食品主要位于石家庄、保定、邢台等地。烟草制造3家企业位于石家庄、保定和张家口，呈点状散布特征。表2展示了河北省各市食品工业代表性企业及所属领域。

表2 河北省各市食品工业代表性企业及所属领域

区域	龙头企业	领域
石家庄	君乐宝	乳制品
承德	露露	饮料
张家口	长城葡萄酒	酒类
秦皇岛	益海嘉里（秦皇岛）	粮油加工
唐山	中粮唐山制糖	糖加工
廊坊	京南食品	肉制品加工
保定	定兴喜之郎	休闲食品
衡水	衡水老白干	酒类
邢台	今麦郎	方便食品
邯郸	五得利	粮油加工

资料来源：作者根据互联网资料整理。

产业集群不断壮大。截至2021年，全省共有隆尧方便食品、青县高端食品、定兴休闲食品、南和宠物食品、平泉食用菌、鸡泽辣椒、霸州都市休闲食品、昌黎红葡萄酒、怀来沙城葡萄酒、宁晋农副食品加工、邱县休闲食品、滦平食品加工等县域食品特色产业集群。隆尧方便食品集群为我国北方最大方便食品产业集群，南和宠物食品为我国最大猫狗饲料生产基地，定兴休闲食品为华北最大休闲食品基地之一，霸州都市休闲食品为环京津地区最大休闲食品基地。

技术创新能力不断提升。企业创新能力显著提升，全省食品行业共设立341家研发机构，拥有省级企业技术中心54家，新增"专精特新"中小企业59家，企业创新主体地位不断强化。高学历食品科研人员持续增加，拥有省级技术能手23人、高级技师10人、技师22人、高级技工125人，创新人才队伍日益壮大。标准创新不断取得突破，长城葡萄酒、今麦郎、五得利等龙头企业牵头制定《优质酿酒葡萄生产技术规程》《非油炸方便面》和《高纤维糊粉层小麦粉》等多项行业团体标准，标准创新话语权不断增强。

品牌建设亮点频现，区域知名度持续提升。河北省食品品牌知名度不断提升，截至2021年培育形成衡水老白干、今麦郎等9大领军企业，拥有中国驰名商标51个、河北省知名品牌233个，保有中华老字号20项，培育形成106个特色品牌，今麦郎、养元智汇、君乐宝、五得利、老白干等品牌上榜2021年胡润中国食品品牌百强榜单。河北食品区域品牌知名度不断提升，长城葡萄酒多年成为人民大会堂国宴用酒，河北三元乳制品入选人民大会堂供应商，全省67家企业入围2022年北京冬奥会食品供应商，多家企业具备商务部供港食品供应商资格，河北省食品区域知名度不断提升。

跨界融合持续深化，新业态新模式不断涌现。食品行业与文化创意、特色文旅和健康养生等行业加速融合，"食品+"融合型新业态不断涌现，依托跨界融合提升品牌知名度和美誉度，已成为河北省食品行业强化市场竞争力的重要方式。从食品与文创融合看，涿州市张飞酒业依托三国文化元素开发张飞家酒及三国酒文化周边产品，有效提升河北酒产品历史文化内涵。从食品与文旅融合看，中粮长城桑干酒庄、秦皇岛朗格斯酒庄等已成为我国葡萄酒文化和食品工业旅游重要代表，泥坑酒文化旅游产业园于2020年7月获批国家3A级旅游景区。从食品与大健康融合看，以岭食品联手以岭医院开发土元茶香味卤蛋等多种食疗产品，食品保健养生功能更加凸显，食医融合成为行业发展重要趋势。

（二）存在问题

尽管河北省食品产业在产品升级、技术创新、品牌建设等领域取得长足进步，但仍存在以下不容忽视的问题：一是初级特征明显，高附加值产品总体较少。二是技术创新能力依然不足。三是产业集群发育不足。

四、近期展望

（一）总体规模呈温和扩张态势

人均消费持续增长，需求扩张趋势未变。2021年全国居民人均食品烟酒类消费支出为7178元，增长12.2%，较2019年实现复合增长8.6%，我国居民人均食品消费需求总体保持上升态势①。新冠肺炎疫情虽然对居民食品消费造成一定抑制，但主要涉及少部分高端功能性产品，河北省食品工业以粮油加工、方便食品、乳制品等刚性产品为主，受到疫情冲击相对有限，市场需求仍处于稳定增长态势。表3展示了2021年全国主要食品人均消费量及变动情况。

表3 2021年全国主要食品人均消费量及变动情况

类别	人均消费量（公斤）	同比变动（%）
谷物	131.4	2.6
蔬菜	109.8	6.0
肉禽	45.2	20.5
水产品	14.2	2.6
蛋类	13.2	3.5
奶类	14.4	10.6
干鲜瓜果	61.0	8.5

资料来源：国家统计局《2021年居民收入和消费支出情况》。

居民收入持续增加，消费扩张潜力仍存。2020年、2021年全国人均可支配收入分别为32189元和35128元，同比分别增长4.7%和9.1%②，河北省人均可支配收入分别

---

① 资料来源于《2021年居民收入和消费支出情况》。

② 资料来源于《2020年居民收入和消费支出情况》《2021年居民收入和消费支出情况》，作者根据其中数据计算得出。

增长 8.3%和 5.7%[1]，同期全国食品工业营业收入分别增长 15.49%和 10.4%，河北省食品工业营收分别增长 10.3%和 13.6%[2]，食品作为民生必需品，其市场规模变动与居民可支配收入高度正相关。国家"十四五"规划提出居民可支配收入增长基本与 GDP 同步，河北省"十四五"规划提出居民可支配收入增长 6%左右的预期性目标，在新冠肺炎疫情常态化背景下，提升居民收入将是政府保民生的重中之重，预计后续年份全国和河北省居民可支配收入将呈稳步上升态势，有望进一步刺激食品消费扩张，河北省食品产业规模扩张仍存一定空间。

行业投资持续增长，供给扩张预期增强。2021 年，全省农副食品加工业投资比上年增长 18.8%，食品制造业增长 10.4%，酒、饮料和精制茶制造业增长 16.8%，烟草制品业增长 34.5%，食品全领域投资呈现快速增长势头，为后续年份产业规模扩张和转型发展奠定坚实基础。预计未来 1~2 年，河北省食品行业新增投资将有效支撑行业规模稳步扩张[3]。

(二) 原料价格大幅上涨，行业盈利明显承压

原辅料价格上行，行业成本压力加剧。2022 年乌克兰危机和全球大范围高温干旱对农业生产、贸易和流通造成巨大负面影响，大宗农产品价格剧烈波动上行，食品生产成本压力持续加大。

刚性消费属性突出，大幅提价难以实现。食品作为基本民生刚需产品，短期总体消费量增长空间有限。当前，我国食品市场已进入成熟阶段，市场供给充裕，买方市场格局短期内难以改变，消费需求增加导致产品价格大幅上升的可能性较小，食品涨价缺乏供需面动因。在新冠肺炎疫情常态化形势下，政府将稳定食品物价作为保障民生基本需求的重要内容，食品涨价缺乏政策面动因。

在成本高企、供给充裕、价格上涨动力不足的形势下，行业盈利能力将进一步承压，预计未来 2~3 年全省食品工业利润总额增长乏力，行业整体利润率将稍有下降。

(三) 高端乳制品、预制方便食品和功能型保健食品有望迎来较大发展空间

提升供给质量和产品附加值是国家政策调控关键目标。国家发展改革委和工信部《促进食品工业健康发展的指导意见》将加速产品升级作为重要政策导向，支持研究开发功能性蛋白、功能性膳食纤维及生物活性肽等保健食品，积极推进传统主食及中式菜肴工业化、规模化生产再创新，全面提升高附加值产品比重。新冠肺炎疫情发生以来，为提振消费信心、提升消费质量，国家实施增品种、提品质、创品牌"三品"战略，将优化产品结构、提升供给质量作为今后一段时期食品工业发展的重要任务，河北省乳制品、方便食品和部分功能性保健品发展面临较好政策环境。

食品消费需求升级加速，面向功能型、个性化、小众化需求的产品日益成为消费主流。随着居民收入水平不断提高，我国居民食品消费需求逐步由基本温饱向个性偏

---

① 作者根据 2020 年、2021 年《河北省国民经济和社会发展统计公报》的数据计算得出。
②③ 资料来源于河北省食品工业协会。

好、营养保健和功能性需求转变，国内食品市场日渐成为存量竞争为主的成熟市场。紧跟消费需求、提升产品附加值成为企业转型发展的必然方向。特别是新冠肺炎疫情发生后，乳制品、保健食品、预制速食品需求将进一步提升，相关行业未来需求增长空间较为广阔。

乳制品、方便食品、功能性保健品成为河北省食品工业逆势发展的重要着力点。在新冠肺炎疫情常态化背景下，强化细分产品创新、提升食品深加工能力、扩大高质量产品供给成为河北省食品行业转型发展的重要趋势。预计未来2~3年，高端乳制品、预制食品、方便食品和功能型保健食品等新兴门类将迎来较大发展空间，高附加值产品供给规模将进一步扩大。

五、对策建议

(一)加大企业帮扶力度，积极应对疫情常态化

完善稳岗保产相关政策。稳定食品企业疫情防控期间员工在岗比例，将食品企业员工纳入基本民生保供人员行列，对重点食品企业员工自管控区到岗生产给予特事特办，对外地外籍高级技术和管理人员到岗给予便利。完善食品企业流通运行保障服务，对防控期间企业物资流通、检验检疫、进出口报关等事项给予协助。落实失业保险稳岗政策，对上年度未裁员或裁员率不高于全国城镇调查失业率控制目标的企业提高失业保险金返还比例，对中小微食品企业失业保险金给予全额返还。

加大财税金融支持力度。落实减税降费相关措施，对符合条件的食品加工中小微企业增值税留抵存量和增量部分予以全部退还，对新产品研发费用视情况分别给予税前加计扣除、税前摊销、企业所得税减免等优惠。加大定向贷款贴息扶持力度，对省重点支持的县域特色食品产业集群中的"专精特新""小巨人"企业贴息标准上浮10%。设立河北省食品产业基金，政府创立投资引导基金，委托第三方市场化运作，根据行业门类设置子基金，围绕食品企业初创到上市给予金融扶持。

(二)强化区域产业链供应链建设

实施精品食源工程。发展与高端食品工业配套的优质种源，支持培育优质畜禽、粮油、果蔬和水产良种繁育，夯实优质食品原料供给保障能力。建设河北食源技术创新联盟，依托中国农大涿州基地、中国农科院、河北农大等知名科研机构强化高端食品原料技术创新能力。加快完善高档食源标准，围绕高端食品制造逐步提升河北省粮油、果蔬、乳制品、禽肉和水产等原料生产标准，引导食品企业深度参与农业地方标准制定修订，推动原料生产标准和食品生产标准有机联动。

强化产业链龙头引培。支持现有知名企业提档升级，支持君乐宝、今麦郎、衡水老白干等优势企业通过兼并重组做强做大，设立和投资一批高成长性企业和项目。实施本地新龙头培育工程，引导本地企业对标国内外知名企业，全面推广ISO 9000、六西格玛、卓越绩效等先进质量管理方法，培育一批区域性一二三产业融合发展领军企

业。扶持一批"专精特新"企业，聚焦关键技术研发推广、关键装备研发制造、关键原辅料等特定领域打造一批行业隐形冠军企业。实施外部名企引进工程，以强化本地产业链整合升级为目标，积极引进国内外头部企业，按入冀企业注册实缴资本给予一定比例奖补。

延展食品产业链条。聚焦精深加工能力提升，对畜禽、水产、粮油和果蔬等特色农产品深加工项目给予奖补。建设高效食品物流体系，推动建设覆盖全省、服务京津、辐射全国的全程"无断链"食品物流体系，加快冷链物流设施建设，推广"快递入厂""无接触式""无缝对接"等现代食品物流服务。加强食品与特色文旅、健康养生等领域跨界融合，加快创建和培育乳制品、山楂、板栗、葡萄酒等食品行业特色小镇，打造"农业种植、饲养—初加工—食品精深加工—物流连锁服务"全产业链。

打造开放型产业体系。引导企业大胆"走出去"，开展国际化布局，围绕原料生产、先进技术、品牌渠道、市场拓展等领域积极开展投资并购，将境外布局与境内产业链紧密联动，打造国际化食品产业体系。积极主动"请进来"，聚焦国际食品工业前沿技术、卡脖子技术和先进装备，引导食品科研机构和龙头企业大力引进境外高端人才和团队。引导和协助企业开展国际食品相关法律、政策、标准、贸易规则研究，提升"出海"企业抗风险能力。完善食品对外开放新体制，探索食品工业外资准入前国民待遇加负面清单管理制度，积极开展食品农产品认证国际互认合作，积极参与国际标准制(修)订。

(三) 强化创新能力提升

加强企业创新能力建设。强化关键技术创新，围绕食品安全和供应链稳定建立河北省食品工业关键技术需求目录，强化卡脖子技术攻关。推动规模以上食品企业建立研发机构，构建以企业为主体、产学研一体化的技术创新体系，引导企业争创企业技术中心、制造业创新中心和产业技术研究院等创新平台，加大新获批国家级创新平台奖补力度。引导支持龙头企业创建或参股"专精特新"中小企业、"科技小巨人"企业和高新技术企业。深度植入工业设计元素，引进知名设计机构，打造"设计+"产业链，加速食品造型、外观、包装设计时尚化和便捷化，根据《关于支持工业设计发展的若干政策措施》对获得省级以上食品工业设计领域奖项的企业(产品)给予奖励。

加强关键领域产品创新。进一步明确产品创新重点领域和方向，重点发展专用粉、小麦谷朊粉、玉米胚芽油等粮油精深加工产品，大力发展婴幼儿及中老年配方乳粉、发酵乳、巴氏杀菌乳等高端乳制品，积极培育保鲜速冻冷藏食品、健康方便食品、功能性保健食品等高附加值新品，大力发展优质低度酒、保健酒和优质葡萄酒等高端特色酒类和饮品，加速功能性蛋白、功能性膳食纤维、功能性糖原等功能产品创新。加速河北省特色食品提档升级，围绕营养成分、产品造型、外观包装和文化内涵等领域进行再创新，全面提升区域特色产品附加值。支持引导君乐宝、今麦郎和老白干等龙头企业强化优势领域产品创新，对优质创新成果可参照《河北省科学技术奖励办法实施细则》进行奖励。

实施绿色化智能化改造。加速食品企业入园集中发展，完善面向食品工业的产业园区污染集中治理设施建设。引导企业强化绿色生产理念，加快食品产业副产品、尾水和脚料循环综合利用、全值利用、梯次利用，培育省级食品加工"绿色工厂"，加大绿色节能设备购置、软件应用、技术研发、检测试验等费用补助力度。实施智能化升级改造，推广君乐宝、老白干等国家智能工厂试点建设经验，聚焦乳制品、酒饮料、休闲食品等行业，加快智能化改造升级，实现全过程动态质量控制和快速检测，引导企业争创国家和省级智能工厂。

(四)打响河北食品区域品牌

实施"冀美食"品牌工程。将食品工业领军品牌和特色品牌纳入区域品牌方阵，在大型媒体和知名展会集中投放广告，举办食品展销和"特色食品万里行"活动，对推介活动予以资金支持，打造食品强势区域品牌。引导企业强化商标和品牌意识，挖掘文化内涵，讲好品牌故事，支持优势产业集群申报国家地理标志保护产品、农业区域公用品牌和产业集群区域品牌试点。完善实体展示平台建设，引导企业在国内机场、高铁站、免税店和大型商业综合体建设品牌形象店、专卖店，打造集宣传、体验、营销功能于一体的品牌展示窗口。

强化食品安全保障。完善食品标准体系建设，参与国家标准制定和修订，完善修订河北省食品地方标准。加强食品安全源头监管，紧密结合耕地环境治理保护工程，逐步建立食品原料品级与耕地分类挂钩制度。加速推进产品安全保障工程，持续深化食品制造企业 HACCP 管理体系认证，强化婴幼儿配方奶粉、乳制品、生鲜水产制品等重点领域溯源体系建设。推进食品工业企业诚信体系建设，建立全省食品生产经营企业信用档案，诚信记录对接全省信用信息共享平台，实行食品生产经营企业信用分级分类管理，加大对食品安全失信人员惩戒力度。

加速产业集群化发展。推动区域产业集群提档升级，强化石家庄千亿级食品产业集群引领带动效应，推动隆尧方便食品、青县高端食品和定兴休闲食品等特色产业集群进一步壮大，支持张承地区乳制品、马铃薯和杂粮特色加工业加速聚集，列支专项资金对产业集群硬件设施、技术创新、人才引进等支出给予资金支持。围绕引链、补链、强链加速产业集聚，积极吸引京津食品老字号、世界 500 强、中国 500 强食品企业在冀布局，对带动能力强的名企投资项目采取"交钥匙工程"等方式进行合作。

(本文作者：吴䜣、王素平。本文任务来源于河北省发展和改革委员会，系 2021年河北省宏观经济研究院产业部课题《河北省产业发展研究报告(2021 年)》系列研究成果之一。)

河北省生物医药产业发展研究报告(2021年)

生物医药产业包括化学原料药、化学药品制剂、中药饮片、中成药、生物药品制品、辅料包材、制药设备、医疗器械、卫生材料及医药用品和兽药等领域,具有产业链条长、行业关联强、技术密集度高等特征,是关系国计民生、经济发展和国家安全的战略性产业。河北省是传统生物医药大省,产业基础雄厚,培育打造了一批名优医药产品。然而近年来河北省生物医药产业发展相对滞后,产业初级特征明显,技术创新相对乏力,产业集群发育不足,距离全省高质量发展的要求和主导行业的使命存在明显差距。本报告通过分析国际国内行业发展动态,剖析河北省生物医药产业发展现状及问题,就全省生物医药转型发展提出政策建议。

一、河北省发展状况

河北省生物医药工业起步较早,产业基础雄厚。同时,也存在创新能力不足、集群建设滞后、加工制造水平不高、门类发展不均衡等问题,实现高质量发展任重道远。

(一)产业规模

总量规模持续扩大。2021年河北省生物医药工业增加值增速为14.0%,高于全省工业平均水平9.1个百分点,行业增加值占全省工业行业的3.13%,较上年提高0.17个百分点,行业增加值规模比重不断提升。规上生物医药企业实现营业收入1068.8亿元,同比增长10.7%。全省规模以上医药工业企业资产总计1776.10亿元,同比增长13.0%,高于全省同期工业企业8.5%的资产增幅。全年实现利润总额187.5亿元,同比增长12.0%,医药工业整体销售利润率为17.5%,较上年提高0.2个百分点,行业整体盈利能力不断提升①。

化学药、中成药总量规模占主导。2021年,化学药(化学药品制剂、化学原料药)、中成药营收占比分别达到55.0%和17.3%,是全省医药工业的支柱行业,中药饮片、生物药品营收占比分别为9.1%和5.3%,而卫生材料、医疗器械、兽用药、药用

---

① 资料来源于河北省医药行业协会。

辅料、制药设备等领域占比均不足 5%(见图 1)。

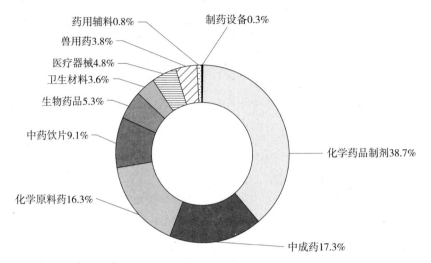

图 1　2021 年河北省生物医药各子行业营收占比

资料来源：河北省医药行业协会。

(二)区域格局

石家庄市生物医药产业在全省一枝独秀。2021 年，石家庄市生物医药行业营业收入达 656.79 亿元，占全省生物医药产业营收的 61.5%，行业总量规模在全省占主导地位。同期全省拥有规上生物医药企业 378 家，其中石家庄市 137 家，规上企业数占全省的 36.2%，是全省规模以上生物医药企业最为集中的区域。河北省全行业当年实现利润 187.50 亿元，其中石家庄市 137.84 亿元，约占当年全省行业利润的四分之三，是河北省生物医药行业主要利润来源地①。

(三)产业集群

河北省生物医药产业聚合发展态势明显，三大产业集群领跑全省。石家庄高新区是河北省最具影响力的生物医药产业集群，聚焦了一批化学制剂和生物药品制造企业，行业营收规模占据全省半壁江山，拥有生物医药市场主体 1166 家，其中全国医药百强企业 4 家、上市公司 6 家、医药类高新技术企业 45 家，在研新药项目 400 余个，其中国家科技重大专项课题 150 余项，是河北省生物医药制造和创新核心基地。沧州渤海新区生物医药产业园是京津冀生物医药产业协作重要载体，截至 2020 年，入驻医药企业 74 家，总投资 1054.83 亿元，其中北京企业 48 家、总投资 611 亿元，入区项目以肿瘤、高血压、心脑血管等领域的高端药物为主，是河北省医药高质量发展重要引擎。安国年提供商品中药材近 4 万吨，总产量占全省中药材产出 70% 以上，是河北省主要中药基地②。

---

①②　资料来源于河北省医药行业协会。

（四）创新能力

全省生物医药产业创新能力持续提升。创新平台建设日益完善，拥有国家企业技术中心 5 家，国家重点实验室和工程实验室 11 家，省级科技创新平台 130 家，拥有高新技术企业 817 家。企业创新能力显著提升，石药集团形成拥有八大创新平台的集群创新能力，创新药研发领跑全省；以岭药业拥有专利新药 13 个，在心脑血管和感冒呼吸系统疾病中成药领域处于领先地位，是国内外具有较高知名度的创新型中药企业。

（五）龙头企业

龙头示范带动效应不断增强。2021 年，全行业拥有营业收入 10 亿元以上企业 10 家，石药集团、华药集团为营收百亿级企业，以岭药业、石家庄四药超过 50 亿元，十强企业营业收入和利润占全省的比重均达到 60% 以上。石药集团、华北制药、以岭药业、石家庄四药、神威药业连续多年上榜工信部"医药工业百强"榜单，在国内国际市场具有较高知名度，是河北省引领生物医药产业转型发展的行业龙头。表 1 和表 2 分别展示了 2021 年河北省生物医药企业营业收入十强、利润总额十强。

表 1　2021 年河北省生物医药企业营业收入十强

排名	企业名称
1	石药控股集团有限公司
2	华北制药集团有限责任公司
3	石家庄以岭药业股份有限公司
4	石家庄四药有限公司
5	神威药业集团有限公司
6	河北常山生化药业股份有限公司
7	河北天成药业股份有限公司
8	颈复康药业集团有限公司
9	河北君临药业有限公司
10	河北冀衡药业股份有限公司

资料来源：河北省医药行业协会。

表 2　2021 年河北省生物医药企业利润总额十强

排名	企业名称
1	石药控股集团有限公司
2	石家庄以岭药业股份有限公司
3	石家庄四药有限公司
4	神威药业集团有限公司
5	康泰医学系统（秦皇岛）股份有限公司
6	河北冀衡药业股份有限公司

排名	企业名称
7	澳诺(中国)制药有限公司
8	河北常山生化药业股份有限公司
9	河北君临药业有限公司
10	河北天成药业股份有限公司

资料来源：河北省医药行业协会。

(六) 名牌名品

河北省生物医药品牌和产品知名度不断提升。品牌方阵不断壮大，拥有石药、欧意、以岭、神威等 15 个中国驰名商标，另有河北省著名商标 43 件，品牌美誉度显著提升。名品打造亮点频现，降血压药物玄宁成为我国第一个通过美国食药监局(FDA)批准上市的中国药品，石药恩必普是脑血管领域拥有自主知识产权的国家一类新药。截至 2021 年，河北省共有参松养心胶囊、降脂通络软胶囊、藿香清胃片、清热解毒软胶囊等 8 个国家中药保护品种，以岭牌连花清瘟胶囊、以岭牌通心络胶囊、以岭牌芪苈强心胶囊等产品被评为河北省中药十大品牌，连花清瘟胶囊成为国内外新冠肺炎临床治疗药物，河北省医药名品方阵不断壮大。

(七) 存在问题

尽管河北省生物医药产业发展取得长足进步，但仍存一些不容忽视的问题。

行业创新能力不足。先进技术导入乏力，2020 年围绕信息化、智能化开展的技术升级改造投入不足，工业基础能力亟待提升。全省 CRO 医药研发组织较少，与北京、上海、江苏、广东等先进地区存在差距，医药研发外包服务活跃度较低。

产业集群发育不足。集群总量规模较小，2021 年河北省生物医药产业集群营收规模较小，利润水平不高，与先进地区集群存在一定差距。

设备器械相对落后。河北省医疗设备及器械行业集中于输液器、注射器、护理床、手术室辅助器械、显影耗材等领域，影像检查、人造器官、康复器具、呼吸机等高端医疗器械研发制造能力明显不足，行业发展"瘸腿偏科"特征突出。

二、近期展望

(一) 行业规模温和扩张

居民健康意识不断提升，医疗支出不断增加，医药产品需求持续扩大。2021 年全国基本医疗保险(含生育保险)基金总支出 24043.10 亿元，比上年增长 14.3%[①]。居民个人医疗消费显著增加，2021 年全国居民人均医疗保健支出 2115 元，比 2012 年增长

---

① 资料来源于国家医疗保障局公布的《2021 年全国医疗保障事业发展统计公报》。

152.3%，年均增长 10.8%，快于同期全国居民人均消费支出年均增速 2.8 个百分点，占居民人均消费支出比重升至 8.8%，比 2012 年提高 1.8 个百分点[1]，个人医疗消费在居民消费中的权重呈明显上升态势，医药产品需求规模持续扩大。尤其是新冠肺炎疫情常态化背景下，居民健康意识不断增强、公共卫生产品需求不断增加，新冠疫苗及临床治疗药物、口罩和防护服等领域支出不断增加，生物医药行业需求扩张趋势不变。

我国加速进入老龄化社会，人口年龄结构成为生物医药产品需求持续扩大的刚性因素。2020 年，全国 60 岁以上老龄人口年医疗消费支出超过 5000 亿元[2]，老龄人口医药支出总规模约为非老龄人口的 3~4 倍，老龄人口比重扩大成为助推医药需求扩张的基础性因素。

在居民健康意识不断增强、医疗支出不断增加、人口结构老龄化加速背景下，我国生物医药行业总体需求将持续扩大，预计未来 2~3 年全省生物医药行业将保持扩张态势。

(二) 行业盈利持续承压

医改深刻影响定价机制，产品单位利润明显承压。国务院办公厅《关于推动药品集中带量采购工作常态化制度化开展的意见》等政策文件推动药品集采在国家和地方层面不断深化，"集采"范围不断扩大，降价幅度较高，对企业盈利产生较大影响。2021 年，国家先后组织开展三个批次药品集中采购，分别涉及约 122 个品种，降价幅度基本在 50% 以上[3]，国家医药集采价格的平抑和市场调控影响巨大。截至 2022 年中，河北省共有石药等 8 家企业的 22 个产品获得拟中选资格，基本覆盖河北省医药主要利润来源产品[4]。与此同时，医药集采区域联盟建设不断强化，集采范围日益扩大，已扩展至中药、生物制品和一些专利产品，产品盈利空间被进一步压缩。河北省生物医药产品以中低端、非专利产品为主，集采议价和市场定价能力均相对弱势，凭借知识产权获取产品溢价的能力不强，在集采价格总体下行影响下，行业利润率提升面临较大压力。

利润来源单一，盈利渠道有待拓宽。2022 年 1~8 月，河北省生物医药工业营收利润率为 16.3%，与上年同期基本持平，全省规模以上医药工业实现利润总额 124.29 亿元，同比增长 12.3%，其中化学药品制剂和化学原料药的贡献率分别为 50.3% 和 43.5%，化学药利润贡献超九成。其他领域利润贡献相对不足，尽管生物药品制造、中成药生产利润总额分别增长 48% 和 35%，但利润总额比重依然较低，制药设备和卫生材料及医药用品利润同比大幅下降，行业盈利领域亟待拓宽[5]。

国家和地方集采机制不断强化，河北省生物医药行业层次总体不高、议价能力明

---

① 国家统计局. 居民收入水平较快增长 生活质量取得显著提高——党的十八大以来经济社会发展成就系列报告之十九 [EB/OL]. 国家统计局网，[2022 - 10 - 11]. http://www.stats.gov.cn/xxgk/jd/sjjd2020/202210/t20221011_1889192.html.

② 张秀兰. 全国政协委员冯丹龙：老年人应有一批专属、免费疫苗 [N/OL]. 新京报，[2020 - 05 - 22]. https://www.bjnews.com.cn/detail/159014200715814.html.

③ 资料来源于国家医疗保障局公布的《2021 年全国医疗保障事业发展统计公报》。

④⑤ 资料来源于河北省医药行业协会。

显不足，行业利润集中于集采影响最大的化学药领域，预计未来 2~3 年，河北省生物医药行业单位产品利润率持续下行。

（三）重点领域迎来较大发展空间

用药需求发生显著变化，高附加值产品销售规模显著提升。据中国药学会统计，与 2015 年比，2021 年一季度样本医院用药金额前 20 位的品种中有 16 个发生变化[①]，产品创新性和附加值显著提高，用药结构逐步升级的态势明显。

化学制剂创新药、新型生物制剂和疫苗以及中成药成为政策扶持重点领域。国家经济和社会发展"十四五"规划、医药工业发展"十四五"规划、河北省《关于支持医药产业发展的若干措施》等政策文件均将加速生物医药创新发展、提高产品附加值作为行业调控的重点任务，提出要重点围绕癌症、心血管疾病、糖尿病及罕见病等加强化学创新药研发，大力扶持针对肿瘤、免疫类疾病、病毒感染、高血脂等疾病的生物药品和疫苗创新发展，鼓励加强中成药二次开发，重点开展基于古代经典名方中药复方制剂研制及新药转化，发展中药大品种。

河北省化学创新药、高端仿制药、中成药和疫苗基础相对较好。河北省龙头企业化学药创新不断取得突破，石药玄宁、恩必普等产品成为我国相关领域标杆，目前石药集团在肿瘤、免疫和呼吸、精神神经、代谢、心脑血管系统及抗感染治疗领域在研项目约 300 项，形成较为强大的创新药研发能力。仿制药制造水平不断提升，截至 2022 年 7 月全国医药企业共有 4921 个品规的药品通过一致性评价，河北省以 115 个品种位居第六位，仿制药制造具备一定竞争力。中成药成为新亮点，以岭药业在 2020~2021 年连续获批 3 个中药新药，其中 2021 年获批的益肾养心安神片、苏夏解郁除烦胶囊为附加值较高的神经系统中成药。石药集团新冠核酸(mRNA)疫苗已开始二期临床研究，其安全性和免疫原性均达到预期，在新冠肺炎疫情常态化背景下有望成为河北省生物医药新增长点[②]。

在用药需求加速升级、国家扶持政策持续发力的背景下，预计河北省创新药、仿制药、中成药、疫苗等细分领域发展将进一步加速。

三、政策建议

（一）全面提升生物医药研发能力

积极扶持创新药研发及转化。强化研发过程扶持，对进入 Ⅱ、Ⅲ 期临床试验的创新药给予省战略性新兴产业专项资金奖励，对进入 Ⅲ 期临床试验研究的改良型新药参照省战略性新兴产业专项资金支持办法给予扶持，在创新药研发期内适度给予创新药研发单位年度资金奖励。对在河北省落地转化的获批创新药项目，纳入河北省高技术

---

① 中国药学会科技开发中心发布的《中国医保药品管理改革进展与成效蓝皮书》。

② 资料来源于河北省医药行业协会。

产业化项目行列,给予不超过项目固定资产投资 30%、最高不超过 5000 万元的省战略性新兴产业专项资金支持。

支持中药制剂二次研发。支持中成药大品种药品增加适应症二次开发、循证医学研究,择优列入省级科技计划的,按规定给予省级科技专项经费支持。对获得中药 4 类、5 类新药证书,拥有自主知识产权且在省内落地的产业化项目,纳入省高技术产业化项目计划,给予不超过项目固定资产投资 30%、最高不超过 1500 万元的省战略性新兴产业专项资金支持。

加速本地医疗器械高端化发展。对通过创新医疗器械特别审查程序的医疗器械项目,择优列入省级科技计划,按规定给予省级科技专项经费支持;对通过创新医疗器械特别审查程序,新获得三类医疗器械注册证且在河北省落地转化的项目,优先纳入省高技术产业化项目计划,给予不超过项目固定资产投资 30%、最高不超过 3000 万元的省战略性新兴产业专项资金支持。医疗装备纳入《河北省重点领域首台(套)重大技术装备产品公告目录》的,经国家保险主管部门备案的首台(套)重大技术装备综合保险,由省级财政对实际保费适度给予补贴。

(二)强化先进要素支撑

加大医药高端人才引培力度。支持高层次生物医药人才来冀创业,对拥有高成长性项目和科研成果来河北省创办企业的人才,根据情况适度给予资金支持。强化生物医药技能型人才培养,鼓励大中专院校与企业在人才培养、技术创新、就业创业等方面开展培训合作,开展订单式培养,对企业职工参加岗前培训、在岗培训和转岗转业培训且取得职业资格、技能等级、特种作业操作等证书的,根据情况适度给予企业和个人培训补贴。

完善河北省医药企业金融服务机制。加强生物医药企业上市服务,支持符合条件的企业到境内外多层次资本市场上市融资,对进入辅导期后向河北证监局进行申报的企业,按上市挂牌过程中委托专业服务机构进行财务规范和股份制改造等所发生服务费的一定比例给予补助。加大融资支持力度,建立河北省生物医药产业发展基金,聚焦专利原料药、化学创新药、生物药品、疫苗、中成药、关键辅料包材和医疗设备等高成长性领域建立子基金,强化医药产业重点领域和优质项目融资支持。

给予重点医药项目优先供地。加强生物医药产业项目土地供给保障,引导新建大型医药项目向产业园区集聚发展,按照"先存量、后增量"的原则优先供地,鼓励采取长期租赁、先租后让、租让结合和弹性年租等方式提供国有建设用地,对省级以上产业项目所需土地出让金按不低于 70% 执行,优先安排占补平衡指标。

(三)提高生物医药先进制造能力

聚焦关键技术、关键环节、关键领域,强化生物医药工业基础能力。支持企业加大重要产品核心技术攻关力度,提升产品稳定性、可靠性和耐久性,突破工程化、产业化制约环节,提升产业基础能力和质量效益,对市场需求迫切、基础条件好、带动作用强的"五基"项目，给予项目购置生产设备、检测仪器、研发工器具、配套软硬件系统等费用的10%、单个项目不超过800万元的省级工业转型升级专项资金支持。

支持引导企业提高生产制造绿色化水平。加强生产制造环节绿色化改造，支持企业开展节能低碳、节水和工业固废综合利用等技术和装备推广应用，对企业购置设备和配套软硬件投资支出按一定比例给予资金支持。优化环评审批服务，对生物医药工业重点项目施行快速办结、不见面审批、即来即办、绿色通道等审批服务措施，对未纳入《建设项目环境影响评价分类管理名录》的项目免于审批或登记备案。

加速互联网+、工业互联网等新技术应用，加强医药生产数字化赋能。强化生物医药数字化转型，利用数字化技术赋能医药全产业链，对参与医药行业数字化改造的智能制造集成商，按照合同金额一定比例给予省级工业转型升级专项资金支持，对生物医药行业智能制造龙头企业给予一定资金支持。积极发展"互联网+生物医药"新模式新业态，对工业互联网创新发展试点示范项目，按自动化设备与改造、信息化软硬件、系统开发与服务等费用的一定比例给予资金支持。

(四)加强区域产业协同和对外开放

加强京津冀生物医药产业协同创新。精准引进京津高端生物医药企业和研发机构，鼓励京津和省外国家级医药工业创新平台、研发外包机构、生产企业在石家庄、北戴河、沧州渤海新区、安国市等地落地，对落户项目优先给予政策和资金支持。对国家工程研究中心(工程实验室)在上述区域和雄安新区建立开放式分支机构的，由省主管部门分别择优给予资金支持。

做大做强产业集群。引导和支持石家庄高新技术产业开发区围绕化学药品制剂和生物药、沧州渤海新区围绕高端特色原料药、安国市围绕现代中药制剂等行业优势，培育壮大存量企业，大力引进优质企业，打造全省生物医药产业优势生产基地。支持唐山、廊坊、衡水、邯郸、邢台、承德等市加快培育发展生物医药产业，打造特色医药产业基地，培育河北省医药产业集群竞争新优势。

加强产业开放合作。聚焦生物制药、疫苗、专利原料药、高端医疗设备及耗材等领域，积极吸引世界500强医药企业入冀发展。引导境外高层次原料药企业采取"原料药+制剂"一体化发展方式落地河北省，对新建项目适度给予融资支持。对入冀发展头部生物制药企业，转化项目优先纳入省重点项目行列，对高层次创新药专利持有团队给予高层次人才服务待遇。引导企业大胆"走出去"，开展国际化布局，打造国际化生物医药产业集群。

(本文作者：吴㵘、王素平。本文任务来源于河北省发展和改革委员会，系2021年河北省宏观经济研究院产业经济部课题《河北省产业发展研究报告(2021年)》系列研究成果之一；基于本文形成的《河北省生物医药产业发展现状及对策研究》文章，收录于2023年5月出版的《河北蓝皮书：河北经济发展报告(2023)》。)

河北省电子信息产业发展研究报告(2021年)

电子信息产业作为高新技术产业领域最具发展活力的新兴产业之一，是新一轮科技革命和产业变革的核心驱动，是拉动区域经济发展的强劲引擎。经过多年发展，河北在电子信息产业部分领域具备了一定基础和优势，未来必须进一步聚焦关键核心突破和重点领域创新，加快壮大产业规模，提升产业创新引领能力，打造全省产业转型升级、培育发展新动能的重要支撑。

一、国内外电子信息产业发展现状趋势

(一)全球发展态势

1. 核心技术创新层出不穷

近年来，全球电子信息技术加快发展，引发电子信息产业新一轮变革。智能化高端化发展不断深入，数字智能革命成为新一代信息技术的核心主题。单点技术和单一产品的创新正加速向多技术融合互动的系统化、集成化创新转变。跨界技术加速融合，信息技术与制造、材料、能源、生物等技术的交叉渗透日益深化，智能控制、智能材料、生物芯片等交叉融合创新方兴未艾，工业互联网、能源互联网等新业态不断突破，大规模个性化定制、网络化协同制造、共享经济等信息经济新模式快速涌现，数据智能化在各领域各行业的应用成熟度不断提升。

2. 产品结构不断调整

在产品结构方面，电子元器件、电子数据处理设备和无线通信设备始终占据电子产品全球市场份额的前三位。随着全球信息科技迅猛发展，新一轮科技产品相继问世，消费者对新的电子产品如人工智能、智慧家居、可穿戴设备等需求日益旺盛，消费类电子产品市场快速扩大，成为增长最快的电子信息产品领域。同时，软件和信息服务产品比重也显著上升，全球电子信息产品结构出现调整趋势。

3. 发达国家居主导地位

当前全球电子信息产业区域格局正在发生变化，新兴经济体地位作用日益提升，但由于传统发达经济体经过长期积累，在全球化过程中仍处于产业链和价值链的高端环节，整体核心技术仍占据较大优势，在全球电子信息产业中依然占据主导地位。以中国为代表的新兴经济体，虽然市场规模不断扩大，但仍处于产业价值链低端，产业附加值较低，

在一些关键技术领域依然受制于人。

4. 跨国公司地位日益突出

跨国公司既是经济全球化的构建者，也是经济全球化的受益者，对世界经济乃至政治的影响更加广泛和深刻。这些跨国公司巨头在电子信息产业掀起兼并浪潮，并对于整个行业发展起着至关重要的作用。例如，在计算机领域，苹果、惠普、戴尔等地位突出；在电子视听领域，索尼、松下、飞利浦等优势明显；在通信领域，苹果、三星、华为等居于主导；在软件领域，微软、EDS 居于领先。

(二) 国内运行态势

1. 产业规模持续扩大

2021 年，我国电子信息产业保持较快增长，全行业整体收入规模达到 236279.3 亿元，其中，规模以上电子信息制造业实现营业收入 141285.3 亿元，同比增长 14.7%。从投资情况看，2021 年我国规模以上电子信息制造业完成固定资产投资额同比增长 22.3%，高于全国工业平均增速 11.0 个百分点。从对外贸易来看，2021 年我国电子信息制造业外贸进出口双双保持较快增长，其中，出口交货值比上年增长 12.7%，增速较上年提高 6.3 个百分点[1]。

2. 产业价值链稳中有升

一直以来，我国电子信息产业整体处于全球产业价值链的中低端，大部分产品附加值较低，行业整体利润率不高。但近年来，在政策及资本的双轮驱动下，在美国技术封锁的倒逼下，我国电子信息产业依托生产能力和工艺水平的持续提升，正逐步由产业链的低端环节向高端环节攀升。2021 年我国规模以上电子信息制造业营业收入利润率提高到 5.9%[2]，集成电路、新型显示、5G、人工智能等领域技术创新密集涌现，电子高端制造、半导体等领域不断取得突破，超高清视频、虚拟现实、智能网联汽车等领域发展步伐进一步加快。

3. 新兴热点领域加速成长

2021 年，我国电子信息行业新兴热点领域增速较快，集成电路产业持续保持快速、平稳增长态势，销售额首次突破万亿元大关，达到 10458.3 亿元，同比增长 18.2%；新型显示产业近十年增速保持在 20% 以上，产能全球领先，已经成为全球最大的显示面板生产基地。人工智能作为电子信息产业的新兴业态领域，产值规模超过 4000 亿元，渗透到工业、医疗、智慧城市等各个领域，在助推传统产业转型升级方面发挥了重要作用。5G、大数据、云计算、虚拟现实等领域，在技术、政策和市场多重因素驱动下，均呈现出高速发展态势[3]。

4. 科技创新加快突破

我国电子信息产业的基础性、通用性技术研发取得重要进展，在量子计算、高端芯片、高性能计算机、工业互联网及智能制造等领域实现了多点突破，多项科研产出

---

[1][2][3] 央财智库 | 2021 电子信息行业经济运行报告 [EB/OL]. 网易，[2022-02-25]. https://www.163.com/dy/article/H101FMTV0521EFNP.html.

水平或市场份额已位于世界前列。如寒武纪推出了首款云端人工智能芯片 MLU100；百度发布了国内首款云端全功能人工智能芯片"昆仑"，是迄今为止业内计算力最高的人工智能芯片。在人工智能领域，我国在自然语言处理、芯片技术、机器学习等 10 多个人工智能子领域的科研产出水平已位于世界前列。在新型显示领域，折叠屏、屏下指纹、动态背光等新技术的开发进一步提升了我国在 TFT-LCD 领域的优势地位。一批重大科技成果的取得，为我国电子信息产业跨越发展奠定了坚实基础。

5. 赋能带动作用不断增强

当前，电子信息和人工智能产业不断为其他产业"赋能"，在推动绿色制造、智能制造、现代农业、现代服务业发展方面发挥了重要作用。在绿色制造方面，新一代信息技术与工业深度融合，为制造业绿色转型注入强劲动力。在智能制造方面，人工智能赋能制造业重点领域和关键环节，为制造业拓展关键工序数控化、无人智能巡检、数字工厂等新场景、新模式、新业态。在现代农业方面，信息产业助力农业智慧平台建设，协同打造农业、农村信息化指挥舱，促进现代农业高质量发展。在现代服务业方面，电子信息技术加速与现代服务业融合发展，助力拓展新兴领域应用，围绕人民群众日益多样化、个性化、高端化的消费需求，促进提升新兴领域供给服务水平。

二、河北省电子信息产业发展概况

（一）产业总体现状[①]

1. 产业规模实力

2021 年，河北省电子信息产业规模持续扩大，产业核心竞争力大幅提升，全行业入统企业达到 825 家，实现主营业务收入 1958.8 亿元，同比增长 18.83%；完成利税 181.1 亿元，同比增长 11.6%，其中，实现利润 128.8 亿元，同比增长 9.78%，实现出口创汇额 27.8 亿美元，同比增长 7.75%。电子信息制造业作为电子信息产业的重要组成部分，2021 年实现主营业务收入 1522.9 亿元，同比增长 29.87%，完成利税 134.8 亿元，同比增长 10.13%；实现出口创汇额 28.4 亿美元，同比增长 16.87%。2021 年软件和信息服务业实现主营业务收入 433.58 亿元，围绕大数据与物联网、人工智能等领域，组织实施了一批高技术产业化和应用示范项目，在全国的实力地位不断提升。

2. 重点行业发展

河北省电子信息产业形成了以现代通信、新型显示、第三代半导体为主导，软件、大数据与物联网为重点的产业格局。现代通信产业起步较早，基础相对较好，光电转换模块、石英晶体振荡器、光纤连接器等发展迅速，5G 通信、卫星通信、微波接力通信、数字集群通信等优势明显，拥有富智康、京东方、华为等一批知名企业，2021 年实现主营业务收入约 71.4 亿。新型显示产业起步较晚，但发展速度较快，产品特色突出，在玻璃基板、液晶材料、光学膜、光刻胶等基础材料领域有较强竞争优势，2021

---

① 本节资料来源于河北省信息产业与信息化协会。

年主营业务收入实现 177.42 亿元,同比增长 22.6%。第三代半导体产业具有一定优势,碳化硅(SiC)、氮化镓(GaN)、砷化镓(GaAs)、电子陶瓷材料等半导体基础材料特色突出。软件产业初具规模,2021 年全省软件产品、信息技术服务、嵌入式系统软件和信息安全四大领域营业收入分别占软件产业总收入的 9.4%、83.5%、7.0% 和 0.13%。大数据和物联网产业基础好、空间大、发展快,在数据存储、数据分析、数据挖掘、数据可视化、物联网关键技术等领域开发引进了一批关键技术和产品,京津冀大数据综合试验区建设取得显著成效,张家口、承德、廊坊等大数据示范区初步建成,在线运营服务器规模突破 120 万台。

3. 创新能力水平

近年来,河北省深入实施创新驱动发展战略,电子信息产业创新能力显著增强。2021 年河北省在新型显示、集成电路、5G 通信、工业互联网、应用软件、人工智能等领域突破了一批关键技术,首个本地存储品牌"栩阳存储"、首款智能摄像机"冀为好望"、首款台式计算机"汉光联创"、首台服务器"宝德"相继下线,第三代半导体材料、柔性显示等技术产品已达到国内领先水平。2022 年 9 月,中国电科集团着眼于打造世界一流水平科研院所的总体布局,组建中国电科产业基础研究院,成为技术力量雄厚、专业结构配套齐全的半导体核心电子器件骨干研究机构,这将有力支撑电子信息产业高质量发展,并为河北省经济发展注入新活力,增添新动能。

4. 产业空间布局

2021 年,河北省电子信息产业空间分布差异明显。11 个设区市中,廊坊、石家庄、邯郸、保定四市主营业务收入超过 200 亿元,其中,廊坊市电子信息产业主营业务收入达到 463.5 亿元,接近全省的 1/4,排在首位;石家庄以 416.8 亿元的规模,位列第二位。从重点行业布局看,现代通信、新型显示主要分布在廊坊、石家庄、保定,其中廊坊和石家庄比重最高,分别占上述两行业比重近 90%;行业电子主要布局在邯郸、秦皇岛、保定和石家庄,四市合计占该行业的八成以上;软件行业虽然各市均有分布,但廊坊占比最高,贡献最大,市内布局了 10% 的软件企业,却创造了 40% 以上的营业收入。各市电子信息产业规模情况如图 2 所示。

5. 骨干龙头企业

近年来,河北省着力引进和培育电子信息产业龙头企业,产业主营业务收入 10 亿元以上的骨干企业数量大幅增加,拥有中电科 54 所、13 所等国内一流科研机构和东旭光电等优势企业,成功引进华为、浪潮、中兴、京东方等一批中国 500 强企业等。2020 年秦淮数据集团正式完成在纳斯达克全球精选市场上市,并成为河北省唯一入选的"2020 胡润全球独角兽榜"企业,实现全省独角兽企业"零"的突破;中船重工七一八所成为世界规模最大的六氟化钨等电子特气综合供应商。

(二) 存在问题短板

1. 产业规模偏小

河北省电子信息产业规模偏小,对经济发展的支撑能力有限。2020 年,河北省电

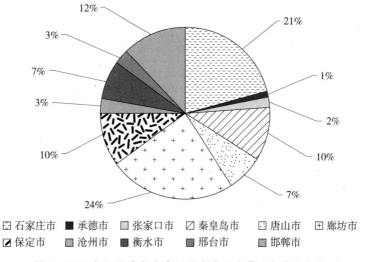

图例：
□ 石家庄市　■ 承德市　▨ 张家口市　▥ 秦皇岛市　▦ 唐山市　⊞ 廊坊市
▨ 保定市　▨ 沧州市　▨ 衡水市　▨ 邢台市　▨ 邯郸市

图 2　2021 年河北省各市电子信息产业主营业务收入占比

资料来源：作者根据河北省信息产业与信息化协会提供的资料汇总。

子信息产业增加值 553.9 亿元，仅占十二大主导产业增加值的 2.82%，占全省地区生产总值的 1.53%；在全国规模地位较低，2020 年主营业务收入占全国比重仅为 0.86%，全国排名第 18 位，仅相当于广东的 3%、江苏的 5.5%、安徽的 36.6%、河南的 39.4%，整体规模实力与先进地区仍有较大差距①。

2. 龙头企业较少

全省电子信息产业中能真正发挥龙头骨干作用，带动上下游产业发展的企业数量偏少。企业规模普遍偏小，全省电子信息产业主营业务收入超 10 亿元的骨干企业只有 24 家，仅占行业企业总数的 3.6%，七成以上的企业主营业务收入不足亿元。入围 2020 年中国电子信息百强的仅 3 家企业，且均排在 50 名以外②，所属行业领域都是基础产品类电子企业，整合带动全行业发展的能力和作用有限。

3. 产业链条不全

行业主导产品多集中在基础材料、器件等产业链上游，很多重要中间品的生产仍处于"缺链"状态，整机类产品更是缺乏。在新型显示领域，缺少产业带动作用强的手机、电视、电脑、车载显示、商用显示等终端；在通信领域，缺少对产业贡献度大的服务器、基站设备、网络交换机等。

4. 创新能力较弱

行业整体研发投入占主营业务收入比重仅 4%，与全国电子信息百强企业平均研发投入强度 8% 存在较大差距③。创新体系不完善，持续投入不足，关键技术研发能力不强；缺少国内有影响力的研发机构和知名高校，人力资源供应总量不足、素质状况不佳，引才用才政策环境有待进一步改善。

---

① 资料来源于《河北统计提要》《河北省新一代信息技术产业发展"十四五"规划》。
② 作者根据中国电子信息行业联合会发布的"2020 年全国电子信息百强企业"榜单资料汇总。
③ 资料来源于《河北省新一代信息技术产业发展"十四五"规划》。

三、河北省电子信息产业发展展望(2022~2023年)

综合考虑今明两年河北省电子信息产业发展面临的机遇挑战，国内外宏观经济形势变化，国家和河北省出台的政策措施，产业供应链发展，以及市场需求状况等，对下半年及明年河北省电子信息产业发展的规模速度、重点领域、市场空间等进行分析预测，提出如下结论：

(一)产业规模和速度将持续提升

2022年河北省电子信息产业发展进入快车道，产业规模将持续扩大，发展速度将大幅提升。主要判断理由如下：

第一，2022年是"十四五"规划落地实施的重要一年，也是诸多行动计划、攻坚工程的收官之年。国家和河北省对电子信息产业发展的规划部署加快推进，诸多规划政策加速实施，产业规模达到3000亿元的阶段性目标即将实现，产业发展必将进入快车道。

第二，国家"东数西算"工程正式全面启动，河北省位于国家8个枢纽中的京津冀枢纽，全国一体化算力网络京津冀国家枢纽节点建设方案2022年2月获得国家批复，大数据产业迎来跨越发展新机遇。

第三，雄安新区进入快速建设发展期，作为河北省全力打造的全球"5G先行城市"和"数字城市"，雄安新区的新型基础设施网络将加快建设布局，2022年新区5G基站数量将大幅增加，城市智能网络将加速布局完善，对新一代信息技术产业的引领带动作用持续增强。

第四，产业创新发展步伐加快。随着美国对我国高科技竞争所采取的限制措施持续甚至升级，为了打破美国的技术封锁，我国必将加大对半导体和集成电路行业的支持力度，鼓励企业自主创新。2020年7月，国务院印发《新时期促进集成电路产业和软件产业高质量发展的若干政策》，史无前例地提出探索举国体制实现关键核心技术突破，这对河北省加快发展相关产业带来了重要机遇。

第五，河北省相继出台《河北省数字经济促进条例(草案)》《新一代信息技术产业等"十四五"规划》《河北省电子信息产业重点攻坚行动计划(2020-2022年)》等政策，相关政策体系日益完善，为电子信息产业发展提供了重要保障。

(二)大数据和物联网、新型显示、通信导航等产业领域有望实现新突破

从行业领域看，未来一年，河北省在新型显示、现代通信、大数据和物联网等产业领域实现突破的可能性较大，主要判断依据如下：

第一，河北省新一代信息产业"十四五"规划明确要求，要在新型显示、现代通信、大数据和云计算等优势领域集中发力、联合攻关，构建更加稳定的供应链，更具竞争力的产业链，持续优化产业生态，为上述三个重点领域加快发展提出了要求，指明了方向。

第二，国家"固基强屏建端"工程深入实施，河北省在新型显示特别是柔性显示技

术领域将迎来一批关键技术突破。2022 年 1~6 月，全省新型显示产业实现主营业务收入 128.1 亿元，同比增长 36.9%，成为增长最快的电子信息行业①。此外，以平板显示为代表的全球新型显示产能向中国集中趋势越发明显，这为在新型显示领域具有一定基础和后发优势的河北省，带来了广阔的发展空间。

第三，河北省在现代通信领域具有一定基础优势，2022 年上半年以来，通信导航一体化融合等关键技术突破应用不断加快，专用通信芯片设计水平大幅提升，普兴电子"8 英寸功率器件用外延片"等一批拥有自主知识产权、带动作用强的重点项目建设顺利推进。2022 年 1~6 月全省现代通信产业实现主营业务收入 40.3 亿元，同比增长 2.3%，产业发展态势良好②。

第四，河北省数字强省战略加快实施，2022 年"东数西算"工程全面启动，全省智慧城市、数字乡村建设加快推进，多个大数据中心相继建成，大数据和物联网产业进入快速发展阶段，成为未来河北省电子信息产业发展新的重要领域和方向。

(三) 市场发展空间将快速扩大

未来一年，河北省电子信息产业重要领域市场空间将持续扩大。新型显示方面，全球柔性屏市场规模逆势增长，河北省在新型显示领域具有一定的基础和优势，具备柔性屏大规模量产能力，有可能在市场竞争中分得一杯羹。信息通信方面，全球通信设备市场规模正在经历技术换代升级的波动，5G 高频（6GHz 以上）射频器件等重要设备用量巨大，且产业链尚未成熟，市场空间广阔。河北省拥有中国电科 13 所、54 所等骨干企业，在 5G 通信、卫星通信等领域具有明显优势，有可能在全国市场竞争中占有一席之地。

(四) 产业集聚效应将进一步显现

雄安新区数字经济创新发展试验区、怀来大数据产业基地、石家庄正定数字经济产业园等数字产业集群建设进一步加快，石家庄鹿泉光电与导航产业基地初步建成，大批科技含量高、创新实力强的电子信息、软件服务等高新技术企业入驻发展，鹿泉千亿级新一代电子信息产业链集群正加速形成。固安新型显示产业基地加快打造，维信诺（固安）、京东方、鼎材、翌光等国内知名新型显示企业集聚发展，千亿级的新型显示产业集群初具规模，产业集聚发展、链式发展优势进一步凸显。

四、进一步推进河北电子信息产业发展的对策建议

(一) 加快推进设施网络布局，增强产业发展支撑

1. 加紧布局信息基础设施

加快 5G、数据中心、智能计算中心、人工智能、物联网等新型基础设施建设，结

---

① 资料来源于河北省信息产业与信息化协会。
② 资料来源于河北省工业和信息化厅。

合实际稳步推进 5G 网络覆盖，优先做好雄安新区、石家庄及其他各市(含定州、辛集市)主城区的广覆盖以及交通枢纽、热点商区、高校、产业聚集区等重点区域深度覆盖。持续推进千兆光纤网络建设升级，聚焦千兆家庭、产业园区、学校、医院等场景实现深度覆盖。持续推进 IPv6 升级改造，加强网络监测与诊断工作，提升应用性能。统筹优化智能算力基础设施布局，加快提升数据中心能力。

2. 加快工业互联网体系建设

加快"1+21"工业互联网平台体系建设，搭建省级工业互联网公共服务平台和工业大数据库，加快与已有行业、区域工业互联网平台的数据对接共享，提升产业链供应链协同能力。推进高质量工业互联网内外网建设，对现有公网及专线网络进行升级改造，支持钢铁、石化、汽车制造等重点领域工业企业新建改建企业内网。推进工业互联网标识解析二级综合节点(河北)的高质量建设运营，进一步完善工业互联网标识解析二级性能。稳步推进车联网基础设施建设。实施"5G+工业互联网"512 工程，促进"5G+工业互联网"融合创新发展。

(二)加强基础创新能力建设，提高产业发展动能

1. 深入推进产业基础能力建设

对接国家工业强基工程，推进产业基础提档升级，以半导体、新型显示、通信导航、工业基础软件等为重点，改进液晶材料、OLED 材料、碳化硅、高端靶材、电子化学品等电子基础材料、半导体芯片与器件，以及划片机、光伏层压机等专用设备制造工艺，提升产品质量和市场竞争力。改善传统工业软件性能，推动在重点领域国产化应用。强化基础技术研究，着力补齐基础材料、基础元器件、基础软件、基础工艺等短板，鼓励企业聚焦细分市场，走专业化、高端化、特色化发展道路，提升产业基础高级化水平。

2. 加强关键技术创新攻关

大力建设完善创新体系，实施创新能力建设工程，持续推进电子信息产业创新中心、重点实验室、产业技术研究院、企业技术中心以及公共服务云平台建设。支持省属重点高校面向人工智能、新型显示、集成电路、大数据与云计算等重点领域，强化重点学科建设和专业课程设置。加强与国内外知名院校合作，加快建设西安电子科技大学河北研究院。依托雄安新区和京津冀高校、科研机构人才、技术等研发优势，强化产学研用协调联动，稳定支持基础研究和应用基础研究。深入实施河北省关键核心技术攻关工程和新一代电子信息技术创新专项行动，组织实施年度重大科技攻关项目，争取在人工智能、物联网、大数据与云计算、区块链、新型显示、集成电路、现代通信、网络安全、核心元器件及材料等领域突破一批关键核心技术。

3. 加快创新成果转化

创新成果转化体制机制，加强与京津智力机构对接，促进京津科研成果在河北省孵化转化。建立省内科研成果定期发布机制，畅通企业与科研院所、高校沟通对接渠道，加速省内最新科研成果就地转化。充分利用中国电科 13 所、54 所、中船重工 718

所创新资源，加快推进关键半导体材料与器件、卫星应用通信系统、电子特气等重大科技成果产业化步伐。建立健全激励机制，落实以增加知识价值为导向的分配政策，激发科技人员和管理人员创新积极性。

（三）加快延链补链拓链，促进产业链式集聚

1. 精准绘制电子信息产业链"五图"

坚持创新、高端、集群发展方向，持续强化"链式思维"，精准绘制电子信息产业链谱系。围绕河北省电子信息产业链发展情况深入调研，瞄准新型显示、现代通信、大数据与物联网等重点领域，认真研究产业发展现状，摸清产业创新发展存在的问题短板和缺环断链环节，明确未来提升重点方向，全方位梳上下游优势企业，广泛收集长三角、珠三角地区电子信息产业链及相关企业信息，绘制产业链"五图"（产业链图、技术路线图、应用领域图、区域分布图、产业招商地图）和"五清单"（产业链重点生产企业清单、核心配套企业清单、断链断供风险清单、重点项目清单、政策清单），打造产业链式发展新优势。

2. 全面提升产业链条

对照河北省电子信息产业链图谱，瞄准缺环断链环节，有针对性地培育和引进一批产业链领军企业，围绕芯片和元器件、关键设备、工业软件等重点环节，实施一批产业化和技术改造项目，提升产业链"强点"、弥补产业链"断点"，推动产业链体系化、供应链多元化，增强产业链供应链抗风险能力。支持产业链核心企业发挥引领作用，联合上下游企业加强产业协同和技术攻关，推动产品互信互任和知识产权共享，增强产业链韧性，推动形成更富创新力、更高附加值、更具竞争力的产业体系。

（四）引培优势骨干企业和项目，优化产业发展主体

1. 扶持传统优势企业发展壮大

加快扩大超10亿元优势企业队伍，支持龙头企业开展产业链上下游垂直整合和跨领域产业链横向拓展，打造行业旗舰。支持行业骨干企业快速扩张规模，加强与国内外知名企业的交流合作，提升市场话语权，扩大企业影响力。围绕电子信息重点产业链，培育引领型链主企业，聚焦头部企业、链主企业，打造产业生态链。谋划开展"电子信息企业服务年"活动，"一企一策"推动上规上市、满产达产。

2. 引进一批行业骨干企业和项目

聚焦重点领域，引进一批电子信息、软件、互联网、元器件等国内百强知名电子信息企业，壮大省内百强企业队伍，促进产业集聚发展。大力推进产业大招商，依托中国国际数字经济博览会等重大活动载体和产业链招商等活动，瞄准行业龙头及高成长性企业，引进一批科技含量高、发展前景好的产业项目。

3. 培育中小企业加快成长

强化企业创新主体地位，培育一批"专精特新"中小企业。组织实施优质企业培育计划，支持企业专注行业细分市场，围绕技术协作研发、产业链配套、市场开拓等与

行业龙头开展多种形式合作，着力打造细分行业领军企业和单项冠军企业，培育"独角兽""小巨人""瞪羚"企业，争取在"专精特新"中小企业培育打造上实现新突破。鼓励大型企业以开放平台等多种形式与中小企业开展互利合作，聚焦产业链优势领域和关键环节开展深耕细作，形成大中小企业相互支撑、协同发展、融通创新的电子信息产业生态体系。

（五）加快重大项目建设，提高产业质量效益

1. 加强项目谋划储备

聚焦省"十四五"规划和相关领域专项规划，持续高质量谋划储备项目，建立省市县重大项目谋划专班和细分领域工作小组，紧紧围绕重点产业和重点领域"招大招强"，高标准制定各细分领域重大项目谋划清单。重点围绕电子信息产业配套、产业链供应链断点畅通、科技创新成果跟踪落地转化开展项目谋划，不断增强产业发展势能。对已谋划的项目抓紧开展项目规划、土地、环评、可研、初设等相关前期工作，提高项目成熟度，力争尽快落地开工建设，形成有效投资支撑。

2. 推进项目建设

加快推进重点项目建设，以行业龙头企业和高成长性企业为重点，组织实施AMOLED升级改造、柔性显示材料产业化，以及5G基站芯片、智能传感器、第三代半导体材料等一批高技术产业化和应用示范项目；以工艺、装备、产品和管理升级为重点，组织实施一批重点技术改造项目，推动企业向绿色化、智能化、高端化发展。推动实施一批数字产业化专项，集中支持一批电子信息重点项目建设。建立和完善重点优势产业链项目库，规范项目管理，不断提高项目实施质量效益。

（本文作者：杨华、王素平。本文任务来源于河北省发展和改革委员会，系2021年河北省宏观经济研究院产业部课题《河北省产业发展研究报告(2021年)》系列研究成果之一；基于本文形成的《河北省电子信息产业发展现状、趋势及对策研究》文章于2023年5月收录于2023年5月出版的《河北蓝皮书：河北经济发展报告(2023)》。）

河北省新能源产业发展研究报告
（2021 年）

当前，新能源产业成为全球战略性产业和各国争相抢占的国民经济发展制高点。我国以风电、光伏发电为代表的新能源产业发展成效显著，发电量稳步提升，为如期实现碳达峰碳中和目标奠定了坚实基础。河北省新能源产业发展基础好，在部分新能源装备制造领域具有较强优势。尽管如此，河北省新能源产业发展也面临诸多矛盾问题，未来必须顺应趋势潮流，立足发展基础，聚焦问题短板，加快推动新能源产业高质量跨越发展。

一、河北省新能源产业发展概况

河北是新能源大省，新能源种类多、储量丰、分布广，新能源资源主要有风能、太阳能、生物质能、地热等，其中，以风能和太阳能优势最为突出。近年来，河北省新能源产业开发规模不断扩大，已初步形成京津冀区域绿色电力主要供应基地，同时，新能源装备制造加快布局，产业发展平台、政策支持体系日益完善，新能源全产业链发展迈出坚实步伐。

（一）产业总体现状

近年来，河北省新能源产业继续保持良好发展态势，开发规模显著扩大，装备水平不断提升，链式聚集态势进一步显现，龙头企业优势突出，产业发展承载能力逐步增强，为新能源全产业链跨越发展奠定了更为坚实的基础。

1. 发展规模实力

"十三五"以来，河北省新能源电力快速发展，装机容量持续攀升，由 2016 年的 1760 万千瓦提升至 2021 年的 5804 万千瓦，占全部电力装机容量也由 2016 年的 28.06% 提升至 2021 年的 52.39%（见图 1），新能源装机容量位居全国首位。河北省新能源发电量保持快速上升态势，2016~2021 年，新能源发电量提高了两倍多，占全社会总发电量比重也提高了 16 个百分点，2021 年全省新能源发电量达到 882 亿千瓦时，同比增长 36.7%（见图 2）。

分重点行业来看，河北省风电和光伏产业优势明显。2021 年全省风电装机规模达

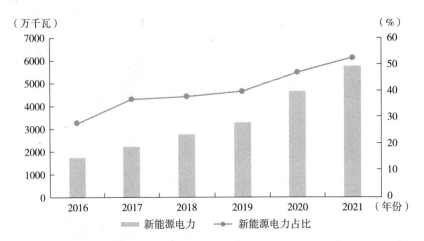

图1　2016~2021年河北省新能源电力装机规模变化

资料来源：作者根据课题组调研数据计算汇总。

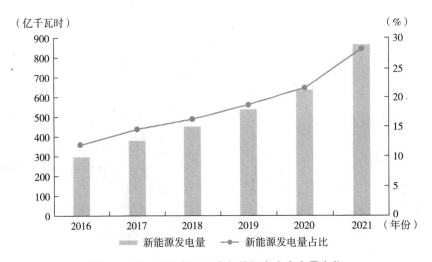

图2　2016~2021年河北省新能源电力发电量变化

资料来源：作者根据课题组调研数据计算汇总。

到2546万千瓦，位居全国第二位；发电量达到512亿千瓦时，位居全国第三位。河北省光伏产业装机规模快速增长，2016~2021年6年间，装机规模由不足500万千瓦提高至近3000万千瓦，提高了5倍多；光伏发电量也实现大幅增长，2021年光伏发电量达到279亿千瓦时，比2016年的16亿千瓦时翻了四番，位居全国第五位。河北省生物质及垃圾发电规模较小，但发展速度较快，装机规模由2016年的46万千瓦提升至2021年的210万千瓦，六年提升了4倍多。但是，总的来看，生物质及垃圾发电占新能源比重仍相对较低，无论是装机规模还是发电量占新能源比重均不足10%。河北省地热资源储量丰富，其开发利用主要位于平原区，以砂岩热储开采为主，主要用于供暖、洗浴、种植、养殖①。

---

①　作者根据课题组调研数据计算汇总。

2. 产业空间布局

河北省新能源产业主要布局在张家口、承德、保定、邢台和邯郸等市，其中，张家口是国务院批复的唯一国家级可再生能源示范区，张承地区是国家大型风光基地，新能源规模化开发利用程度较高。2021 年张家口、承德两市新能源发电并网装机容量达到 3043.65 万千瓦，发电量达到 500.4 亿千瓦时，占全省新能源比重均超过 50%（见图 3 和图 4）。从重点行业布局看，河北省风电主要布局在张家口、承德两市，光伏主要布局在张家口、邢台、保定、石家庄、沧州等地区，其中，张家口光伏装机规模最高，发电量最大。此外，唐山、沧州及沿太行山区三个百万千瓦级光伏发展示范区雏形初具。生物质发电在河北省各市均有布局，其中石家庄、邢台、邯郸、廊坊和沧州的装机规模和发电量相对较大，占全省生物质发电装机规模和发电量的比重均在 10% 以上。

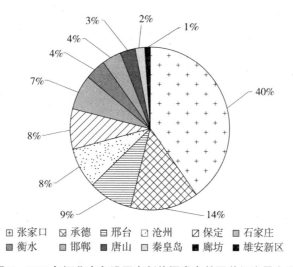

图 3　2021 年河北省各设区市新能源发电并网装机容量占比

资料来源：作者根据课题组调研数据计算汇总。

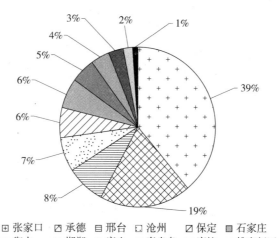

图 4　2021 年河北省各设区市新能源发电量占比

资料来源：作者根据课题组调研数据计算汇总。

3. 装备制造水平

河北省新能源装备制造产业初步形成了以光伏组件制造、风机设备制造、风光制氢等为主的产业体系，在全国具有一定的竞争优势。2021 年河北省新能源装备制造产业实现主营业务收入 245 亿元。光伏装备制造业拥有晶澳、英利、光为等一批骨干企业，形成了以辅料、铸锭、电池片、组件、系统集成等较为完整的产业链条，晶硅电池及组件制造环节优势明显，产业规模位居全国前列。光伏装备制造业主要布局在邢台、唐山、廊坊、保定等市，其中，邢台光伏装备制造业规模最大，占比最高。2021年邢台市光伏装备制造主营业务收入达到 268.8 亿元，占全省该行业主营业务收入的66%，呈一家独大局面（见图 5）。风机设备制造业主要布局在张家口、承德、保定市，拥有国际领先的风机制造商金风科技、远景能源等知名企业，产业链不断延伸拓展，进一步向高端化迈进。氢能产业引进国华投资、河北建投等龙头企业，累计建成新能源制氢项目 5 个，建成加氢站 15 座，完整产业链条初步形成，年产值 100 亿元，在全国居领先地位。氢能产业主要布局在张家口、承德、邯郸等地，其中，张家口市已形成日产 17 吨绿氢的制氢能力，是氢能产业发展的龙头和引领[①]。

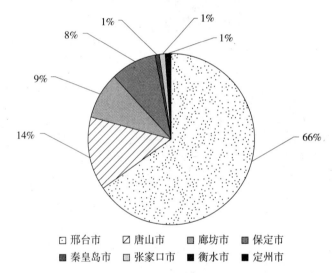

图 5 2021 年河北省各设区市光伏装备制造业主营业务收入占比

资料来源：作者根据课题组调研数据计算汇总。

(二)存在问题短板

河北省新能源产业发展取得了显著成效，但以光伏、风电为主的项目开发面临着既要大规模开发，又要高水平消纳，更要保障电力安全可靠供应等多方面问题挑战，同时，产业发展和装备制造也存在创新能力不足、产业链不健全、政策体系不完善等问题，一定程度上制约了新能源产业高质量发展。

---

① 作者根据课题组调研数据计算汇总。

1. 电力设施规划建设滞后于新能源产业发展需要

新能源发电项目建设具有时间短、见效快的特点，而电力系统调峰能力建设、配套电网工程建设周期较长，难以满足新能源电力输送需要。以张承地区为例，目前张承地区电网可接入能力规划到 2025 年达到 5325 万千瓦，而两地规划的新能源建设规模在 6400 万千瓦以上，与配套电网相比仍有 1100 余万千瓦缺口。作为国家可再生能源示范基地，张承地区新能源电力规模仍在不断扩大，而配套电网建设和改造相对滞后，电源电网发展不协调，导致新能源电力相对过剩，部分风光资源浪费现象仍然存在，严重制约了河北省新能源产业的高质量发展步伐。

2. 新能源增长、消纳和储输发展欠协调

截至 2021 年底，河北省风电和光伏装机规模较 2015 年增长了 3 倍以上，发电量占全省总发电量比重由 9.3% 提高到 28.69%。新能源电力的飙升对电力消纳和储输用带来了巨大压力。河北省新能储能、抽水蓄能仍处于起步建设阶段，发展水平相对滞后，2021 年新能储能和抽水蓄能投产规模分别仅为 5.9 万千瓦、127 万千瓦，仅占新能源装机规模的 2.4%，难以支撑满足新能源发电的充分消纳需求。

3. 新能源装备制造缺乏核心竞争力

尽管河北省在光伏装备制造领域拥有一批头部企业，在国际国内都具有较强的竞争力，但是除光伏产业外，河北省在风电、生物质、地热能、核能等新能源装备制造领域自主创新能力不足，带动力强的整机产品和关键核心零部件较少，特别是风电整机组所需的定子、转子、铸件等重要部件均由外地企业生产供应，产业综合竞争能力较弱。

4. 新能源技术开发能力和产业体系薄弱

河北省新能源产业体系不健全、发展欠均衡，除在光伏和风电领域具有一定优势外，生物质发电、地热能、储能、核能等领域发展相对滞后，开发利用水平低，产业发展规模小，技术研发能力弱，新能源产业发展水平与江苏、山东等新能源强省差距明显。

5. 发展体制机制亟待创新突破

作为河北省重点发展的战略性新兴产业，新能源产业发展需要灵活适用的体制机制和政策支持。虽然河北省逐步加大了对新能源产业发展的支持力度，但在现货交易、辅助服务交易等市场机制方面尚不完善，储能、火电灵活性改造等调峰电源支持性政策还有待健全，风光制氢、"风光+大数据"等产业融合项目"自发自用、余电上网"政策亟待突破。在新能源产业用地方面，一般耕地、林地、草地、沿海滩涂等用地用海政策与新能源项目开发政策衔接不够，农光、牧光、渔光互补等复合式新能源项目用地政策仍有待突破落地。

二、河北省新能源产业发展展望(2022~2023 年)

综合考虑今明两年河北省新能源产业发展面临的机遇挑战，国内外宏观经济形势变化，国家和河北省出台的政策措施，新能源产业供应链发展，以及市场需求状况等，对 2022 年河北省新能源产业发展的规模速度、重点领域、市场空间等进行分析预测，提出如下结论：

(一)产业发展规模将稳步扩大

未来一年，受新能源补贴政策退出、光伏供应链价格上涨等因素影响，新能源产业发展面临一些困难挑战，但总的来看，河北省新能源产业仍然具有快速发展的空间，产业规模将持续扩大，发展速度将大幅提升。

一是从能源转型趋势看，2021 年我国正式提出"碳达峰、碳中和"目标，标志着我国电力系统进入了构建以新能源电力为主体的新发展阶段。在"双碳"目标指导下，我国能源绿色低碳转型驶入"快车道"。未来一年，我国将深入推进能源绿色低碳转型，加快谋划碳中和场景下能源生产消费的转型升级路径，不断完善能源绿色低碳发展的政策体系和市场机制，持续推动可再生能源高比例发展，构建以新能源为主体的新型电力系统。我国能源转型的趋势和要求，为河北省新能源产业发展带来了机遇，指明了方向，提供了遵循。

二是从发展空间看，未来一年河北省新能源产业市场空间将进一步扩大。碳达峰、碳中和"1+N"政策体系陆续发布，我国大型风电光伏基地建设项目加速落地，风电和太阳能发电装机规模将进一步扩大，对光伏组件和风机设备的需求将更加旺盛，未来新能源行业特别是新能源装备制造产业市场空间巨大。河北省在光伏组件和风机制造领域既具有基础优势，又具有头部企业优势，未来在广阔的市场上必将大有作为。

三是从政策部署看，在"双碳"目标指导下，国家和河北省越来越重视新能源产业发展，相继出台多项政策措施，对新能源大规模开发和高质量发展给予了政策支持。2022 年上半年，国家出台了《关于促进新时代新能源高质量发展的实施方案》，将风电项目由核准制调整为备案制，这将大幅缩短风电项目的开发周期，减少非技术性成本，有利于促进风电项目的落地，促进风电产业发展。从河北省政策部署看，全省出台了《河北省光伏风电产业高质量发展推进方案》《关于推动全省清洁能源增长、消纳和储能协调有序发展的若干措施》《关于促进全省地热能开发利用的实施意见》等政策措施，对新能源产业发展的支持力度不断加大，调峰、调频、备用等辅助服务市场将逐步建立，新能源"发输储用"体系将进一步优化，新能源产业高质量发展将迈出坚实步伐。

四是从 2022 年项目实际看，上半年全省新能源项目推进不断加速。新能源开发利用方面，国家第一批大型风光基地、中智天工风光综合利用(制氢)项目、北京恒源碳中和一体化综合示范项目等重点新能源项目积极推进，2022 年将完成任务总量的 50%；新能源并网消纳方面，多条特高压电网加快建设，承德特高压工程、张北—雄安(扩建)工程列入国家电力规划事宜加紧谋划推进，张家口白土窑、张家口坝上、保西、沧州北等 500 千伏输变电项目快速推进，多层级多落点交直流深度融合的风光发电外送格局有望尽快形成；新能源调峰能力建设方面，煤电灵活性改造逐步开展，丰宁、易县、抚宁、尚义等共计 740 万千瓦抽水蓄能电站建设顺利推进，灵寿、滦平等抽蓄电站前期工作有序开展；新能源装备制造方面，英利高效 N 型单晶异质结、晶澳高效太阳能电池、国电联合动力整机和叶片、金风科技风电机组智能制造等重点项目加快建设。各类重点项目加快推进，为全年新能源产业规模扩大，发展水平提升，提供了有力支撑。

五是从要素保障看，2022 年上半年，河北省发布了《推进新能源产业高质量发展省领导包联工作方案》，明确提出要提高新能源产业发展的要素保障能力，将大力拓展电网消纳空间，将重大电网基础设施建设工程纳入省、市、县三级重点项目保障范围，持续提升电网新能源接入能力。2022 年，河北省将搭建投融资平台，设立 5000 亿元以上专项贷款规模，全力保障新能源项目融资需求；持续加大项目用地保障，积极支持新能源产业发展用地，对列入省重点项目建设计划的重大新能源产业示范项目，优先安排用地指标。有利的要素供给条件将为新能源产业快速发展提供坚实保障。

(二)重点新能源行业加速发展

从新能源重点行业看，河北省风电、光伏、地热、生物质等新能源产业发展面临形势、发展方向重点各有不同。

1. 风电和光伏产业

近期分布式光伏、分散式风电获国家政策支持，国家提出实施"千乡万村驭风计划"和"千家万户沐光行动"，鼓励采用户用模式和整县推进方式加快风光产业发展。在政策推动下，河北省 2022 年开始加大分布式光伏和分散式风电开发力度，37 个整县屋顶分布式光伏开发试点项目加快建设，预计未来一年分布式光伏和分散式风电将进入高速发展期。

2. 储能产业

近年来，新能源产业发展对新型储能提出迫切需求，河北省对新型储能技术与产业发展的重视程度不断提升。2022 年 4 月，河北省制定出台了《河北省"十四五"新型储能发展规划》，提出构建具有更强新能源消纳能力的新型电力系统的发展目标，规划在新能源富集地区全面推广"新能源+储能"的系统友好型新能源电站，重点在张家口、承德、唐山、保定、沧州、石家庄等区域实施一批多能互补示范项目，如张北 100 万千瓦大型新能源基地项目、丰宁风光氢储 100 万千瓦大型新能源基地项目等，推进新型储能规模化应用。预计未来一年，河北省新型储能产业发展速度将进一步加快，产业体系将更趋完备。

3. 氢能产业

2022 年是《河北省氢能产业链集群化发展三年行动计划(2020-2022 年)》的收官之年，也是《河北省氢能产业发展"十四五"规划》落地实施的重要一年，中智天工风光电制氢工程、河北建投崇礼风光储互补制氢工程二期、河北建投沽源县风电制氢工程二期项目将在年内建成投产。张家口、保定、定州氢能应用示范城市建设将进一步加快，氢燃料电池整车生产项目将加快推进，覆盖制氢、氢能装备、加氢站、燃料电池、整车及应用的氢能产业链将进一步完善。

4. 地热产业

河北省高度重视地热产业的稳妥高效开发利用，2022 年 2 月制定出台了《关于促进全省地热能开发利用的实施意见》，要求全省各地规范和简化管理流程，深入开展地热资源勘查，因地制宜选择地热能开发利用模式，建立完善的资源勘查与评价、环境监测与管理体系，有效保障地热能的清洁开发和永续利用。在规划的指导下，河北省将逐步对平原区 37 个基岩热储地热远景区、山区对流型地热田和盆地型地热异常区开展地热资源调查评价，并同步在环渤海等地热资源丰富地区组织开展干热岩勘查，全省地热产业已经进入高质量、科学有序发展的新阶段。

(三) 重点区域布局将进一步优化

从新能源产业布局看，未来河北省新能源产业布局进一步向张承、唐沧保及太行山沿线、邢邯地区集中，具体布局方向如下：

1. 张承地区

作为国家可再生能源示范区，冀北地区特别是张家口在全省新能源产业发展上具有举足轻重的地位。从相关政策来看，未来一年，全省将继续深入推进张家口国家可再生能源示范区建设，推进张承地区大型国家风光基地项目建设，加快张家口风电基地三期、承德风电二期项目建设，打造张承地区风电光伏发电基地。未来河北省将依托张家口、承德风光资源优势，推动坝上地区氢能基地建设，打造冀北先进氢能装备制造产业带；支持张家口布局发展智能风电成套设备，打造智能风电设备全链条产业集群。

2. 唐沧保及沿太行山地区

未来全省将在具备规模化开发条件的唐山、沧州及沿太行山区布局三个百万千瓦级光伏发展示范区，探索光伏规模化开发与新业态新模式融合创新，推动光伏基地项目高质量发展，打造光伏发电"三基地"。保定将加快光电新技术研发应用，发展高光电转换率光伏组件、新型储能设备以及保护控制、监测分析、配电变电综合自动化系统等，打造新型光伏设备制造产业集群。

3. 邢邯地区

未来邯郸将依托中船重工 718 所，规划建设国家级氢能技术研发中心，推动高效氢气制备、纯化、储运和加氢站等技术研发与产业化，推进成套生产装置的商业化应用，打造全省氢能生产利用装备产业基地。邢台一直以来都是河北省光伏装备制造业集中区，未来将延伸产业链条，加快发展太阳能光伏电池生产关键技术与设备、太阳能光热关键技术与设备，打造高效光伏光热装备制造全链条产业集群。

三、进一步推进河北新能源产业发展的对策建议

(一) 有序推动新能源高效开发利用

新能源是河北省产业发展的重要方向，未来要持续壮大风能、太阳能，科学有序

开发生物质能和地热能，稳步提升新能源电力装机规模，提高新能源发电比重，巩固和提升河北省在新能源开发利用领域的优势地位。

1. 推动风电光伏基地化、规模化发展

利用张家口国家可再生能源示范区和第二批国家风光大基地建设机遇，积极发展风能、太阳能发电，持续壮大风电和光伏产业规模，开工建设一批重大工程项目。加快推动张承地区千万千瓦级风光基地开发建设，打造唐山、沧州及沿太行山区百万千瓦级光伏发电基地，推动河北省新能源开发利用扩规升能、高质量发展。

2. 积极推广分布式新能源发电

按照国家和省发展部署，加快发展分布式新能源，整县推进屋顶分布式光伏开发试点项目建设，依托张承地区风能资源优势，积极推进风电分散式开发示范，积极开展适应分布式新能源接入的直流配电网工程示范。

3. 科学有序发展生物质能和地热能

加快生物质能清洁开发应用，推进高效低成本生物液体燃料、生物天然气技术与设备研发，加快纤维素燃料乙醇、生物柴油等生物燃料产业化。积极推进浅层地热能开发利用，稳步推进中深层地热能供暖。因地制宜推进地热供暖、制冷、旅游康养、种植养殖等多元化开发和梯级利用。

(二) 加快建设新型电力系统

针对现有电力系统不适应新能源产业发展需要的现实问题，多管齐下补强电力系统短板，提高系统调节能力，优化电网调度运行方式，加快推动电力系统向适应大规模高比例新能源方向演进，建设具有更高新能源消纳能力的新型电力系统。

1. 建设电力外送通道

畅通电力输送环节，加快推进大同—怀来—承德—天津南、张北—胜利(内蒙古)特高压、张北—雄安扩建等外送通道建设，着力推动沽源白土窑、张北坝上、承德北、保西、沧州北等500千伏输变电项目规划建设，提升新能源电力外送能力。

2. 全面提升电力系统调节能力和灵活性

充分发挥电网企业在构建新型电力系统中的平台和枢纽作用，支持和指导电网企业积极接入和消纳新能源。加强煤电机组灵活性改造，重点实施在役机组灵活性改造升级、电网网架结构优化、农网巩固提升工程等重点项目，改造提升30万千瓦级以上煤电机组的深度调峰能力，有序建设燃气调峰站。推动新型储能规模化发展，加大太阳能热发电项目建设力度，推动抽水蓄能建设和规划布局。

3. 提高配电网接纳分布式新能源能力

结合整县屋顶分布式光伏试点建设，差异化确定电网建设改造标准，加快发展分布式智能电网，推动电网企业加强有源配电网(主动配电网)规划、设计、运行方法研究，加大投资建设改造力度，提高配电网智能化水平，着力增强配电网分布式新能源接入适应能力。合理确定配电网接入分布式新能源的比例要求，探索开展适应分布式新能源接入的直流配电网工程示范。

(三)推动新能源装备制造高水平发展

新能源装备制造是新能源产业的核心领域,也是体现新能源产业综合竞争力的关键环节。着眼于河北省新能源装备制造业规模不大、水平不高的现实问题,加大对新能源装备制造的支持力度,推动新能源装备制造业规模化、高质量发展,打造全省新能源产业竞争新优势。

1. 推动太阳能装备产业提质增效

河北省在光伏产业领域具有一定基础优势,要加快推动光伏装备制造扩规升能、提质增效。加强高效钙钛矿电池制备、异质结等新型技术攻关与产业化生产,推进高效率双面发电电池、大尺寸高密度封装组件等产品升级,重点推动英利高效 N 型单晶异质结、晶澳高效太阳能电池等重点项目加快建设。支持超高参数塔式、低成本槽式太阳能热发电、太阳能跨季节储热采暖等技术研发和示范应用,积极发展太阳能空调、太阳能供暖、太阳能工农业供热、光储充电桩等技术装备产品。

2. 促进风电装备产业扩规升级

加快推进风电整机制造产业发展,促进风电整机制造等环节迭代升级,加快定子、转子等关键零部件生产布局,增强风电装备产业配套和整机制造水平,加快国电联合动力整机和叶片、金风科技风力发电机组整机智能制造等项目建设。着力发展 10 兆瓦级以上海上风力发电机组成套技术,提升风电整机和叶片制造质量水平,增强风电产业配套和风电装备整体制造能力。

3. 培育新兴新能源技术装备

加快培育生物质能技术和装备,推进高效低成本生物液体燃料、生物天然气技术与设备研发制造。积极发展储能装备,加快电化学储能、压缩空气储能、抽水蓄能等储能技术装备研发、示范项目建设和商业模式探索等,加快建设张家口先进压缩空气储能装备制造产业园项目,打造新型储能创新研发产业基地,培育新的增长点。推动绿氢制备技术装备突破,依托中国船舶 718 所、河北科技大学等科研院所积极发展风光耦合发电制氢技术,加快突破电解水制氢技术"瓶颈"。

(四)推进新能源产业链纵向延伸

打造新能源产业优势,必须在推进风电、光伏等新能源大规模高比例开发利用和新能源装备提质增效的同时,延伸产业链条,推动上下游产业链联动发展,促进"风光+"大数据、氢能等新业态新模式一体化创新突破,实现整个产业体系结构优化和转型升级。

1. 大力推动风光制氢产业发展

充分发挥张承地区风光资源优势,大力推动绿氢制备工程建设,加快推进中智天工风光综合利用(制氢)、国华丰宁风光氢储项目建设,加快打造坝上地区绿氢基地,为京津冀氢燃料电池汽车应用示范城市群提供绿氢供应保障。

2. 推动"风光+"大数据产业融合创新发展

依托张家口全国一体化算力网络京津冀枢纽节点建设,培育壮大张家口国家数据中心集群，引导京津冀增量数据中心及相关产业向光伏风电富集地区布局，在怀来、张北等地区支持以新能源为主体的绿色大数据基地建设，探索新能源与数据中心产业协同发展模式，打造全国绿色数据中心发展典范。加快发展能源互联网，推动新能源生产智能化，鼓励建设智能风电场、智能光伏电站等设施，支持现有风电场和光伏电站建设基于互联网的智慧运行云平台，推动新能源生产设施智能化改造升级。加强支撑能源互联网的信息通信设施建设，推动新能源与信息通信基础设施深度融合。

（五）完善新能源产业发展的体制机制

政策支持是推动新能源产业跨越发展的重要保障。要从市场化改革、新能源价格形成机制、要素保障机制等方面入手，完善支持政策，加大改革力度，破除制约新能源产业发展的体制机制障碍，为新能源产业高质量发展保驾护航。

1. 深化电力市场化改革

深入推进电力市场化改革，研究开展现货市场运行的分析评估，加快电力现货市场建设，稳妥有序推进新能源进入现货市场。尽快建立调峰、调频、备用等辅助服务市场，完善电力辅助服务成本分摊和利益共享机制，构建有效竞争的电力市场，提高电力交易市场化程度。

2. 完善新能源价格形成机制

用好用足国家新能源发电上网电价政策，将 2021 年起投产的新能源平价项目发电量全部纳入电力市场。分类稳妥推进新能源电力平价上网，通过市场交易、大工业用电顺价均摊等方式提高新能源平价项目上网电价。研究出台调峰价格激励政策和电价补偿措施，完善调峰容量电价，合理拉大峰谷差价，激发企业投资建设新型储能电站等调峰电源的积极性。

3. 强化要素保障机制

搭建投融资平台，推进相关金融机构实施差别化信贷政策，扩大专项贷款规模，全力保障新能源项目融资需求。协调项目用地需求，积极支持新能源产业发展用地，扩大新能源产业用地有偿使用范围，鼓励新能源产业项目以长期租赁、先租后让、租让结合、弹性年期等方式供应建设用地，保障新能源及配套产业用地需求。优化人才引培机制，聚焦新能源产业关键环节，完善人才引进机制，支持京津高校在河北建立高技能人才培养基地，为新能源产业发展提供智力支撑。

（本文作者：杨华、王素平。本文任务来源于河北省发展和改革委员会，系 2021 年河北省宏观经济研究院产业部课题《河北省产业发展研究报告（2021 年）》系列研究成果之一。）

河北省新材料产业发展研究报告
（2021 年）

新材料是指新出现的具有优异性能或特殊功能的材料，或是传统材料改进后性能明显提高或产生新功能的材料。新材料产业作为中国七大战略性新兴产业和河北十二个省级主导产业之一，是最具发展潜力的高新技术产业，是河北建设制造强省的重要抓手。本报告沿用《新材料产业发展指南》中对新材料的分类，主要分为先进基础材料、关键战略材料和前沿新材料三大类，在研究过程中个别内容采用材料成分、性质、用途等其他分类方式。报告基期数据为2021 年，重点梳理汇总了国内外和河北新材料产业发展状况，提出产业发展的趋势与问题，开展了产业未来发展前景分析，并针对性提出河北发展新材料产业的对策与建议。

一、国内外新材料行业发展状况

（一）全球产业发展概况

1. 产业发展现状

产业规模持续扩大。21 世纪以来，新材料产业在全球的战略地位愈加突出，新一代信息技术、新能源、生物等新兴产业快速发展对新材料的需求与日俱增，新材料应用领域不断拓展，产业规模持续扩大，产值从 2015 年的 1.88 万亿美元增加到 2020 年的 2.93 万亿美元，五年年均增长率达到 9.3%，虽然年均增速有所下滑，增速最低的2020 年也达到 6.2%，远高于全球经济增长速度（见图 1）。

梯次发展格局逐步形成。整体来看，目前全球新材料技术领先企业、研发机构大多集中在美国、日本和欧洲，这三大国家和地区新材料技术处于全球领先地位，位于第一梯队，其中美国属于各领域技术全面领跑，日本在纳米材料、电子信息材料等领域，欧洲在结构材料、光学与光电材料等方面具备明显优势。中国、韩国、俄罗斯紧随其后，在新材料某些特定领域优势明显，属于第二梯队，其中中国在半导体照明、稀土永磁材料、人工晶体材料，韩国在显示材料、存储材料，俄罗斯在航空航天材料等方面具有比较优势。第三梯队为巴西、印度等国家，目前处于奋力追赶的状态（见表 1）。

产品结构不断调整。新材料是现代科技发展之本，被称为"科技发展的骨肉"，随着新兴产业的不断发展与融合，新材料领域竞争的不断加剧，新材料产业在规模不断扩大的同时，内部结构也在发生变化，全球先进基础材料产值占比从2018年的58.6%降低至2020年的50.0%，而前沿新材料则从3.1%快速上升到8%的水平(见图2)。

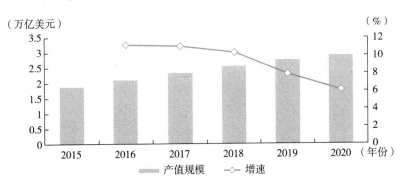

图1　新材料近年产值变化

资料来源：华经情报网，www.huaon.com。

表1　新材料技术梯队结构

档次	相关国家和地区	行业地位
第一梯队	美国、日本、欧盟	占据绝对优势
第二梯队	中国、韩国、俄罗斯	快速发展
第三梯队	印度、巴西	奋力追赶

资料来源：前瞻产业研究院。

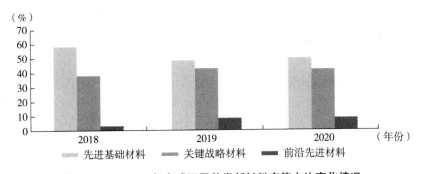

图2　2018~2020年全球不同种类新材料产值占比变化情况

资料来源：华经情报网，www.huaon.com。

2. 产业发展特征与趋势

产业加速迭代升级。在新一轮科技革命和产业革命的大背景下，新技术、新产业不断催生对新材料的巨大需求，新材料技术不断取得新突破，新材料和新物质结构不断涌现，产业迭代升级步伐逐步加快。受材料特性、开发成本、替代产品等因素影响，多晶硅、改性材料、稀土荧光材料等材料未来发展空间受限；玻璃纤维、特种不锈钢、精密陶瓷材料等位于行业成长期或成熟期的行业，行业间的竞争日趋激烈；高性能纤维、生物材料、增材制造、超材料、自我修复材料等前沿新材料，受到各国重点关注，已经成为技术研发和突破的必争之地。

图 3 展示了新材料重点行业所处生命周期。

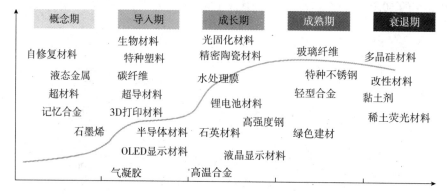

图 3 新材料重点行业所处生命周期

资料来源：东滩智库，www.dongtanimc.cn。

市场重心逐步向亚太转移。世界百年未有之大变局加速演变，全球技术和市场要素配置方式发生深刻变化，北美和欧洲拥有目前全球最成熟的新材料市场，但根据国际相关咨询机构调查数据显示，自 2017 年后，亚太地区占全球市场份额稳定在 60%[①]，尤其是中国，新材料市场正处在一个快速发展的阶段，全球新材料市场的重心正逐步向亚太地区转移。

学科交叉融合成为主流。随着大数据、人工智能、超级计算机、量子计算等先进技术的迅速发展，基础学科不断突破，新技术不断涌现，大量新技术应用推动新材料研发、设计、制造和应用发生重大变革，材料基因组、量子化学、人工智能等技术大幅缩减新材料研发周期和研发成本，前沿材料、材料新功能探索发现进程不断加快，新材料与信息、能源、医疗卫生、交通、建筑等产业结合越来越紧密，激烈的市场竞争，经济效益的强烈驱动，加剧新材料产业整合重组，产业呈现出横向扩散和互相包容的特征。

关键材料垄断局面加剧。近年来，欧美和日本等国家（地区）新材料产业龙头企业依托其技术、人才、资金与规模优势，在高技术含量、高附加值的新材料产品市场中保持主导地位，并通过并购、重组等方式不断扩张，在全球产业链供应链中处于主导地位，高端材料全球垄断局面进一步加剧，对于二、三梯队国家新材料产业发展形成较强制约，如日本、德国 5 家企业占据全球 80% 以上的半导体硅材料市场份额，日本、德国 4 家企业占据全球 90% 以上的半绝缘砷化镓市场份额[②]。

（二）我国产业发展概况

1. 产业发展现状

产业规模持续扩大。我国拥有全球产业门类最全、规模最大的材料产业体系，钢铁、稀土、水泥、玻璃、化学纤维、光伏材料、有机硅、超硬材料、特种不锈钢等百

①② 资料来源于前瞻产业研究院。

余种材料产量均居世界首位，在雄厚的材料产业基础支撑和下游市场需求带动下，我国新材料产业发展取得长足进步，产业产值从 2011 年的 0.8 万亿元上升至 2020 年的 5.3 万亿元，年复合增长率超过了 20%，远高于新材料产业全球的增长速度[①]。

集群式发展格局逐步成型。我国新材料产业已形成以环渤海、长三角和珠三角为中心的三大区域板块，各区域之间产业各具特色、互有优势。环渤海地区借力区域丰富的科技创新资源，在纳米材料、生物医用材料、新能源材料、电子信息材料等领域具有较强的竞争优势；长三角地区是我国新材料产品最大的消费市场，拥有全国最多的新材料产业基地数量，已经形成航空航天、新能源、电子信息、新兴化工等产业集群；珠三角地区以创新型企业为主导，在电子信息材料、改性工程塑料、陶瓷材料等领域具有较强优势。

产业受到市场高度青睐。由于新材料的战略地位以及对其他产业的支持保障作用，新材料产业发展一直以来得到国家的大力支持，各类资本也看好产业的发展前景大量涌入。投融资规模快速增长，2021 年我国新材料投资数量共 204 起，同比增长 15.3%，投资金额达 434.18 亿元[②]。

创新能力显著提升。我国不断加大新材料产业研发支持力度，先后启动核能材料、航空发动机材料、航空材料等 15 家国家新材料生产应用示范平台的建设，新材料技术创新体系逐步完善，在关键新材料的制备、工艺流程、新产品开发以及资源综合利用等方面取得一系列重大突破。研制出 200 多个牌号的合金及零部件，部分装备水平进入国际先进行列；掌握了满足 65~90 纳米线宽集成电路用 300 毫米硅片制备技术和无位错 450 毫米硅单晶实验室制备技术，第三代半导体材料技术直追国际先进水平。

2. 产业发展问题

各类新材料发展面临不同困境。近年来，我国新材料产业快速发展，已经跻身全球产业发展的第二梯队，正处在由材料大国向材料强国转变的关键阶段，但不同类型的新材料均面临不同的发展问题和瓶颈。先进基础材料，钢铁、有色金属、石化、建材等多个领域产品产量世界第一，但高端产品缺乏，而冷轧汽车板等产品则面临过度竞争、利润严重摊薄乃至产能过剩的局面；关键战略材料，单项技术水平较高，产业间协同合作程度低，成套技术装备对外依存度高且受海外严格管制；前沿新材料擅长跟踪模仿，原始创新不足，即使人工晶体、高温超导、超材料等部分领域研究处于国际领先行列，但科研成果长期束之高阁，转化率较低。

高端材料受制于人。我国新材料产业起步较晚，基础创新能力弱，同时受研发投入周期长、资金需求量大、国外技术打压等因素影响，我国关键材料卡脖子现象突出。据工信部对关键基础材料的调研，32% 的关键材料在中国仍为空白，绝大多数计算机和服务器通用处理器 95% 的高端专用芯片，70% 以上智能终端处理器以及绝大多数存储芯片依赖进口；在装备制造领域，高档数控机床、高档装备仪器、运载火箭、大飞机、航空发动机、汽车等关键件精加工生产线超过 95% 制造及检测设备依赖进口[③]。

---

①② 资料来源于中商情报网。
③ 资料来源于 2018 国家制造强国建设专家论坛。

低水平重复建设现象突出。从目前国内各地区发布的新材料产业规划来看，新材料布局顶层设计和统筹协调不足，部分行业和项目尚未依托自身优势进行合理定位、差异化分工，存在着严重趋同现象。稀土永磁材料、化工新材料等领域产业链上下游供需不相匹配，上游产能过剩、下游市场有效需求不足的现象并存。盲目跟风式投入依然没有得到有效遏制，部分国内自给能力不足的行业由于同类型项目接续上马，短短几年内产品就面临产能过剩的不利局面，产业发展的可持续性受到严重影响。

二、河北省新材料产业发展基础

(一)产业发展现状

产业规模不断扩大。河北是材料大省，在钢铁、化工等领域在全国具有较高的地位，但河北省新材料产业起步晚、底子薄，规模相对较小，根据河北省统计局的数据，新材料产业增加值由 2014 年的 261 亿元增加到 2021 年的 709.8 亿元，主营业务收入由 2016 年的 1000 亿元提高到 2021 年的 1900 亿元(估算)，拥有河钢集团、河冶科技、中船重工 718 所、中铁建等一批优势骨干企业，在先进金属材料、新型功能材料、高性能纤维及复合材料等领域积累了一定的技术和市场优势。

区域发展方向各异。经过多年的发展，河北省各地依托自身条件和产业基础，逐步形成了各自的优势领域，其中新型金属材料主要集中在唐山、承德、邯郸、石家庄，无机非金属材料主要分布在邢台、唐山、秦皇岛，高分子新材料主要集中在沧州、唐山、衡水，电子新材料主要集中在邯郸、廊坊。

(二)分领域发展状况

按照国家新材料发展指南，结合工信部《重点新材料首批次应用示范指导目录》(2021 年版)，分类汇总分析河北省新材料细分行业的发展状况。

先进钢铁材料。代表性企业主要有河钢集团、敬业集团、建龙特钢、中国钢研(河北)等企业，主要产品包括海洋工程用钢、高端装备用钢、彩涂钢板、耐蚀钢材、高温合金、精密合金等。

先进化工材料。代表性企业主要有中船 718 所、衡水百威橡胶、河北华密新材、河北复朗施科技等企业，主要产品包括特种橡胶、高分子材料、电子专用材料、工程塑料等。

先进无机非金属材料。代表性企业主要有中国耀华玻璃、恒天纤维、惠达卫浴、晨光生物等企业，主要产品包括特种玻璃、高纯度石英制品、生物基纤维、先进陶瓷粉体等。

先进半导体与新型显示材料。代表性企业主要有晶龙实业、英利集团、中国乐凯、东旭集团等企业，主要产品包括新型晶体硅材料、高性能膜材料、高性能液晶显示基板等。

前沿新材料。代表性企业中电科 13 所、敬业增材、河北立中等企业，主要产品包括电子线路板片、金属增材制造专用材料、超导材料等。

(三)产业发展问题

1. 产业整体实力弱

河北新材料产业经过多年的发展,虽然具备了一定规模,部分领域也实现了突破,但与河北的原材料大省地位、制造产业发展需求相比,尤其是与浙江、山东、江苏等新材料发展先进省份相比,仍存在较大差距。突出表现在:产业规模小,2021 年河北省新材料产业营业收入 1900 亿元,不足浙、鲁、苏、粤等省的 1/5,与闽、徽、鄂等省也有较大差距①。核心企业少,河北新材料企业多数是以传统材料产品为主业的企业,专注于新材料的研发投入不足,新材料业务占企业比重较小,以新材料生产研发为主业的企业整体规模偏小,在细分行业中的地位不高,相应产品更多集中于中低端市场,市场占有率低,话语权不高。

2. 发展缺乏顶层设计

从全省新材料产业的发展来看,产业整体发展仍呈现出遍地开花、无序发展的状态,作为河北 12 个省级主导产业之一,新材料产业未来发展的系统性谋划不足,虽然出台一些省级层面的规划和实施方案,但发展部署不细不实,过多依托既有发展现状,发展无的放矢。产业布局不明确,各设区市大多均将新材料产业作为未来发展的重点领域,但省级层面的布局缺失,各地各自为战,产业发展的集聚优势和规模效应尚未形成。发展重点不聚焦,全省明确发展的新材料产业涉及领域广泛,近乎涵盖了新材料产业的绝大多数门类,贪大求全现象突出,门类过多的发展方向分散了各级政府和相关部门有限的资源,无法形成资本、土地、人员等要素的发展合力。

3. 科技创新支撑不足

新材料是典型的技术和资本密集型产业,需要强大的科技创新能力和资金扶持。河北整体创新实力偏弱,在国家级科技创新平台创建、重点研究机构建设、科技投入强度等方面存在明显不足。缺少新材料产业共性技术研发服务平台,更多是企业单打独斗,技术研发方向不聚焦,关键共性技术研发缺位。缺乏良好的资源配置机制和持续有效的投入,多数企业无法在技术源头上支撑自主创新,大多处于"跟随—模仿—再跟随—再模仿"的发展怪圈,产品中缺乏"自主创造"元素,只能依靠廉价销售与低层次竞争寻找出路,创新实力不足在很大程度上制约了产业的跨越式发展。

三、新材料产业发展前景展望

(一)产业相关政策的影响

自"十二五"以来,国家和河北省日益重视新材料产业发展,出台了系列发展规划、指导性文件和支持政策,明确了重点支持的发展领域(见表 2),未来将对相关领域发展产生深刻影响。

---

① 作者根据河北省统计局的数据及相关各省公开产业资料整理所得。

表 2　产业发展相关政策文件

类型	出台年份	政策文件名称	颁布部门	主要内容
国家层面	2015	《中国制造2025》	国务院	重点发展新一代信息技术、高档数控机床和机器人、航空航天装备、海洋工程装备及高技术船舶、先进轨道交通装备、节能与新能源汽车、电力装备、新材料、生物医药及高性能医疗器械、农业机械装备十大领域
	2016	《新材料产业发展指南》	工业和信息化部 国家发展和改革委员会科学技术部 财政部	加快推动先进基础材料工业转型升级，以基础零部件用钢、高性能海工用钢等先进钢铁材料……提高先进基础材料国际竞争力。紧紧围绕新一代信息技术产业、高端装备制造业等重大需求，以耐高温及耐蚀合金、高强轻型合金等高端装备用特种合金……实现产业化和规模应用
	2021	《中华人民共和国国民经济和社会发展第十四个五年规划和2035年远景目标纲要》	全国人大	聚焦新一代信息技术、生物技术、新能源、新材料、高端装备、新能源汽车、绿色环保以及航空航天、海洋装备等战略性新兴产业，加快关键核心技术创新应用，增强要素保障能力，培育壮大产业发展新动能。实施产业基础再造工程，加快补齐基础零部件及元器件、基础软件、基础材料、基础工艺和产业技术基础等瓶颈短板
	2021	《重点新材料首批次应用示范指导目录（2021年版）》	工业和信息化部	先进钢铁材料、先进有色金属材料、先进化工材料、先进无机非金属材料；高性能纤维及复合材料、稀土功能材料、先进半导体材料和新型显示材料、新型能源材料、生物医用及高性能医疗器械用材料；前沿新材料
	2021	《"十四五"原材料工业发展规划》	工业和信息化部 科学技术部 自然资源部	突破关键材料，坚持材料先行和需求牵引并重，实施关键短板材料攻关行动、大宗基础材料巩固提升行动、前沿材料前瞻布局行动
省级层面	2020	《河北省炼化一体化及新材料产业链集群化发展三年行动计划（2020-2022年）》	河北省发展和改革委员会	曹妃甸石化产业基地延伸烯烃、芳烃产业链条，重点发展合成橡胶、合成树脂产品……打造国际一流的临港石化产业基地。渤海新区和河北任丘经济开发区重点发展TDI、MDI、聚氨酯、聚氯乙烯、己内酰胺、尼龙、PC、聚丙烯、聚苯乙烯等合成材料及中间体，打造我国北方重要的合成材料生产基地
	2021	《河北省战略性新兴产业发展"十四五"规划》	河北省发展和改革委员会	大力发展基础零部件用钢、工模具用钢、高性能海工用钢、轴承钢、高级管线钢、增材制造金属粉体、高纯铁基材料等高品质先进钢铁材料……重点发展高效低成本新型太阳能电池材料、锂电池隔膜、储能材料、超高纯硅基材料、半导体材料、液晶材料等电子材料。发展高性能陶瓷、特种玻璃、人工晶体、新型高分子材料，高端稀土材料，药用包装材料……

类型	出台年份	政策文件名称	颁布部门	主要内容
省级层面	2021	《河北科技创新"十四五"规划》	河北省人民政府办公厅	重点开发战略性新型钢铁新材料，发展轻量化、高强度、耐高温等化工新材料，以信息智能、高端装备制造、新材料、新能源、生物医药等高新技术产业为重点，在核心基础零部件、核心电子元器件、工业基础软硬件、先进材料等技术缺失和技术短板领域，布局重大关键核心技术攻关任务，持续加大研发投入

资料来源：作者根据相关规划与政策汇总。

（二）外部发展环境的影响

疫情反复持续的影响。自2020年新冠肺炎疫情暴发以来，多数行业包括新材料产业在内的诸多行业生产秩序受到影响和冲击，尤其是2022年，我国疫情呈现出多点频发的态势，对企业的生产、原材料采购、产品物流等方面造成不同程度的影响。

对外贸易环境的影响。当前全面贸易单边主义抬头，以欧美国家为代表的发达国家为维护自身利益，逐步加强关键产业的回流和区域性布局，新材料产业全球化合作程度将会受到重大影响，尤其是中美贸易冲突以来，发达国家加强了对高新技术的封锁，对于关键技术、核心设备、关键原料仍极大依赖外部供应的新材料产业，未来高端化发展步伐有可能会受到很大影响；从另一方面来看，国外技术的打压与限制，将倒逼我国加快新材料的研发和创新步伐，科技自主创新能力将得到不同程度的提升，有可能实现由"跟跑"到"领跑"的突破。

（三）产品竞争前景分析

当前及未来很长一段时间，各国均致力于推动新一代信息技术、高端装备制造、新能源和新能源汽车等战略性新兴产业发展，急需新材料产业提供支撑和保障，伴随着现代各领域前沿技术的不断发展，尤其是智能手机、人工智能、智慧城市、智能家居、绿色环保等领域的蓬勃发展和高度融合，势必加大对新材料的产品需求，新材料将迎来一波"黄金时期"，产业未来市场空间广阔。考虑到新材料产业门类众多，各个细分领域发展所处的竞争态势各异，选取具有良好发展前景的细分领域进行具体分析。

碳纤维材料。高性能碳纤维材料是轻量化材料的代表，受世界航空业的逐步恢复和风电系能源设备大量铺设的影响，未来碳纤维市场仍处于快速上涨通道，预计到2025年，世界碳纤维总需求量将超过20万吨，折合年增长率13.3%。全球碳纤维核心生产技术集中在日本、美国和欧洲，我国受益于消费市场的扩大，目前已经是世界第二大碳纤维生产国，但行业一直存在"企业多、高产能、低产量、低水平"的特点，随着发达国家收紧对我国高端碳纤维的出口，碳纤维产业提高国产替代率已经成为当前最为紧迫的任务。

硅片。硅片位于半导体产业链上游，是半导体器件和太阳能电池的主要原材料，主要应用于光伏和半导体两个领域，下游需求近年来不断增长。全球光伏用硅片的绝大部分产能部署在我国，相关企业生产技术水平全球领先，市场占有率高，但半导体硅片制作工艺更为复杂，应用场景也更多，市场价值更高，全球市场基本被日本厂家垄断，2019 年我国的市场占有率仅为 2.2%[①]，市场主流 12 寸半导体硅片仍未实现规模化生产，严重依赖进口，随着集成电路、分立器件、传感器应用场景的大幅拓展，以及下游汽车、计算机等产业的发展，半导体硅片市场前景广阔。

铁基与铁镍基新材料。铁基、铁镍基等新型金属材料，拥有耐高温、高耐蚀、无磁、低膨胀、高强韧、高耐磨、高抗疲劳等性能特点，具备易生产、成本低、应用范围广、市场容量大等优势。我国铁基与铁镍基新材料主要还集中于中低档环节，高端技术和产品牌号集中在日本、美国、韩国等国家。铁基与铁镍基新材料作为国家重大装备、关键领域急需的战略性材料，随着航空航天、石油化工、国防军工、工程设施、交通装备等下游领域的发展，加速实现高端产品国内自给率已成当务之急，未来市场需求潜力巨大。

综合判断：作为产业发展的"粮食"和科技发展的基石，新材料产业应用于经济社会、科技创新的各个领域和环节，新材料产业未来发展将得到强有力支撑，但受世纪疫情、经济形势、全球竞争格局等因素影响，产业保持的较快增长势头将受到较大阻力，产业提升科技自主和创新能力的要求日趋紧迫，行业相关机构、企业创新投入将不断加大。随着电子信息、智能设备、工程设施、国防军工等下游应用领域的不断升级与拓展，传统功能材料规模性增长空间相对有限，战略材料竞争日趋激烈，基础材料新功能开发、战略材料应用拓展、前沿材料技术突破将成为未来产业发展的核心。

四、新材料产业发展的对策与建议

(一) 系统开展前期研究与规划部署

河北省新材料产业发展缺乏翔实的基础情况支撑，系统性的顶层设计谋划不足，已经影响到产业发展的整体部署和具体工作安排，建议：一是强化研究力量，组织发改、工信、统计等相关部门，联合行业专家、院校、企业和学者等相关力量尽快开展研究，系统摸清全省新材料产业发展家底，了解发展规模、结构、布局与层次等内容，厘清产业界限，结合自身发展条件、优势和未来需求，明确未来发展的细分领域，为全省制定系统化的顶层设计奠定基础。组织相关部门、人员成立相应研究机构(协会)，长期跟踪全省产业发展和变动情况，全面了解前沿技术变动与需求，系统掌握国家重点部署与发展，为产业持续发展提供研究支撑。二是完善产业发展顶层设计框架，在前期研究基础上，系统性出台全省新材料产业发展指导性文件，重点出台河北省新材料产业"十四五"规划，配套出台推动产业发展的实施方案和政策措施，明确新材料产业重点支持发展的细分领域和方向，确定全省产业发展布局，全面加强对企业发展、

---

① 资料来源于华商情报网。

项目建设、科技研发等方面的系统性引导和支持。

(二)提升科技创新支撑能力

科技研发是新材料产业发展的生命线,推动河北省产业弯道超车与跨越提升,实现从材料大省向新材料强省转变必须尽快提升科技创新能力。一是提高基础创新能力。整合新材料领域高水平高校、研发机构、龙头企业的科研力量,以基础研究应用为牵引,着眼新材料基础理论和技术原理,开展计算材料学、材料信息学等交叉学科研究,增强新材料原始创新能力,推动前沿技术探索和关键技术突破。二是完善科技创新体系。整合全省"多点多源"创新资源,谋划建设河北新材料研究院,打造全省新材料产业发展科技"领头雁"。围绕国家和全省发展需求,聚焦先进金属材料、新型功能材料、高性能复合材料等领域,布局建设以新材料为主攻方向的省级实验室和工程技术中心,争取材料类国家实验室布局河北省,推动省新材料各类创新平台入列国家创新体系。三是加强关键技术攻关。瞄准新材料国际前沿领域,实施"破冰"计划,加快布局一批新材料领域研究重大专项,实施"揭榜挂帅""赛马制"等科研攻关模式,持续开展关键核心技术攻关,突破一批"卡脖子"技术,推动更多细分领域技术由跟跑并跑向领跑转变,形成一批标志性重大科技成果。

(三)加快完善产业链条

河北省新材料产业相对分散,产业发展的规模集聚效应不足,尚未形成上下贯通的产业链条,已经成为制约产业发展的关键掣肘,要想扭转不利局面,亟须尽快开展几个方面的工作:一是抓紧谋划产业重点项目,抓住国际国内产业链、供应链布局调整的契机,围绕全省材料产业转型升级和经济社会发展未来需求,加强重点项目谋划,在先进基础材料领域,结合产业能级提升、产业链与产业集群建设,推进一批强链补链项目落地;在关键战略材料领域,实施一批重大项目,推动新材料与下游相关产业融合发展;在前沿新材料领域,重点推动一批技术成果转化项目和重大应用示范项目,加速前沿新材料产业化与应用推广。二是推进企业上下游合作,以河钢集团、旭阳集团等基础材料行业领军企业为牵引,综合发挥资本、技术、人才和应用渠道优势,打造形成新材料产业链"链主"企业,构建"龙头企业+配套企业""龙头企业+下游企业"协同生产体系,促进新材料产业上下游协同发展。三是打造产品应用生态,深入挖掘新产品需求,加快新产品、新技术应用场景示范,推进新技术新产品的迭代升级,形成高效应用推广通道,支持新材料龙头企业带动产业链上下游共建新材料产品应用平台,深度探索行业需求和应用场景,促进新材料研发、终端产品设计、系统验证、量产应用等多环节协同,打造特色应用场景产业合作。

(本文作者:苏凤虎、王素平。本文任务来源于河北省发展和改革委员会,系2021年河北省宏观经济研究院产业部课题《河北省产业发展研究报告(2021年)》系列研究成果之一。)

河北省物流产业发展研究报告
（2021 年）[①]

物流产业是国民经济的基础性、先导性、连通性行业，贯穿一二三次产业，衔接生产与消费，涉及领域广、发展潜力大、带动作用强。物流高质量发展对于深化供给侧结构性改革、壮大国内市场具有多方面的重要意义。党中央赋予河北省全国现代商贸物流重要基地的功能定位，河北省作出建设面向世界、辐射全国的物流强省的战略部署，如何进一步推进物流产业高质量发展，成为必须回答的重大命题。为此，本文深入总结河北省物流产业发展现状趋势，在总结国内外经验的基础上提出了推进河北物流产业高质量发展的对策建议，为河北省物流产业发展迈上新台阶提供研究支撑。

一、河北省物流业发展现状

（一）总体情况

河北省物流业保持较好恢复态势。2021 年社会物流总额为 8.2 万亿元，同比增长 15.7%。其中，工业品物流占比 52%，外省流入物品物流占比 33%，农产品和再生资源等其他类物流占比 11%，单位与居民物品物流占比 4%。全省物流业增加值 3104 亿元，同比增长 11.6%。

（二）运输结构

全年货物运输总量 26.2 亿吨，比上年增长 5.6%。公路货运量占比较大，其次为铁路和水运，航空物流可以忽略不计。对比 2021 年与 2015 年货运量结构，2021 年公路货运占比 87%，比 2015 年下降 2%，铁路货运占比 11%，比 2015 年上升 2%，水运货量占比保持稳定，占货运总量的 2%。沿海港口货物吞吐量 12.3 亿吨，增长 2.5%；沿海港口集装箱吞吐量 480.6 万标准箱，增长 7.6%。对比 2021 年与 2015 年货运周转量结构，2021 年公路货运周转量占比 59%，比 2015 年上升 2%，铁路货运周转量占比 36%，比 2015 年上升 6%，水运货周转量占比 5%，比 2015 年下降 8%。

[①] 本文资料来源于河北省现代物流协会。

（三）物流载体建设

国家物流枢纽承载城市建设。截止到 2021 年底，国家确定河北省各类枢纽承载城市为：陆港型国家物流枢纽承载城市 2 个，石家庄、保定；港口型国家物流枢纽承载城市 3 个，唐山、秦皇岛、沧州；生产服务型国家物流枢纽承载城市 3 个，石家庄、唐山、邯郸；商贸服务型国家物流枢纽承载城市 2 个，石家庄、保定。

国家物流枢纽建设。国家物流枢纽是由国家发展改革委、交通运输部共布局建设，集中实现货物集散、存储、分拨、转运等多种功能的物流设施群和物流活动组织中心，截止到 2021 年底，全国共有 70 个物流枢纽入选国家物流枢纽建设名单，河北省唐山港口型和石家庄陆港型国家物流枢纽名列其中。

物流园区建设。全省物流园区总计 120 多家，投入运营的 10 万平方米以上省级物流园区 102 个、省级快递物流园区 16 个、省级快递分拨中心 65 个。完成 11 条港口集疏运铁路、大型工矿企业和新建物流园区铁路专用线核准，水曹铁路及唐山港陆钢铁、松汀钢铁专用铁路等工程基本建成，集港煤炭全部实现铁路运输。

（四）企业情况

11 个设区市共有 39434 家法人企业，其中石家庄、邯郸数量居第一、二位，分别为 7729 家和 6580 家，承德、秦皇岛、衡水、张家口物流企业相对较少。河北省现有第三方物流企业 3.9 多万家，其中仓储企业 900 多家。全省新评和升级 A 级物流企业 21 家，截至 2021 年底全省共有 A 级物流企业 138 家，新增 15 家。其中：5A 级 19 家、新增 5 家；4A 级 52 家、新增 5 家；3A 级 63 家、新增 7 家。有 10 家仓储企业达到了国家星级仓库等级评定标准。

（五）物流服务网络建设

物流通道建设。3 批 4 个国家多式联运示范项目进展顺利，开通多式联运线路 30 条，辐射全国 133 个城市，在北京、新疆等地建成内陆港 24 个，完成多式联运集装箱运量 30.1 万标准箱。黄骅港续建矿石码头和 3 号、4 号新建杂货码头的建设有序推进，秦皇岛、唐山、沧州 3 大港口均跻身 2 亿吨大港俱乐部。张家口、邯郸机场完成改扩建并投入使用，石家庄、邢台机场改扩建正在施工，全省运输机场达到 6 座，通用机场达到 7 座。

中欧班列。石家庄国际陆港已常态化开通 10 条国际线路，贯连欧盟、俄罗斯、中亚和东盟，覆盖亚欧大陆俄罗斯、白俄罗斯、波兰、德国、法国等 40 多个国家和地区，贯通莫斯科、明斯克、马拉舍维奇、汉堡、巴黎、塔什干、阿拉木图等亚欧大陆主要节点城市，成为河北乃至京津冀地区开放发展的"助推器"。2021 年，监管中欧班列 228 列，货运量 17.73 万吨、同比增长 127%，货值 6.57 亿美元、同比增长 161%。

海关便利化。"4+1"综合保税区架构形成。河北省所有海关特殊监管区域全部优化升级为综合保税区，即曹妃甸综合保税区、秦皇岛综合保税区、廊坊综合保税区、石家庄综合保税区，标志着河北省海关特殊监管区域整合优化工作取得阶段性成果。2021 年 12 月 20 日，经过海关总署等国家八部委组成的联合验收组的严格评审，全国首个跨省级行政区划的综合保税区——北京大兴国际机场综合保税区(一期)正式通过国家验收，这标志着大兴机场综保区(一期)进入封关运营新阶段。2021 年 12 月进、出口整体通关时间分别为 26.36 小时、0.99 小时，较 2017 年当月压缩比分别为 83.53%、93.89%。

(六)物流绩效

物流绩效继续提升，2021 年物流总费用占 GDP 比率为 15.3%，比 2020 年下降 0.6 个百分点。根据有关研究，河北省物流综合竞争力全国排名第 8 位，处于全国中上水平。

二、河北省物流业发展存在的主要问题

综合来看，河北省物流业发展取得了长足进展，但物流业作为服务业，其发展依托经济高质量发展的总体需求，特别是与产业转型升级发展、新型城镇化、乡村振兴和京津冀全国商贸物流基地的重大发展需求相比，还存在较大差距，与物流消费升级的消费需求相比也存在差距。概括起来，河北省物流产业供给侧主要存在五个方面的"不协调"。

(一)与产业转型升级发展不协调

河北省物流企业对河北省制造业服务供给能力明显滞后。河北省大部分的物流企业是由传统物资流通企业发展而成的，尽管物流企业数量不少，但是普遍存在实力弱、规模小等问题，聚集程度较低，空间布局欠缺合理性，各企业之间尚未形成专业化分工和良好的协作关系。第三方物流发展水平低，目前河北省第三方物流企业所占的市场比重不到 20%，远远低于美国 57% 以及欧洲 76% 的平均水平，由此导致企业的作业成本长期偏高。河北省产业结构偏重，制造业以大型工业企业为主，对物流依赖较强。河北省制造业进入转型升级发展的关键期，传统制造业和战略性新兴产业都对先进的"一体化的供应链物流服务"需求迫切，物流本土企业和引进企业均需要紧跟河北省制造业转型升级步伐，根据制造业发展方向，加强合理对接，促进相关产业加快发展。

(二)与新型城镇化发展不协调

物流产业是推动产城互动的重要抓手，是推动城市发展的增值活动。物流产业集群化发展，可以集聚吸引其他相关产业集聚，推动产城融合，带动城镇化持续发展。物流集聚，还能够推动当地发展出良好的经济发展环境，吸引优质企业落户当地，从而为当地经济带来原生的发展动力，进而实现经济的可持续发展。布局物流园区，可以优化城市空间布局，推动城市完善基础设施，丰富城市服务功能，提升城市能级，增强城市综合竞争力。河北省物流产业水平还不能满足新型城镇化发展需求，既需要企业积极主动作为，也需要政府加强规划引领和政策支持，加强物流园区建设，发挥物流业在城镇体系建设中的独特作用。

(三)与乡村振兴不协调

乡村振兴,需要物流先行,从某种程度上说,物流体系的完善健全与否,决定着乡村振兴的速度和成色。双向畅通的农村寄递物流体系,为农村产业融合提供新发展,为乡村发展培育新动能。从乡村客运到乡村运输,农产品出得了村,进得了城,农村运输服务接地气,有温度,农民幸福生活就会更有质感。而河北省乡村物流体系是全省物流服务体系中突出的薄弱环节,县乡村三级物流体系还十分不健全,堵点卡点难点依然较多,物流进城入村还存在诸多不方便,严重阻碍着乡村产业发展和美丽新农村的建设步伐。

(四)与全国重要商贸物流基地建设不协调

国家支持河北建设全国重要商贸物流基地,服务京津冀协同发展和全国统一大市场。河北地处我国华北地区,是连接东北地区、中原地区、西北地区和东南沿海地区的咽喉要道,具有重要的物流战略地位。从京津冀区域看,河北是京津最大的农产品物流基地,也是京津消费品物流最大过境省份,京津对河北冷链物流需求巨大,对河北物流运输、仓储、配送能力提出了较高要求。而河北省物流产业层次相对滞后,服务京津的冷链物流发展还是突出短板,服务全国的集运中心、分拨中心、配送网络建设还不十分健全,加快建设国内经济大循环和统一大市场需要河北省物流业在更大规模、更高效率方面持续加大供给力度。

(五)与消费升级的需求不协调

消费升级推动物流业向消费者提供更多定制化、专业化的服务,需要按照"5Right"的服务标准,努力实现把好的产品在规定的时间、规定的地点以适当的数量、合适的价格提供给客户。河北省城市大多为二三线城市,物流末端网点、智能快递柜等设施建设相对落后,加上承担末端物流配送的企业管理水平相对较低,物流配送人员相对不足,配送制度又不利于消费者维权,再加上市场监管不到位,快递物流时间体验、最后一公里体验都相对较差。

三、面临形势与下一年展望

(一)国家和河北省出台一系列规划和工作方案,为河北省物流业扩大供给提供了重要指引

国家先后出台了《"十四五"现代流通体系建设规划》《国家物流枢纽网络建设实施方案(2021-2025年)》《"十四五"推进西部陆海新通道高质量建设实施方案》《综合运输服务"十四五"发展规划》《交通运输标准化"十四五"发展规划》,河北省出台了《河北省商贸物流高质量发展专项行动计划工作方案(2021-2025年)》等,这为加强物流投资和项目建设,进一步完善物流网络和服务体系,增强全省物流供给能力和提高物流效率

起到重要促进作用。

(二)河北省加快建设现代化经济强省美丽河北,为物流业发展提供强大需求动力

2021年,全省生产总值实现40391.3亿元,比上年增长6.5%,社会消费品零售总额实现13509.9亿元,比上年增长6.3%。按照"十四五"规划,河北省将努力保持年均增长6%的增速,河北省物流业发展将保持与产业发展、新型城镇化、乡村振兴等重大需求同步,物流业能够保持一定水平的稳定增长。

(三)国家和河北省出台了一系列措施以应对疫情、保障物流畅通,有利于延续河北省物流业平稳健康发展态势

疫情防控常态化下,交通管理部门一直强调"一断三不断",即在坚决阻断病毒传播渠道的同时,保证公路交通网络不断、应急运输绿色通道不断、必要的群众生产生活物资运输通道不断。特别是2022年4月全国保障物流畅通促进产业链供应链稳定电视电话会议后,国家出台了十项措施,努力实现"民生要托底、货运要畅通、产业要循环",经过几个月的努力,物流保供工作取得了阶段性胜利,有力地促进了宏观经济企稳。2022年,河北省疫情防控政策更具精准性,在各地疫情零星出现和城市静默防控期间,城市物流一直保持通畅,为各地生产和生活恢复提供了较好保障。

(四)深入设施京津冀协调发展战略、建设全国现代商贸物流重要基地,是河北省物流业发展的重要"加速器"

建设全国现代商贸物流重要基地,是党中央、国务院赋予河北的重大历史使命,是深入实施京津冀协同发展战略的重要抓手。高质量推进全国现代商贸物流重要基地建设,对支持构建新发展格局和建设新时代现代化经济强省、美丽河北具有十分重要的意义。2021年11月河北省出台《河北省建设全国现代商贸物流重要基地"十四五"规划》和《河北省建设全国产业转型升级试验区"十四五"规划》,对加快建设全国现代商贸物流重要基地作出了详细部署,有利于河北省发挥物流基础设施网络优势,抢占京津市场空间,在服务京津中争取更多国家支持,加快发展自己。

对物流业发展态势展望。从国家物流行业自身总体运行情况看,中国物流与采购联合会发布的2022年8月中国物流业景气指数(LPI)为46.3%,环比回落2.3个百分点。分项指数中,业务总量指数和新订单指数回落较为明显,反映出5月以来社会物流需求复苏回升存在一定的波动性和不确定性。从宏观经济对物流的决定作用看,2022年8月综合PMI产出指数为51.7%,高于景气分界线。但客观看,国民经济恢复的根基并不牢靠,在疫情防控政策比较趋紧的情况下,2022年国家全年经济增速将远低于预期值。从河北省物流业需求看,全省经济增速也不乐观,预计会低于年初增长目标,这对物流行业需求起到一定的抑制作用。综合分析,今年河北省物流业增长预期保持谨慎,2022年与2021年相比增速可能略有降低,2023年如果国家外部环境稳

定，物流业会有所好转。

四、政策建议

要以新时代经济高质量发展的总需求为导向，加快解决河北省物流产业供给侧存在的主要问题，强化物流业与河北省产业转型升级、新型城镇化建设、乡村振兴、消费升级和全国商贸物流基地建设的协同联动融合发展能力，为建设经济强省美丽河北和国内大循环格局提供强有力的战略支撑。

（一）加强载体平台建设

发挥物流园区在统筹国家物流承载城市建设、物流枢纽建设中的核心作用，着力提升物流园区聚散功能。建设交通枢纽型物流园区，依托铁路、公路等陆路交通运输大通道和场站，重点打造陆港型物流园区，完善秦皇岛、唐山、黄骅港区基础设施，培育大宗物资现货交易市场，建设海港型物流园区，发挥石家庄机场、北京大兴国际机场航空物流枢纽功能，建设临空物流园区。建设生产服务型物流园区，依托大型厂矿制造业基地、产业集聚区、农业主产区等，加快建设传统优势产业和发展战略性新兴产业物流园区，为工业、农业生产提供现代供应链服务，立足全省县城特色产业，重点培育箱包、服装、皮草、丝网、家具等专业物流市场，建设商贸服务型物流园区。依托商贸集聚区、大型专业市场、城市消费品市场等，重点建设农产品、快消品、药品等商贸服务型物流园区，为商贸流通和城乡消费提供仓储、干支联运、分拨配送等物流服务。建设石家庄、廊坊全国性邮政快递枢纽，发挥保定邮政快递枢纽服务支撑作用，协同京津打造北京天津雄安全球性国际邮政快递枢纽集群。

（二）畅通综合立体货运通道

完善陆路运输网络，加快重点铁路建设，推进铁路货运场站和集疏港铁路改造提升，建设大型工矿企业和新建物流园区铁路专用线。加快重点高速公路建设，加大普通国省干线公路改造提升力度，完善微循环和支路网。打造沿海港口集群，秦皇岛港打造国际知名旅游港和现代综合贸易港，唐山港打造服务重大国家战略的能源原材料主枢纽港、综合贸易大港和面向东北亚开放的桥头堡，黄骅港打造现代化综合服务港、国际贸易港和雄安新区便捷出海口。拓展空港货运功能，积极参与京津冀世界级机场群分工协作，加快推进石家庄机场总体规划修编，提升石家庄机场区域航空枢纽能级，强化环京津、冀中南地区航空服务能力，优化省内支线机场布局，完善支线机场功能，加快通用机场规划建设，促进支线航空和通用航空协调发展。开辟国际物流新通道，支持中欧班列增点扩线、扩量提质。构建河北多式联运陆海跨境通道，打造"公铁海"高效物流运转体系，加快提升境内外通道集聚能力及全程服务能力。

（三）培育行业领军企业

坚持对标一流、分类引进，实施名企入冀工程，深化与国际知名物流企业的对接合作，引进一批新的世界物流百强企业入驻。围绕远洋运输、物流、快递等领域，着力吸引全国物流50强企业特别是央企，在河北省设立独立的区域性运营机构，建设专业化服务基地和物流园区。推动国有物流企业进一步深化改革，实施战略性兼并重组，优化企业治理结构和管理机制，鼓励民营物流企业参与国有物流企业的改制重组。加快推进供销社综合改革，努力打造服务"三农"的综合平台。鼓励社会资本进入物流领域，支持省内高成长性物流企业做大做强、做精做优。鼓励大型现代物流企业集团申报国家5A级物流企业评定。鼓励业务互补型的物流企业开展横向合作、整合重组，加强寄递企业与铁路、公路、民航等运输企业合作。

（四）深化京津冀物流合作

积极承接北京商贸物流疏解转移，紧盯北京商品市场、仓储物流单位、电商企业和在京央企物流总部、国内外知名物流企业地区总部等重点疏解目标，推动北京商贸物流产业有序向河北省转移。打造重点承接平台，积极推进省级及以上开发区与京津产业对接，着力完善廊坊、保定、沧州等京津周边地区商贸物流基础设施，提升配套服务能力。着力推进商品市场承接平台提档升级和应急储备保障基地的建设。建设环首都1小时鲜活农产品流通圈，支持京津鲜活农产品生产流通企业合作共建种植基地、加工仓储物流园区、大型现代化批发市场。推进鲜活农产品生产基地、农业合作组织与首都大型连锁超市、酒店餐厅，企业院校食堂等建立长期稳定合作关系。健全京津冀商贸物流一体化工作机制，进一步提升规划、政策、标准和管理协同水平。

（五）建设城乡高效配送体系

优化城市配送网络，合理规划布局城市综合物流配送中心（园区）和公共配送（分拨）中心，着力提升统一存储、集中分拣、共同配送等功能，不断健全城市末端配送网点，满足各类企业和消费者共用共享需求。完善农村配送网络，加快培育县域物流配送中心和乡镇配送节点，整合农家店、便民店、村邮站、村级供销综合服务社、"三农"服务站等村级公共服务末端网点，畅通农村双向流通渠道。优选重点骨干企业，强化资源整合功能，完善协同合作机制。创新城乡配送模式，加强农产品集中配送、园区市场共同配送、连锁经营统一配送、城市商圈统仓统配、线上线下一体化配送等模式推广应用。鼓励有条件的城市搭建城乡配送公共信息服务平台，推动城乡配送车辆"统一车型、统一标识、统一管理、统一标准"。抓好承德、唐山、保定国家级城乡高效配送试点，力争形成一批可复制推广的经验做法。

（本文作者：张宏兴、王素平。本文任务来源于河北省发展和改革委员会，系2021年河北省宏观经济研究院产业部课题《河北省产业发展研究报告（2021年）》系列研究成果之一。）

河北省旅游产业发展研究报告
(2021 年)[①]

随着旅游大众化时代的到来，作为综合性产业和构建国家发展新格局的重要工程，旅游业已经成为推动国民经济社会发展的重要引擎。经过多年努力，河北省旅游产业发展取得了显著成就，"这么近，那么美，周末到河北"已经成为新时尚。当前，河北省高度重视旅游业发展，作出了加快建设文旅融合、全域全季的旅游强省的战略部署，面对新形势、新要求，如何进一步提升文化和旅游治理现代化水平，推动文旅产业转型升级，提升河北文旅品牌影响力，成为必须回答的时代命题。为此，本文深入分析河北省旅游产业发展的现状趋势，根据新形势、新要求提出进一步推进河北省旅游产业发展的措施建议，以期为相关职能部门推进工作提供参考。

一、河北省旅游业发展现状

(一) 总体情况

2021 年，河北省统筹推进疫情防控和行业恢复振兴，全省文旅行业稳中有进、稳中向好，实现"十四五"良好开局。全省共接待游客 4.28 亿人次，实现旅游收入 4424.42 亿元，同比分别增长 19.69% 和 20.34%。游客人均花费 1032.3 元，与 2020 年基本持平，未出现大幅下降。从各市旅游收入来看，石家庄、保定、邯郸、唐山年度收入超过 500 亿元，分列全省前 4 位，张家口、承德、秦皇岛收入超过 300 亿元，分列 5~7 位，廊坊、邢台收入超过 200 亿元，分列 8~9 位，沧州、衡水超过 100 亿元，分列 10~11 位。

(二) 旅游市场格局

从跨境旅游情况来看，在疫情冲击下，出入境旅游陷入前所未有的困境，国内游客成为出游主力。2021 年河北省接待外国游客约 18.72 万人次，仅占全年总游客量的 0.22%；河北省接待港澳台游客约 2.21 万人次，不足全年总游客量的 0.03%。从旅客

[①] 本文资料来源于河北省旅游协会。

出行方式看，疫情下健康、安全成为游客主要考虑因素，越来越多的游客倾向于自行出游，2021 年河北省共接待团队游客量约 1645.24 万人次，散团游客量约 6693.73 万人次，散客游客量占全年游客量的 80.27%。从出游方式上看，个人以及和家庭、朋友一起出行的占全省游客接待总量的 79.93%，由旅行社组织出行的游客仅占接待总量的 6.03%。从客源构成上看，京津冀三地游客占河北省游客总量的 77.15%。从旅游类型上看，全省接待一日游游客 2.36 亿人次，同比增长 20.8%，占总接待人数的 55.2%。从出游目的上看，旅游度假类游客占总接待量的 69.3%，工作学习类游客占接待总量的 27.1%。从年龄结构上看，60 岁以上及 16 岁以下游客占旅游总量的 8.7%，较往年增长近 10%。从地域分布上看，全省中南部石家庄、保定、邯郸、邢台等地区旅游接待人数体量最大，四市接待游客总量超 2 亿人次，占全省接待总量的 51.5%；北部张承地区旅游恢复速度最快，两地旅游接待人数平均增长达到 51.9%，远超全省平均增速。

（三）景区类型结构

2021 年，河北省共有 487 家 A 级旅游景区，较 2020 年底增加 23 家，主要增加的景区为 3A 级景区。其中，5A 级景区 11 家，4A 级景区 140 家，3A 级景区 224 家，2A 级景区 111 家，1A 级景区 1 家。从景区分布来看，张家口、邢台 A 级景区较多，均超 60 家，其次是承德、唐山。石家庄 4A 级及以上景区数量排行第一。从景区类型来看，地质地貌、文化遗迹、工业旅游、水域景观、文博院馆类型的景区数量较多，其中，自然与文化类景区占比超 60%。在新增 A 级景区中，文化类景区占比达 32%，文旅融合趋势进一步增强。从景区类型来看，游客倾向于到风景优美的景区进行轻松惬意的游览，或是到文化底蕴深厚的地方观光，乡村田园、红色旅游、地质地貌类型的景区备受游客青睐，其次是体育运动、森林草原、城市公园类型的景区。

（四）星级酒店水平和旅行社规模

2021 年，有 240 家星级饭店的经营数据通过了行政部门审核，比 2020 年减少 30 家。规模大体分为五个星级，而一星级在河北省数量为零，二星级酒店 24 家、五星级酒店 22 家，高端和低端相对来说较少，中端的三星级、四星级占主导。饭店从业人员同比大幅减少 11%，受疫情影响较大。全省共有旅行社 1548 家，比 2019 年增长 1.24%，位居全国第七（前六为广东、北京、江苏、浙江、山东、上海），其中出境旅行社 130 家，一般旅行社 1418 家。从 2019 年和 2020 年河北省旅行社的旅游业务营业收入和旅游业务营业利润来看，在全国的排位都比较靠后，大致位于 20 名左右。从地区分布来看，河北省旅行社主要分布在石家庄、秦皇岛、唐山、保定和承德等地区，石家庄旅行社总数为 309 个，排名第一，秦皇岛旅行社总数 209 个，排名第二，唐山旅行社总数 180 个，保定和承德分别为 159 个和 147 个。

（五）高等级景区和度假区创建

2021 年，保定市成功入选第二批国家文化和旅游消费试点城市，6 个项目入选首批国家级夜间文化和旅游消费集聚区(正定古城街区、唐山市南湖景区、秦皇岛市碧螺塔景区、保定市恋乡·太行水镇、承德市鼎盛文化产业园、廊坊市富地文体商旅街区),为全国最多省市之一。评定省级文化旅游休闲购物街区7家、旅游特色商品购物店12家,认定省级旅游休闲街区15家。乡村旅游发展成效显著,7个村、3个镇入选国家级乡村旅游重点村镇。张家口市德胜村入选2021年世界旅游联盟乡村振兴案例,山海关景区、衡水湖景区被评为第一批国家级文明旅游示范单位。

(六)重大文旅活动和品牌推广

重大文旅活动释放综合带动效应,文旅品牌影响力持续扩大。成功举办了首届"一带一路"长城国际民间文化艺术节、第六届河北省旅发大会和9场城市级旅发大会、第十八届中国吴桥国际杂技艺术节。精准营销激活旅游市场,举办了2021年全国旅行商大会和长城国家文化公园宣传推广活动等"河北邀约"系列主题宣传活动,推出乐享河北500条精品旅游线路(红色游、文化游、生态游、自驾游、高铁游)和《中国长城旅游产品手册》《长城河北段精品线路册》等特色线路产品,拓展中远途市场,促进文旅消费复苏。深化与主流媒体合作,联合策划专版专栏和主题宣传活动"万里长城雄冠河北"主题宣传获评全国国内旅游宣传推广典型案例。3支公益广告入选首届全国旅游公益广告优秀作品,数量居全国第一。

(七)公共设施建设和服务

2021年,全省共建设旅游公路及风景道、绿道近1100公里,设置旅游交通标识牌400余块、建成示范性旅游厕所237座,旅游公共服务设施日趋完善。"文化和旅游云"进一步升级改造,"一部手机游河北"(乐游冀)平台正式上线运行。全省359家3A级以上景区视频监控全覆盖,11家景区成为河北省首批智慧景区示范点创建单位,建设省公共数字文化示范项目31个。成功举办第三届河北省文创和旅游商品创意设计大赛,积极推进"文创进景区"活动,全省已有130家4A级以上景区完成了文创购物店的设施改造和质量提升。面向城乡居民发放文化惠民卡20余种32万余张、文化惠民券332万余张,4000余家文旅企业、社会组织积极参与,完成年度任务181%。组织开展文化惠民演出15000余场,惠及群众超过千万人次。

二、河北省旅游产业发展存在的主要问题

河北省旅游业创新发展虽然取得了一定成效,但发展不平衡不充分问题依然存在。主要表现为以下几个方面:

(一)总体上旅游资源优势与现有产业规模不相称的矛盾突出

河北省的旅游文化资源无论是规模数量还是其文化价值内涵,都可以称得上是全国的旅游文化资源大省。河北省级以上文物保护单位的数量在全国排名第一,国家级

历史文化名城 5 座, 国家级自然保护区 5 处, 国家级森林公园 11 处, 全国十大风景名胜 2 处。而河北旅游业务收入全国排名处于中下游, 河北始终面临着如何把资源优势尽快转化为旅游产业规模优势, 加快从旅游资源大省向旅游强省转变的艰巨任务。

(二) 旅游概念设计创意不足, 产品内涵挖掘与深度开发不够

代表河北旅游的标志性核心品牌始终比较模糊, 对于游客来说知之甚少, 没有把该叫响的做响亮。旅游产品概念设计与宣传推广相对滞后, 许多思维受限于"燕赵""明清", 河北旅游主题口号需要进一步改进, 2012 年确定为"诚义燕赵 胜境河北", 历史更迭视野相对还比较宽, 且突出了河北省自身主体地位, 到 2016 年改为"京畿福地 乐享河北", 直到现在, 主打明清牌, 丢掉了河北主体意识和许多特色, 在京津冀协同大背景下, 河北旅游业和其他主导产业发展一样, 需要更好地在协同中发展自己。提高旅游品牌竞争力和影响力, 关键需要对河北省自然资源和人文资源的自我认知进一步提升。河北省是全国唯一的全地形地貌特征省份, 高原、草原、山地、平原、河流、湖泊、海洋等自然景观一应俱全, 南北温差大, 从远古到近代文明重要节点性文化资源数不胜数, 各种古迹独具魅力。如何定位河北旅游总形象品牌, 充分挖掘专项产品内涵, 需要进一步拓宽视野, 斟酌定位, 强化创新。

(三) 城市旅游发展水平偏低, 城市间联动发展能力弱

省内 11 个设区市自然和人文旅游景点众多, 城市旅游吸引物"多而不精", 城市形象不鲜明, 同质化发展严重, 缺乏具有品牌影响力的旅游产品, 知名度和辐射力不广。城市与城市间联动发展薄弱, 缺乏城市与城市、资源与资源之间的系统性规划和概念设计, 联动景点线路不清, 给旅游体验带来一定障碍, 不利于"畅游河北"。服务京津冀旅游协同发展的意识还有待加强, 与京津城市联动依然有所欠缺, 满足京津旅游新型消费需求的创新产品严重不足。

(四) 旅游基础设施和配套服务体系建设滞后

旅游交通等存在短板, 铁路、海运、航空等旅游服务能级偏低, 互联互通不够, 旅游专线等公共交通不完善, 旅游集散接驳和末端交通衔接瓶颈突出, 特别是满足自驾游、微度假等新旅游业态和乡村旅游的服务设施严重不足。旅游综合管理水平跟不上大众旅游时代和品质化消费需求, 旅游在线平台功能需要进一步完善, 旅游信息标准化、及时性供给能力依然偏弱。旅游推广政府财力支持不足, 对外推广和宣传力度有待加强。

三、面临的形势与下一年展望

河北省旅游发展处于重大历史性窗口期和难得的战略性机遇期, 需要准确把握河北省旅游业在产品供给、消费动力、国家重大战略支撑、政策保障等影响因素, 积极

主动适应新阶段、新理念、新格局的变化，努力开创旅游发展新局面。

（一）河北创建国家全域旅游示范省加快推进，为持续增强全省旅游产业供给能力提供了支撑

2017年，河北正式成为七个全国全域旅游示范省创建单位之一，标志着河北全域旅游发展进入全新阶段。河北省先后出台了《关于加快创建全国全域旅游示范省的意见》《河北省国家全域旅游示范省创建规划》，制定《河北省全域旅游示范区创建工作指南》，《河北省旅游高质量发展规划（2018-2025年）》和《河北省旅游业"十四五"发展规划》也都对全域旅游创建作出了战略部署。2021~2025年全域旅游示范省创建进入全面提质阶段，到2025年，旅游综合实力迈上新台阶，国际影响力和竞争力大幅提高，成为国内一流、世界知名的旅游目的地，旅游总收入突破2.5万亿元，旅游及相关产业对全省年度GDP的综合贡献率达到15%左右，全面建成全国全域旅游示范省和旅游强省。创建国家全域旅游示范省，发展全域旅游，成为河北大力推进旅游产业化、建设旅游强省的强大推力。

（二）市场需求新趋势为旅游业发展提供了广阔空间

旅游消费大众化、需求品质化、产业现代化成为旅游发展新趋势，旅游业到了从高速旅游增长阶段转向优质旅游发展阶段的关键节点。同时，也对旅游供给品质化、治理现代化、区域协调化、成果共享化等提出了新要求。"80后""90后"渐成旅游消费主力，老年旅游市场日益增长。以高铁为代表的立体交通体系不断完善、新型城镇化与乡村振兴战略深入推进、自驾自助旅游时代到来，极大拓展了旅游的消费空间，自助游、自驾游、自由行发展迅速，无景点旅游、网络互助游等新型旅游方式兴起，微信传播、定制旅行、社交旅游等新形态不断涌现。

（三）京津冀协同发展纵深推进为河北旅游业发展提供了重大机遇

京津冀三地致力于打造文旅发展协同体，加快推进京东休闲旅游示范区、京北生态（冰雪）旅游圈、京西南生态旅游带、京南休闲购物旅游区、滨海休闲旅游区五大旅游试点示范区建设，培育示范区旅游品牌，提升了京津冀区域旅游档次和能级。区域旅游重大共建项目迈出新步伐，长城博物馆、大运河集中展示中心等重大国家项目加快建设，后奥运经济效应逐步展现，京张旅游产业带发展迅速，雄安新区建设进入加速期，为河北省旅游提供了新潜力新增长点。这些区带项目的实施，有利于京津冀旅游空间结构更加优化，有利于京津冀区域旅游资源要素的深度整合及旅游线路的整体打造，而庞大的京津客源及消费需求，给河北旅游市场带来重大发展机遇，满足京津客源需求的高质量消费模式必将大量涌现，"京津河北游"增长潜力巨大。

（四）应对疫情一系列政策措施有利于河北省旅游业持续健康发展

2021年，国务院出台《关于促进服务业领域困难行业恢复发展的若干政策》，七条专项措施支持旅游业纾困；文化和旅游部出台《关于加强政策扶持进一步支持旅行社发展的通知》等文件支持旅游企业发展；1 月省文旅厅出台《关于用好旅游服务质量保证金政策进一步支持旅行社恢复发展的通知》，6 月省政府出台《河北省人民政府关于印发扎实稳定全省经济运行的一揽子措施及配套政策的通知》，实施关于促进文化产业和旅游业恢复发展的八条政策措施，加大金融支持力度，对重点文化和旅游项目进行"贷款贴息"，对重点文化和旅游单位实施"以奖代补"，减轻旅行社经营负担，支持旅游演艺企业发展，支持文化和旅游企业拓展业务。这些政策措施，有利于稳定行业运行，加快全省旅游业恢复发展。

对旅游业发展态势展望。综合分析河北省旅游业在产品供给、消费动力、国家重大战略支撑、政策保障等影响因素，特别是疫情发展态势对旅游业的重大影响，结合当前国民经济运行总体低迷态势，可以预计，2022 年全年旅游业会延续 2021 年缓慢恢复态势。党的二十大召开后，疫情防控政策总体趋势更加科学精准，不考虑其他突发因素，即使局部地区零星散发疫情仍有发生，2023 年旅游业总体态势依然保持谨慎乐观。

四、政策建议

要坚持以旅游业供给侧结构性改革为主线，以满足人民群众对美好生活的需求为导向，加快国家全域旅游示范省建设，着力加大优质产品供给，着力推动文化和旅游深度融合发展，着力打造京津冀文旅发展协同体，着力发展乡村旅游，完善旅游要素产品体系，不断提升河北省旅游产品附加值和旅游产业综合竞争力。

（一）加大优质旅游产品供给

加快国家全域旅游示范省建设，继续加强景区概念设计和区内项目建设，11 个设区市再推出一批高等级旅游产品。推动秦皇岛、承德创建世界级旅游城市，北戴河、唐山国际旅游岛创建国家级旅游度假区，避暑山庄、山海关、崇礼创建世界级旅游景区、度假区，加快创建唐山南湖。开滦、衡水湖、正定古城等 5A 级景区。各地围绕"十四五"旅游重大布局，加快创建一批定位精准、特色突出、业态丰富、配套完备的4A 级以上景区和度假区。加强城市联动发展，整合优化城市景点、城市与城市间景点线路，推出一批优质跨城市旅游产品。

（二）推动文化赋能融合创新

坚持以文铸魂、以文塑旅，推动文化和旅游全要素、全产业链深度融合发展，打造一批旅游文创、文化演艺、沉浸式体验等新产品，提升旅游的文化内涵。推动传统技艺、文化艺术、非遗项目、创新时尚文化业态进景区、度假区、休闲街区，提高消费体验度。持续推进旅游与相关产业深度融合创新发展，积极发展红色旅游、冰雪旅游、体育旅游、工业旅游、康养旅游、研学旅游，打造一批多元化、新业态的新型旅游产品。

(三)共同打造京津冀文旅发展协同体

加快推进京津冀文旅一体化发展,共塑区域性文旅名牌,与京津共同打造全国长城、大运河文化和旅游融合发展示范段,以京张体育文化旅游带建设为重点,联合打造冰雪旅游品牌。加快通武廊、京雄保、京张承、津唐沧等文化协同发展示范片区建设。完善区域一体化旅游公共服务体系,满足京津微度假、休闲游巨大需求,以建设全域旅游目的地为目标,高标准建设房车营地等自驾游配套服务体系,继续实施旅游道路改造提升工程,提升省内旅游便捷度舒适度安全性。面向京津强化市场营销,组织开展多样化的主题营销活动,推出各类支持措施,形成吸引京津游客合力。

(四)探索乡村旅游发展新模式

积极探索整村旅游开发参与新模式,加大文化与乡村融合发展整体设计能力,推广典型成功案例,打造各具地方文化特色的乡村旅游产业集群。提升乡村旅游强村富民效能,强化数字赋能乡村旅游。持续开展乡村旅游"百村示范、千村创建"行动,深入推进乡村景区化、民宿提升行动,加快培育提升一批乡村旅游名村、名镇、名街、名宿、名吃、名品等系列化品牌。

(五)加快培育旅游要素产品体系

立足河北特色资源优势,紧密对接现代消费需求,借助创新创意和科技智慧赋能,加快推动吃、住、行、游、购、娱等旅游要素特色化、产品化、体系化发展。弘扬河北餐饮文化,大力发展美食街、文化主题饭店、演艺型饭店等餐饮项目。围绕河北省特色文化,重点打造一批冰雪文化、温泉文化、红色文化、民俗文化等特色文化主题酒店,形成全省旅游吸引力的新亮点。创意化、IP化推出河北旅游商品品牌,进一步打响"河北游礼"旅游商品品牌,丰富旅游商品供给,满足游客多层次的购物消费需求。深入挖掘特色非物质文化遗产,打造提升一批经典的旅游演艺产品。

(本文作者:张宏兴、王素平。本文任务来源于河北省发展和改革委员会,系2021年河北省宏观经济研究院产业部课题《河北省产业发展研究报告(2021年)》系列研究成果之一。)

RCEP 对河北省纺织服装行业发展的影响及对策研究

2022 年 1 月 1 日《区域全面经济伙伴关系协定》(RCEP)正式生效，这是迄今全球最大的自贸协定，包括东盟 10 国和中国、日本、韩国、澳大利亚、新西兰共 15 国，覆盖 20 多亿人口，经济总量和贸易额均占全球的 1/3。RCEP 的生效实施对深化东亚区域经济开放融合、加快全球产业链和供应链优化升级产生了深远影响。抢抓 RCEP 重大机遇，充分利用规则，享受政策红利，有效降低纺织服装行业出口成本，扩大国际贸易和利用外资规模，加快布局海外市场，对于推进河北省纺织服装产业转型升级，完善产业链生态，增强国际竞争力，培育地区经贸合作新增长点，实现高质量发展具有重要的现实意义。

一、发展基础

纺织服装产业是河北省传统优势行业，河北省是全国重要的纺织服装产业基地，产业基础良好，发展潜力巨大。RCEP 成员国是河北省进出口贸易的主要目的地，在对外贸易中具有重要地位。

(一) 发展现状

一是产业规模效益平稳增长。河北省是全国重要的纺织服装产业基地，棉纺生产能力居全国第 4 位，布机居全国第 3 位，服装产量居全国第 8 位，粘胶长丝产量居全国第 1 位。2021 年，河北省规模以上纺织服装、服饰业企业工业增加值增速达到 2.5%，纺织服装、服饰业企业实现利润分别增长 25.5% 和 12.4%，均高于全省规模以上工业企业利润增速(10.6%)[①]。

二是对外出口规模持续扩大。近年来，河北省纺织服装出口整体处于不断上涨的趋势，2021 年占全省出口额的 16.7%，位居第 2 位，仅次于机电产品。从出口市场来看，2021 年，东盟是河北省纺织纱线、织物及其制品的第一大出口国，实现出口额 34.6 亿元，同比上涨 8.5%，占全球出口市场的比重为 20.5%；韩国是河北省服装及衣

---

① 资料来源于河北省纺织与服装行业协会。

着附件的第四大出口国,实现出口额 18.1 亿元,同比上涨 21.2%,占全球出口市场的比重为 5.9%。RCEP 生效首月,河北省贸促会所签发的 162 份 RCEP 优惠原产地证书中,有 150 多份使用国别为日本,占 95% 以上,纺织服装为主要出口产品之一①。

三是进口贸易占比逐步上升。近几年,河北省棉花进口额逐渐降低,羊毛进口额逐渐增加,纺织纱线、织物及其制品为主要进口商品,占比较大,服装及衣着附件进口额变化起伏较大,但整体上处于上升趋势。2021 年,河北省纺织服装进口额占全国的比重达到 0.80%(见表 1)。RCEP 的签署将对河北省扩大进口、促进河北省外贸进出口平衡发展起到有力的推动作用。

表 1   2018~2021 年河北省纺织服装进口额与比重

年份	进口额(亿美元)	占全国比重(%)
2018	1.91	0.55
2019	2.08	0.60
2020	1.74	0.52
2021	1.96	0.80

资料来源:石家庄海关。

四是国际双向投资取得进展。近年来,河北省加大纺织服装业吸引和利用外资力度,全面优化外商投资服务,利用外资取得积极进展,2020 年全省纺织服装业外商投资和港澳台商投资工业企业共有 20 家,总资产达到 18.7 亿元②。国际产能合作持续加快,纺织骨干企业主动进行国际布局的意识不断增强,天唐集团乌干达姆巴莱工业园项目等国际产能合作重点项目顺利推进。

(二)存在问题

一是产业整体竞争力不强。河北省纺织服装产业起步早、产品层次低,发展方式比较粗放,目前仍以中小企业为主,技术薄弱,主要依靠初级加工和贴牌生产,产品技术含量和自主品牌比重较低、国内知名品牌极少,领军企业少、同质化竞争现象突出,缺乏对市场营销渠道的控制力和市场议价能力。在最新发布的中国纺织百强企业榜单中,河北省仅有 1 家企业上榜,远低于江苏和浙江(25 家)、山东(11 家)、广东和福建(7 家)等发达省份。

二是出口贸易规模增速放缓。纺织服装业是劳动密集型产业,发展初期河北省凭借劳动人口数量多、成本低,品类齐全等优势,纺织服装业取得较快发展,产品出口贸易规模实现快速增长。但随着劳动力成本的提高,人口红利逐渐消失,产品成本提高,河北省纺织服装行业竞争优势逐渐减弱,发展速度明显放缓,出口贸易规模增速也出现下滑,出口贸易规模与浙江、江苏、山东等先进省份相比存在较大差距。2021年,河北省纺织服装业出口额为 168.5 亿元,而浙江、江苏、山东纺织品出口额分别达到

---

①② 资料来源于石家庄海关。

3174.0 亿元、1991 亿元和 831.62 亿元，分别是河北省的 18.8 倍、11.8 倍和 4.8 倍①。

三是产业发展环境亟待优化。河北省支持企业发展的政策研究制定相对保守和滞后，政策敏感度较差。以实施 RCEP 相关政策措施为例，自 RCEP 正式生效以来，已有浙江、天津、大连自贸片区等多个省市和重点园区出台了针对性强的具体政策措施，而河北省相关政策措施尚处于研究阶段。贸易便利化水平、重点平台和园区创新发展、金融服务体系建设等方面与先进地区相比差距很大。

二、面临形势

RCEP 自贸区是亚太地区规模最大、最重要的自由贸易协定，成为世界上涵盖人口最多、成员构成最多元、发展最具活力的自由贸易区，准确把握机遇，积极应对挑战，为河北省纺织服装行业高质量发展注入强劲动力。

(一) 发展机遇

RCEP 协定落地生效，对关税减让、贸易投资便利化、产业链供应链发展等方面都有巨大的促进作用，为河北省纺织服装行业高质量发展带来了重要历史机遇。一是 RCEP 整合拓展了东盟与中国、日本、韩国等成员国间的"10+1"自贸协定，通过原产地规则、削减关税、正面负面清单等多项措施做出了高水平开放承诺，为河北省纺织服装企业扩大区域内贸易规模、优化资源配置、整合强化供应链、提升价值链、促进产业提档升级提供了有利条件。二是 RCEP 各成员国是河北省纺织服装行业重要的出口目的地，RCEP 的签署有利于扩大河北省对各成员国纺织服装出口，缓解中美贸易摩擦给河北省纺织服装产业带来的压力。三是 RCEP 协定实施利好河北省纺织服装行业纱线、面料等中间产品对东盟国家的进口，能够降低生产成本，实现生产链各环节的资源最佳配置。

(二) 面临挑战

同时，由于河北省纺织服装行业技术装备水平不高、产品层次较低、竞争力不足，在 RCEP 协定生效后也面临着企业市场空间压缩、与东南亚国家竞争更加激烈等严峻挑战。一是河北省纺织服装产品是典型的劳动密集型产品，大部分处于产业链低端，人工成本、制造成本占比较高，RCEP 生效后将面临东南亚国家的低成本价格冲击，成本优势进一步减弱，竞争将更加激烈，可能导致国内外订单份额减少、市场占有率降低，进而影响企业盈利水平，不利于产业提档升级。二是河北省纺织服装企业整体发展水平不高、抗风险能力不强，RCEP 实施打开了成员国之间的投资壁垒，河北省企业"走出去"将面临国际社会各种不稳定因素的冲击，并将可能受到成员国企业在河北省加大投资而带来的竞争挑战。

---

① 资料来源于石家庄海关。

三、制度红利分析

RCEP 协定由 20 个章节和 4 个市场准入承诺表附件组成，包括市场开放、原产地规则、贸易投资便利化、电子商务合作等多个方面，对河北省纺织服装行业扩大对外贸易和利用外资规模、深化区域内产业链供应链合作带来制度红利。

(一) 优惠关税减让红利

RCEP 优惠关税减让有利于河北省纺织服装企业降低产品的生产成本，保持价格优势，提升出口竞争力，扩大纺织服装产品贸易规模。RCEP 与已经实施的中国—东盟、中韩、中澳等自贸协定共同组成了更高水平、更具协同效应的自贸协定网络，部分产品关税更加优惠。在 RCEP 框架下，中日首次建立自贸伙伴关系，有利于河北省纺织服装企业逐步实现更公平地参与在日本市场的国际竞争，降低外贸企业出口成本，扩大纺织服装产品对日出口规模。同时，RCEP 协定中，中国与 RCEP 区域各国家之间的纺织服装产品贸易关税减让幅度和生效时间略有不同，河北省纺织服装企业可以据此有针对性地做出不同国别之间更优化的产品进出口策略选择。

(二) 原产地累积规则红利

与其他贸易协定原产地规则相比，RCEP 原产地累积规则覆盖范围广，减少了很多对原产地的规定和限制，且更为简洁和灵活，更容易实现原产地的转换，有利于河北省纺织服装企业主动整合区域优质资源，扩大纱线、棉料等纺织中间品向东盟等 RCEP 成员国出口，优化调整原材料和设备采购、产业链布局、对外投资等决策，在更大范围内享受关税减免优惠，同时，建立更加联动、顺畅的国际产能合作体系，提升河北省纺织服装企业对全球纺织服装产业链供应链的影响力，增强市场话语权。

(三) 投资贸易规则红利

RCEP 投资规则是当前亚太地区规模最大的投资协定，实现了区域内共同的投资规则和市场准入政策，在 5 个非服务业产业领域均采取负面清单的开放模式，放宽了金融、法律、建筑、海运等 37 个部门的外资所有权限制，为投资者在 RCEP 区域进行投资活动提供了较为全面的制度保障。RCEP 投资规则实施将进一步降低国际贸易和投资壁垒，为河北省纺织服装企业加强与 RCEP 成员国产业分工合作，加大"走出去"步伐创造了有利条件。同时，RCEP 协定首次在亚太区域内达成了范围全面、水平较高的诸边电子商务规则成果，为 RCEP 各成员国电子商务领域的政策互信、规制互认和企业互通与合作提供了制度保障，对推广跨境电商模式、加快河北省纺织服装行业跨境电子商务规模化发展有很大的促进作用。

(四) 海关程序和贸易便利化规则红利

与 WTO《贸易便利化协定》(TFA) 相比，RCEP 海关程序和贸易便利化规则简化了海关通关手续，更加强调以信息技术提升海关运行效率，缩短了货物通关时间；突出强调海关的法律、法规在一国境内实施的一致性，避免各国实施不同的通关流程，提升了区域整体通关水平；就"经认证的经营者"（AEO）计划协同合作提出了具体建议，为企业通关提供便利，显著提升企业跨境通关效率。这些措施的实施有助于河北省纺织服装企业降低港口、保险、物流等贸易成本，促进出口贸易快速增长。

四、对策建议

党的二十大报告指出："中国坚持对外开放的基本国策，坚定奉行互利共赢的开放战略。中国坚持经济全球化正确方向，推动贸易和投资自由化便利化，推进双边、区域和多边合作，促进国际宏观经济政策协调，共同营造有利于发展的国际环境，共同培育全球发展新动能。"河北省全面落实 RCEP 协议，把握自贸协定给河北带来的机遇，充分享受政策红利，引导纺织服装产业高质量发展，对建设现代化经济强省、美丽河北具有重要的促进作用。

（一）促进纺织服装产业提档升级

一是打造纺织服装产业集群。优化产业布局，强化产业配套，形成县域为主体，省、市、县高效联动发展格局，推动河北省从纺织服装制造大省向纺织服装制造强省迈进。按照特色突出、定位明确、错位发展、优势互补原则，推动纺织服装产业县域特色产业集群提档升级，打造一批特色鲜明、大中小企业联动、上下游协作互补、产业配套完备、集聚效应显著的百亿级优势产业集群。加强京津冀纺织服装产业合作，依托京津高端科技创新优势和国际交流平台，加强三地纺织服装中小企业整合，共同打造世界级纺织服装产业集群。

二是开展产业延链补链行动。鼓励企业围绕产业链供应链重点环节开展紧密合作，加强研发和技术交流，参与区域产业链供应链重塑，建立绿色制造国际伙伴关系，形成优势互补、深度融合的全产业链条。加快原辅料专业市场建设，打造智慧高效的综合性行业采购平台，提高供应链安全可靠、快速反应能力。扩大产业用纺织品生产规模，加快与服装产业密切关联的绣花、线业、衬垫、拉链、配饰等行业发展，补齐纺织服装产业链中间环节，加快服装产业创意园区建设，提升产业链配套能力和核心竞争力。

三是推动产业智能化改造。实施智能化改造工程，开展纺织服装行业智能制造关键环节、关键技术研发和试点应用，建设一批智能生产线、智能车间、智能工厂。加快服装设计、制造、管理、仓储、物流配送等环节数字化系统集成应用，推动传统服装制造向先进制造、高端制造、服务制造转型。加快发展纺织服装行业工业互联网平台，引导更多企业上平台、用平台，促进产业链对接重构，培育发展柔性化生产、小批量个性化定制、网络协同制造等新业态新模式。

四是实施质量品牌提升行动。结合 RCEP 规则，推动纺织服装企业使用先进质量管理模式和管理体系，参与国际标准、国家标准、行业标准制定，对标国际标准开展生产和质量检验，提升产品、工程和服务质量水平，增强河北省在 RCEP 区域中的市场参与能力。按照明晰定位、错位竞争和特色化、专业化发展的思路，支持企业创建国家级工业品牌示范企业，培育一批具有河北特色的名牌产品、驰名商标。加大品牌宣传推广力度，支持企业设立自主品牌商品展示中心、直购体验店，提高品牌知名度和市场占有率。

（二）扩大纺织服装行业进出口规模

一是确保优惠原产地规则发挥实效。加强原产地规则组织实施和签证职能管理，探索与 RCEP 成员国共同推动原产地电子联网建设，扩大自助打印证书适用国别范围，提升签证智能化水平，提高签证准确性和规范性。实施经核准出口商制度，鼓励企业用好区域原产地累积规则，指导企业用足用好原产地自主声明便利化措施，帮助进出口企业享受到实实在在的优惠。依托河北省纺织服装业优势企业、优势产品，结合各成员国降税承诺和产业特点，利用 RCEP 规则细化区域和行业分类，扩大相关产品出口规模。积极参与 RCEP 成员国区域内中间品交换与流动，鼓励企业充分利用 RCEP 成员国间原产地规则、关税减让政策加大纺织原材料、服装家纺等终端产品出口，开拓新的市场空间。

二是推进纺织服装业外贸基地创新发展。推动河北省现有国家级和省级外贸基地做大做强，打造竞争力强、特色优势突出、平台支撑有力、出口超百亿元的纺织服装外贸基地。支持外贸基地申建保税物流中心、保税仓库，搭建研发、检测、营销、信息、物流等公共服务平台，建立品牌培育和推广中心，培育一批有较高知名度的集体商标和原产地标志商标，全面提升服务能力。强化评价考核，探索建立省级外贸基地动态调整机制，激励外贸基地扩大出口规模。

三是用好河北自贸区政策。支持自由贸易试验区积极推动制度创新，用足用好自贸协定优惠政策，深耕东盟、日韩等经济体市场；支持正定片区探索筹划建立中国—东盟博览会正定分会场，搭建与 RCEP 成员国产业合作新平台；支持曹妃甸片区筹办 RCEP·河北合作与发展论坛，打造与日韩经贸合作新窗口。支持纺织服装企业与河北自贸区合作，组建离岸贸易公司、资金运营商、新型贸易商，开展离岸贸易业务创新先行先试，在外汇结算、扶持奖励、金融等方面享受更多优惠和便利，促进纺织服装行业扩大出口。

四是发挥时尚服装会展作用。依托中国国际进口博览会、中国进出口商品交易会、中国国际投资贸易洽谈会、中国—东盟博览会等会展平台，积极组织相关企业参展，扩大面向 RCEP 国家的贸易投资促进和推广，更好带动与 RCEP 国家的对外贸易、双向投资和技术交流。设立时尚服装会展经济专项资金，引导企业参加国际时装周等知名行业展会，树立河北省纺织服装品牌形象，鼓励省内服装品牌走向国际。争创进口贸易促进创新示范区，加强与 RCEP 国家间的精准贸易撮合，重点打造全省 RCEP 进口商品展销中心，扩大 RCEP 成员国产品进口，让民众享用到更多优质、实惠的进口商品。

(三) 构建纺织服装行业双向投资互动体系

一是推进双向投资服务便利化。完善外商投资服务体系，编制外商投资指引，建立健全外商投资企业全覆盖服务机制，加强外商投资跟踪服务，强化融资、用地、环评和人员出入境等服务保障。支持优势企业"走出去"，以国际产能合作和优化产业链布局为重点，强化重点国别区域和重点方向引导，加大对 RCEP 成员国的投资，积极布局东盟、日韩和澳新等国家和地区，完善纺织服装业产业链全球布局。

二是加大纺织服装产业招商力度。加强产业链供应链精准招商，引进 RCEP 成员国高端纺织服装产业项目，推动构建纺织服装行业东亚小循环。发挥境外招商代理渠道资源优势，搭建外资招商信息资源平台，为纺织服装行业提供境外合作项目信息，协助开展境内外项目对接活动。组织"云招商"等多种形式的 RCEP 专场招商活动，推动一批投资规模大、带动力强、对河北省纺织服装行业提质增效具有重大意义的外资项目落户。

三是鼓励赴 RCEP 国家开展产业与技术合作。利用 RCEP 投资便利化规则，支持纺织服装行业优势企业与 RCEP 东盟成员国加强产能合作，提升对 RCEP 东盟成员国的资源集聚和辐射力。加快创建省级境外经贸合作区，推动优势龙头企业与 RCEP 成员国共建境外经贸合作区，参与全球产业链分工合作。鼓励行业领军企业以日本、韩国、东盟为重点，加强与国外企业的并购合作，推动产业向设计、研发、营销等高附加值环节延伸，带动相关产业提升技术水平。

(四) 发展行业跨境电子商务

一是高水平履行电子商务规则。加强与 RCEP 电子商务规则的衔接，积极推进数字证书、电子签名的国际互认，鼓励电子商务平台企业全球化经营，完善仓储、物流、支付等全球电子商务基础设施，加强电子商务消费者保护和个人信息保护，推动跨境电子商务高质量发展。依托河北省自由贸易试验区和唐山、石家庄、雄安新区国家跨境电子商务综合试验区，打造跨境电子商务产业集聚区，优化完善中国 (河北) 跨境电子商务公共服务平台功能，推进跨境电子商务备案信息共享，与更多 RCEP 成员国开展电子商务务实合作。加强纺织服装行业海外仓建设，鼓励有条件的跨境电子商务企业在 RCEP 成员国建设或租用公共海外仓，完善海外仓储物流及售后服务体系，形成布局优化、功能突出的海外仓服务网络。

二是打造纺织服装行业跨境电子商务平台。发挥石家庄、邯郸国家级电子商务示范城市作用，推进石家庄、唐山、廊坊、秦皇岛跨境电子商务零售进口试点建设，搭建有影响力的纺织服装行业跨境电子商务平台。落实省政府与阿里巴巴、京东、腾讯、美团等知名平台签署的战略合作协议，推动更多国内外龙头电商企业落户，建设纺织服装电子商务区域总部、运营中心、数据中心等。完善纺织服装县域特色产业集群行业信息服务平台功能，拓展跨境电子商务业务，推动县域纺织服装行业跨境电子商务快速发展。

三是加快培育跨境电子商务主体。优化产业发展布局和功能定位，分级分类建设一批纺织服装跨境电子商务产业园区、特色及综合电子商务产业园区、时尚服装服饰电子商务特色小镇等。开展电子商务优势主体培育引进专项行动，完善电子商务名优企业和品牌名录，对重点电子商务企业实施"一企一策"，培育一批本土龙头、骨干和重点电子商务企业，积极创建国家级和省级电子商务示范企业。

四是优化跨境电子商务服务体系。加快推进石家庄国际邮件互换局（兼交换站）建设，鼓励各市（县）区跨境电子商务产业园设立 RCEP 跨境电子商务服务中心，提供覆盖市场咨询、政策发布、通关、结汇、退税、融资、信保、物流、海外仓、法律等综合性、配套性"一揽子"服务，降低企业经营风险和生产成本。定期举办"纺织服装跨境电子商务行业发展峰会及交易会"，助力跨境电子商务企业进军 RCEP 市场。

（五）优化高效便捷营商环境

一是强化高水平开放政策保障。完善对外开放制度体系和监管模式，稳步拓展规则、规制、管理、标准等制度型开放，实施统一的市场准入负面清单制度，打造市场化、法治化、国际化一流营商环境，推动构建更高水平开放型经济新体制，更好地融入"双循环"。落实内外贸一体化调控体系，推进监管体制、经营资质、质量标准、检验检疫、认证认可等相衔接，实施内外销产品同线同标同质工程。

二是构建物流便捷通道。加快陆海新通道建设，完善空港物流枢纽，开辟和增加国际航线、班轮、班列，畅通人流物流大通道，推动石家庄国际陆港铁路集装箱中心站建设。优化完善机场及周边集疏运体系，提高卡车航班接驳效率，探索空铁联运运输方式。适时恢复与日本、韩国、越南、柬埔寨、新加坡等 RCEP 国家客货航班，开展至日本、韩国、东盟的货运包机业务，重点支持纺织服装行业急需原材料进口。

三是提高通关便利化水平。加快国际贸易"单一窗口"建设，提升"单一窗口"主要业务应用率，推进全流程作业无纸化。优化出入境、海关、外汇、税收等环节管理服务，积极落实 RCEP 货物"6 小时放行"，大力推广原产地证书智能审核、自助打印等惠企措施，保障 RCEP 各成员国原产货物进口通关时效。推动通关环节减税降费，加强口岸收费管理，推广关税保证保险、自报自缴、汇总征税和电子支付。积极争取国家外汇管理体制改革试点城市，便利跨境电商外汇结算。加强口岸管理部门整合和跨部门联合作业，扩大第三方检验结果采信商品和机构范围。

四是完善金融支持和配套政策体系。结合 RCEP 实施，鼓励引导金融机构创新金融产品和服务，加大对外贸企业的信贷支持力度，支持符合条件的外贸企业拓宽直接融资渠道。加大出口信用保险支持力度，优化对外贸领域小微、民营企业的信贷信保产品和服务，对出口信保保费给予财政补助。支持金融机构创新人民币交易、投资、避险产品，为外贸企业提供便捷高效的跨境人民币金融产品和服务。

五是完善服务支撑体系。依托省对外开放工作领导小组办公室及成员单位，建立 RCEP 服务支撑体系，开展涉及全省对接 RCEP 全局性、长远性重大事项的研究决策，持续跟踪与监测，合力推动 RCEP 落地见效。发挥各级纺织服装行业商协会作用，组建 RCEP 规则专家库，成立省市两级 RCEP 研究中心，鼓励有条件的县市和龙头企业建立 RCEP 企业服务中心，做好纺织服装行业重点国别、重点采购商数据库建设，发布全球纺织服装行业分析报告。加强纺织服装行业 RECP 规则培训，依托职业技术院校、行业商协会，定期举办 RCEP 培训班，搭建 RCEP 培训网络平台，加快 RCEP 规则解读和实际操作指导的专家队伍建设，培养专兼职 FTA 种子培训师。

（本文作者：刘静、王树林、李斌、李珊珊、李菁、彭克佳、薛广武。本课题获河北省商务厅、石家庄海关、河北省社科院、河北省工商联、河北省贸促会联合征集的"RCEP 生效对河北省重点行业影响"课题（课题编号：SWT-RCEP-202202001）一等奖。阶段性研究成果《推动河北纺织服装行业高质量发展》发表于《国际商报》2022 年 7 月 19 日。）

推动战略性新兴产业融合集群发展

推动战略性新兴产业融合集群发展是优化产业结构、转变发展方式、升级产业链、重塑价值链的有力途径，党的二十大报告明确提出推动战略性新兴产业融合集群发展，河北省必须紧密结合实际，加强前瞻性思考、战略性谋划、整体性推进，准确把握战略性新兴产业的全局性、引领性特征，更高质量推动战略性新兴产业融合集群发展，加快建设现代化产业体系，打造全省高质量发展新引擎。

一、深刻认识推动战略性新兴产业融合集群发展的重要意义

一是推动战略性新兴产业融合集群发展是实现河北省产业结构根本性转变的必由之路。近年来尤其是党的十八大以来，河北省坚定不移调结构、转动能，产业转型升级迈出坚实步伐，但当前新动能规模小、成长慢、支撑弱，产业结构不优等问题依然突出。要实现产业结构全局性、根本性转变，必须加快推动战略性新兴产业融合集群发展，加速新动能壮大崛起，推进产业迭代升级。

二是推动战略性新兴产业融合集群发展是加快建设经济强省、美丽河北的现实需要。加快建设经济强省、美丽河北是河北省开启新征程、走好新的赶考路必须答好的时代考题。实现建成经济强省、美丽河北的宏伟目标，首先必须要经济实力强，只有走内涵型增长之路，推动战略性新兴产业融合集群发展，才能打造发展竞争新优势，实现经济实力跨越赶超。

三是推动战略性新兴产业融合集群发展是展示中国式现代化河北图景的具体体现。习近平总书记在党的二十大报告中对中国式现代化的内涵特征、本质要求等进行了全面系统阐释，并对推进中国式现代化作出了战略安排。推动战略性新兴产业融合集群发展，是推动党的二十大精神在河北省落地生根、开花结果的具体行动，是中国式现代化在燕赵大地展现蓬勃生机活力的重要体现。

二、推动战略性新兴产业融合集群发展必须把握好四个关键点

一是必须坚持完整、准确、全面贯彻新发展理念。新发展理念是高质量发展的战

略指引，是管全局、管根本、管长远的导向。推动战略性新兴产业融合集群发展，必须坚持质量第一、效益优先，用新发展理念统揽全局，把新发展理念贯穿全过程，破解发展难题，增强发展动力，厚植发展优势，使推动战略性新兴产业融合集群发展不断取得新成效。

二是必须紧紧抓住协同发展重大机遇。京津冀协同发展是习近平总书记亲自谋划、亲自决策、亲自推动的重大国家战略，当前京津冀协同发展已进入向广度深度拓展的新阶段，必须持续借力借势京津冀协同发展，深化与京津产业协作，承接高端高新产业项目、科技成果转化项目、先进制造产业项目等转移，推进跨区域产业链整合，共建具有全球竞争力的战略性新兴产业集群。

三是必须充分依托现有产业基础和优势。推动战略性新兴产业融合集群发展是一项长期系统工程，当前世界逆全球化思潮抬头，单边主义、保护主义明显上升。河北省推动战略性新兴产业融合集群发展必须综合利用好产业基础、资源禀赋、独特区位等优势，科学选定主攻方向，明确突破口、找准发力点，把握好战略路径和举措。

四是必须坚持向改革开放创新要动力。改革、开放、创新是高质量发展的根本动力，谁创造了更优的发展环境、用好了国内外两种资源、抓住了产业科技前沿，谁就能在推动战略性新兴产业融合集群发展进程中抢占先机。必须强化改革推动、开放带动、创新驱动的作用，着力打造一流营商环境，积极融入新发展格局，深入实施创新驱动发展战略，用改革的思维、开放的眼光、创新的观念谋划推动战略性新兴产业融合集群发展。

三、推动战略性新兴产业融合集群发展要突出抓好五项重点任务

一是聚焦重点领域，聚力打造优势战略性新兴产业集群。加强推动战略性新兴产业融合集群发展系统谋划，综合考虑市场前景、带动能力、产业基础等因素，围绕生物产业、高端装备和新一代信息技术等重点领域制订计划、聚焦发力、倾力支持，快速打造形成未来能在全国甚至全球形成行业话语权、引领全省发展的优势战略性新兴产业集群。要不惜代价引进具有全局带动作用的重大项目、核心企业和关联配套项目，超前谋划布局重大基础设施和载体平台，优化发展环境和生态。

二是加快建设数字河北，推动数字经济与实体经济深度融合。数字是推动战略性新兴产业融合集群发展的重要引擎。要加强数字河北建设，加快布局建设新型基础设施，发展壮大大数据、物联网、区块链等核心数字产业，提升数字服务能力。要深化实施重点行业智能化升级计划，积极开展流程制造、离散制造等试点，加快工业互联网平台体系建设，培育发展柔性化定制、在线增值服务、众包设计、云制造等新业态，大力发展数字化车间、智能企业和未来企业，全力提升数字经济与实体经济融合化发展水平。

三是提升现代服务能力，推进先进制造业与服务业融合共生。先进制造业与现代服务业融合已成为全球经济发展的普遍趋势。河北省要大力发展研发设计、软件与信

息服务、检测认证等现代服务业，鼓励服务业企业充分利用营销渠道、自有品牌、创意设计等优势，通过委托加工、品牌授权等多种形式向加工制造环节渗透。支持制造企业由加工制造环节向研发设计、运维管理、市场营销、融资租赁等增值服务环节延伸，由单纯的产品制造商向全生命周期管理、全系统解决方案和全程信息增值服务提供商转变。

四是强化区域分工协作，建设各具特色的战略性新兴产业集群。要结合各地发展基础和优势，强化产业分工，雄安新区要发挥引领作用，加快发展现代生命科学、大数据与人工智能等产业集群；石家庄、保定和廊坊要借力京津智力资源，大力发展新一代信息技术、生物医药、智能网联汽车等产业集群；秦皇岛、唐山和沧州要发挥临海临港优势，重点发展重工装备、生命健康等产业集群；邢台、邯郸和衡水要结合制造业基础，着力发展高端装备、生物制造等产业集群；张家口、承德要发挥生态优势，重点发展可再生能源、冰雪装备等产业集群，形成各具特色、协调联动的战略性新兴产业集群化发展新格局。

五是汇聚先进要素，为战略性新兴产业融合集群发展提供有力支撑。汇聚用好人才、资本等先进要素，是推动战略性新兴产业融合集群发展的重要保障。河北省要以更加宽广的视野、包容的姿态，纳八方精英、汇四海财富。要深入实施人才强省战略，真心爱才、悉心育才、倾心引才、精心用才，引进一批具有国际水平的科技领军人才，造就一批德才兼备、具有开创精神的拔尖创新人才、高技能人才。优化金融服务环境，积极引入外部资本，鼓励社会资本探索设立市场化运作的战略性新兴产业投资基金、创业投资基金，鼓励有条件的地方设立专业化创投基金、天使投资基金，发展多层次资本市场，全面提升金融服务能力。

（本文作者：张金杰。本文发表于 2022 年 11 月 9 日《河北日报》(理论版)。）

做强做优做大数字经济
打造高质量发展新引擎

党的二十大报告提出：加快发展数字经济，促进数字经济和实体经济深度融合，打造具有国际竞争力的数字产业集群。当前，数字经济已成为推动高质量发展的重要引擎。河北省要乘势而上、抢抓机遇，做强做优做大数字经济，加快建设网络强省、数字河北，引领全省高质量发展迈上新台阶。

一、加快数字产业化发展

数字经济发展的前提是信息技术和数字技术的发展，通过数字技术催生新产业、新业态、新模式，推进数字产业化，是加快数字经济发展的核心内容。

一是推动数字新业态发展。发展壮大电子信息制造业，重点突破智能控制、智能传感等与网络通信模块的集成创新。培育发展人工智能及智能装备产业，积极拓展产品形态和应用服务。加快发展软件和信息技术服务业，发展高端知识型外包服务。

二是打造大数据产业集聚区。完善云计算设备产业链，建设云计算设备生产基地，加强张北、廊坊等大数据中心建设。超前布局区块链技术研发及试验，推动区块链技术多领域应用。加强网络安全技术研发及示范应用，建设雄安新区国家网络安全研发基地。

二、推进产业数字化升级

推动数字经济和实体经济深度融合，通过数字技术赋能传统产业转型升级，发挥数字技术对经济发展的放大、叠加、倍增作用。

一是加快制造业数字化转型。实施传统行业智能化改造，建设一批智能制造单元、智能生产线、数字化车间。加快工业互联网平台建设，发展网络化协同研发制造、规模个性化定制等智能制造新业态。建设省级能源大数据中心，构建数字化能源体系。

二是加快服务业数字化发展。推动数字技术与交通、物流、设计等生产性服务业深度融合，大力发展数字金融。推进商贸、健康养老、文化旅游等生活性服务业智能化发展，培育信息消费新热点。

三是推动农业数字化转型。加大农业物联网应用试点示范推广力度，发展数字田园、智慧养殖等智慧农业。探索"互联网+订单农业"模式，畅通农产品线上线下营销通道。实施数字乡村建设工程，构建农业农村信息服务系统。

三、创新数字化治理模式

数字化治理是数字经济的重要组成部分，强化数字技术在治理中的应用，对于重塑政府治理流程、实现治理精准化和高效化具有重要作用。

一是提升数字政府服务能力。全面推进政务系统数字化建设，构建全省一体化政务服务平台。推动政务服务方式数字化转型，推进政务服务智慧养老"一网通办"。构建数字化监管体系，加快"市场监管云"建设。

二是完善智慧民生服务体系。加快大数据、区块链等技术在民生领域的应用，大力发展智慧教育、智慧医疗等，搭建各类智慧服务平台，构建数字生活新服务体系。

三是推进智能化社会治理。完善以"城市大脑"为中心的智能化治理网络，搭建智慧城市管理平台、"应急云"信息平台等专业化数字平台，推动社会治理模式从单向管理转向双向互动、从线下转向线上线下融合。

四、健全数据要素市场体系

数据要素作为驱动经济发展的新型生产要素，已成为重要的市场资源。培育数据要素市场，推动数据资源开发利用，是发展数字经济的重要内容。

一是推进公共数据开放共享。健全公共数据管理机制，推动公共数据资源实施分级分类开放，释放公共数据资源价值。加快公共数据运营机构建设，创新公共数据运营模式，开展政务数据授权运营试点。

二是提升社会数据资源价值。加强大数据标准体系建设，积极参与国家大数据标准的研制和示范验证，推动大数据标准应用落地。完善数据产权基础性规则，推进数据要素资本化。培育数据要素交易市场，做大做强河北大数据交易中心。

三是加强数据安全保护。强化数据分类分级安全管理，建立公共数据安全协同监管机制。加强个人信息保护，健全数据安全管理制度与标准规范，形成全社会共同维护数据安全和促进数字经济发展的良好氛围。

五、促进数字基础设施建设

数字基础设施是数字经济发展的基础，是支撑经济社会发展的信息"大动脉"。完善数字基础设施，是做强做优做大数字经济的重要任务。

一是完善新型基础设施。加快推动5G网络深度覆盖，前瞻布局6G网络、量子通信、卫星互联网等未来网络设施。积极建设窄带物联网，发展物联网接入管理与数据汇聚平台。加快张家口数据中心集群建设，构建辐射华北、东北乃至全国的实时性算力中心。

二是推进基础设施智能化升级。推动传统城市基础设施和公共服务设施数字化改造，构建京津冀一体化智慧交通、智慧能源等新型基础设施体系。提升物流信息平台运力整合能力，加强智慧云供应链管理和智慧物流大数据应用。

六、加强数字生态体系建设

营造良好的数字生态，有利于充分激发数字技术的创新活力、要素潜能、发展空间，引领和驱动经济结构调整、产业发展升级、治理格局优化，为做强做优做大数字经济提供有力支撑。

一是提升数字经济创新能力。加快高水平创新平台建设，推进雄安新区数字经济创新发展试验区建设，探索数字经济发展新模式新机制。加强数字经济一流学科和重点学科建设，构建数字素养与技能发展培育体系。

二是强化数字经济资金保障。发挥好政府产业基金引导作用，加大对数字经济领域技术研发、成果转化支持力度。引导社会资本参与设立数字经济投资专项基金，创新数字金融产品，支持数字经济企业挂牌上市、发行债券融资。

三是构建数字经济制度体系。完善政策法规体系、产业生态体系和技术创新体系，探索建立有助于数字经济健康发展的审批监管制度。构建常态化数字营商环境评价机制，加强数字经济安全体系建设。

（本文作者：刘静、李珊珊、李菁。本文发表于 2022 年 11 月 30 日《河北日报》（理论版）。）

加快培育更多科技领军企业

科技领军企业是国家战略科技力量的重要组成部分,具有强大的自主创新能力和产业发展引领能力,在突破关键技术、促进"两链"融合方面具有重要作用。推动河北产业结构实现战略性转变,要坚持"四个面向",立足新发展阶段、贯彻新发展理念、融入新发展格局,扎实推进京津冀协同创新,加快培育科技领军企业,以科技创新催生发展新动能。

一、充分认识培育科技领军企业的重要意义

加快培育科技领军企业是深化创新驱动发展战略、实现高质量发展的重要抓手。高质量发展是"十四五"乃至更长时期我国经济社会发展的主题,创新是推动高质量发展的根本动力。近年来,河北省科技创新水平不断提升,但也要看到,创新体系效能整体偏低,科技领军企业数量少、实力弱、带动能力不强,仍是制约经济高质量发展的重要瓶颈。加快培育更多科技领军企业,有利于深入实施创新驱动战略,强化企业创新主体地位,促进生产方式转变,提高全要素生产率,实现经济发展质量、效率和动力的全方位跃升。

加快培育科技领军企业是促进"两链"融合、推动产业结构实现战略性转变的必然选择。中共河北省委十届二次全会明确提出要强化科技创新引领,推动河北产业结构实现战略性转变。科技领军企业既能整合集聚行业创新资源,又能准确把握市场需求,是推动产业链和创新链融合的重要力量。加快培育科技领军企业,有利于发挥组合优势,赋能传统产业升级,促进新兴产业发展,推动未来产业前瞻性布局,打通从科技强到企业强、产业强、经济强的通道。

加快培育科技领军企业是补齐河北科技短板、优化京津冀战略科技力量布局的客观要求。京津冀地区战略科技力量实力相对雄厚,具备打造创新策源地的基础。但与此同时,区域创新实力差距较大等因素,制约了京津冀整体创新效能的有效发挥。加快培育科技领军企业,提升河北省科技实力,既是深化京津冀协同创新的题中之义,也是优化区域科技创新格局,与京津共建国家战略科技力量高地的有效路径和现实需要。

二、深刻把握科技领军企业的战略作用

科技领军企业是创新能力提升的领头雁。国内外先进地区的经验表明，科技领军企业具备研发投入、技术水平、人才储备的先天优势，在整合汇聚创新资源、营造区域创新生态、提升创新体系综合效能等方面能够发挥巨大作用。以深圳为例，华为、中兴、腾讯、比亚迪等科技领军企业持续开展研发创新，吸引汇集全球创新人才，打造一流创新载体和创新生态，构建起以企业为主体的创新体系，弥补了深圳高等院校、科研机构少等不足。可以说，深圳能从一个小渔村变为国际化大都市和具有全球影响力的科技创新高地，拥有一批科技领军企业是一个关键因素。

科技领军企业是产业转型升级的主引擎。科技领军企业是掌握产业发展关键技术，掌控产业发展主动权，引领产业发展从低到高、从无到有的核心力量。比如，合肥市通过引入京东方、科大讯飞、蔚来等科技领军企业，建立了世界知名的新型显示、人工智能、新能源汽车产业基地，实现了产业结构的华丽转身和城市能级的大幅攀升。2020 年，合肥 GDP 突破万亿元大关，进入全国城市经济二十强①。山东万华化学、华鲁恒升、鲁西化工等行业龙头通过不断加大研发力度、推出新产品、开发新工艺，带动化工行业跨层级跃升，使整个行业止住下滑势头并实现强劲回升，有力支撑了山东省新旧动能转换综合试验区建设。

科技领军企业是参与国际竞争的擎旗手。科技领军企业肩负着实现我国高水平科技自立自强的重大使命，承担着关键技术攻关、抢占全球科技和产业竞争制高点的历史责任。华为凭借多年来持续高强度的研发投入，不仅确立了在全球通讯设备和技术方面的领先地位，也为我国信息与通讯行业发展做出了重要贡献。中车株洲电力机车有限公司坚持自主创新和引进、消化再吸收相结合，不仅实现了由"追随者""同行者"到"领跑者"的转变，也引领我国电力机车跻身世界先进行列。

三、多措并举培育壮大更多科技领军企业

明确重点，确定优先培育领域。聚焦国家、省重大战略实施和经济社会发展需求，筛选确定培育科技领军企业的重点领域。一是面向国家重大战略需求，围绕新能源、生物医药等领域，加快培育事关能源资源安全、人民健康的科技领军企业。二是聚焦传统产业升级需求，围绕钢铁、石化、食品、服装等领域，加快突破一批关键核心技术，推动行业龙头企业成长为带动产业升级的科技领军企业。三是瞄准新兴产业发展方向，围绕信息智能、新材料、高端装备等领域，前瞻性培育和引入一批战略性、关键性科技领军企业。

优化路径，完善梯度培育体系。科学有效的培养体系是培育壮大科技领军企业的重要支撑。一是完善评价体系。突出企业创新能力导向，优化科技领军企业认定标准，

---

① 《安徽统计年鉴 2021》。

动态修订认定管理办法。二是完善培育机制。细化培育梯度，制定差异化支持举措，健全"科技型中小企业—高新技术企业—入库培育企业—科技领军企业"四级培育制度。三是树立企业创新标杆。采用榜单评选、案例宣传、创新举措推广等形式，充分挖掘优质创新企业，总结凝练成功经验，强化标杆示范效应，全面激发企业创新活力。

强化服务，加速企业成长。完善的配套服务体系是助力创新企业成长的加速器。一是成立服务队伍。组建企业科技特派团、专业导师团等专业化服务组织，建立创新企业工作服务站，为企业提供针对性、特色化的服务。二是强化平台服务支撑。支持高水平科技服务业发展，提升信息咨询、知识产权、技术交易等服务平台专业化、网络化水平。三是完善科技金融服务。引导金融机构加大对创新企业信贷支持力度，支持股权投资基金对企业进行投资和增值服务，推动企业在多层次资本市场挂牌上市。

创新体制，提升科技创新动能。良好的体制机制是促进企业创新的有效保障。一是建立以企业为主导的科研机制。突出企业"出题者"与"阅卷人"作用，实行"揭榜挂帅""赛马"等制度，引导多元创新主体围绕企业面临的重大和关键共性技术问题开展研究。二是改革重大科技项目管理机制。推行技术总师负责制、经费包干制、信用承诺制，赋予创新主体更大的技术路线决定权和经费使用权。三是探索国有企业创新激励机制。深入推进"科改示范行动"，全面落实创新支持政策，强化正向激励，建立完善具有市场竞争优势的科技人才薪酬制度。

（本文作者：苏凤虎、王素平。本文发表于 2022 年 9 月 7 日《河北日报》(理论版)。）

协同发展篇

关于强化京津冀经济联系
深入推进协同发展的对策建议

为落实中共河北省委主要领导关于深入研究京津冀经济联系的指示要求，我们认真研究国家税务总局提出的相关问题，召开税务、工信、商务、科技、农业、文旅等省有关部门参加的座谈会，两次进行专题研究，深入分析京津冀区域经济联系，借鉴长三角、粤港澳强化经济联系的经验和做法，提出了河北省密切与京津经济联系、推动京津冀深度协同的对策建议。现将有关情况报告如下：

一、对京津冀经济联系的初步分析

国家税务总局《河北省融入全国统一大市场的现状、问题及对策》分析报告，利用增值税发票大数据，从税收角度分析了河北省际贸易格局及趋势。该报告指出，京津虽是河北省的主要贸易伙伴，但近年来贸易额占比有所下降，从 2017 年的 32.4% 降到 2021 年的 28.5%；且京津冀内部贸易比重与长三角有较大差距，2021 年京津冀区域内部贸易占比为 20.4%，比长三角区域内部贸易额占比低 20.6 个百分点。税务总局的分析和结论具有很重要的参考价值，客观反映了京津冀省际贸易现状和特征。上海是全国乃至全球贸易中心之一，与周边地区贸易关系密切，而北京是政治中心，与周边地区贸易关系本来就弱，加上河北省以原材料为主的工业结构与京津特别是北京高精尖产业之间存在较大断层，货物贸易关系自然相对较弱。而且，近年来随着京津特别是北京区域性批发市场、一般制造业陆续疏解，河北省与北京的货物贸易关系确实在弱化。

但从区域经济联系的角度看，其分析和结论主要是依据工业产品贸易量得出的，没有充分反映农业、服务业的贸易情况，也没有将非贸易的经济合作反映出来。事实上，省际经济联系是多维度、多层次的，除了工业贸易，还有农产品、旅游、金融等领域的合作，还应包括资金、技术、信息、人员等要素的流动。协同发展八年来，三地四方聚焦国家战略的落地落实，全面强化大局观念和责任担当，精心组织，扎实推动，京津冀协同发展取得显著成效，部分领域的经济联系日趋紧密。

一是交通一体化深入推进，省际人流物流效率明显提升。八年来，京津冀道路网加速互联互通，基本形成了以"四纵四横一环"为主骨架的现代化综合立体交通网。规划机场全部投入使用，初步构建起"双核两翼多节点"的机场群布局；京张高铁、京雄城际等通车运营，"轨道上的京津冀"正在形成；京昆、京台、津石等高速公路建成通车，断头路、瓶颈路基本消除，环京津地区实现高等级公路全覆盖，京雄津保"1小时"交通圈已经形成，相邻城市间实现铁路1.5小时通达。根据河北省发展和改革委员会协同办的相关数据，从2017~2019年的统计数据看，北京、天津来河北旅游的人数分别从4339万、3368万人次提高到6467.6万、4972万人次。

二是产业转移不断深化，河北省服务京津的水平提高。八年来，京津冀产业转移协作不断加强，北京现代汽车沧州工厂、张北云联数据中心等转移项目投产，沧州生物医药产业园等共建园区建成投运，大兴国际机场临空经济区等协同示范载体建设加快推进，根据河北省发展和改革委员会协同办的相关数据，截至2022年5月，河北省累计承接京津产业活动单位1.14万个，投资五千万以上的项目2094个，有效促进了省际之间投资增长。2015~2020年北京对河北省的股权投资年均增长16.5%，累计达到4035.7亿元，占河北省全部接受股权投资的60.5%①。据北京市农业局的监测数据，2017年河北省蔬菜在北京七大批发市场占有率为35.7%，2021年占有率达到43%，位居全国第一（山东为20.7%）。牛肉、羊肉、鸡肉、鸡蛋在北京农产品批发市场占比分别为65.2%、87.8%、72.4%、38.5%，均位居第一。

三是公共服务加快共建共享，人员流动格局正在改变。2014年以来，京津冀公共服务合作不断深化，根据河北省发展和改革委员会协同办的相关数据，截至2022年5月，河北省与京津开展医疗合作项目超过500个，跨省就医直接结算实现全覆盖，30家京津医院纳入河北省医保定点，485家医疗机构临床检验结果实现互认；共建高校联盟9个，28所京津中小学在河北设立分校；社会保障卡完成标准统一、信息互通，城乡居民养老保险实现"四统一"。京津冀公共服务共建共享的不断推进，正在改变河北省与京津之间人员长期单向流动的局面，也将为河北省吸引京津高端要素创造条件。

四是资格资质基本实现互认，要素跨省流动更加顺畅。八年来，京津冀积极推进要素市场一体化，先后实现专业人才执业资格、技术职称、继续教育学历互认，外籍人才工作资质跨省市互通，高新技术企业整体搬迁资质互认，区域科技创新券互认互通，跨区域行政壁垒大幅减少，各类人才、企业资本等要素跨省流动成本不断降低、流动更加顺畅。

同时也要看到，京津冀之间在产业链共建、要素自由流动、区域市场一体化等方面仍存在许多短板弱项，主要表现为对京津高端产业、高端要素和高端市场的主动服务、挖掘利用、对接融入不足。

一是没有与京津形成更紧密的产业链关系，产业落差较大。自20世纪90年代开始，北京加快向高精尖升级，经济结构快速服务化，而河北省产业转型缓慢，没有跟上北京产业升级步伐，至今工业仍以原材料产业为主体，外销产品主要集中在钢铁、金属制品、石油制品、建材制品等初级工业产品，难以对接京津对高端零部件、高性

---

① 作者根据企研数据科技(杭州)有限公司提供的数据整理所得。

能材料、电子元器件等中高端工业品的需求，供给体系与京津需求不匹配，产业层次存在巨大落差，产业链条存在明显断档，这既是河北省与京津贸易联系相对较弱的重要原因，也是河北省推进京津冀协同发展的突出短板。

二是没有充分利用好北京的创新资源，创新能力提升缓慢。北京是全国科创中心，聚集了全国 1/2 的两院院士、1/3 的国家级重点实验室、1/3 的国家专利、1/5 的"双一流"高校[①]，是全国科技力量最集中的地区，利用好北京的创新资源既是深入推进京津冀协同发展的内在要求，也是加快河北省高质量发展的迫切需要。但由于河北省科技创新能力长期低弱，产业层次相对较低，加上利用北京创新资源的主动性不够，导致河北省利用北京的创新资源极不充分，客观上造成河北省创新能力提升缓慢，北京科技成果在河北省转化率低，战略性新兴产业等新动能增长不快。

三是没有充分利用好北京的金融资源，资本市场发展滞后。北京是国家金融管理中心和大型金融机构、重要金融基础设施聚集地，总部级金融机构超过 900 家，金融资产总量占全国一半，具有无与伦比的金融资源优势[②]。利用好北京优势金融资源，是加快河北省经济高质量发展的关键。长期以来，由于优质项目较少、营商环境不优、资本市场发育滞后，河北省对北京金融资源的利用很不充分，金融对经济发展的支撑力明显不足。清科数据显示，2021 年，全省新募集基金 16 支、新募集金额 58 亿元，分别排全国第 22 位、23 位，股权投资案例 43 起，投资金额仅 51 亿元，均排名全国第 18 位。

四是没有充分利用好北京数字经济高地优势，数字经济发展不快。北京是全国数字产业化创新策源地和产业数字化方案输出地，在前端研发、物联网、云计算、人工智能以及数字服务等领域都具有明显优势。河北省虽具有数字经济发展的良好基础条件和巨大空间，但在技术创新、设施建设、产业布局、产业链打造、场景构建、发展生态等方面与北京对接合作不深入、资源利用不充分，未能与北京形成数字经济互嵌共融、联动一体的发展局面，2022 中国国际数字经济博览会新闻发布会公布的数据显示，2021 年河北数字经济占 GDP 比重为 34.4%，尚未达到全国平均水平（39.8%）；福布斯中国和中国电子商会发布"2022 中国数字经济 100 强"，河北无一家企业入围。

五是没有充分利用京津市场优势，服务能力和水平亟待提升。京津市场规模大、消费层次高、需求迭代快，是具有全国乃至全球影响的消费中心。河北省毗邻京津，具有开发利用京津市场的先天优势，长期以来没有把先天优势转化为经济优势，对京津市场的针对性开发不够。虽然是京津农产品供应第一大省，肉菜蛋北京批发市场占比均高居首位，但主要是大宗初级产品；虽然有服务京津旅游、康养的地理优势，但缺乏对京津细分市场的精准把脉，难以满足京津个性化、高品质、重体验的多元市场需求。

---

① 《中国科技统计年鉴 2022》《北京统计年鉴》等数据整理。

② 陈琳. 北京金融资产规模超 190 万亿元，约占全国一半［EB/OL］. 搜狐网，［2022－09－21］. https：//www.sohu.com/a/586809574_114988.

二、长三角、粤港澳强化经济联系的经验和做法

长三角区域一体化发展、粤港澳大湾区建设在国家现代化建设大局中具有举足轻重的战略地位，承担着探索区域一体化发展道路的重大历史使命，其在强化经济联系、协调区域发展方面的经验和做法，具有重要的借鉴意义。

（一）长三角主要做法

1. 健全制度：完善"三级运作"区域合作协调机制

一是建立决策机制，每年召开主要领导座谈会，进行最高决策沟通，为区域合作发展定基调、把方向。二是完善协调会议机制，先后建立覆盖沪苏浙皖一市三省41座城市的长三角城市经济协调会议制度、覆盖苏皖两省十市的南京都市圈联席会议制度、覆盖浙皖两省六市的杭州都市圈联席会议制度，成为促进长三角区域协作的重要平台。三是深化执行层面合作机制，组建长三角区域合作办公室，三省一市各自选派工作人员在上海合署办公，协同处理有关事务。

2. "飞地"合作：创建异地共建园区

一是协同共建产业"飞地"，浙江萧山和安徽宣城合作共建宣城新塘羽绒产业园。二是异地布局"科创飞地"，浙江台州在上海布局科创飞地，形成"在沪研究+临海制造"模式。三是借力建设"人才飞地"，嘉兴在上海布局建设"人才飞地"，有效解决了企业引才留才难的问题。

3. 协同创新：打造区域创新共同体

共同制定《长三角科技创新共同体发展规划》，联合成立长三角科技创新共同体建设办公室。共同打造G60科创走廊，推动沿线九个城市产业园区深度合作。合作共建"长三角科技资源共享服务平台"，推动大型科学仪器设施、科技创新券等跨区域互用互认。共建长三角国家技术创新中心、中科院上海药物所宁波生物产业创新中心、上海交大（嘉兴）科技园、上海大学（浙江）新兴产业研究院等一批跨区域创新平台。

4. 联动改革：优化区域营商环境

一是推动审批许可事项清单合一、证照资质互认，实现市场准入标准统一，共建信用长三角，深化长三角地区政务服务"一网通办"。二是对标世界银行标准，共同研究制定长三角高质量营商环境指数，联合发布《长三角开发区营商环境建设标准》。三是积极探索司法一体化，在不改变行政隶属、不打破工作边界的基础上，利用跨域一体化办案平台，建立跨域专业法官会议制度，实现区域联动云办案。

5. 破除壁垒：提高一体化发展水平

一是建立统一编制、联合报批、共同实施的规划管理体制，统一跨省域规划技术标准，完善控制性详细规划联编联审机制。二是完善促进要素市场一体化机制，建立区域内调剂和有偿使用土地平台，推动跨区域高技能人才认定、职称评价结果互认，共同出资设立投资开发基金，建立跨区域联合授信机制。三是推进项目一体化管理服

务，建立跨区域重大项目建设联合推进机制、企业投资项目联合管理机制、投资项目在线审批监管机制、税收征管联合推进机制和新建企业的财税分享机制。

(二) 粤港澳大湾区强化经济联系的经验和做法

1. 联合布局产业链

一是共建制造业产业集群，广深"双城"联动共建智能网联汽车、智能装备、生物医药等产业园区，广佛深联合培育智能装备集群，广佛携手打造超高清视频和智能家电集群。二是广泛开展港航业务合作，深港穗共建大湾区航运交易中心、大宗原料供应链管理平台，合力打造国际海事服务产业集聚区。三是积极推动现代服务业融通互联，深圳和香港联合共建前海深港现代服务业合作区，联动推进金融开放创新，打造跨境经贸合作网络服务平台和新型国际贸易中心。

2. 融通科技创新链

一是共建创新合作平台，共同推动深港科技创新合作区、横琴粤澳合作科技产业园、南沙粤港深度合作区建设，联合共建粤港澳联合实验室。二是积极推动科技成果转化，成立珠三角国家科技成果转移转化示范区等国家级成果转化平台，建成"1+12+N"港澳青年创新创业基地体系，实施"难题招贤+揭榜比拼"等成果对接机制。三是共享互通创新资源，东莞散裂中子源、横琴人工智能超算中心、广州超算南沙分中心等重大科研基础设施陆续向港澳开放，财政科研资金实现跨境直接拨付使用，广东省省级科研项目向港澳开放。

3. 基础设施硬联通

一是联合推进轨道交通建设，穗莞深城际、莞惠城际、广清城际建成通车，以广佛、深港、珠澳为核心，广深港、广珠澳、跨珠江口为主轴的城际铁路网加快形成。二是跨江(海)路桥建设提速，有序推进深中港、黄茅海通道建设，港珠澳大桥、南沙大桥开通运行，珠江两岸联系更加紧密。三是全面加强口岸合作，莲塘/香园围口岸货检通道、横琴口岸旅检通道开通运行，粤澳新通道(青茂口岸)工程竣工，三地通关设施进一步完善。

4. 规则机制软对接

一是联合制定行业标准，制定出台首批 70 项"湾区标准"，涉及食品、中医药、交通、养老等 23 个领域。二是完善跨区域要素流通规则，拓展职业资格认可范围，出台《关于推进粤港澳大湾区职称评价和职业资格认可的实施方案》，推出"合作查验、一次放行""一地两检"等通关模式，试行"跨境理财通"。三是全面加强司法衔接，开展边境检验检疫、跨境商事仲裁、跨境破产协助和警务跨法域合作，完善大湾区跨域调解、仲裁与诉讼衔接机制。

5. 共建优质生活圈

一是持续深化教育合作，香港科技大学(广州)、香港中文大学(深圳)建成启用，广东 43 所高校、16 所高校分别具备招收港澳本科生和研究生资格。二是优化跨区社保服务，"湾区社保通"正式上线，港澳居民在粤参保实现"就近办""随时办""掌上办"。

三是不断完善就业创业服务体系，全面取消港澳人员就业许可，出台《粤港澳大湾区（内地）事业单位公开招聘港澳居民管理办法（试行）》。四是推动区域文旅一体化发展，制定出台《粤港澳大湾区文化和旅游发展规划》，联合实施重要文化遗产保护传承专项计划，共建剧院、博物馆、美术馆等公共文化服务机构联盟，推进优势旅游资源整合。

三、深入推进京津冀协同发展的对策建议

站在新的历史起点上，深入推进京津冀协同发展不仅是河北省的政治责任，更是宝贵机遇。我们应当坚持把河北发展寓于协同发展之中，把落实重大国家战略作为提升发展势能的总抓手，着力做好服务京津、利用京津、融入京津三篇文章，在协同京津中培强河北竞争新优势，推动全省经济高质量发展。

（一）围绕更好服务京津，打造消费经济新优势

聚焦河北省与京津供需关系最契合和最易取得突破的旅游、康养、食品等领域，充分发挥河北省资源和区位优势，瞄准京津消费升级需求，加快推进京津冀文旅一体化，谋划建设康养基地，着力塑造河北省在京津冀世界级消费中心的独特优势和地位。

加快推进京津冀文旅一体化。一是共塑区域性文旅名牌。推进长城、大运河国家文化公园建设，与京津共同打造全国长城、大运河文化和旅游融合发展示范段。共建京张体育文化旅游带，联合打造冰雪旅游品牌。二是积极承接京津重大文化和旅游项目。加快通武廊、京雄保、京张承、津唐沧等文化协同发展示范片区建设，进一步强化项目合作，吸引更多京津优质文化和旅游项目落地河北。三是完善区域一体化旅游服务体系。加快全域旅游目的地建设，大力发展微度假、休闲游，高标准建设自驾游配套服务体系，提升省内旅游便捷度舒适度安全性。四是加大河北优质特色旅游产品供给。加强景区概念设计，做精做优主题旅游产品，大力发展慢休闲、研学游、云上游等新场景新模式，满足京津游客多样化体验需求。五是面向京津强化市场营销。与京津联合推出"游客最喜爱的河北旅游精品线路"，打响"周末游河北"品牌知名度，组织开展多样化的主题营销活动，形成吸引京津游客合力。

谋划建设服务京津的康养基地。一是打造康养产业集聚平台。加快北戴河国家康养基地建设，谋划建设保定、张家口、石家庄康养聚集区，统筹建设一批各具特色的环京津康养小镇。二是提升康养服务能力。在环京津重点区域建立一批"医护养学研"一体化医养结合机构，提升完善健康管理、养生保健、康复康养等功能设施，搭建智慧康养平台。三是创新康养模式。推动医疗、养老、旅游、文体等产业深度融合，创新发展避暑康养、温泉康养、森林康养、乡村康养、运动康养、中医药康养等业态。四是开展高层次宽领域康养产业合作。积极引进京津康养产业龙头企业，创新社会资本与地方利益联结机制，推动建设一批康养产业研发基地、医疗旅游度假基地等。

（二）围绕更好利用京津，打造高质量发展新动能

聚焦科技创新、数字经济、金融三个重点领域，找准利益契合点，挖掘利用京津

资源，创新协同发展机制，完善配套支撑条件，加快河北省产业链与京津创新链融合，大力发展数字经济，培育发展资本市场，着力塑造全省高质量发展新动能。

加快完善京津研发、河北转化创新体系。一是打造高能级科技成果转化平台。加快创建河北国家自主创新示范区，打造吸引科技成果转化的"金字招牌"。支持国家级开发区争创国内一流园区，鼓励省级开发区升级为国家级园区。支持京津高校和科研院所在河北省建设"科创飞地"。二是创新京津科技成果发现转化机制。实施企业对接京津科研机构三年行动计划，快速落地实施一批科技成果转移转化项目。借鉴南京"创新大使"经验，支持市县和开发区向京津高校院所派驻科技专员，积极引进知名风投机构。三是营造有利于京津科技成果转化的创新创业环境。开展科创环境对标行动，全面落实研发费用加计扣除等普惠性政策，赋予科研人员职务科技成果所有权或长期使用权，为重大科技成果转移转化项目开辟绿色通道。

推动共建数字京津冀。一是推进数字基础设施共建共享。加强数据中心和存算资源协同布局，谋划建设京津冀信息枢纽港，推动三地数据信息系统兼容共享。二是深化数字产业协同发展。与京津共建通信设备、半导体器件和新型显示等重点产业链，联合开展数字技术赋能传统产业升级行动，共建区域性工业互联网平台，协同探索智慧农业、智能制造和智慧服务等新业态新模式。三是深化数字智慧应用合作。加快雄安新区数字经济创新发展试验区建设，强化中国国际数字经济博览会招商引资功能，与京津共同搭建智慧家居、智慧教育和智慧医疗等生活应用场景，开展智慧交通、智慧环境等一体化应用，打造高水平数字应用生态体系。

全面加强京津冀金融协同。一是全力推动雄安新区金融创新示范区建设。积极吸引京津银行、证券、保险和各类基金等在新区设立分支机构，鼓励外资发起设立创业投资企业、融资性担保机构、融资租赁公司等金融机构。支持新区开展各类金融创新，支持基础设施 REITs 等创新试点。二是加强区域资本市场分工协作。支持石家庄股权交易所与京津区域股权市场开展互联互通、互助服务，在企业融资、上市培训等方面加强合作。完善区域统一的抵押质押制度，推进区域内业务同城化。三是提升金融服务实体经济能力。高标准建设全国融资信用服务平台河北省级节点，推动中小微企业在境内外多层次资本市场上市融资。探索共建股权投资基金，支持京津股权投资基金在冀建立分支机构，推动设立一批产业投资基金。

(三)围绕更好融入京津，打造要素聚集优选地

聚焦产业融合、服务共享、市场互通三个关键领域，树立主动融入意识，充分利用非首都功能疏解、产业链供应链重组、全国统一大市场建设等历史性机遇，推动与京津产业链供应链互融、公共服务共建共享、区域市场一体化，努力使河北成为高端产业、优质要素聚集的优选地、新高地。

共建一批优势产业链、供应链。一是共同筛选 3~5 个战略性新兴产业优势领域，精准聚焦若干细分行业，共建生产配套体系，培育一批千亿级乃至万亿级产业集群。二是围绕京津头部企业，采取"总部+生产基地"等模式，共建专业化配套主题园区，主

动融入京津大型企业供应链体系。三是引导钢铁、化工、汽车、装备、信息、医药等行业领军企业紧盯京津高端制造业配套需求，深度融入京津原材料和零部件采购网络。四是抢抓企业实施"B计划"和供应链"双布点"机遇，吸引京津龙头企业供应商在河北省就近布点，加速融入京津产业链供应链生态圈。

加快公共服务共建共享。一是加快雄安新区北京非首都功能疏解集中承载地建设，有序承接在京高校、医院等高端公共服务机构，建好配套设施，落实配套政策，确保疏解项目落得下、发展好。二是强化廊坊、保定、张家口、承德四市公共服务配套能力，完善大兴国际机场临空经济区、廊坊北三县等协同发展载体配套公共服务，推动环京地区快速融入京津优质公共服务供给圈。三是推动其他市县根据自身功能定位引入京津公共服务资源，与京津联合探索共建共享新模式，高标准建设新城区、开发区公共服务设施，推动京津冀公共服务一体化发展。

开展京津冀市场一体化试验示范。一是加快市场设施高标准互联互通，优化商贸流通设施布局，共建京津冀国家物流枢纽网络，建设京津冀公共资源交易设施体系。二是推进区域要素市场一体化，完善人力资源双向均衡流动机制，探索设立京津冀土地交易市场，协同构建区域多层次资本市场，推动京津冀数据和技术市场建设。三是共建质量标准体系，推进京津冀质量标准统一认证，联合实施质量管理体系升级行动，加快京津冀计量中心和国家产品质量检验检测中心建设。四是强化统一市场监管，完善跨区域监管规则顶层设计，健全跨区域市场执法和市场准入负面清单等机制，联合开展反垄断审查，提升网络交易、消费者权益保护、重点产品追溯等跨区域监管效能。

（本文作者：高智、梁世雷、苏凤虎、王富华、吴谡、杨华、罗静、王素平、黄贺林、王哲平、张金杰、张宏兴。该报告获得中共河北省委书记倪岳峰、省长王正谱、时任常务副省长葛海蛟等省领导批示。）

河北省吸纳京津地区科技成果转化新举措

一、对科技成果跨区域转化的认识

科技成果转化是指对科学研究与技术开发所产生的具有实用价值的科技成果进行后续试验、开发、应用、推广，直至形成新产品、新工艺、新材料、新产业等的活动，实质上是科技成果从供给方向需求方转移、从知识形态转化为实体产品或商品的过程，理论分析和实践证明，科技成果跨区域转化具有以下几个特征。

(一)科技成果转化每个阶段活动都有可能发生区域转移

科技成果从产生到产业化通常可分四个阶段，即科技成果应用创意阶段、技术二次开发和中试阶段、转化项目落地孵化阶段、孵化企业发展壮大阶段，虽然各个阶段具有较强的关联性，但每个阶段活动的开展都需要一定的条件支撑，需求条件不同导致科技成果转化具有跨区域发生的可能。比如：科技成果应用创意阶段活动较易发生在相关领域产业基础较好、技术应用市场广阔的区域；技术二次开发和中试阶段最易发生在相关领域加工制造水平较高、零部件配套能力较强的地区；科技成果转化项目落地孵化易发生在产业生态良好、中小企业竞争压力小的区域环境里；企业成长扩张易发生在发展成本较低、产业基础较为雄厚的地区。

(二)承接科技成果转化的地区具有一定的特定性

从现实情况看，科技成果转化每个阶段都发生跨区域转移的案例并不是很多，科技成果持有者会综合考虑，结合科技成果转化的实际需要，选择最看重条件最优的地区作为科技成果转化项目落地区域。从科技成果转化需求条件看，产业配套、市场竞争、政策支持、要素支撑、运营成本等情况，都是影响科技成果转化的重要因素，区域发展条件越完善、越优越，成功吸纳科技成果转化的可能性就越大。而在现实中，具备一至两项发展条件优势的区域就不多，而同时具备多项优势的区域就更少。比如，就产业配套条件看，与科研成果领域相同且具有较强配套能力的区域就少数存在。因此，承接科技成果转化的地区具有少数性甚至特定性的特征。

(三)吸引科技成果转移孵化的基本条件是：本地产业配套能力

新时代，全球产业发展与科技创新日益紧密，两者之间的布局关系也发生了重要变化，由过去的"在这里创新，就在这里生产"演变至"在这里创新，到那里去生产"再到今天的"在哪里生产，就在哪里创新"，科技资源围绕产业布局、向产业发达地区转移的趋势愈加明显。区域吸纳科技成果转移转化，良好的产业配套能力是基础条件。首先，本地主导产业与要转化的科技成果是否在领域上一致；其次，产业层次是否够高，经验表明，产业层次越高吸纳科技成果转化能力就越强；最后，产业是否具备链群化发展优势，实践证明，具备产业生态或集群优势的区域是吸纳科技成果转化能力最强的地区。

（四）区域吸纳科技成果转化的捷径是：打造需求条件的比较优势

科技成果转化是一项环节较多、过程复杂的活动，对产业配套、创新基础、政策支持、市场竞争、要素支撑以及公共服务等方面要求条件较高，一个区域很难做到在所有方面具备优势，同时有些需求条件在短时间内难以改善，比如推动产业转型升级、提升自主创新能力，都是一个长期的过程。因此，区域尤其是一些相对落后地区要想吸纳科技成果跨区域转移，其捷径之一便是挖掘自身条件，放大长板，在一至两个领域打造形成比较优势，以此增强区域竞争力，提升科技成果转化吸纳力。

（五）科技成果转化项目落地的决定条件是：良好的中小企业发展环境

科技成果转化实质上是创新创业的过程，科技成果转化最终成果之一是孵化出一批科技含量高、发展前景好的中小企业，而中小企业的脆弱性，决定了其成长、壮大必须在优渥的发展土壤和环境中，因此，科技成果转化项目最终能否承接来、落得下、发展好，关键在于区域是否拥有有利于中小企业特别是科技型中小企业生存发展优良的生态环境。阿里巴巴集团创始人当初在北京和上海创业都没能成功，而能在杭州成功，归根结底是因为杭州拥有更好的中小企业发展政策、制度、市场及竞争环境，中小企业发展能得到政府的重视与支持。

二、京津科技成果跨区域转化的趋势

京津尤其是首都北京科技资源丰富，高端人才荟萃，科技实力雄厚，是全国科技创新中心、科技成果高地，是全球高等院校、创新机构、创新平台最密集的区域之一。多年来，首都北京对全国科技创新辐射带动力不断增强，再加上自身空间用地紧张、发展成本趋高、制造功能相对弱化、中小企业竞争压力大等因素限制，科技资源成果外溢转化的趋势愈加明显，驻北京高等院校、科研院所陆续在全国各地建设了大量的科技成果转化机构和平台，北京向外省市技术输出的规模持续扩大，如表1、图1、图2所示。

表1　2013~2020年北京向外省市技术输出情况

年份	北京向外省市技术输出合同		北京向外省市技术输出合同成交额	
	数量（项）	比上年增长（%）	成交总额（亿元）	比上年增长（%）
2013	33538	3.4	1615.9	16.7
2014	37212	11.0	1722.0	6.6

年份	北京向外省市技术输出合同		北京向外省市技术输出合同成交额	
	数量(项)	比上年增长(%)	成交总额(亿元)	比上年增长(%)
2015	37447	0.6	1878.7	9.1
2016	38928	4.0	1997.2	6.3
2017	44287	13.8	2327.3	16.5
2018	47454	7.2	3014.9	29.5
2019	47897	0.9	2866.9	-4.9
2020	—	—	3718.5	29.7

资料来源：2013~2020 年《北京技术市场统计年报》。

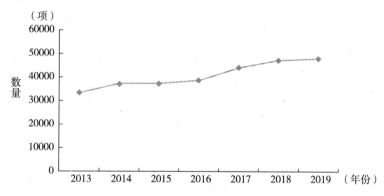

图 1　2013~2019 年北京向外省市技术输出合同数量

资料来源：2013~2020 年《北京技术市场统计年报》。

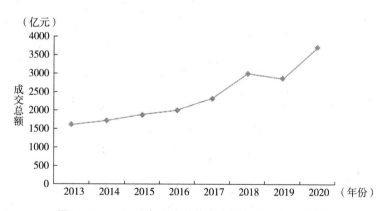

图 2　2013~2020 年北京向外省市技术输出合同成交额

资料来源：2013~2020 年《北京技术市场统计年报》。

三、河北省吸纳京津科技成果转化基本条件分析

(一)区位得天独厚，但发展竞争力不高

河北省内环京津，具有天然的承接京津科技成果转化区位优势，随着京津冀协同发

展深入推进，京唐城际、京雄高速等快速路加快建设，京津冀一体化综合交通运输体系更加完善，河北省的区位优势将更加明显。河北省虽为经济大省，但整体实力和综合竞争力却一直下落，国内生产总值全国排名从 2015 年的第 6 位滑落至 2020 年的第 12 位，人均 GDP 位居全国后列①。与先进地区相比社会整体发展水平不高，人均收入和现代化服务水平偏低，聚纳高端人才和科技成果转化项目能力较差。在恒大研究院和智联招聘发布的《中国城市人才吸引力排名 2020》中，河北省排名最高的是石家庄，只排全国第 23 位。

（二）产业链现代化水平低，产业配套能力不强

吸纳科技成果转化，需要较强的产业配套能力。但河北省产业结构层次仍较低，产业链现代化水平不高，与京津创新链和科技成果转化需求不相匹配。从产业领域看，河北省仍以资源型产业为主。2020 年，资源型工业主营业务收入占规上工业比重仍达 40% 以上，而高新技术产业占规上工业比重仅为 19.5%，远低于江苏的 43.8%、浙江的 51.3%。从企业看，传统企业多、高新企业少，跟随企业多、领军企业少。全省营业收入超 10 亿元的企业中，46.7% 集中在钢铁、石化、建材和煤炭行业，高新技术企业数量不足广东的 1/8、江苏的 1/4，入围 2020 年中国企业 500 强企业不足江苏、山东、广东的一半②。

（三）区域文化传统保守，改革创新步伐不快

体制机制宽松灵活、创新文化氛围浓厚、对外开放水平高的地区是易于吸纳科技成果转化的区域。河北省虽然位于沿海地区，但区域内向封闭发展特征明显，人们安分守己，思想传统保守。近年来河北省为推动高质量发展，大力推进体制机制改革创新，先后开展"双创双服""三深化三提升""三创四建"等活动，深入推进石保廊区域全面创新改革试验区、京南国家科技成果转化示范区等重大创新平台建设，但总体上区域改革创新进程较慢，科技创新及成果转化体制机制不活，对吸纳科技成果转移造成一定影响。

（四）技术创新基础薄弱，消纳科技成果能力差

消化、吸收和转化先进地区科技成果，需要自身具备一定的创新能力和基础，河北省创新资源贫瘠，自主创新能力弱，引用京津高水平的创新成果能力较差。突出表现在，一是高水平的科研机构少。全省没有一所中央部属高校和全国一流高校，且省属重点大学区域布局分散，难以研发合力。"国字号"的科研机构、国家级创新平台均不及天津一半。规上工业企业拥有研发机构比例低于全国平均水平。二是高层次人才少。河北省每万人大专以上学历人数不足北京的 1/4、天津的 2/1，在全国均处于中下游水平③。两院院士、长江学者、千人计划等各类高端人才极为匮乏。据《中国区域科技创新评价报告 2020》，河北省综合科技创新水平指数居全国第 20 位。

①②③《河北统计年鉴》。

（五）平台发展水平低，聚集先进要素能力弱

城市、产业园区等平台是承接科技成果转化项目的空间载体，与先进省份相比，河北省产业发展平台和载体建设相对滞后、发展水平和能级较低，承载吸纳科技成果转化能力不强。主要表现在：一是城市整体实力弱。全省至 2021 年末有一个人口超过 500 万的特大城市，无一城市经济总量进入全国"万亿元俱乐部"。二是城市新区发展速度慢。截至 2021 年，正定新区难以支撑引领省会城市发展，曹妃甸区和渤海新区经济规模不足长沙湘江新区 1/4 和 1/5。三是产业园区实力不强。河北省 7 家国家级经开区经济总量不及大连经开区 1 家，不足天津经开区的 1/2①。

（六）新兴市场主体少，创新创业氛围差

市场主体尤其是新兴市场主体聚集程度，是吸纳科技成果转移的重要因素。与先进地区相比，河北省市场主体尤其是新兴市场主体数量少、实力弱、活力不足。主要表现在：一是新兴市场主体严重缺乏。截至 2021 年，全省只有 1 家"独角兽"企业，与浙江 21 家、江苏 15 家有较大差距；没有一家企业入围全国互联网企业 100 强和大数据企业 50 强。二是创新创业活力不足。截至 2021 年，全省拥有国家级科技企业孵化器众创空间数量约为山东省的 1/3，科技部火炬中心公布的 2019 年度国家级优秀科技企业孵化器中，河北省仅有 6 家，而江苏省拥有 53 家。在北京大学国家发展研究院发布的"2020 中国区域创新创业指数"排名中，河北省仅处于全国中游水平，良好的双创生态远未形成②。

对照科技成果转化条件需求可以看出，河北省吸纳京津科技成果转化难点和症结在于，产业配套能力不高、创新基础较差、体制机制不够灵活、区域吸引力和承载力不够强等造成的京津科技成果向河北省转移转化的内在驱动力不高。河北省与江苏、浙江、深圳等先进省份和地区相比，吸纳京津科技成果转化能力具有系统性、阶段性的差距，京津大量的科技成果以"蛙跳"方式跃过河北省，在条件更好的南方地区转化。

四、河北省吸纳京津科技成果转化新方式新举措

顺应科技成果转化新形势新需求，结合发展实际，河北省要更多地吸纳京津科技成果转化，必须立足当前、着眼长远，加快扬长补短、优化条件，构筑京津科技成果向河北省转化良好势能，打造京津科技成果转化高地。从近期看，要主动作为、创新机制，采取更加积极有效的路径、举措，实施更大力度的政策支持，推动和吸引京津科技成果在河北省转化。从中长期看，要坚持优化产业结构，增强自主创新能力，优化创新发展良好生态，提升与京津产业链、创新链发展匹配度，增强京津科技成果向河北省转化内在驱动力，源源不断地推动京津科技成果在河北省落地转化。

---

① 作者根据相关统计资料计算所得。
② 2020 年、2021 年《中国火炬统计年鉴》。

(一)建立京津专家咨询制度，常态化利用京津科技人才

发挥京津冀特有的地缘亲缘关系，借力京津冀协同发展向纵深推进的机遇，以及技术咨询、指导、传授、支援等形式，推动京津科研机构、人才和团队对河北省产业发展开展全天候、常态化的技术服务。一是完善产业首席专家制度。围绕高端装备制造、新能源、金属新材料、数字经济等河北省主导产业、战略性新兴产业以及特色产业的发展，分别聘请京津相关领域一流专家为首席技术顾问，为企业提供专业指导和咨询服务。支持京津顶尖专家与企业形成永久性的技术合作关系，成为企业技术导师，帮助企业技术改造，解决企业技术难题。二是吸引鼓励京津大专院校、科研院所在河北省产业聚集区、优势资源集中区等谋划建立先进产业技术率先应用实践基地，开展先进产业技术应用实践，推进成熟产业技术率先在河北省相关领域应用。三是鼓励河北省企业"挂靠"京津科研机构，创建创新共同体、技术创新联盟，形成长久、稳定技术服务合作关系，使京津科研机构成为企业发展技术源和坚强支撑。

(二)深化京津创新协作，以技术共创推动成果共转共用

依托河北省优势创新资源，围绕产业发展重大需求，以重大课题、重大技术共同攻关等方式，推动京津创新机构与河北省创新机构深层次合作，以前端科研合作推动科技成果共同转化应用。一是深入实施创新合伙人制度。鼓励河北省优势科研机构、有实力的龙头骨干企业，以国家级科研项目、新产品与新技术研发项目为载体，深化与相关领域的京津科研机构合作，组建跨区域、高级别的联合研发团队，构建长久紧密的科研合作关系。鼓励河北省优势企业和创新机构，积极参与京津高等院校、科研机构相关课题的研究，推进科技成果率先在河北省转化。二是支持在京津设立"飞地"研究院。支持有实力的企业在京津高等院校等人才密集区域设立研发中心，招揽当地高层次技术人才，开展企业急需技术研发。谋划在京津高等院校、科研机构设立河北研究院，开展河北省产业发展急需共性技术研究。三是引进京津研发机构。积极对接驻京津国家工程研究中心、国家重点实验室等各层次研究机构，吸引更多的科研机构在河北省城市新区、产业园区等产业基础好、发展环境优的区域，设立研发分支机构。

(三)构建一体化的科技大市场，健全科技成果跨区域转化服务体系

京津是一个巨大的科技宝藏，北京拥有近1/3的国家专利①，是全国最大的技术集中输出地。通过与京津共同构建一体化的科技大市场，架起技术供需对接的桥梁，促进京津技术成果以买卖转让、许可使用、作价入股等方式，在河北省进行转化，是河北省吸纳京津科技成果转化最直接、最快捷的方式之一。一是支持共建科学技术推广机构。发挥河北省区位、空间等优势，鼓励京津高等院校、科研院所、专业技术服务

---

① 河北省科技厅. 北京科研成果外溢 河北承接能力增强[EB/OL]. 搜狐网，[2016 - 09 - 29]. https：//www.sohu.com/a/115310507_125211.

机构、社会组织等在河北省设立科技成果推广机构、技术转移中心,从事科技成果跨区域转化服务活动,引导京津创新成果向河北省转移和扩散。二是积极共建技术交易平台。推动中国国际技术转移中心河北分中心、京津冀技术交易河北中心等河北省技术交易平台与中关村国际技术转移中心北方中心、中国创新驿站等京津技术转移平台的无缝对接、互联互动,并以托管、设立分站等形式,在河北省新建一批京津冀技术交易地方分中心和地方工作站,构建贯通全省、连接京津的技术交易服务网络。

(四)围绕重大技术发明配置产业化平台,加速科技成果转化

实践证明,先行与京津科研机构对接,有针对性地围绕某项重大技术配置转化要素和平台,推进科技成果产业化,往往比先行规划建设要素和平台,吸引京津科技成果转化,更具成效。江苏省与中科院上海光学精密研究所合作共建了集萃先进激光技术研究所,对上海光学精密研究所"多普勒测风激光雷达技术"进行二次开发,孵化出了企业南京牧镭激光科技有限公司,培育出了性能达国际先进水平的全光纤多普勒测风激光雷达新产品,取得了良好的转化效果。2017年,浙江省与清华大学签署"关于推进柔性电子技术领域合作的框架协议",以建设"一院(柔性电子技术研究院)、一园(柔性电子技术产业园)、一基金(柔性电子产业基金)"的模式,促进柔性显示、柔性电源、柔性材料等相关技术成果在浙江省转化,助推浙江省信息经济"万亿产业"发展。河北省要充分借鉴江苏、浙江等地吸纳先进地区科技成果转化成功经验做法,一是切实发挥近邻京津的区位优势,实施向京津各领域科研单位派驻代表机制,紧盯各科研单位研究动态,挖掘各科研单位发明专利、原理发现等重大研究成果,分类列出具有重大开发前景和价值重大科研成果清单;二是及时加强与京津科研机构密切合作,通过全方位配套建设技术开发机构、产业基金、产业园等转化平台,全力吸引各类重大科技成果在河北省转化。

(五)合力打造新型研发机构,释放科技成果跨区域转化潜能

新型研发机构是以市场化、企业化运作方式从事科学研究、技术开发和服务的科学机构,新型研发机构能够有效破解当前科技研发及成果转化体制机制束缚和障碍,激活科研单位科技研发和成果转化潜力,推动经济社会创新发展。近年来,深圳市联合国内外有影响力的科研机构及研究团队,探索建立了华大基因研究院、深圳清华大学研究院、中科院深圳先进院、深圳光启高等理工研究院等一批新型研发机构,有力地助推了深圳市创新发展。河北省抢抓京津冀协同发展向纵深推进、北京非首都核心功能加快向外疏解的机遇,借鉴深圳市新型研发机构建设经验,围绕河北省传统优势产业、特色产业升级发展和战略性新兴产业培育的需求,一是采用院地合作、校地合作、众筹自建等方式,支持京津科研院所、大专院校、社会组织等在河北省建立创建化工、装备、数字、新能源等一批新型产业技术研究中心和地方研究院,以市场化的方式开展技术创新和咨询服务工作;二是鼓励各科研单位和京津专业人才携科技成果在河北省创办新型技术开发机构,开办企业,推动科技成果产业化。

(六) 发挥产业转移的外溢效应, 引领带动更多科技成果在河北省转化

自京津冀协同发展战略实施以来, 截至 2021 年, 京津已有 24771 个法人单位、9045 个产业活动单位疏解转移到河北省, 要发挥已转移产业外溢带动效应, 强化与京津全方位、广泛的技术协作, 推动河北省产业链与京津创新链融合, 促使更多京津创新资源和科技成果向河北省转化。一是支持已疏解转移到河北省企业进一步加强与驻京津企业总部、科研总部、公共研发机构的技术创新合作, 构建紧密的、链式共生的发展关系, 形成科技成果向河北省转化的示范和样板效应, 引领带动河北省更多企业吸纳京津科技成果转移。二是鼓励已疏解转移到河北省企业通过共享信息、人才等资源, 加强与河北省企业合作, 帮助和引导河北省企业提升创新能力, 深化与京津科研合作。同时, 产业转移尤其是高端产业转移本身就伴随着科学技术的转移, 河北省承接京津产业转移中, 要积极创造条件, 优化发展环境, 构筑高水平发展载体和平台, 吸引更多的京津战略性新兴产业项目和高技术产业项目向河北省转移。

(七) 积极打造平台型企业, 构建吸纳京津科技成果转化"磁力核"

平台型企业能够围绕自身所涉及的领域, 构建出一个完整的产业系统和更加全面的商业平台, 促使相关创新资源聚集, 开展相关技术创新和产业化。国内外大量实践证明, 凡是具有平台型企业的区域, 必是科技向心力较强的区域。杭州拥有阿里巴巴集团, 每年吸附着大量的数字经济人才和创新资源聚集, 围绕着阿里巴巴开展相关领域科技研究和科技成果转化。深圳拥有华为、大疆科技等众多科技型龙头企业, 成为了海内外重要的电子信息产业创新创业基地。河北省要依托雄安新区等平台载体, 积极培育打造平台型企业, 建设聚纳京津及其他地区科技资源和成果的"磁力核"。一是建立良好新经济发展成长环境和要素供给、服务保障体系, 积极培育新经济首创型企业, 引领更多的追随者、模仿者等创新主体和科技成果转化项目集聚。二是要集成最优政策, 打造最为周到的服务体系, 积极引进诺贝尔奖级科学家、两院院士等国内外顶尖人才, 开展前沿、应用技术开发及产业化, 培育技术变革型领军企业, 带动相关领域科技研发及成果产业化项目聚集。三是依托雄安新区等载体, 构建与国际接轨的制度规则体系和国际一流的发展平台, 积极培育产业生态主导型企业, 打造完善的创新生态系统, 吸引京津及其他地区人才创新创业。

(八) 提升产业链与京津创新链匹配度, 形成互嵌共融的紧密合作关系

产业链是否与技术输出地创新链匹配是影响区域吸纳科技成果跨区域转移的重要因素。研究表明, 北京优势科技创新领域主要体现在电子信息与通信、生物医药、装备制造、新能源、新材料、现代农业等领域, 天津优势科技创新领域主要集中在高端装备制造、生物医药、电子信息、化工等领域。河北省要参照京津优势科技创新领域, 以建设全国产业转型升级试验区为抓手, 深化产业结构调整和提档升级, 加快构建现代化产业新体系, 提高产业链与京津创新链契合度匹配度, 在更广领域和更深层次上吸纳京津科技成果转化。一是要加快钢铁、化工、建材等高端化、智能化、绿色化改

造，强力实施强链补链延链计划，不断引导产业向下游延伸、向中高端跃升，提高产业链现代化水平，拓展与京津科研合作空间。二是要积极围绕京津优势领域创新链布局产业链，大力培育发展信息技术、生物科技、高端装备、新材料等战略性新兴产业、现代服务业以及现代都市型农业，努力打造若干个与京津创新链相配套的高端产业集群，提高河北省产业发展与京津技术创新的关联性，使京津创新链嵌入河北省产业链，使河北省产业发展融入京津创新链，真正实现"京津研发、河北制造"的协同发展格局。

（本文作者：张金杰、吴譞、黄贺林、苏凤虎、罗静。课题来源于 2019 年度河北省省级科技计划软科学研究专项项目"完善河北省吸纳京津科技成果转化机制和政策研究"（编号：19455320D）。本文发表于《河北蓝皮书：河北经济发展报告 2022》。）

河北省推动京津冀协同发展
向纵深拓展的建议

京津冀协同发展是习近平总书记把关定向、领航掌舵、亲力亲为的国家战略，2015～2022 年河北省推动京津冀协同发展交出了优异答卷。当前京津冀协同发展已进入关键阶段，要立足新阶段，把握新要求，采取新举措，持续推动京津冀协同发展向广度深度拓展，努力实现京津冀协同发展新进展新突破。

一、河北省推进京津冀协同发展主要成效

自京津冀协同发展战略提出八年来（2015～2022 年），河北省紧紧扭住疏解北京非首都功能"牛鼻子"，坚持与京津心连心一盘棋携筑梦，推进京津冀协同发展取得显著成效。

（一）坚持高质量高标准创典范，雄安新区建设扎实推进

自中央决定设立雄安新区以来，编制完成了"1+4+26"规划体系，有序推进启动区、起步区建设，容东片区基本建成，起步区市政设施网络逐步完善。雄安高铁站、京雄城际铁路等相继建成通车，新区"四纵三横"高速公路和对外骨干道路网络全面形成。千年秀林建设成效显著，"华北之肾"白洋淀生态环境明显改善。北京援建了北海幼儿园、史家小学、北京四中等一批公共服务项目，疏解落户了中国中化等一批优质企业项目。

（二）加快一张图密织网通命脉，三地交通一体化基本成型

落实《京津冀协同发展交通一体化规划》，与京津联手打通拓宽了一批对接路、"瓶颈路"，京津冀交通一卡通实现县级全覆盖。建成了津石高速、太行山高速等一批高速公路，京哈高铁、张唐铁路等相继通车，与京津连接铁路已达 23 条，基本实现了三地相邻城市间铁路运输 1.5 小时通达。河北机场集团与首都机场集团实现了统一管理，京津冀世界级机场群加快形成。河北港口与天津港口组建了渤海津冀港口投资发展有限公司、津唐国际集装箱码头公司，津冀港口逐步从无序竞争走向竞合。

（三）实施强监管联防控共行动，京津冀生态环境质量显著改善

与津冀携手发力，实施秋冬季大气污染综合治理攻坚行动，开展重污染天气协同

治理。制定并同步实施《机动车和非道路移动机械排放污染防治条例》，开展生态环保领域联动执法。初步建立了潮白河、滦河流域生态补偿机制，签订《跨省流域上下游突发水污染事件联防联控框架协议》，联合推进区域水生态保护。生态环境联防联控联治，使生态环境状况得到"质"的改变，2021年，京津冀地区平均优良天数比例达到79.2%，河北省密云水库上游潮河、白河和于桥水库上游沙河、黎河出境断面全部达到Ⅱ类标准①。

（四）积极搭平台创机制转企业，联合京津共筑优势产业链

积极搭建产业承接平台，精心培育了43个重点承接平台，与京津共建了北京（曹妃甸）现代产业发展试验区等一批协同发展示范园区。与京津联合举办了互联网产业对接会、国际投资贸易洽谈会等系列产业对接活动，主动承接京津产业转移。创新项目承接机制，北京·沧州渤海新区生物医药园与北京实行了企业所得税5:5分成制度，北京对入园北京企业实施了跨区监管。到2021年底，河北共转入京津基本单位4万余个，其中投资5000万元以上项目2094个，三地经济发展脉搏同步跳动趋势加快②。

（五）着力编规划出措施抓落实，"三区一基地"建设成效明显

围绕"三区一基地"的发展定位，加快现代商贸物流重要基地建设，打造唐山、石家庄、保定等国家物流枢纽城市和国家物流枢纽承载城市建设。深入推进产业转型升级试验区建设，加快产业高端化、智能化、绿色化转型，2021年高新技术产业增加值占规上工业比重达到21.5%。稳步推进新型城镇化与城乡统筹示范区建设，扎实推进乡村全面振兴，2021年全省常住人口城镇化率达到61.14%。坚决打赢蓝天、碧水、净土保卫战，持续强化首都"两区"、京津保生态过渡带等建设，八年间全省森林覆盖率提高4个百分点以上③。

（六）强化同谋划同部署同实施，重点区域协同进入快车道

张北地区"北翼"建设扎实推进，圆满完成冬奥会筹办工作，并放大冬奥效应，强化推动后奥运经济发展，全力加强张家口国家级可再生能源示范区建设，加快发展数字产业。积极推进通州区与北三县一体化高质量发展，中粮集团可口可乐、北京牛栏山等一批项目立项落户北三县，启动北京城市副中心与北三县政务服务"区域通办"。与北京市联合组建大兴国际机场临空经济区管委会，打造全国唯一的跨省市综合保税区，相继建成一批重大基础设施项目。

二、京津冀协同发展水平的综合评价

京津冀协同发展最终表现为三地经济社会各个方面发展差距的缩小，为此，我们用京津冀三地发展差距变化的趋势，分析、研究八年来京津冀协同发展取得的重大成效。

---

①②③　相关部分提供的统计资料。

(一)指标体系

按照体现高质量发展和更具代表性、可比性等的原则,本文着重从经济实力、民生福祉、先进要素、基础设施、绿色低碳、开放合作6个一级指标,15个二级指标,39个三级具体指标,对京津冀三地发展差距变化趋势进行分析(具体指标体系见表1)。

(二)评价方法

为用最真实的数据准确反映近几年来京津冀发展差距变化趋势,本文一是采用了标准差方法,计算出京津冀2014~2021年在三级具体指标方面的发展差距①。二是为便于比较和计算,应用归一法对三地三级指标标准差进行无量纲化处理,把数据均压缩在[0,1]范围内。三是运用算术平均值法,分别对三级指标、二级指标和一级指标的标准差进行计算,分别得出二级指标、一级指标和目标层指标2014~2021年京津冀发展差距。其计算公式分别为:

1. 求标准差

标准差是反映一组数据的离散程度的计算公式。能更加准确科学计算区域之间各项具体指标发展差距。标准差数值越高证明区域间发展差距就越大,反之数值越小就说明区域之间发展差距相对较小。

$$\sigma = \sqrt{\frac{1}{N}\sum_{i=1}^{N}(x_i-\mu)^2} \tag{1}$$

其中,x_i 为指标实际数值,μ 为这些数值的平均值,σ 为标准差。

2. 归一法量纲处理

让三级指标的标准差压缩在 [0,1] 范围内。

$$X_{norm} = \frac{X-X_{min}}{X_{max}-X_{min}} \tag{2}$$

3. 算术平均法

$$M = \frac{X1+X2+\cdots+X_n}{n} \tag{3}$$

其中,M 代表二级指标、一级指标和目标层指标的标准差,分别是下一级所包含指标的算术平均值。

(三)计算结果

2014~2021年京津冀在三级指标、二级指标、一级指标和目标层指标的发展差距如表1、表2、表3、表4所示。

---

① 本研究所有指标数据来源于2015~2021年《北京统计年鉴》、《天津统计年鉴》、《河北统计年鉴》和北京市、天津市、河北省2021年统计公报。

表1 2014~2021年京津冀协同发展指标评价体系及三级指标发展差距

目标层	一级指标	二级指标	三级具体指标	2014年	2015年	2016年	2017年	2018年	2019年	2020年	2021年
综合发展水平	经济实力	整体实力	人均地区生产总值	0.000	0.094	0.218	0.395	0.615	0.747	0.765	1.000
			人均一般公共预算收入	0.000	0.472	0.650	0.752	1.000	1.000	0.683	0.957
			人均固定资产投入	0.000	0.133	0.312	0.277	0.174	0.483	0.868	1.000
		质量效益	规上工业企业主营业收入利润率	0.554	0.915	0.452	1.000	0.000	0.342	0.549	—
			全员劳动生产率	0.000	0.141	0.267	0.464	0.876	0.938	1.000	—
		结构层次	税收收入占一般公共预算收入比重	1.000	0.867	0.725	0.310	0.000	0.121	0.255	0.371
			高技术制造业占规上工业增加值比重	0.111	0.000	0.052	0.016	0.146	0.139	0.141	1.000
			新产品销售收入占主营业务收入	1.000	0.830	0.920	0.892	0.239	0.080	0.000	—
	社会民生	收入消费	城乡居民人均可支配收入	0.000	0.139	0.276	0.440	0.621	0.802	0.815	1.000
			恩格尔系数	0.426	0.549	0.470	1.000	0.330	0.347	0.313	0.000
		公共服务	城镇单位在岗职工平均工资	0.000	0.078	0.193	0.282	0.478	0.924	1.000	—
			常住人口千人病床数	0.357	0.250	0.786	0.000	0.518	0.579	1.000	0.195
			百名初等和学前教育学生教职工数	1.000	0.914	0.855	0.687	0.443	0.346	0.000	—
			每千人口养老机构床位数量	1.000	0.576	0.486	0.554	0.156	0.176	0.000	—
	支撑要素	技术创新	985、211高校或"双一流"高校占比	0.000	0.000	0.000	1.000	1.000	1.000	1.000	1.000
			R&D经费支出占GDP比重	0.830	0.950	0.717	0.000	0.308	1.000	0.998	—
			万人发明专利授权量	0.000	0.158	0.233	0.270	0.392	0.458	0.691	1.000
			规上有R&D活动企业比重	1.000	0.915	0.875	0.686	0.516	0.025	0.000	—
		资本金融	技术市场成交额与GDP之比	0.004	0.000	0.298	0.553	0.207	0.548	1.000	0.755
			社会融资规模与GDP比重	0.804	1.000	0.582	0.000	0.843	0.433	0.373	0.363
			总部设在本地的基金公司数量	0.235	0.353	0.706	0.765	0.000	0.000	1.000	1.000
			企业股票融资占比	0.320	0.118	0.547	0.718	0.000	0.128	0.407	1.000

续表

目标层	一级指标	二级指标	三级具体指标	2014年	2015年	2016年	2017年	2018年	2019年	2020年	2021年
综合发展水平	基础设施	网络通信	人均电信业务总量	0.069	0.263	0.000	0.140	0.519	0.885	1.000	—
			万人移动通信基站数量	0.000	0.156	0.253	0.419	0.407	0.868	1.000	—
			有电子商务活动企业比重	0.000	0.271	0.283	0.602	0.818	0.932	1.000	—
			移动电话普及率	1.000	0.897	0.517	0.154	0.289	0.254	0.056	0.000
		交通设施	等级公路密度	1.000	0.947	0.906	0.785	0.674	0.548	0.258	0.000
			铁路密度	0.023	0.000	0.028	0.280	0.230	0.317	0.317	1.000
			机场旅客吞吐量	0.756	0.808	0.855	0.810	0.868	1.000	0.000	0.148
	低碳绿色	环境质量	二级及以上空气质量天数比率	0.401	1.000	0.568	0.410	0.000	0.240	0.724	0.420
			地表水达到好于Ⅲ类水体比例	0.622	0.657	1.000	0.281	0.227	0.000	0.071	0.766
		生态建设	森林覆盖率	0.000	0.378	0.738	1.000	0.348	0.646	0.790	—
			城市建成区绿化覆盖率	1.000	0.417	0.240	0.295	0.000	0.128	0.238	—
		资源利用	万元地区生产总值用水量	1.000	0.828	0.465	0.000	0.137	0.260	0.194	0.058
			万元GDP能耗	0.745	1.000	0.886	0.719	0.357	0.000	0.008	—
	开放合作	对外贸易	进出口总额与生产总值比重	1.000	0.345	0.210	0.309	0.369	0.291	0.000	0.178
			高技术产品出口额与出口总额比重	0.816	0.829	0.579	0.752	0.201	0.000	0.184	—
		要素流动	外商直接投资占固定资产投资比重	0.000	0.163	0.015	1.000	0.602	0.385	0.333	0.313
			入境旅游人数	1.000	0.969	0.928	0.815	0.822	0.709	0.000	—

注：表中数据为标准差。

表2　2014～2021年京津冀二级指标发展差距

目标层	一级指标	二级指标	2014年	2015年	2016年	2017年	2018年	2019年	2020年	2021年
综合发展水平	经济实力	整体实力	0.000	0.233	0.393	0.475	0.596	0.743	0.772	0.986
		质量效益	0.518	0.641	0.481	0.591	0.292	0.467	0.602	—
		结构层次	0.555	0.415	0.486	0.454	0.193	0.109	0.071	—
	社会民生	收入消费	0.142	0.256	0.313	0.574	0.477	0.691	0.709	—
		公共服务	0.786	0.580	0.709	0.414	0.372	0.367	0.333	—
	支撑要素	技术创新	0.367	0.404	0.425	0.502	0.484	0.606	0.738	—
		资本金融	0.453	0.490	0.611	0.494	0.281	0.187	0.593	0.788
	基础设施	网络通信	0.267	0.397	0.263	0.329	0.508	0.735	0.764	—
		交通设施	0.593	0.585	0.596	0.625	0.591	0.622	0.191	0.383
	低碳绿色	环境质量	0.512	0.828	0.784	0.345	0.114	0.120	0.398	0.593
		生态建设	0.500	0.397	0.489	0.648	0.174	0.387	0.514	—
		资源利用	0.873	0.914	0.675	0.360	0.247	0.130	0.101	—
	开放合作	对外贸易	0.908	0.587	0.394	0.530	0.285	0.146	0.092	—
		要素流通	0.500	0.566	0.471	0.907	0.712	0.547	0.167	—

注：表中数据为标准差。

表3　2014～2021年京津冀一级指标发展差距

目标层	一级指标	2014年	2015年	2016年	2017年	2018年	2019年	2020年
综合发展水平	经济实力	0.358	0.430	0.454	0.507	0.360	0.440	0.481
	社会民生	0.464	0.418	0.511	0.494	0.424	0.529	0.521
	支撑要素	0.410	0.447	0.518	0.498	0.383	0.397	0.666
	基础设施	0.430	0.491	0.430	0.477	0.550	0.678	0.478
	低碳绿色	0.628	0.713	0.649	0.451	0.178	0.212	0.338
	开放合作	0.704	0.577	0.433	0.719	0.499	0.346	0.129

注：表中数据为标准差。

表4　2014～2021年京津冀综合发展水平差距

目标层	2014年	2015年	2016年	2017年	2018年	2019年	2020年
综合发展水平	0.49899	0.51263	0.49907	0.52422	0.39900	0.43370	0.43547

注：表中数据为标准差。

（四）结果分析

总体来看，京津冀综合发展水平差距正在呈现阶梯缓慢下降的趋势，表明京津冀协同发展水平正在提升，推动京津冀协同发展初步得到明显成效。2014～2020年，京津冀三地综合发展水平的标准差由0.499降低为0.435。从一级指标分领域看，对京津冀发展标准差降低贡献最大的是绿色低碳发展水平和开放合作水平发展差距的降低。2014~2020 年，京津冀三地绿色低碳发展水平和开放合作水平发展差距分别由 0.628 下降为 0.338、由 0.704 下降为 0.129，两领域成为三地发展差距降低最快的领域（见图1）。

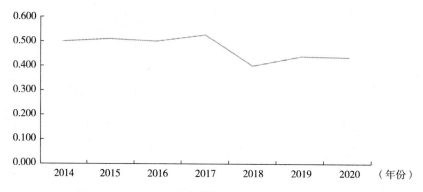

图1　2014~2020 年京津冀综合发展水平差距变化趋势

在经济实力方面，京津冀整体发展实力仍未达到降低的拐点，但产业结构和发展质量效益差距明显减小。2014~2020 年，京津冀三地经济实力发展差距由 0.385 变为 0.481。尤其是在经济整体实力方面，京津冀发展差距仍呈现扩大的趋势，2014~2020 年增加了 0.986；从具体指标看，三地人均 GDP、人均一般公共预算收入、人均固定资产投资等主要指标发展差距仍持续扩大。三地经济发展质量效益和产业结构层次差距呈现下降的趋势，尤其是产业结构层次差距呈现快速下降的趋势，2014~2020 年，三地产业结构层次差距由 0.555 降低为 0.071（见图2）。这与近几年来，河北省大力推进产业结构调整、加快经济转型升级、深入推动高质量发展的工作实际相符。

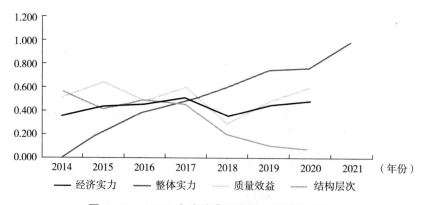

图2　2014~2021 年京津冀经济实力差距变化趋势

在社会民生方面，总体京津冀三地发展差距变化不大，但内部各领域发展差距变化分异明显。2014~2020 年，京津冀三地社会民生发展差距由 0.464 变为 0.521。但收入消费领域差距仍呈持续扩大的趋势，2014~2020 年，三地收入消费差距由 0.142 扩大到 0.709，这与三地经济发展实力息息相关，由三地经济发展总体水平的差距决定的。公共服务领域差距显著变小，2014～2020 年，三地公共服务领域差距由 0.786 变为 0.333，减少幅度明显，这与三地八年来积极深入推进医疗、教育等公共服务领域共建共享的努力是分不开的(见图 3)。

图 3　2014～2020 年京津冀社会民生领域差距变化趋势

在要素保障方面，三地先进要素供给能力差距整体上仍呈现扩大的趋势，尤其是在技术要素供给方面差距仍较大。技术、资金等先进要素是推动高质量发展的主要支柱，当前三地在高质量发展先进要素支撑上仍具有较大的差距。从总体上看，从 2014～2020 年，三地先进要素领域差距由 0.410 变为 0.666。从科学技术看，三地差距由 2014 年的 0.367 扩大至 2020 年的 0.738。从金融资本看，三地差距由 2014 年的 0.367 变为 2021 年的 0.788。整体上仍都呈现扩大的趋势(见图 4)。

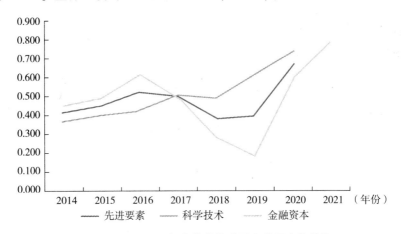

图 4　2014～2021 年京津冀先进要素差距变化趋势

在设施配套方面，三地基础设施建设水平总体上差距变化不大，但交通设施建设水平差距明显缩小，数字网络设施建设水平差距仍较大。2014～2020 年，三地基础设施建设水平差距由 0.430 变为 0.478，基础设施建设水平差距变化不大。但从通信网络设施看，三地建设水平差距由 2014 年的 0.267 扩大至 2020 年的 0.764，表明河北省数字设施建设水平仍严重滞后于京津。从交通基础设施看，三地建设水平差距由 2014 年的 0.593 缩小至 2021 年的扩大至 0.383，尤其是在等级公路建设密度方面，三地建设水平差距正逐步减小,说明三地在交通一体化建设方面成效显著(见图5)。

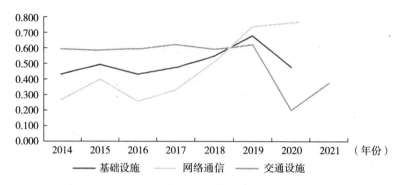

图5 2014~2021年京津冀基础设施差距变化趋势

在绿色低碳方面,三地绿色低碳发展水平加快趋同,能源资源利用效率差距变小。2014~2020年,京津冀三地绿色低碳发展水平差距从0.628降至0.338,是京津冀发展差距减小最明显的领域之一。从环境质量改善方面看,三地发展差距由2014年的0.512降至2020年的0.398。从资源要素利用效率方面看,三地发展差距由2014年的0.873降至2019年的0.101(见图6),其中万元地区生产总值用水量差距由2014年的1.000降至2021年的0.058,万元GDP能耗差距由2014年的0.745降至2021年的0.008。这与近年来三地持续加大生态环境建设保护力度,携手发力推进生态环境联建联防联治的努力是分不开的。

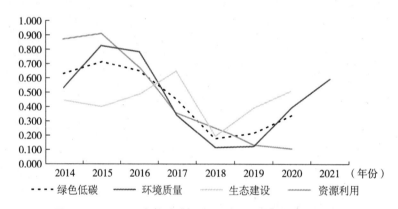

图6 2014~2021年京津冀绿色低碳发展水平差距变化趋势

在开放合作方面,三地对外开放合作水平差距整体上趋于减小。总体来看,2014~2020年三地对外开放合作水平差距由0.704减少至0.129。从对外贸易方面看,三地的差距由2014年的0.908减少至2020年的0.092,其中进出口总额占生产总值比重的差距由2014年的1.000减少至2021年的0.178,高技术产品出口额占全部产品出口额的比重差距由2014年的0.816减少至2020年的0.184。从要素流动方面看,三地差距从2014年的0.500减少至2020年的0.167(见图7)。这在一定程度上,也反映出在协同发展战略实施的推动下,河北省对外开放水平的提升。

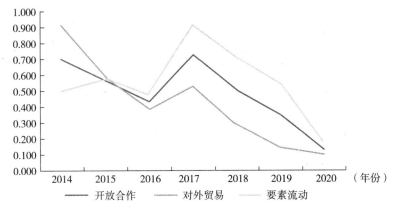

图7 2014～2020年京津冀开放合作水平差距变化趋势

三、河北省推进京津冀协同发展仍存在的问题

河北省推进京津冀协同发展虽然取得了明显成效，但与协同发展目标相比，与长三角等其他经济区相比，京津冀协同发展还存在一些短板和弱项。

(一)河北省难以嵌入京津产业链，京津冀经济关联度不高

京津冀协同发展，以经济协同为核心，但长期以来河北省与京津存在着较大的产业梯度差，导致河北省难以融入京津产业链，京津冀经济一体发展面临高墙之隔。从产业层次看，京津尤其是北京市产业结构层次位居全国最高之行列，是全国"高精尖"产业发展领头羊，而河北省产业当前仍以中低端为主。从产业类型看，北京市以现代服务业和电子信息产业、生物医药等高端制造产业为主，而河北省服务业虽然也为第一大产业，但现代服务业所占比重较低，资源型原材料工业主营业务收入占规上工业比重仍达40%以上。从企业层面看，北京市全国大型国有企业和新兴经济企业总部聚集地，驻有76家央企总部、56家世界500强企业总部和33家我国数字经济百强企业，而河北省传统、一般企业多，营业收入超10亿元的企业中，46.7%集中在钢铁、石化、建材和煤炭行业。河北省产业与京津交叉点较少，导致与京津经济合作难以擦出"火花"。2021年京津冀区域内部贸易占比为20.4%，比长三角地区低20.6个百分点①。

(二)没有利用好京津优势资源，区域高端要素供给不均衡

利用好京津优势资源尤其是先进要素资源，实现借力发展，这既是京津冀协同发展内在要求和应有之意，也是河北省加快高质量发展的迫切需要。北京市现代服务业发达、高端要素资源密集，汇聚了全国1/2的两院院士、1/3的国家级重点实验室、

———————————

① 相关部门提供的统计资料。

1/3的国家专利、1/5的"双一流"高校①，是我国战略科技力量最集中的地区、全国科创中心；聚集了大批总部级金融机构，金融资产总量占全国一半，是国家金融管理中心。而由于河北省创新基础差、产业不配套、对接不深入、合作不紧密等原因，导致河北省对京津高端要素挖掘利用不充分，高质量发展先进要素支撑不足。2021年，北京流向河北省技术合同成交额只占流向外省市技术成交额的5.5%，远低于同期上海流向长三角区域内江苏、浙江的技术合同成交额比重②。

(三) 河北省综合环境不优，三地发展"引力差"依然较大

当前河北省发展环境与京津相比仍有较大的差距，京津尤其是北京市是现代化国际大都市、世界一线城市，是我国的文化中心、国际交流中心，金融、商务、教育、卫生、文化等服务设施一流、完善，同时经济实力雄厚，对国内外高尖端人才引进、科学研究、战略性新兴产业和高新技术产业发展等都给予了大量的政策支持。而河北省经济社会总体上发展水平不高，人均收入位居全国中下游水平，商务服务和公共设施现代化、国际化建设水平低，政策制度环境、产业园区竞争力、市场活力和发展氛围等与京津相比仍具有明显的差距。这导致京津冀区域内部要素单向流、高端产业和高附加值环节偏向京津布局的现象难以改变，也在一定程度上影响了北京非首都功能向河北省疏解转移。

(四) 推进机制和路径有待创新，协同发展制度性障碍尚未破除

当前京津冀协同发展进入向纵深推进的关键阶段，需要聚焦京津冀协同发展过程中出现的深层次矛盾和问题，在推进机制、路径以及策略上加强创新，使京津冀协同发展取得更大成效。从长期看，京津冀三地协同发展，不可能完全是政府人为推动的结果，应及时构建京津冀协同发展的市场内在推动机制，强化市场作用，尊重市场选择。从现实基础看，当前京津产业存量转移已接近中后期，河北省应借鉴浙江、江苏协同上海发展的经验，利用京津强大的经济创造力和吸纳力，发挥河北省土地、空间及发展成本等优势，强化在经济增量的协作，把吸引经济增量作为协同发展的新途径。

四、河北省纵深推动京津冀协同发展的对策建议

未来要立足新形势新阶段，把握好推动京津冀协同发展的新路径新举措，全面加速推进京津冀协同发展向广度深度拓展，不断开创协同发展新局面，在对接京津、服务京津中加快自身高质量发展。

(一) 把吸纳京津科技成果转移作为河北省推动京津冀协同发展的重要工作

吸纳京津科技成果转移转化是河北省利用京津技术资源、推进产业转型升级最直接

---

① 河北省科技厅. 北京科研成果外溢 河北承接能力增强 [EB/OL]. 搜狐网，[2016-09-29]. https://www.sohu.com/a/115310507_125211.

② 2021年《北京技术市场统计年报》《上海技术市场统计年报》。

有效的方式，河北省要加大对吸纳京津科技成果转移转化重视和谋划推进力度，充分利用京津尤其是北京全国科技中心的优势，抢抓北京科技成果加速向外地转移转化的机遇，加快构建京津研发、河北转化创新体系，努力吸纳更多京津科技成果在河北省落地转化。一是成立专门的工作机构。跟踪了解京津科技创新和成果产出情况，制定京津科技成果在河北省转移转化的重大支持政策，协调推进京津科技成果转移转化项目建设。二是创新京津科技成果对接发现机制。实施企业对接京津科研机构三年行动计划，快速落地实施一批科技成果转移转化项目。借鉴南京"创新大使"经验，积极向京津高校院所派驻科技专员，及时发现前沿科技成果、跟踪对接转化需求，促成相关成果在河北省落地转化。三是创新京津科技成果转移转化方式。积极与京津共建一批新型研发机构，打造京津科技成果在河北省转化的重要窗口。加大京津科技成果在河北省转化落地的重点支持，借鉴江苏、浙江等地的经验，针对重大科研成果，采取全方位配套建设技术二次开发机构、技术产业化基金、专业化产业园区等方式，全力吸引各类重大科技成果在河北省转化。

（二）实施跨区域产业链共建示范行动

京津冀跨区域共建产业链，是增强区域经济联系，打造优势产业集群，建设京津冀世界级城市群的必然选择；也是共同应对全球产业链重构、提升京津冀产业竞争力和影响力的重要举措。河北省要深化与京津产业协作，瞄准新一代信息技术、医药健康、高端装备这三个京津实力强、河北省基础好的领域，实施跨区域示范产业链共建行动，加强产业链对接合作，共建具有国际竞争力的产业集群。一是立足三地发展优势和潜力，细化三个产业区域功能分工，优化产业空间布局，形成分工协作、互补互促、协调共赢的发展局面。二是实施跨区域产业链整合。共同编制实施新一代信息技术、医药健康、高端装备全产业链构筑计划，加强三地企业联合协作，支持河北省企业进入京津供给链，吸引京津企业供应商、加工制造商在河北省"就近布点"。三是实施三地产业联合招商，实施统一的产业政策，打造统一的产业发展服务体系，共同开展相关技术研究和上下游产品联合营销，共建产业生态圈。

（三）加快构建京津冀一体化要素市场

构建京津冀一体化要素市场，既是国家加快建设全国统一大市场的基本要求，又是强化京津冀要素自主有序流动、实现区域间要素均衡配置的有力手段。河北省应主动作为，积极协同京津开展区域统一大市场建设试点。一是加强统一的人才市场建设。加强京津冀人才政策衔接，推动京津冀区域内人才评价、资格认定、劳动报酬等人才政策互通互融，构建统一的人力资源服务体系，通过建立"人才飞地"工作站等模式，积极引用京津人才，促进人才有序流通。二是共建一体化的技术交易市场。推动河北省技术交易平台与京津技术转移平台在科技成果推介、知识产权保护、专业人才培养、技术评价、投融资、法律咨询、招标拍卖等方面无缝对接、互联互动，共建科技成果信息供给库、企业科技成果需求库、技术转移服务信息平台等，构建统一的科技报告制度。三是推进京津冀金融市场一体化。加强河北省股权交易所与京津区域股权市场开展互联互通、互助服务，谋划打造京津冀区域私募股权投资基金服务平台，吸引京津基金公司在河北省设立分支机构，联合京津推进金融开放。

(四) 加速培育打造现代化首都和省会都市圈

都市圈是城市圈的基本单元，京津冀协同发展，打造京津冀世界级城市群，必须首先建设好环首都、环省会都市圈。一是助力打造环首都都市圈。推动北三县、涿州等环京周边地区与北京同城化发展，构建便捷高效的交通通勤网络，提高职住协同水平。推动雄安新区稳妥有序承接高校、医院等非首都功能，与北京形成错位联动的发展格局。加强张家口、保定和承德与北京产业协同发展，在新能源汽车等重点领域共建互嵌共耦的产业链。二是谋划建设环省会都市圈。加快编制《环省会都市圈发展规划》，根据石家庄市与周边地区交通、功能以及产业联系，科学确定环省会都市圈的范围。建立健全省会与周边城市跨区域联动、一体化发展的常态化沟通协调机制，加强省会石家庄与周边地区发展的互联互通，谋划推进市域(郊)铁路建设，推进基础设施同网、产业分工协作、市场统一开放、公共服务共享，共同打造具有全国影响力的现代化省会都市圈。

(五) 全力改善综合发展环境

环境就是生产力，一流营商环境才有吸引力，北京非首都核心功能疏解项目能否在河北省落地并留得住、发展好，最终决定条件是河北省是否拥有一流的发展环境。河北省要深化实施环境再造工程，全方位优化综合发展环境，打造承接吸纳京津功能、要素和项目"强磁场"。一是创建一流营商环境。深化推进"一件事"集成审批机制改革，建设"无证明城市"，积极构建亲清新型政商关系，让企业家安心创业发展。二是优化政策环境。对标中关村等先进地区，修改完善人才引进、科技研发、高新高端产业发展等支持政策，减小与先进地区政策梯度差，保持低成本发展环境，强化相关项目建设用工用地用能保障。三是提升以人为本的公共服务水平。对于入冀优秀人才，在户籍落户、租房买房、就业创新、子女入学等方面实施最具含金量的政策措施。四是健全协作配套的产业服务功能。着力提升产业园区、创客空间、孵化器等发展平台的服务水平和能级。围绕创新型产业发展需求，繁荣发展金融资本、技术服务、产权保护、信息咨询等市场。

(六) 创造服务京津的新供给

瞄准京津市场新需求，充分发挥河北省资源和区位优势，加快在旅游、康养、食品等领域谋划发掘服务京津新空间，开拓消费经济新优势。一是布局建设京津中央厨房与预制菜基地。在保定、沧州、廊坊、承德等环京津地区新建和改扩建中央厨房项目，重点发展以净菜加工、预制菜肴、主食面点为主的中央厨房产业，共同打造环京津中央厨房产业基地，布局建设一批特色预制菜产业园。二是建设京津高端康养基地。发挥河北自然生态禀赋、要素成本优势，积极对接京津康养需求，加快北戴河国家康养基地建设，在环京津周边地区谋划建设康养聚集区、康养小镇，打造京津医疗康养休闲度假基地。三是强化针对京津市场的旅游开发。加强京津市场调查，针对不同客群，充分挖掘环京津旅游资源，分类推动重点旅游拳头产品，持续开发周末红色游、周末农家乐游、周末山水游以及微旅游、慢休闲、自驾游等细化新产品。精准开展市场营销，面向京津推广旅游惠民"一卡通"、消费券，培育旅游消费热点。

（本文作者：张金杰、罗静、张满鑫、黄贺林、戴海益。课题来源于2022年度河北省社会科学发展研究课题"推动京津冀协同发展广度深度拓展的建议"（课题编号：20220202252）。本文发表于《京津冀协同发展报告（2023）》。）

抓住协同发展机遇
推进河北高质量发展

京津冀协同发展，是河北千载难逢的发展机遇，也是河北得天独厚的发展优势，更是河北高质量发展的重要依托。八年来，京津冀协同发展国家战略深入实施，为河北高质量发展奠定了坚实基础、创造了良好条件。当前，百年变局加速演进，世纪疫情反复延宕，国内外发展环境发生深刻复杂变化。在新起点上推动河北高质量发展，必须紧紧抓住京津冀协同发展战略机遇，自觉服从京津冀协同发展大局，以更宽的视野、更高的追求、更实的举措，积极贯彻落实国家重大战略部署，在更好对接京津、服务京津中加快发展自己，把千载难逢的战略机遇转化为势不可当的发展动能，不断开创建设经济强省、美丽河北新局面。

一、紧紧扭住北京非首都功能疏解这个"牛鼻子"，打造承接疏解首选地

疏解北京非首都功能是京津冀协同发展的"牛鼻子"。抓住用好京津冀协同发展战略机遇，必须紧紧抓住这个"牛鼻子"，抓紧抓实抓好承接平台建设、承接环境营造和承接项目实施，确保疏解项目转得来、留得下、发展好，使河北省成为承接疏解首选地。一是建设好承接平台。高标准建设雄安新区，打造北京非首都功能疏解集中承载地。持续推进廊坊北三县与通州一体化发展，建好大兴机场临空经济区等重点承接平台。推动全省开发区整合优化、调区扩区、升级扩能、创新发展，打造一批高能级开发区，全面提升承接能力，使之成为承接疏解、集聚要素、引领发展的主阵地。二是营造好承接环境。对标对表北京非首都功能疏解需求，以雄安新区、环首都中心城市和各级各类开发区为重点，全面加强基础设施、公共服务设施、产业配套设施建设，加快配齐优质服务功能，健全完善激励政策，创新优化营商环境，打造令人向往的疏解承接地。三是实施好承接项目。精准对接北京非首都功能疏解清单，建立有效保障机制，保障疏解承接项目要素配置和配套服务需求，打造一批标志性疏解承接项目。

二、以大历史观推进雄安新区建设发展，打造高质量发展的全国样板

规划建设雄安新区是以习近平同志为核心的党中央深入推进京津冀协同发展作出

的历史性战略决策，是千年大计、国家大事。我们必须树立大历史观，既要有深邃的历史眼光，以对历史负责的态度稳扎稳打，又要有宽广的国际视野，以引领未来的姿态大胆探索，努力建设一座经得起历史和人民检验的社会主义现代化典范城市。

要坚持世界眼光、国际标准、中国特色、高点定位，用最先进的理念和国际一流设计，统筹地上、地下、云上，同步推进数字城市与物理城市规划建设，打造引领未来的标杆之城。要坚持把制度创新作为雄安新区建设发展之要，同步推进雄安新区建设、功能承接和制度创新，着力塑造协同共生的创新生态、开放竞合的产业生态、兼容并包的人文生态，打造令人向往的活力之城。要坚持把带动周边作为雄安新区建设发展题中之义，加快建立雄安新区与周边地区联动机制，推进与周边城市功能、产业和基础设施统筹规划布局、协同联动发展，打造新时代辐射带动区域发展的样板城市。

三、坚持弘扬北京冬奥精神，打造发展新高地

北京冬奥会虽已落幕，但胸怀大局、自信开放、迎难而上、追求卓越、共创未来的北京冬奥精神已成为我们共同的精神财富，正在转化为奋进新征程、建功新时代的强大动力。抓住用好京津冀协同发展战略机遇，必须坚持弘扬北京冬奥精神，主动作为，积极进取，大力发展后奥运经济和文化旅游产业，加快首都"两区"建设，打造发展新高地。

一是大力发展冰雪产业，抢抓后奥运体育产业发展红利，挖掘利用冬奥场馆等冬奥遗产，打造体育赛事聚集区，发展赛事经济，建设国家级体育训练基地、冰雪运动推广基地和户外运动体验基地，发展冰雪装备器材制造业，打造世界级冰雪产业集群。二是加快建设京张体育文化旅游带，统筹推进体育文化旅游品牌建设和产品开发、重大项目建设及多元业态发展，打造一批优秀文化品牌、知名旅游品牌和特色旅游产品，实施景区提升、街区打造和示范区创建工程，打造体育文化旅游融合发展样板。三是加快首都"两区"建设，紧紧围绕"两区"功能定位，加强生态建设和水源涵养，提升林草生态系统功能，实行最严格的水资源管理，推进绿色城市建设，大力发展绿色经济，建好可再生能源基地，打造天蓝地绿水清、生态宜居宜业的首都"后花园"，在当好首都生态"护城河"的同时加快绿色崛起。

四、对接用好京津创新资源，打造具有全球影响的先进制造基地

京津的突出优势是科技创新能力强、创新资源丰富，河北的突出优势是制造业基础扎实，三地优势互补，具有打造世界级先进制造基地的组合优势。抓住用好京津冀协同发展战略机遇，必须与京津创新链深度融合，对接用好京津创新资源，促进河北创新能力和产业竞争力不断提升，共同打造协同创新共同体和具有全球影响的先进制造基地。

一是抓住北京非首都功能疏解机遇，结合雄安新区全球创新高地建设，争取国家

重大科创平台在河北布局、驻京知名高校和科研机构向河北疏解，全面落实研发费用加计扣除等普惠性政策，制定更具竞争力的创新激励政策，吸引更多创新要素向河北聚集，打造制造业发展的战略支撑。二是聚焦钢铁、化工、汽车、高端装备、信息智能、生物医药等共同优势产业，突破"一亩三分地"思维，与京津共建高水平产业创新联盟、产业创新中心和生产制造基地，推动更多京津科技成果在河北转化，持续提升优势制造业规模实力和综合竞争力。三是跟踪京津高校和科研机构重大科技及前沿技术攻关进展，精准配置孵化转化条件和生产要素，超前布局应用场景，下好未来产业"先手棋"。

五、发挥好独特区位优势，打造内外双向循环枢纽

河北内环京津、外沿渤海、畅通南北、连接东西，拥有发达的现代化综合交通网，在服务国家发展、畅通国内循环、参与国际竞争等方面地位突出，具有与京津共建国内大循环中心支点、国内国际双循环战略链接的优势和条件。抓住京津冀协同发展战略机遇，必须发挥好河北独特的区位优势，聚焦服务融入新发展格局，加快现代化商贸物流体系建设，打造内外双向循环枢纽。

一是加强海陆空一体化交通枢纽建设。完善石家庄等全国性综合交通枢纽和张家口等区域性交通枢纽功能，推动三大港口现代化转型，培育区域性航空枢纽，联手京津打造京津冀世界级港口群、机场群。二是加快完善港口集疏运体系。谋划建设黄骅至山西、曹妃甸至蒙东综合运输大通道，布局建设内陆"无水港"，将港口腹地拓展至中西部地区。三是加快提升商贸物流功能。统筹枢纽城市商贸设施和物流园区建设，谋划建设大宗商品储运基地，推动大宗商品期货保税交割仓库、跨境交易平台建设，争取国家和区域性应急物资保障基地布局，谋划建设京津冀战略物资储备仓，确保京津冀供应链安全稳定。四是大力发展枢纽经济。加快临空经济区、临港经济区和城市高铁枢纽经济区建设，培育发展临空产业，大力发展临港产业，聚集发展枢纽偏好型产业，全面提升枢纽地区资源配置和产业配套能力。

六、立足共建世界级城市群，打造高品质城镇体系

京津冀协同发展的一个重要目标就是建设以首都为核心的世界级城市群，打造环渤海地区创新发展的新引擎，辐射和带动全国高质量发展。抓住并用好京津冀协同发展战略机遇，必须围绕与京津共同打造世界级城市群，因地制宜、梯次推进、分类施策，打造高品质的城镇体系。

一是集中资源打造头部城市，加快石家庄现代化国际化美丽省会城市建设，推进唐山现代化滨海城市建设，推动保定与雄安新区同城化发展，加快京津冀城市群万亿级次核心城市建设。二是建设一批高品质功能节点城市，优化邯郸、沧州、廊坊、秦皇岛、张家口、承德、邢台、衡水等城市功能布局，加强城市设计，提高建设品位，

完善服务功能，提升承载能力，形成一批五千亿级区域中心城市。三是培育一批联动城乡的现代化中小城市，以环京津、环省会和沿海县城为重点，加快基础设施提档升级，提升公共服务供给能力，壮大县域特色产业集群，打造一批千亿级中小城市。四是全面推进乡村振兴，加快城乡融合发展和新型城镇化步伐，打造一批特色各异、富有活力、宜居宜业的特色小镇。

（本文作者：高智。本文发表于 2022 年 7 月 6 日《河北日报》（理论版）。）

举全省之力持续推动京津冀协同发展向广度深度拓展

京津冀协同发展，是习近平总书记统揽经济社会发展全局作出的一项重大国家战略，体现了高瞻远瞩的战略谋划、统筹协调的系统思维、人民至上的深厚情怀。八年来，河北认真贯彻落实总书记的一系列重要指示批示精神和党中央决策部署，聚焦"三区一基地"功能定位，精心组织、扎实推动，京津冀协同发展取得显著成效。当前，我国已经踏上了全面建设社会主义现代化国家新征程，河北省要进一步强化大局观念和责任担当，牢牢把握新形势新任务，举全省之力持续推动京津冀协同发展向广度深度拓展，确保重大国家战略在河北落地落实。

一、踏上新征程、服务大战略，京津冀协同发展要展现新作为

时代催人奋进，使命呼唤担当。推动京津冀协同发展向广度深度拓展，是新时代赋予京津冀的国家使命，是国家重大战略实施的阶段任务，是加快建设现代化经济强省、美丽河北的内在要求，意义重大、影响深远。

京津冀协同发展进入新阶段，需要在更深层次上加以推动。过去八年，京津冀协同发展走过了谋思路、打基础、寻突破的阶段，当前和今后一个时期进入滚石上山、爬坡过坎、攻坚克难的关键阶段，需要对标远期战略目标，立足前期坚实基础，聚焦深层次矛盾和关键性障碍，在更深层次推动协同发展，探索人口经济密集地区协调发展新模式。

京津冀协同发展面临新使命，需要在更宽领域上加以推动。当前，我国进入高质量发展阶段，正在加快构建以国内大循环为主体、国内国际双循环相互促进的新发展格局。京津冀地区创新资源富集、产业配套完整、人口规模较大、枢纽地位突出，必须立足新发展阶段，在更广领域上推动协同发展，共同打造畅通国内大循环的中心支点和国内国际双循环的关键链接，在贯彻新发展理念、构建新发展格局、推动高质量发展中发挥更加突出的引领和支撑作用。

加快建设现代化经济强省、美丽河北，需要在更高水平上推动京津冀协同发展。河北省第十次党代会明确提出加快建设现代化经济强省、美丽河北，这是河北省站在

新历史起点的战略抉择，是纵深推动京津冀协同发展的战略任务。河北省必须更高水平对接京津、服务京津，办好国家大事，借力国家战略引领全省高质量发展，以自身实力水平的提升服务国家大局。

二、举全省之力持续推动京津冀协同发展向广度深度拓展，应立足高站位、统筹大局

举全省之力持续推动京津冀协同发展向广度深度拓展，应突出一个主题、抓住一个关键、推动三大转变、统筹三大关系，持续升级加力，开创深度协同新局面。

一是突出一个主题。高质量发展是"十四五"乃至更长时期我国经济社会发展的主题，关系我国社会主义现代化建设全局。习近平总书记强调："向改革创新要动力，发挥引领高质量发展的重要动力源作用。"河北省要坚持以高质量发展为主题，坚持质量第一、效益优先，崇尚创新、注重协调、倡导绿色、厚植开放、推进共享，推动京津冀在更深层次、更广领域上实现质量变革、效率变革、动力变革，协同打造引领高质量发展的新引擎。

二是抓住一个关键。积极稳妥有序疏解北京非首都功能是京津冀协同发展的"牛鼻子"，是最首要最核心的任务。推动京津冀协同发展向广度深度拓展，必须紧紧抓住承接北京非首都功能疏解这个关键，抓紧抓实抓好承接重点任务、重大项目、重要政策，确保疏解项目能够转得来、留得下、发展好。

三是推动三大转变。推动京津冀协同发展向广度深度拓展，要立足新阶段新任务，在方向重点和方式方法上实现三大转变：推动战略重心由点到面转变，深化点式突破成果，加快协同发展延伸拓面；推动战略任务由易到难转变，聚焦重点、破解痛点、攻克难点；推动战略路径由借势借力到协同发力转变，做好借力聚力文章，加快精准发力步伐，凝聚协同发展强大合力。

四是统筹三大关系。京津冀协同发展是一项历史性工程，一项深层次变革，涉及利益主体复杂，必须坚持统筹兼顾，协调好三大关系。统筹好战略愿景和阶段任务的关系，锚定长远战略目标，脚踏实地做好阶段性工作；统筹好国家战略和河北发展的关系，将加快建设现代化经济强省、美丽河北融入京津冀协同发展战略之中，以持续推动京津冀协同发展带动全省高质量发展；统筹好纵深突破和横向拓面的关系，继续推动交通、生态、产业等率先突破领域深度协同，着力拓展科技创新、公共服务、要素市场等协同发展新空间，全方位开创协同发展新局面。

三、稳扎稳打、善作善成，举全省之力持续推动京津冀协同发展向广度深度拓展

目标决定方向，方向引领行动。举全省之力持续推动京津冀协同发展向广度深度拓展，要聚焦重点领域和关键环节，创新体制机制，把握工作节奏，苦干实干、开拓

奋进。

有序承接北京非首都功能疏解，打造深度协同"主阵地"。当前，北京非首都功能疏解进入集中发力期，要坚持质量引领，承接存量与吸引增量并重，全面提升承接能力和水平。一是高标准创造"雄安质量"。全面提速新区建设，积极探索、大胆创新，创造高品质的生产生活环境，营造全球最优创新生态，发展高端高新产业，打造贯彻落实新发展理念的创新发展示范区和高质量发展全国样板。二是实施一批标志性承接项目。以在京部委所属高校、医院和央企总部为重点，制定时间表和路线图，分期分批承接疏解。三是加快重点承接平台建设。着力推动廊坊北三县与通州区一体化发展，建设好大兴机场临空经济区、京冀曹妃甸协同发展示范区等重点平台，构建功能定位清晰、承接重点突出、布局结构合理的承接平台体系。四是全面优化承接环境。加强基础设施、公共服务设施、产业配套设施建设，加快完善疏解激励政策体系，完善常态化对接机制，探索科学有序承接新途径。

着力推动重点领域再突破，实现深度协同上水平。八年来，京津冀协同发展在产业、生态、交通三大领域率先突破，公共服务共建共享和协同创新成果丰硕。今后要进一步聚焦重点领域，持续精准发力，寻求新的突破。一是推进产业链创新链深度融合。加强京津冀区域产业互联、政策互通、资源共享、平台共建、场景共用，联手京津争列国家全产业链创新提升区，共同打造具有全球竞争力的产业集群。二是深化交通一体化发展。组建京津冀陆海空港联盟，联手打造环渤海港口群、京津冀机场群，提升公路网络互联互通水平，构建多层次现代轨道交通网络，加快建设轨道上的京津冀。三是深化生态环境联建联防联治。持续推进大气污染联合治理，加强跨界河流综合治理与保护，完善区域生态环境保护协作和流域生态补偿机制，筑牢京津冀生态屏障。四是加强公共服务共建共享。推动京津优质教育、医疗、文化、康养、体育资源向河北延伸布局，共建京津冀高校联盟、京津冀职业教育集团、京津冀医院协同发展战略联盟。五是深化京津冀协同创新。积极引进京津创新资源和高端人才，推动科技成果京津研发、河北转化。

加快协同发展体制机制创新，下好深度协同"先手棋"。体制机制创新是管根本、管长远、管全局的关键举措。新阶段，我们要聚焦构建更加高效的京津冀区域治理格局，全面创新体制机制，为深度协同奠定制度之基。一是深化要素市场化配置改革。推动三地土地、人才、资本、技术、数据等要素市场一体化，加快科技要素、资质认证、市场准入和政府服务等政策共享、共认互通。二是创新公共服务协同发展机制。加快建立义务教育、医疗卫生、劳动就业等基本公共服务跨区域流转衔接制度，建立功能互补、标准耦合、区域联动的一体化公共服务体系。三是完善区域沟通协调机制。探索三地统一规划、联合开发、共建共享、协同治理模式，完善政策、规划、制度对接协调机制，推动建立多元化多层次的区域利益协调补偿机制。

全面推进"三区一基地"建设，打造河北发展新优势。"三区一基地"是重大国家战略赋予河北的功能定位，我们要紧紧围绕功能定位，扎实做好各项工作。一是加快秦皇岛港、唐山港、黄骅港资源整合和转型升级，加强物流枢纽、物流园区建设，大力发展冷链物流、空港物流、智慧物流等高端业态，打造面向全国、联通全球的现代商贸物流基地。二是加快传统产业高端化、智能化、绿色化发展，大力发展战略性新兴产业、现代服务业和现代都市型农业，推动 12 个省级主导产业和 107 个县域特色产业集群做大做强，打造全国产业转型升级试验区。三是以"两翼、两区、三群、六带"发展布局为统领，培育壮大区域中心城市，统筹抓好县城改造提升和特色小镇、美丽乡村建设，打造全国新型城镇化与城乡统筹示范区。四是高标准打好蓝天、碧水、净土保卫战，深入开展山水林田湖草沙系统治理，积极稳妥有序推动碳达峰、碳中和，加快建设京津冀生态环境支撑区。

（本文作者：罗静、高智。本文发表于 2022 年 2 月 25 日《河北日报》（理论版）。）

将雄安新区打造成为贯彻落实新发展理念的创新发展示范区

中共河北省委十届二次全会作出以大历史观推进雄安新区建设发展，打造贯彻落实新发展理念的创新发展示范区的部署要求。谱写雄安新区建设发展新篇章，关键要紧紧围绕落实"四区"发展定位，把新发展理念贯穿新区建设发展全过程和各领域，在推动创新发展、协调发展、绿色发展、开放发展、共享发展方面，大胆创新突破，探索一条新时代高质量发展的有效路径，为加快建设经济强省、美丽河北注入强大动能。

一、打造绿色生态宜居新城区，为社会主义现代化城市建设提供示范

随着我国城镇化迈入中后期转型提质新阶段，如何解决城市发展中普遍存在的共性问题，着力优化城市环境，建立适应数字时代、低碳时代的城市发展模式、治理模式，成为摆在我们面前的紧迫任务。雄安新区围绕高水平社会主义现代化城市建设目标，创新城市规划与建设模式，加快绿色低碳发展，将为我国城市现代化建设探索新路、提供示范。坚持把绿色作为雄安新区建设发展的普遍形态，完善生态功能，拓展蓝绿空间，推广低碳模式，建设数字城市，打造新时代绿色发展新标杆。一是打造新时代城市建设典范。高标准高质量推进重点片区建设，打造一批典范工程，建设既充满现代感又具有传统文化底蕴的高水平社会主义现代化城市。二是打造优美自然生态环境。加快恢复"华北之肾"功能，建立陆域绿色生态体系，构建宁静、和谐、美丽的自然环境，建设绿色生态新城。三是开启绿色低碳发展模式。推广绿色低碳的生产生活方式和城市建设运营模式，建设超低能耗绿色建筑，构建绿色交通网络，打造绿色低碳新区。四是建设全球领先数字城市。集成应用新一代信息技术，适度超前布局智能基础设施，探索城市智能建设运行新模式。

二、打造创新驱动发展引领区，为转换动能和激发活力提供示范

进入新发展阶段，如何有效激发创新发展动能，推进以科技创新为核心的全面创新成为我们面临的重要课题。雄安新区定位为创新驱动引领区，就是要开创创新发展

新模式，培育创新驱动新引擎，为我国转方式、增动力探索可行路径。坚持把创新作为雄安新区建设发展的第一动力，营造全球最优创新生态，吸纳和集聚京津及国内外创新要素资源，发展高端高新产业，让创新活力竞相迸发，打造全国创新发展的样板。一是建设国际一流科技创新平台。推动国家级创新平台在雄安落地，有序承接在京科研机构，加强重大科技基础设施建设，打造全球创新资源聚集地。二是建设国际一流科技教育基础设施。加快对北京高校的承接疏解，建设一批特色学院和高精尖研究中心，打造知识溢出效应明显的大学园区，为创新发展提供源头支撑。三是打造"雨林式"创新生态。支持新区企业联合金融机构、高校、科研院所共建产业协同创新共同体，建立以企业为主体、市场为导向、产学研深度融合的技术创新体系。四是构建以高端高新产业为主导的现代产业体系。协同推进战略性新兴产业培育和传统产业改造升级，促进实体经济、科技创新、现代金融、人力资源协同发展。

三、打造协调发展示范区，为优化国土空间布局和统筹城乡区域发展提供示范

优化国土空间布局，推进区域协调发展和新型城镇化，是关系我国发展全局的重大战略任务。当前，我国城乡区域发展不平衡、资源环境约束趋紧，亟须转变原有区域发展模式。设立雄安新区，重要目的之一就是探索人口经济密集地区优化开发新模式，为全国其他地区提供经验借鉴。坚持把协调作为雄安新区建设发展的内生特点，集中承接北京非首都功能疏解，发挥对全省乃至京津冀地区的辐射带动作用，推动城乡区域协调发展，打造协调发展示范区。一是建立与京津的协同发展机制。全面落实中央疏解清单，探索公共服务多元化供给机制，确保北京非首都功能出得来、落得下、发展好。创新新区与北京、天津的功能分工和协同联动机制，实现与京津协调发展、互利共赢。二是加强与周边及全省联动发展。探索建立雄安新区与其他地区产业联动机制、改革试验成果梯次推广机制、城市互促共赢机制，支持新区科研机构、科技型企业在周边开发区建设企业孵化基地、成果转化基地，更好发挥新区辐射带动作用。三是统筹城乡协调发展。大力实施乡村振兴战略，推进城乡公共服务和基础设施建设均衡配置，促进城乡融合发展。

四、打造开放发展先行区，为建设更高水平开放型经济新体制提供示范

实行高水平对外开放，是构建新发展格局的必然要求。当前，新冠肺炎疫情影响广泛深远，全球贸易保护主义、单边主义盛行，必须加大对外开放力度，以应对新形势新挑战。雄安新区打造开放发展先行区，就是要探索投资贸易便利化新路径，引领带动京津冀乃至全国加快建设更高水平开放型经济新体制。坚持把开放作为雄安新区建设发展的必由之路，创新外商投资管理新模式，建立扩大开放新机制，营造法制化、国际化、便利化市场环境，将新区打造成为海内外竞相投资的热土、国际交流合作的

乐园、全国高水平开放的样板。一是建设高水平自贸区。扩大金融、电信、教育等领域对外开放，开展服务贸易创新发展试点，建设面向全球的数字贸易平台，加快"智慧海关"建设，营造国际化、法治化、便利化营商环境。二是探索境外合作新模式。推进境外投资便利化，鼓励新区企业到境外开展投资合作，共建一批海外经贸合作园区，促进新区优势行业和重大技术标准走出去，加快融入全球产业链供应链。

五、打造优质共享公共服务体系，为增强人民群众获得感幸福感安全感提供示范

让广大人民群众共享改革发展成果，是社会主义的本质要求。提升公共服务供给质量、共享水平，是确保改革发展成果更多惠及人民的关键。当前，我国公共服务领域仍存在诸多短板，难以有效满足人民日益增长的美好生活需要。雄安新区的规划建设，为探索优质公共服务设施建设新模式、公共服务供给新机制提供了重要契机。要坚持把共享作为雄安新区建设发展的根本目的，强化公共服务供给能力，构建覆盖全民、优质高效、兜底均享、保障多元和城乡一体的公共服务体系，为其他地区提供样板和示范。一是建立多主体供给、多渠道保障、租购并举的住房制度，保障基本、兼顾差异、满足多层次个性化住房需求。二是承接和引入国内外高校、科研院所，建设一批高水平、特色学科和高精尖研究中心，强化优质基础教育资源供给，构建国际一流的科教服务体系。三是推动"健康雄安"建设，完善现代医疗机构管理机制，引进京津及国内外优质医疗资源，打造15分钟基层医疗服务圈，形成全生命周期的医疗服务体系。四是完善社会保障服务项目，提高社会保障服务标准，建立普惠性的居民大病保险制度，优化劳动就业服务制度，创新社会救助服务模式，构建普惠可持续的社会保障体系。五是加快建设"文化雄安"，推进文化服务市场化改革，加强城乡文化服务资源高效整合与均衡配置，打造面向大众的文体服务体系。

（本文作者：黄贺林、张满鑫。本文系河北省省级科技计划软科学研究专项资助（项目立项编号：215576122D）。本文发表于河北《共产党员》杂志2022年第8期。）

加快完善京津研发、河北转化的创新体系

深化京津冀协同创新，吸引更多科技成果到河北孵化转化，是河北省发挥区位优势，借力优质创新资源，在对接京津、服务京津中加快发展自己的必然选择。当前，京津科技成果在河北省孵化转化面临产业链与创新链不匹配、平台载体支撑不力、科技服务配套不足、科技成果转化不畅等突出问题，必须以构建京津冀协同创新共同体为主线，瞄准协同创新的短板弱项，在优化产业结构、强化平台支撑、完善服务体系、创新体制机制等方面聚力攻坚，加快完善京津研发、河北转化的创新体系，促进京津创新链和河北省产业链深度融合，为加快建设经济强省、美丽河北提供强大动能。

一、升级产业，提高河北省产业链与京津创新链适配水平

产业链与创新链相互匹配、有机融合是加速科技成果向现实生产力转化的前提和基础。河北省产业链与京津创新链存在较大落差，是造成京津科技成果转化不足的主要原因。因此，持续优化产业结构、提升产业层级，增强河北省产业链与京津创新链的协调性和匹配度，是加快京津科技成果在河北落地转化的关键。

缩小河北省产业链与京津创新链梯度差，关键要在做大产业增量和做优产业存量上做文章，围绕京津创新链布局河北省产业链，构建适应协同创新要求的产业体系。一是在战略性新兴产业中，研究梳理京津创新链条，找准融合互补的契合点，筛选锁定能在全国甚至全球形成优势、与京津创新链有效互动的细分行业进行培育，打造若干引领全省发展的千亿级乃至万亿级产业。二是加快优势传统制造业转型升级，深入实施智能制造、绿色制造工程，推进一批工业技术改造专项，支持钢铁、化工、建材产业向新材料领域延伸拓展，做大做强先进轨道交通装备、智能装备、海洋装备、节能环保装备，开发一批成套设备和核心零部件产品，推动传统制造业向先进制造业迈进。

二、打造平台，为京津科技成果孵化转化提供载体支撑

承接转化平台作为推动科技成果转变为现实生产力的主要载体，在整合政、产、

学、研、用各类资源，贯通研发、孵化、转化等关键方面发挥着重要作用。当前，河北省各类承接转化平台整体层级偏低、结构体系不合理、服务功能单一等问题较为突出，难以有效支撑京津科技成果孵化转化，必须加快建立层级分明、类型多样、功能多元的承接转化平台体系，为科技成果顺利转化创造有利条件。

瞄准京津创新资源外溢需求，结合河北省基础条件，重点打造四类平台。一是依托雄安新区打造京津科技成果承接转化枢纽。推动雄安新区与京津联合开展重大科技攻关和中试孵化，支持周边地区与雄安新区共建产业协作示范区，打造成果转化基地和产业配套基地，形成"京津创新—雄安孵化—周边产业化"的梯度链式科技成果转化格局。二是打造一批产业协同发展示范区。集中优势资源，加快建设河北·京南科技成果转移转化示范区、北京大兴国际机场临空经济区、京冀曹妃甸协同发展示范区、津冀芦台·汉沽协同发展示范区等协同协作平台，打造承接京津科技成果转化高地。三是建设一批高能级京津科技成果转化园区。以石家庄、保定、燕郊高新区等为依托创建河北国家自主创新示范区，支持国家级开发区争创国内一流园区，鼓励具备条件的省级开发区升级为国家级园区，加快雄安中关村科技园、秦皇岛经开区中关村海淀园分园等共建园区建设，打造形成具有较强竞争力的创新载体集群。四是建设一批专业化功能性平台。加快培育各级各类协同创新对接平台、技术创新平台、科技成果展示交易平台、创新创业服务平台、科技成果中试熟化基地和产业化基地，满足多层次科技成果转化需求。

三、完善服务，营造促进京津科技成果转化的良好环境

专业高效的科技服务体系在促进科技成果转化过程中发挥着基础性、关键性作用。从实际看，京津科技创新成果在河北省孵化转化面临供需对接不畅、金融保障不足、中介服务发展滞后等问题，亟须整体提升河北省科技服务质量，加快形成供需有效衔接、资金保障有力、专业服务配套的科研成果转化环境。

瞄准京津科技成果转化需求，重点在三个方面提升科技服务水平。一是做好科技成果供需对接服务。有效汇聚京津冀技术资源、需求资源和中介服务资源信息，协同京津共建一体化科技成果和技术需求数据库，为企业提供科技信息推送服务。组织开展京津冀科技成果展交会，举办各种科技成果对接活动，为京津科技研发机构与河北省企业合作牵线搭桥。二是加强科技金融服务。支持鼓励各类金融机构开发特色科技金融产品，引培一批天使投资、风险投资、股权投资、知识产权金融等金融服务机构，为科技成果转化营造良好融资环境。三是提升科技中介服务能力。鼓励京津科技服务机构来河北拓展业务，引培一批技术交易、咨询评估、研发设计、技术转移等领域的专业化科技中介机构，为京津科技成果转化提供有力的服务保障。

四、创新制度，疏通京津科技成果河北转化的瘀点堵点

破除体制机制障碍、激发产业转化动能，是推进科技成果跨区域转化的重要任务。

目前，亟须加大改革力度，解决好转化通道不畅、主体激励不足、营商环境不优等问题，加快构建有利于京津科技成果转化的制度环境。

针对京津科技成果转化的关键环节和主要障碍，应重点在四个方面下功夫。一是完善统计监测制度，加强京津科技成果转化数据统计，组织第三方机构对数据进行动态监测、定期评估，为有关部门提供决策依据。二是创新协作机制，联合京津打造产业技术创新战略联盟，探索跨区域科技成果转化、园区共建利益共享机制，建立高新技术企业与成果资质互认制度，加强河北技术交易市场与京津的对接联通，促进科技成果顺利实现跨区域转化。三是建立激励机制，全面落实研发费用加计扣除、支持首台(套)重大技术装备的研制和应用等普惠性政策，积极推广企业创新积分制，探索建立赋予科研人员职务科技成果所有权或长期使用权的机制和模式，有效激发科技成果转化动能。四是继续深化"放管服"改革，对创新创业活动实行包容审慎监管，为重大科技成果转移转化项目开辟绿色通道，营造更为宽松、更有温度的营商环境。

(本文作者：黄贺林、孔慧珍(河北科技大学)。本文为河北省省级科技计划软科学研究专项《河北国家高新区创新发展面临的问题和对策研究》阶段性研究成果。发表于2022年7月22日《河北日报》(理论版)。)

区域经济篇

石家庄都市圈发展报告

习近平总书记在二十大报告中明确提出"以城市群、都市圈为依托构建大中小城市协调发展格局",都市圈作为城市高质量发展重要的空间载体,在区域经济竞争中的核心主导作用越发凸显。石家庄都市圈呈现较快发展态势,但综合实力仍落后于全国大多数都市圈,新的历史时期,全省上下要提高对都市圈建设的认识和工作力度,以创新体制机制为抓手,推动统一市场建设、基础设施一体高效、公共服务共建共享、产业专业化分工协作、生态环境共保共治、城乡融合发展,全力建设好石家庄现代化都市圈。

一、石家庄都市圈发展基础

根据《河北省国民经济和社会发展第十四个五年规模和二〇三五年远景目标纲要》(以下简称《纲要》),石家庄都市圈基本范围涵盖石家庄、邯郸、邢台、衡水四个设区市及辛集、定州两个县级市,区域面积 5.04 万平方千米,2021 年常住人口达到3293.44 万,占全省总人口的 44.22%,与京津冀协同发展战略的南部功能拓展区基本重合,是京津冀世界级城市群的重要组成和战略支撑。经过多年发展,石家庄都市圈在京津冀城市群中的地位明显提升。

(一)综合实力持续增强

近年来,石家庄都市圈保持发展定力不动摇,经济发展呈现出较强的韧劲和活力。2021 年地区生产总值达到 15099 亿元,比 2015 年增长 27.19%,年均增速为 4.09%,占全省的比重为 37.38%。居民人均可支配收入达到 29552 元,比 2015 年增长 67.83%,年均增速达到 9.01%,高于全省年均增速 8.42% 的平均水平。一般公共预算收入完成1350.9 亿元,占全省比重由 29.17% 提升到 32.41%,地方财力日渐雄厚,有力支撑了都市圈各项事业发展。开放水平持续提升,2021 年实际利用外资达到 45.5 亿美元,年均增长 11.43%,占全省的比重由 32.26% 增加到 39.19%[①]。2022 年,石家庄海关中欧班列运营企业组织发送进出境班列 515 列,承载货物 5.06 万标准箱,同比分别增长

[①] 《河北统计年鉴 2022》《河北统计年鉴 2016》。

125.88%、131.85%①。

(二)城镇化水平量质齐升

立足建设新型城镇化与城乡统筹示范区,坚持做大做强石家庄核心增长极,推动邯郸、邢台撤县设区,推进以县城为重要载体的城镇化建设,大力实施城市更新和新型城市建设工程,石家庄市进入Ⅰ型大城市行列,邯郸、邢台成为Ⅱ型大城市,形成了以石家庄为核心,以邯郸、邢台、衡水为支撑,以定州、辛集以及广大县城为节点的城镇群体系。一是石家庄核心作用日益突出。大力实施拥河发展战略,城市发展框架进一步拉开,城市承载力大幅提升,2020年城区人口达到442.39万,城镇化率达到71.56%②。经济总量保持高速增长,2021年占到整个都市圈的39.83%,核心引领作用日益增强。二是节点城市支撑作用明显提升。邯郸、邢台两中心城市行政区划顺利调整,面积分别扩大到2683平方千米和2945平方千米③。邯邢衡城镇化率分别由2015年的46.58%、42.85%和41.39%提升到2021年的59.59%、54.74%和55.80%,城镇化水平持续提升④。衡水成功创建国家节水型城市、省级文明城市,辛集获评省级森林城市,节点城市的发展质量和水平进一步提升。三是县级城市聚集能力大幅提升。大力实施县城建设三年攻坚行动,县城面貌焕然一新,石家庄省级园林县城实现全覆盖,邯郸建成10个国家园林县城,7个省级文明县城⑤。

(三)产业结构不断优化

坚持以高质量发展为主题,各级政府全面深化供给侧结构性改革,大力实施转型升级"组合拳",战略性新兴产业加速壮大,产业结构逐步优化,三次产业结构由2015年的11.98∶45.80∶42.22调整为2021年的10.27∶37.74∶51.99⑥。传统产业加快提质升级。钢铁、水泥等重点行业过剩产能化解任务圆满完成,"千企转型"成效显现,武安钢铁等企业入围2022年中国民营企业500强。战略性新兴产业发展提速,石家庄新一代信息技术、生物医药、邯郸先进装备制造等产业集群逐步崛起。现代服务业加快发展,总部经济、楼宇经济等城市业态蓬勃发展,工业设计、环保科技等新兴服务业产业生态加速构建,电子商务、综合商贸产业加速发展。深入实施创新驱动发展战略,大力推进重点技改项目,大幅增加创新投入,规模以上工业企业研发经费投入150.28亿元,占全部工业增加值的3.67%⑦。石家庄成功列入"国家创新型试点城市""国家知识产权示范城市",在中国省会城市创新能力评比中荣列第9名。

---

① 中华人民共和国石家庄海关官网。
② 《石家庄市第七次全国人口普查公报》。
③ 邯郸市、邢台市政府工作报告(2021)。
④ 邯郸市、邢台市、衡水市统计公报(2022)。
⑤ 邯郸市政府工作报告(2021)。
⑥ 作者根据石家庄市、邯郸市、邢台市、衡水市2021年国民经济和社会发展统计公报的数据整理所得。
⑦ 《2021年河北省科技经费投入统计公报》。

(四) 交通设施加快完善

都市圈基本形成以石家庄为中心、以邯郸、邢台、衡水、定州、辛集为重要节点的综合交通体系。石家庄主城区与周边区域及新三区交通便利化程度进一步提升。石济客运专线建成运营，石雄高铁、石邢邯等铁路项目加快推进，津石等高速公路建成通车，石家庄全国性综合交通枢纽功能逐步完善，与邯、邢、衡、定州、辛集之间实现一小时快速通达。以太行山高速通道、石邢邯通道、邢台东部—邯郸东部通道、天津—石家庄通道为骨干的"四纵"，以石衡沧通道、邢汾—邢临通道、邯长—邯济通道为骨干的"三横"快速交通网络基本形成。

(五) 生态环境持续改善

都市圈把环境共治、联防联控作为改善环境的重要抓手，在环境联合治理方面走在了全国前列。以细颗粒物和臭氧协同控制为重点，协同推动工业产业、能源、交通运输结构调整，加强重污染天气应急联动，执行统一的区域重污染天气应急启动标准，制定应对污染天气"市—县—企业"预案体系，推进区域城市环境空气质量持续改善，所有城市PM2.5年均浓度成功退出全国168个重点监测城市倒十。滹沱河生态修复主体工程全线完工，建立卫运河联防联控机制，建立全链条管理的水污染物排放治理体系；以衡水湖湿地、永年洼湿地功能区为重点，协同保护平原河网水系。联合开展太行山绿化、退耕还林等生态工程建设，推进太行山地生态涵养区水源涵养林建设，石家庄、邯郸两市分别成功创建全国绿化模范城市和国家森林城市。创新跨区域联合环境监管模式，建立重点流域生态环境执法互督互查机制，搭建生态环境监测数据共享与应用平台，推进生态环境监测数据共享，探索推进跨界地区、毗邻地区生态环境联合监测，加强区域环境应急协同响应能力。

二、石家庄都市圈发展主要问题

总体上看，石家庄都市圈尚处于发展起步阶段，发展水平、城市体系、区域联系、顶层设计等与现代化都市圈建设要求还不适应、不匹配，与国内成熟都市圈相比还存在"量"的差距和"质"的落差。

(一) 发展水平依然较弱

都市圈发展活力不足，综合竞争力较弱，与国内优势都市圈相比有不小差距。根据《中国都市圈发展报告2021》，石家庄都市圈在我国34个都市圈中综合排名第26位，为培育型都市圈。2021年，石家庄都市圈GDP仅1.5万亿元，人均GDP仅4.6万元，均明显低于南京、广州、杭州等都市圈。近五年常住人口整体呈负增长态势，而深圳、广州都市圈年均增量分别达180万人和145万人，成都、杭州、郑州和西安等都市圈年均增量均超过60万人。2021年，R&D经费投入强度不足2%，而南京、广州、杭州、合肥、长株潭等都市圈均在3%以上；专利授权量占全国比重不足1%。2021年，进出口总额仅2206.4亿元、实际利用外资仅45.5亿美元，与南京、广州、杭州等都市圈存在"数量级"差距。

(二) 城市能级亟待提升

石家庄都市圈核心城市能级不高、城市结构体系不优等问题比较突出，"城小圈弱"特征比较明显。从核心城市看，2021年石家庄市GDP只有6490.3亿元①，同期我国多数都市圈核心城市已步入GDP万亿俱乐部行列；石家庄仍属Ⅰ型大城市，而我国多数都市圈核心城市为特大城市或超大城市；同时，石家庄市空间结构不合理，二环以内人口和功能过于集中，不利于形成都市区连绵发展态势。从城市体系看，石家庄都市圈大城市数量少、体量小，邯郸、邢台城区人口分别只有194万和117万②；中小城市发育不足、分布稀疏，规模效应、集聚效应十分有限，城镇体系存在结构性"断档"，尚未形成梯度合理、圈层辐射的网络化城市发展格局。

(三) 城际联系仍较松散

石家庄主城区与新三区同城化进展较为缓慢，在设施建设、公共服务、城市管理、要素供给等方面缺乏深度融合；与周边县市交通一体化水平不高，市域(郊)铁路、通勤交通建设相对滞后，通行密度和通达深度不够，半小时通勤圈、一日生活圈尚不成熟。受行政区划分割等影响，石家庄、邢台、邯郸、衡水等各城市规划建设自成体系，在产业发展、要素引进等方面存在同质竞争，城际间经济、人口、交通等联系的网络化水平和紧密程度较低，尚未形成产业协作、创新协同、开放联动、要素共享的良好发展局面。根据《中国都市圈发展报告2021》评价结果，石家庄都市圈中心城市在都市圈内平均投资量、平均人口联系强度在34个都市圈中分别排名21位和20位。

(四) 统筹协调机制缺失

都市圈是涉及多区域、各领域、全方位的综合系统，必须有完善的顶层设计和配套的体制机制作保障。从我国先进地区都市圈建设实践看，南京、杭州、郑州等都市圈通过建立统筹协调机制，健全推进落实机制，完善规划政策体系，积极探索跨区域共建共享共赢的合作机制，凝聚形成了上下联动、高效协同的都市圈工作合力，有力地推动了都市圈建设发展。目前，虽然《纲要》已明确提出要加快建设现代化省会都市圈，但省级层面的统筹协调机制和市级层面的协商推进机制尚未建立，都市圈总体发展规划和配套专项规划仍然缺位，相关支持政策和改革创新举措依然缺失，成本共担、利益共享的合作机制和标准统一、资质互认的对接机制亟待健全，在推动各成员同心同向同力推进都市圈建设方面，还存在顶层设计短板和体制机制弱项。

---

① 《石家庄市2021年国民经济和社会发展统计公报》。
② 《2020中国人口普查分县资料》。

三、国内典型都市圈发展经验

我国已进入以都市圈建设推进新型城镇化和城市群培育的新时代，以大城市、特大城市及超大城市为核心的都市圈建设如火如荼，发达地区在推进都市圈建设发展过程中积累了一批值得借鉴的经验。

（一）西安都市圈：以城市新区共建引领都市圈一体化发展

西安都市圈是目前西北地区唯一获批发展规划的都市圈，其获批得益于西咸新区规划建设，并持之以恒推进西咸一体化，以此壮大西安都市圈核心区，引领都市圈培育发展。一是超前规划推动跨区域合作。21世纪初，国家大力推进西部大开发战略，为打造西部地区发展的重要引擎，西安、咸阳两座城市就共同签订经济一体化协议，率先开展跨区域合作。2011年西咸新区总体规划发布，2014年国务院正式批复建设西咸新区，2017年中共陕西省委、陕西省政府出台促进西咸新区进一步加快发展意见。西咸新区规划建设有力地促进了西安市和咸阳市一体化发展，使西安和咸阳形成城市连绵区。2021年《陕西省国民经济和社会发展第十四个五年规划和二〇三五年远景目标纲要》提出西安都市圈发展战略，以西安主城区、咸阳主城区和西咸新区为核心区规划建设西安都市圈，2022年西安都市圈发展规划获国家发展和改革委员会批复。二是联动周边发展。在西咸新区总窗口设立"秦创原"陕西省创新驱动发展总平台，布局科创中心，引入交大创新港、西工大翱翔小镇、硬科技小镇、西部云谷等一批重点示范项目，高标准打造创新引擎。同时在周边地区设立联合发展区，联合建立科技企业孵化器，共享科技成果，借助西咸技术优势和人才优势，推动科技成果向周边转化，形成"西安研发，周边制造"的格局。

（二）福州都市圈：以跨界地区协作示范带动都市圈联动发展

福州都市圈为满足跨市级行政单元的发展需求和差异化发展诉求，落实共同发展愿景，在跨界相邻地区重点推进协同发展，加强政策联动、产业一体化、市场一体化等，以重点跨界地区协同发展带动相邻两市及都市圈一体化发展。比如：在福州滨海新城—平潭环福清湾重点构建"岛城一体"的空间结构，优化基础设施布局，推动交通设施共建共享、同港同门户，发挥政策叠加优势，共建金融、对外贸易、离岸创新创业等合作平台；在平潭—福清环福清湾重点加强产业分工协作，鼓励在平潭设立总部的大型企业在福清市建立生产基地或研发中心，推动福清市与平潭探索共建闽台产业园。建设环福清湾滨水绿廊，共建海上特色旅游线路；在涵江—福清环兴化湾加强环湾海域共保共治，推动生态修复与蓝色产业联动协作，促进生态保护与产业集聚的协同发展；在宁德—罗源环三都澳湾共同打造汽车产业集群，调整优化养殖业布局，共建水产品交易平台、水产品电子商务新模式，加强公路—铁路—水路高效接驳，谋划一体化交通体系。

（三）郑州都市圈：以产业协同推进都市圈联同发展

郑州都市圈内城市之间产业具有明显异构性，郑州以服务业、高端制造为主导，洛阳大型成套装备、轴承及基础件等制造业发达，许昌电力设备、烟草等劳动密集型产业发展基础较好，焦作智能制造、生物医药等先进制造业基础雄厚，开封占据着农产品和旅游业的优势，漯河食品是支柱产业，平顶山的煤炭是优势产业，济源电力和铝工业发展较快。这种产业异构性，既有利于合理分工，形成互补，更需要统筹规划，确保各城市发展互动，郑州都市圈在产业协同方面大胆创新，探索出一些宝贵的经验。一是强化规划引领。中共河南省委办公厅、河南省人民政府办公厅联合印发了《郑州大都市区空间规划（2018-2035 年）》，制定郑新、郑许等一体化发展行动计划，建立重大项目库，签署了郑开、郑新等融合发展框架协议，引导都市圈产业协调互促发展。二是坚持分类推进。结合各地发展实际和潜力，统筹推进产业发展、布局战略基础设施。高标准建设郑开科创走廊，加快中原科技城等谋划建设。推进开港许产业带建设，打造开封综合保税区、黄河鲲鹏服务器基地等。提质推进郑新产业带建设，完善国家生物育种产业创新中心等创新平台。三是开展示范带动。为推动郑州都市圈一体化高质量发展，郑州都市圈大胆开展试点示范，以郑开同城化为主抓手探索联动发展新模式，探索设立郑开同城化示范区。探索设立平原示范区、武陟、长葛等特别合作区，加快郑许、郑新、郑焦发展一体化。

（四）杭州都市圈：以机制创新推动都市圈高质量发展

推动都市圈一体化发展，体制机制创新是前提。都市圈范围往往涵盖多个行政区，只有创新机制和合作模式，才能真正实现不同区域目标一致、同向发力和发展一体。杭州都市圈以杭州为中心，在推动内部六地市协作发展方面进行了大量体制机制创新探索。一是完善政府协调机制。围绕"规划共绘、交通共联、市场共构、产业共兴、品牌共推、环境共建、社会共享"的"七共"合作理念，杭州都市圈建立以市长联席会议决策机制、政府秘书长会议协商机制、协调会办公室议事机制、专业委员会项目合作机制为框架的杭州都市圈建设政府协调机制，在各层次、各领域共同协商解决重大发展问题。二是完善共享机制。探索建立跨区域产业转移、重大基础设施建设的成本分担和利益共享机制，构建跨区域重点平台协调发展、投资税收等利益争端处理机制，探索构建共建园区增加值统计归属、招商数据互算、财税利益分成等机制，为保障都市圈同向发展奠定了强有力的制度保障。

四、推动石家庄都市圈高质量发展的工作举措

着眼国家重大战略和全省发展大局，立足培育具有重要影响力的现代化省会都市圈，着力加强中心城市建设，推动"四带"隆起，加速产业融合、交通一体化，创新统筹协调机制，推动都市圈有序分工、高效协作，持续提升都市圈发展活力和实力，形

成京津冀世界级城市群的重要支撑。

(一)极化发展中心城市,提升对腹地辐射带动力

中心城市是都市圈发展的主引擎,极化发展核心城市是推动石家庄都市圈高质量发展的首要任务。拓展城市发展空间。打造城市南北交通"新中轴",加速推进复兴大街市政化改造,打破城市东向扩张瓶颈。推进北三环市政化改造,打造省会北部交通主干道,改善城市北部交通环境。实施"拥河发展"战略,高水平建设滹沱河生态经济带,打造现代化国际化美丽省会城市的新名片。重组城市功能布局。以复兴大街和北三环为"中轴线",着力打造西南居住和商贸、东南先进制造、东北科创、西北休闲和文创四大功能板块。聚力推动产业跃升。着力推动新一代电子信息产业、生物医药产业两大产业率先突破,打造千亿级产业集群。做强装备制造产业、做精现代食品产业、做优现代商贸物流产业,培育千亿级产业集群"预备队"。大力改造提升钢铁、石化、纺织服装等传统产业,推动产业转型升级、提质增效。建设高颜值省会。坚持世界眼光、国际标准,推动城市形象嬗变,打造高度集约化、品质化、国际化都市区。强化城市设计引领,高标准推进中央商务区建设,精心打造城市客厅和优美天际线,提升城市气质。增添城市人文底蕴,保护利用好城市文化遗存、历史街区,加强物质文化、非物质文化、历史文化等的整理和发掘,延续历史文脉。

(二)加强"四带"建设,增强发展协调性

石家庄都市圈具备明显的"点轴型"空间结构,应发挥好交通轴线的串联作用,探索跨区域同城发展示范区,优化都市圈空间结构和功能布局,打造石邢邯、石衡沧、石保、石太四条发展带,形成网络化、多层次的发展格局。①石邢邯经济带。石邢邯经济带是都市圈核心发展带,发挥产业基础雄厚、要素资源集中的优势,加强石邢邯在高端制造业、科技创新等领域的合作,打造都市圈城市和产业发展主轴带。②石衡沧经济带。石衡沧经济带是中共河北省委、河北省人民政府重点培育的东向发展带,是石家庄都市圈快捷出海口,着重强化经济带沿线区域物流合作,推进石家庄与辛集的同城化发展,努力打造开放型经济带。③石保经济带。石保经济带是都市圈接受北京和雄安辐射带动的重要链接,要积极融入京津冀世界级城市群发展,围绕承接京津,对接雄安,打造创新型经济带。④石太经济带。石太经济带是传统的晋冀物流、能源通道,是石家庄向西拓展经济腹地、延伸辐射影响力的重要纽带,发挥西部生态涵养区生态资源优势,加强与山西阳泉、忻州等地旅游、贸易和能源合作,打造绿色经济发展带。

(三)推动联动协作,共建现代化优势产业集群

省会都市圈要以技术创新为引领,在更高层次上推进产业分工协作,共建优势产业集群,共推产业振兴崛起。联合做强都市圈主导产业。加强城市间产业链供应链互动协作,联合推动主导产业"延链""补链""强链",共同打造具有较强竞争力地标性的

产业集群。围绕石家庄主导产业完善圈内供应链布局，以新一代电子信息、生物医药、高端装备等产业为主，支持腹地推进延展、关联产业发展，强化都市圈内产业链一体化配置。围绕腹地主导产业加强产业链服务能力，着力提升石家庄科技研发、工业设计、金融服务等现代服务业发展水平，提高高端要素供给能力，助推邢台、邯郸、衡水三市主导产业升级。开展产业协作示范。围绕化工、食品等区域关联性强、合作潜力大的产业，加强产业纵深协作，加快推动产业一体化，联合推动产业链更新再造和产业升级换代。开展石家庄—衡水化工产业协作示范、石家庄—邢台健康食品产业协作示范、石家庄—邯郸商贸物流产业协作示范、加快产业园区整合。积极探索跨区域产业园区共建共管模式，推动产业园区相互支撑、协调共进。依托石家庄高新区等省级以上开发区，按照"一区多园"模式，通过托管、兼并、合并等方式，加快整合周边具有发展潜力和空间的相关产业聚集区、工业园区，构筑"1+N"结构形态产业区，打造高能级产业发展载体。探索园区合作模式，鼓励采用"飞地园区""伙伴园区""子园区"等形式，探索税收分成机制等机制，调动双方共建园区的积极性。针对主导产业类型相近的产业园区，探索共同制定产业招商目录，实行产业链共同招商等新模式，共同推动招引海内外重大项目。协力补齐技术创新短板。围绕产业转型升级需求，统筹推进创新能力建设，深入推动协同创新开放创新。采用院地、校地合作等方式，与京津知名研发机构开展合作，协同引进和建设一批新型研发机构。加强创新协作。支持高校、科研院所、企业等组建技术创新联盟，协同开展新产品与新技术研发。加强与先进科研机构统一对接，共建技术转移服务信息平台，推动技术交易机构和平台在科技成果推介、知识产权保护、专业人才培养等方面互联互通。鼓励京津冀技术交易河北中心、石家庄科技大市场等在邢台、邯郸、衡水共建一批技术交易分支机构，构建贯通都市圈的技术转移服务体系。

（四）织密都市圈交通网，打造"畅达都市圈"

培育省会都市圈，构建一体化交通设施是基础和先行。着眼长远、适度超前，结合都市圈城镇和产业布局，加快构建以核心城市为核心纵横相通和环状相连的快速路网体系，畅通区域交通"微循环"，打通都市圈一体化发展"命脉"。打造中心城区"半小时"通勤圈。围绕加快推动中心城区与近郊地区职住协同，完善便捷高效的交通网络体系，率先形成同城化、一体化的发展格局。实施城市路网互联互通工程。优化进出城道路网络和快速路集散系统，升级改造出城重要拥堵节点，打通城—郊"断头路""瓶颈路"，推动城市主干道向周边县（市、区）延伸、城市周边区域干线公路与城市道路高效对接。谋划推进市域市郊铁路建设。加快启动建设主城区至藁城区市域（郊）铁路，谋划建设主城区通往鹿泉区、栾城区、矿区、晋州等的快速轨道交通，形成重点组团通线、主要功能区高效连接的轨道交通网络。深化"公交都市"创建成果。推动中心城市公共交通线路向周边县（市、区）延伸，常态化开通、加密发向周边县（市、区）公交线路。加快完善城际骨干交通。加快构建以高速铁路、城际铁路、高速公路等为主导的现代化综合交通网络。推动石邯、石衡沧港城际等建设，谋划实施石邯、邯衡城际等项目，构建高速铁路、城际铁路等多层次的现代轨道交通网络。加快石衡、宁平等高速规划建设，积极谋划实施石忻、清魏以及石家庄机场至五台山等高速项目，完善快捷高效的高速公路网。推动县域道路直连直通。围绕增强各县(市、区)之间的经济联系，推进县际交通道路建设，贯通都市圈多节点、网络状交通体系。完善县际干线公路大通道，推进国、省道建设，推进主要路段提质扩容改造，谋划建设石—邢东西向省级道路，提升快速通行能力。强化县级道路的跨区域规划对接，实现县道建设的跨区域有效衔接，提高县级道路建设等级和标准，完善联通各县(市、区)、快速直达的交通路网。

(五)建立一体化机制，夯实都市圈发展制度基础

健全一体化机制，是都市圈协调发展的前提。石家庄都市圈在城市功能布局、产业分工、协调综合承载能力上仍有很大发展空间，需要进一步完善都市圈统筹发展机制，促进都市圈的协调发展。建立领导协调决策机制。建立省级层面都市圈发展协调机构，成立由省政府主要领导为组长的现代化都市圈建设领导小组，科学性、前瞻性确定都市圈的功能定位、空间布局和重点任务，统筹谋划都市圈发展重大决策。探索建立都市圈发展政府联席会议制度，强化政策协同和要素保障，协调解决重大问题，督促落实重大事项。探索建立产业协作、重大基建项目等重点领域制度规则和重大政策沟通协调机制，提高政策制定统一性、规则一致性和执行协同性。建立一体化规划引导机制。加强规划引领和统筹协调，完善都市圈发展顶层设计。建立规划体系，适时启动石家庄都市圈发展规划编制工作，同步编制都市圈交通一体化、产业协同发展等专项规划，探索建立规划共审共批机制，加强与地方规划的衔接。完善配套政策体系，出台配套若干改革方案和一揽子政策举措，确保各项规划实施过程中都有具体抓手和有效支撑。完善要素统筹配置机制。加强人才、资金、技术等要素的统筹配置，促进要素市场一体化。探索共建统一开放人力资源市场，加强人力资源信息共享和服务政策有效衔接，联合开展高层次人才和技术技能型人才定向培养，共建一批实训基地和国家级创业孵化基地。协同创新投融资模式，探索共建发展投资基金，联合争取有关政府投资基金、地方政府专项债券，支持符合条件的同城化重点项目。共建成果转化和技术交易大市场，强化圈内城市创业孵化、科技金融、成果转化功能，探索共建网上技术交易平台，建立跨区域知识产权评估工作平台，完善知识产权跨区域和远程维权服务机制，协同培育技术转移机构和技术经理人。

(本文作者：王富华、罗静、梁世雷、张金杰、王哲平。本文为《河北省新型城镇化发展报告(2022)》专题报告。)

石家庄经济总量跨越提升的主要路径和
实施对策研究

　　当今世界，地区间经济竞争越来越集中于城市间的竞争。从国内看，作为区域经济发展的龙头，省会已成为我国省际竞争的焦点，多个省份实施强省会战略，打造全省高端要素配置中心和高端产业集聚中心，引领全省高质量发展。石家庄在全国省会城市中竞争力弱、知名度低、存在感不强，特别是近年来，在全国重点城市综合实力排名中位次不断下滑，不仅难以引领和带动全省转型升级、爬坡过坎，也难以有效支撑京津冀世界级城市群建设。为探索石家庄经济总量跨越提升的有效路径，我们研究了万亿级城市的特征和经验做法，分析了石家庄的优势条件和短板弱项，提出了石家庄经济总量跨越提升的主要路径和重大举措。

一、万亿级城市发展的经验启示

(一) 万亿级城市的基本特征

1. 战略区位重要

　　万亿级城市或是国家战略发展中心，或是区域发展核心，特别是在成长的重要节点大多有国家重大战略的助力，从而借助国家战略重大机遇趁势而上。从发展区位看，在 24 个万亿级城市中，东部地区 17 个，占 2/3 以上，其中长三角地区 8 个、珠三角地区 4 个，全国改革开放前沿阵地的优越区位为这些万亿级城市发展提供了重要的政策条件。从行政级别看，万亿级城市中有 4 个直辖市、12 个副省级城市、11 个省会城市，较高的行政级别为这些万亿级城市发展提供了丰富的要素资源支撑①。从成长历程看，重庆、成都虽位于我国西部地区，但在 2000 年开始实施的西部大开发战略中成渝是战略支点，在随后的"一带一路"和长江经济带建设发展中，两个城市又是重要联结点，多重国家战略叠加支撑两个城市快速成长壮大。

2. 增长速度较快

　　万亿级城市是我国经济实力和综合竞争力的代表，其经济总量占全国将近 40%，

---

　　① 作者根据 24 个万亿级城市区位和城市属性整理所得。

发展速度引领全国。从 2011 年到 2021 年，24 座万亿级城市中有 13 座城市地区生产总值增幅跑赢全国，2021 年 17 座城市地区生产总值增速快于全国。2014 年以来新晋 17 座万亿级城市在从 6 千亿元到过万亿元的过程中，GDP 年均增速均达到 7% 以上，最快的武汉、成都高达 13%[①]。同时，多数万亿级城市在实现万亿级跨越的当年度或前年度的经济增长，均出现短期内的小高峰，如广州 2010 年 GDP 增速高达 13%，比晋升万亿级城市前后两年分别高出 1.5 个百分点和 2 个百分点；杭州 2015 年增速为 10.2%，分别比前后两年高出 2 个百分点和 0.7 个百分点；重庆、天津 2011 年 GDP 增速均高达16.4%，分别比后一年高出 2.8 个、2.6 个百分点[②]。

3. 三产和投资支撑有力

受发展阶段和城市经济特点影响，大多万亿级城市在其发展的重要阶段，第三产业起到了关键拉动作用。观察 2014 年以来新晋 17 座万亿级城市，在其经济总量从 6 千亿元到万亿元冲刺的关键时期，工业比重大多呈下降态势，第三产业比重则相应增长。如杭州在晋级万亿级城市的 2015 年，第三产业增加值高于第二产业 1900多亿元，增速达到第二产业的两倍以上；2016 年，青岛第三产业增加值高于第二产业1318 亿元，增速比第二产业高出 2.5 个百分点。在成为万亿级城市的前两年冲刺期内，投资起到了重要支撑作用。杭州 2014 年固定资产投资首次逼近 5000 亿元大关，次年更是达到 5556.32 亿元；南京 2015 年、2016 年固定资产投资均超过 5400 亿元；成都2013 年、2014 年的固定资产投资均超过 6500 亿元，成为推动经济总量跨越提升的重要支撑[③]。

4. 创新驱动明显

科技创新已经成为衡量区域经济竞争力的决定性因素，在万亿级城市发展中创新驱动起到了决定性作用，也成为万亿级城市的鲜明特征。2020 年，24 个万亿级城市中有 19 个城市研发投入强度超过全国平均水平，其中北京、深圳、西安、上海、苏州、杭州、南京、天津、无锡、武汉、成都、合肥、广州、东莞 14 座城市研发投入强度超过 3%[④]。首都科技发展战略研究院发布的《中国城市科技创新发展报告 2021》显示，2021 年中国城市科技创新发展指数排名前 20 位城市依次是北京、深圳、上海、南京、广州、杭州、武汉、苏州、西安、珠海、成都、合肥、天津、厦门、宁波、无锡、青岛、郑州、常州和长沙，万亿级城市占 17 席。

5. 人口增长较快

近年来，万亿级城市依托优越的软硬条件成为人口集聚的"明星城市"，常住人口规模总体持续增长，占全国人口的比重也稳步提升。2021 年，24 座万亿级城市常住人口达到 3.24 亿，占全国总人口的比重达到 22.97%，比 2011 年增长了 2.96 个百分点[⑤]。第七次全国人口普查数据显示，全国城市人口前十强均是万亿级城市，人口超千

① 作者根据各城市相关年度统计年鉴或统计公报计算所得。
②③ 李洪英. 全国万亿城市发展现状及给宁波的经验借鉴[J]. 宁波经济(三江论坛), 2018(12): 11+22-26.
④ 柳宁馨, 吴文汐, 李振. 万亿 GDP 城市科创竞速：佛山成都研发投入增速领跑, 14 城锚定科创中心冲刺目标[N]. 21 世纪经济报道, 2012-11-22(5).
⑤ 作者根据各城市相关年份年鉴计算所得。

万的 18 座城市中有 15 座是万亿级城市。从 2010 年到 2020 年，24 座万亿级城市中增量超 300 万人的城市达到 8 座，最多的深圳十年间常住人口增加了 720 万。

6. 营商环境良好

良好的营商环境是"民有所居、业有所长"的制度保障，给城市发展注入了更长远的生命力。根据粤港澳大湾区研究院、21 世纪经济研究院于 2020 年 12 月 21 日联合发布的《2020 年中国 296 个地级及以上城市营商环境报告》，24 个万亿级城市营商环境排名均居于全国前列，其中前十名城市全部是万亿级城市。

(二) 经验启示

一是放眼长远深耕厚植，探索独具特色的成长路径，是城市跨越提升的普遍规律。城市是包含经济社会多个领域的综合性区域，其发展壮大无疑是产业支撑、创新引领、空间优化、政策支持等多方面"组合拳"共同发力的结果，但是在这套组合拳中，典型城市都放眼长远，或聚焦关键短板或发挥独特优势，围绕重点领域和关键环节集中发力，探索独具特色的发展之路，郑州、济南聚焦了城市空间发展局促、产业动能支撑不足的关键掣肘，合肥瞄准了创新发展这一引领城市未来发展的核心动力，跑出了城市成长的加速度。

二是顺应趋势转型升级，壮大新动能新产业新载体，是城市跨越提升的战略支撑。产业是城市发展的核心动力，进入 21 世纪以来，全球科技革命引领产业深刻变革，传统产业对城市发展的支撑力日趋减弱，在这个背景下，城市发展唯有创新才能赢得主动，科技创新"领先一步"，产业创新"领先一路"，发展载体引领转型。事实上典型城市的成长正是印证了这一点，合肥促进创新链与产业链深度融合，主攻"芯屏器合"（芯片、新型平板显示、高端装备、产城融合）"集终生智"（集成电路、智能终端、生物医药、智能语音及人工智能），建设滨湖科学城，提升合肥开发区。济南抢占数字经济风口，超前布局未来产业，建设新旧动能转换先行区。

三是统筹协调融合互动，拓展城市空间优化功能格局，是城市跨越提升的空间保障。城市的发展壮大不断伴随着对城市空间的需要，但是随着国土空间规划的调整以及城市发展边界的划定，早期城市空间快速无序扩张已不现实，精明发展已成为城市发展的主题，大多数万亿级城市都顺应这一发展趋势，推动城市空间格局和功能的优化调整，郑州推进"东强、南动、西美、北静、中优、外联"，着力塑造现代化城市形态；济南推进全域统筹协调发展，构建"东强、西兴、南美、北起、中优"城市发展新格局。城市空间调整，优化了功能布局，促进了区域联动，强化了集约利用，为城市发展壮大释放出更多有效发展空间。

四是引培并重优化环境，会聚人才集聚人气，是城市跨越提升的源头活水。人力资源特别是人才与城市发展是相辅相成的，高素质人才能够给城市发展增添活力，而城市的快速发展也吸引更多的优秀人才落户。万亿级城市的发展大多伴随着对人才的吸引集聚。合肥用制度环境凝聚人才，用服务保障留住人才，依托高校院所培育人才，倾情打造"养人"之城，努力"聚天下英才而用之"，让"英雄有用武之地"。武汉在人才引进、培养、使用、服务、支持、激励等方面，形成了一系列创新突破，探索在全国具有引领性、可复制、可推广的经验模式，形成了全产业链条、全行业领域、全人才成长过程的人才培育支持新格局。围绕人才和人力资源全链条全方位的重要举措，使众多万亿级城市的吸引力和集聚力持续增强，不仅支撑了万亿级城市的壮大，也为城市未来发展赢得了先机、积蓄了力量。

五是辐射带动互补互促，强化与城市周边的协同发展，是城市发展的关键举措。任何城市的成长都不是孤立的，只有与周边地区形成科学合理的分工协作格局，才能互促互助，共赢发展。长沙的发展壮大离不开长株潭 30 多年的"抱团发展"，郑州从最初的"郑卞一体化"到目前的向东"郑开同城化"，向南与新郑、尉氏融合发展，向北与平原新区、原阳协同发展，向西推动郑州—洛阳都市圈联动发展，与周边的互动范围越来越大，而南京和杭州的"互动朋友圈"甚至都跨出了省界，这种区域的互动发展，不仅可以促进生产要素向处于区域"塔尖"的中心城市集聚，不断提升中心城市的综合竞争力，也有利于更充分发挥中心城市的引领、辐射和带动作用，实现中心城市和周边区域的共同发展。

二、石家庄总量跨越提升的优势和短板

（一）优势

1. 区位条件优越

从地理区位看，石家庄地处太行山前华北平原，市域的东部和主城区处于平原地区，西部位于太行山脉，既能够为城市发展提供规整平坦的土地资源，又有打造城市特色风貌的地貌条件。从经济区位看，石家庄是全国三大发展战略区京津冀世界级城市群的重要组成部分，具有打造京津冀世界级城市群第三极的优势条件，同时石家庄东连东北、西接西北、南通华东华中，基本上位于我国北方地区的地理中心，具有成为北方经济中枢的天然条件。从政治区位看，石家庄是环首都大省的省会城市，战略地位重要。

2. 战略机遇叠加

未来京津冀协同发展将持续向纵深推进，适应新发展阶段的要求，京津冀地区将成为引领全国高质量发展的重要动力源、带动全国创新发展的主要策源地，作为河北的省会城市，国家战略的深入实施，区域整体功能的优化调整将为石家庄发展带来新的机遇。中国新型城镇化进入都市圈阶段，2019 年，国家发展和改革委员会出台《关于培育发展现代化都市圈的指导意见》，作为全省"十四五"规划纲要中唯一一个明确提出的都市圈，石家庄迎来依托省会都市圈建设契机，加快提升城市影响力和辐射力的重大机遇。同时，河北大力实施"强省会"战略，2021 年中共河北省、河北委省政府出台《关于大力支持省会建设和高质量发展的意见》，提出一揽子政策支持石家庄建设国际化现代化美丽省会城市，当好经济强省美丽河北建设排头兵，为石家庄高质量发展开辟了一条"高速公路"。

3. 交通通达便捷

石家庄是全国综合性交通枢纽城市，境内京港澳（G4）、京昆（G5）、青银（G20）、石黄（G1811），107国道、京广客专、石太客专、石济客专、京广铁路等在市域形成多个十字交会，与北京、天津、郑州、太原、济南五大城市的"一小时高铁交通圈"已经形成。石家庄火车站是我国华北地区乃至北方地区以客货运为主的综合交通枢纽。石家庄机场是京津冀机场群的重要组成部分，是北京首都国际机场的主要分流、备降机场。

4. 产业基础较好

石家庄生物制药、电子信息、装备制造和现代食品产业成为具有区域影响力和竞争力的主导产业，是全国首批生物医药产业基地、国家半导体照明高新技术产业化基地。依托优越的交通和区位条件，石家庄商贸物流产业发展基础较好，素有"华北商埠"之称。近年来聚焦打造电子信息、生物医药、装备制造、现代商贸物流和现代食品五大千亿级产业集群，产业结构持续优化，发展质量不断提升，这些都为石家庄经济总量跨越提升奠定了坚实的产业基础。

（二）短板

1. 建成区面积小

城市建成区是一个城市的核心区域，是城市功能集中的重点区域。近年来我国严格控制超级特大城市建成区面积增长，但城市建成区的面积确实从一个角度反映了城市的承载能力和综合竞争实力。石家庄虽是河北省唯一一个建成区超过300平方千米的城市，但在全国直辖市及省会城市建成区面积中仅居第23，不足建成区面积最大的重庆的1/5，导致石家庄未来经济总量跨越提升面临着空间支撑不足的突出障碍。

2. 高端现代功能缺失

石家庄城市功能的缺失主要表现为高端现代城市功能不完善，城市中央商务区品位不高，影响力辐射力不强；图书馆、音乐厅、体育馆、大学城等高端城市功能的标志设施数量有限、水平不高、知名度不够。《中国城市统计年鉴》的数据显示，2021年石家庄公共图书馆藏书量在全国仅高于呼和浩特、南昌、贵阳、昆明、拉萨、兰州、西宁、银川、乌鲁木齐9个省会城市，博物馆数量仅高于南宁、海口、贵阳、拉萨、银川、乌鲁木齐6个省会城市；区域性特别是国际性交流场所和活动不多，国际交往功能严重缺失；科技、教育、金融、商务、城市休闲等现代服务业发展严重不足。

3. 城市发展动力不足

从人口看，2021年石家庄常住人口1124万，仅比2010年增长108万，少于多数万亿级城市。从产业看，作为京津两个服务业主导型城市的近邻省会，工业特别是制造业是石家庄"安身立命"之本，但近年来制造业比重持续下滑，2021年制造业占地区生产总值比重22.2%，大大低于全省29.7%的平均水平，工业和制造业对经济总量的支撑能力降低[①]。从创新看，石家庄研发投入强度长期低于全国平均水平，科技部中

---

① 作者根据石家庄、河北省相关年份统计年鉴计算所得。

国科技信息研究所发布《国家创新型城市创新能力评价报告2021》，对全国78个创新型城市创新能力进行了综合评价，石家庄仅居第42位。

4. 空间格局导向不合理

石家庄一环内行政、体育、文化等功能齐聚，还集中了两座大型批发市场、六个大型购物中心、四家省级医院、火车站和客运站，是全国人口密度最大的省会城市之一，而二环外由于城市功能不配套，基础设施不完善，人口和产业聚集能力弱，发展空间十分分散。从城市空间格局变动趋势看，先是西部的鹿泉、南部的栾城纳入主城区，再是东部的藁城并入主城区，整个城市呈现单中心圈层式向四周均衡蔓延的趋势，城市发展的空间导向和中心一直摇摆不定，不利于城市空间合理有序规划布局，不能有效支撑城市规模壮大和能级提升。

5. 发展腹地局促受限

河北是全国唯一一个内嵌两个直辖市的省份，同时京津冀也是全国发展落差最大的战略区域，特殊的区位条件和发展水平差距造成河北省内所有城市都或多或少受到京津辐射，再加之石家庄自身城市规模和发展水平较低，对周边辐射带动能力有限，客观上造成支撑石家庄中心城市发展壮大的腹地十分有限，冀中和冀北的保定、廊坊、张家口、承德、秦皇岛受北京辐射为主，冀东的沧州、唐山主要受天津辐射，能接受石家庄辐射的仅冀中南的邯郸、邢台、衡水三市，2017年国务院印发《中原城市群发展规划》，邯郸、邢台入列其中，石家庄直接腹地就只有衡水一地，发展腹地局促受限的现实造成石家庄在跨区域集聚要素资源、配置功能设施等方面困难重重。

三、石家庄经济总量跨越提升的发展路径

(一)围绕规模速度和质量效益同步提升总目标

在国内城市规模快速扩张的过程中，石家庄整体掉队，到目前经济总量刚刚超过7000亿元，与京津和国内重点省会城市形成较大落差，在省内也落后于唐山，这与京津冀世界级城市群建设、河北省大省会强省会战略的要求极不相称，因此在高质量发展阶段，石家庄的首要矛盾仍然是发展不充分的问题，在城市跨越提升的过程中，既要强调规模速度，补齐发展规模的不足，还要顺应城市发展的新趋势，全面提升城市品质内涵，把速度和质量有机统一起来，既要在提质增效的前提下能快则快、又好又快，又要通过质的大幅提升推动量的有效增长，真正实现增速更增势、量增质更优。

(二)用足用好京津冀协同发展重大战略机遇

京津冀协同发展，是河北最应该珍惜、抓住和用好的历史性机遇。一方面，作为全省省会和首位城市，京津冀世界级城市群的打造，京津冀全国高质量发展动力源的建设势必给石家庄城市跨越提升带来更大机遇；另一方面，石家庄城市跨越提升需要向外拓展市场空间，向内集聚更多高端要素，京津冀协同发展无疑是最有效便捷的途

径。因此，必须用足用好京津冀协同发展重大发展机遇，加快对接京津高端产业，利用京津高端要素，服务京津高端市场，在对接服务利用京津中加快提升自己。

(三) 构建"一圈一带三中心"空间格局

城市综合实力的低弱需要石家庄加快集聚利用周边资源快速实现极化效应，但长期以来城市内部发展空间局促、格局不合理难以为城市跨越提升提供强有力的空间支撑。因此，石家庄市要紧跟城市空间格局调整大趋势，聚焦自身发展空间的主要问题障碍，着力构建"一圈一带三中心"多层次内外协同的空间格局，重点是立足在更大范围集聚要素配置资源，加快打造石邯衡邢省会都市圈；围绕"东强西美北高南兴中优"的空间格局，推进城市北跨东进双向发力，加快发展滹沱河高端城市功能集中带、主城服务中心、东部智造中心、北部开放中心，构建"一带三中心"城市空间格局，为石家庄经济总量跨越提升提供强有力的空间支撑保障。

(四) 主打健康名都、数字新城、产业技术创新重镇三张城市名片

当今社会产业和创新成为城市发展最主要的推动力，通过优势产业和创新特色来塑造城市名片、擦亮城市名片已经成为当今众多城市的首要选择。从石家庄发展实际来看，之所以成为全国最没有存在感的省会城市，其形象标识不突出、特色魅力不凸显是重要原因，之所以近年来在全国省会城市中的影响力和竞争力持续下滑，产业转型缓慢和创新能力低弱是根本原因。因此，必须将培育面向未来的优势产业、全面提升自主创新能力与重新塑造城市名片有机结合起来，互融互通互促互进共同发展。当前，数字经济产业成为经济发展新蓝海，大健康产业孕育着巨大的市场空间，石家庄是中国首批生物医药产业基地，同时电子信息产业基础雄厚，新一届市委、市政府也明确提出将生物医药和电子信息产业作为石家庄城市跨越提升率先突破的两大重点产业，因此，以此为基础打造健康名都、数字新城两大城市名片，不仅顺应产业发展趋势，也能够释放石家庄的优势和潜力。同时，作为省会城市，石家庄理应在引领全省高质量发展中凸显其创新的优势和特色，但是作为毗邻京津特别是北京这个全球知名的创新中心城市，石家庄需在创新发展上科学寻求自己的发展方位，满足河北制造大省产业技术创新需求，有效与京津原创型科技创新形成错位互动，着力培育提升应用技术创新能力，塑造产业技术创新重镇城市名片。

(五) 提升政策环境、品质品位两大发展引力

观察近年来典型城市的成长历程，我们也注意到，城市集聚人才、技术、资金、产业等要素，主要是通过营造一流营商环境，提高城市品质品位，全面彰显城市发展魅力，提升对高端要素的吸引力，释放城市发展活力，激发城市发展动力。近年来石家庄的发展环境得到极大改善，但与先进城市相比，在体制机制和政策措施的创新性、包容性、灵活性和实施力度上都有较大差距，城市规划品质、建设品质、管理品质、生态品质、生活品质仍有较大改善空间，必须营造超一流的政策环境，全方位建设品

质之城，全面提升城市发展吸引力和凝聚力。

四、石家庄经济总量跨越提升的重大举措

（一）突出产业融合区域互动，构筑大健康产业链

紧跟全球生命科学技术突破趋势，紧抓"健康中国"战略深入实施的重大机遇，聚焦京津冀生命健康消费空间，以打造超千亿级产业为目标，以重振国家生物医药产业基地和建设国家区域医疗中心为抓手，围绕"医药养食游"等重点领域，构建集生物医药、医疗康复器械、生命信息、精准医疗、健康管理、养生保健、健身休闲等多业态相融合的"健康+"产业生态圈，构建全方位、全周期大健康产业链，努力将大健康产业打造成为具有全国影响力的优势产业，成为支撑全市跨越提升的核心产业。一是全面提升生物医药产业的发展水平，打造全市大健康产业发展的领头羊。二是促进"医、药、养、健、管"等多业态融合发展，培育发展医疗卫生、养生养老、健身康体、健康管理四大领域，推动全产业链优化升级。三是因地制宜布局大健康资源，加快跨区域要素流动，强化产业链上下游合作，构建"一核两区一带多点"的总体发展格局。

（二）突出软硬结合有限目标，培育特色数字经济核心产业

京津冀是数字经济发展国家枢纽节点，作为河北的省会城市，石家庄应聚焦数字经济产业中最适合城市经济发展特点，最具有带动能力的核心产业，按照软硬一体、核心配套、共同发展的原则，持续发力，打造中国数字新城。一是立足强化与京津错位互动发展，努力构建以新一代通信设备、卫星导航、大数据、物联网四大产业为主体的数字经济核心产业体系。二是依托现有基础，加快建设鹿泉电子信息产业园、正定数字经济产业园、高新区、滹沱河数字服务功能区、主城区综合商务区五个重大载体平台。三是适应数字经济产业发展特点，从完善基础设施、优化政策环境、营造应用场景三方面发力，打造数字经济产业发展良好生态。

（三）突出协同开放支撑产业，提升自主创新能力

聚焦石家庄城市跨越提升的创新需求，围绕与京津形成错位互动的创新格局，突出重点、抓住关键，以壮大骨干创新力量、推动创新链和产业链深度融合、强化与京津的创新合作为重点，打造具有区域影响力的产业技术创新重镇。一是谋划布局建设"燕赵实验室"、石家庄大健康产业技术研究院、石家庄信息技术产业研究院等，培育壮大骨干创新力量。二是推进产业技术创新战略联盟建设，支持有条件的科技领军企业联合行业上下游牵头组建体系化、任务型创新联合体，推进产业链和创新链深度融合。三是全面强化与京津的创新合作。

（四）突出扩区增容提质增效，力促高新区增比进位

石家庄高新区规模总量、产业实力、创新能力较弱，在全市经济总量跨越提升的

过程中，高新区要持续发挥龙头骨干作用，做大规模总量、做优主导产业、做强创新能力，全面提升发展水平。一是加快推进高新区扩区整合，推动高新区向北跨过 307 国道发展，将藁城的部分镇纳入管辖范围；在滹沱经济带核心区内，谋划建设高新区分园。二是做强做大做优生物医药、软件和信息技术服务业、高端装备制造等主导产业。三是坚持创新核心地位，强化创新主体培育，集聚创新要素，完善创新平台，提高创新能力。

(五) 突出面向未来高点定位，打造滹沱河核心区北部新城

按照"二环内做减法、二环外做乘法""拥河发展"的要求，在市区和滹沱河生态经济带的交汇区，市主城区、正定新区、正定古城三个发展核心区的合围区域打造北部新城，按照国际眼光、一流标准，高起点规划、高标准建设，打造现代化国际化美丽省会城市建设示范区、品位形象和综合实力提升的标志区。一是高标准推动新城建设，打造现代化、国际化、生态化、高品质智慧城市空间。二是对标世界级滨水区域和特大城市中心区域发展，瞄准服务链高端、产业链前端、创新链顶端，引导城市新兴功能向滹沱河沿线聚集，全力汇聚具有区域乃至国内外影响力的科技创新、现代服务、国际交往、人文交流、都市休闲等高端城市功能。三是立足快速推进北部新城建设，形成石家庄跨越提升的动力支撑，坚持创新引领、先行先试，在新城开展城市发展方式创新试点示范。

(六) 突出先行示范大胆创新，加快发展河北自贸区正定片区

围绕河北自贸区正定片区"两区一枢纽"定位，以制度创新为引领，加强产业开放创新，积极对标国际先进规则，全面营造国际一流营商环境，努力形成一批具有国际竞争力的，在全国可复制、可推广的制度创新成果和案例。一是聚焦生物医药、临空经济、商贸物流、装备制造四大产业，瞄准未来新兴产业发展，充分发挥自贸区制度创新优势，努力打造开放型产业发展新体系。二是在市场监管、知识产权保护、电子商务、政府采购、竞争中立、争端解决、绿色发展和经济技术合作等领域，持续开展首创性、集成性、差异性改革创新。三是对标世界银行营商环境指标体系，营造国际一流营商环境。

(七) 突出同城一体协同共赢，打造石家庄省会都市圈

按照"宽视野决策、大区域统筹、小单元作战"的新型城市发展模式，坚持将都市圈作为石家庄中心城市做大做强的空间载体和重要手段，在推进石家庄都市圈发展中加快中心城市跨越提升。一是按照"极核引领、轴带串联、多点支撑"的发展思路，着力构建"一核两圈四轴"都市圈总体格局。二是坚持规划同图、设施同网、服务同享，推进核心区与紧密圈同城化发展，促进要素自由流动，密切经济社会发展联系，将紧密圈打造成为中心城市空间拓展、功能提升的主阵地。三是顺应产业链供应链布局新趋势，面向前沿、精准聚焦、链式拓展、协同布局，共建具有区域竞争力的产业链集群。

(八)突出引培并举重磅优惠，大力度集聚人口人才

站在"集聚区域战略资源，积蓄未来发展潜力"的高度，聚焦人才和青年两大主体，高水平建设人才强市，着力打造青年友好型城市，释放青年人口规模效应和高端人才集聚效应，使石家庄成为汇天下精英、展才华智慧的理想之地。一是聚焦引进人才、培育人才、用好人才的关键环节，舍得下本钱，放得开手脚，谋划实施一批最能补齐发展短板、最能激发潜在优势的重大人才举措，高水平建设人才强市。二是聚焦青年"乐业、乐创、乐居、乐享、乐学"，构建一套实惠、给力、高效的"吸青引青"政策体系，争创全国青年友好型城市试点。

（本文作者：高智、罗静。本文为 2022 年石家庄市发展和改革委员会智库专家课题。）

石家庄数字经济发展现状及对策研究

随着大数据、云计算和人工智能等新一代信息技术的快速发展，数据已成为数字时代的基础性战略资源和革命性关键要素，成为与土地、劳动力、资本、技术并列的基本生产要素。数字经济作为把握新一轮科技革命和产业变革新机遇的战略选择，成为推动经济发展质量变革、效率变革、动力变革的重要驱动力。党的十八大以来，党中央高度重视数字经济发展，将其上升为国家战略。习近平总书记多次作出重要指示，强调要大力推进互联网、大数据、人工智能和实体经济的深度融合，发展数字经济、共享经济，培育新增长点，形成新动能。党中央、国务院先后出台了网络强国、宽带中国、"互联网+"、智能制造、促进大数据、人工智能、软件发展等一系列重大战略、规划和举措，提出明确要求。石家庄作为河北省会城市，深刻理解和把握数字经济的内涵特征、发展意义，科学研判数字经济的发展现状，深度挖掘数字经济存在的问题，结合自身实际，探索数字经济做强做大做优的对策建议，可以加快石家庄产业结构优化升级、提升传统产业发展水平和竞争力、打造数字时代新品牌，为加快省会建设和高质量发展蓄积更多动能、增添更足后劲，为建设现代化、国际化美丽省会城市做出更大贡献。

一、数字经济的内涵及特征

(一)数字经济的内涵

数字经济是继农业经济、工业经济之后的新经济形态，是以数据资源为重要生产要素，以现代信息网络为主要载体，以信息通信技术融合应用、全要素数字化转型为重要推动力，促进公平与效率更加统一的新型经济形态。

数字经济包含数字产业化、产业数字化、数字化治理和数字化价值四个内涵框架。一是数字产业化是数字经济发展的基础，是数字技术形成产业的过程。重点以数字化信息为关键生产要素，发展以信息产业为主的信息密集型行业，包括电子信息制造业、信息通信业和软件服务业等信息产品和信息服务的生产和供给。二是产业数字化是数字经济发展的主阵地，是传统产业的数字化升级过程。重点以新一代信息技术为支撑，信息以资本形式投入到传统产业，实现传统产业及其产业链上下游全要素的数字化改造，形成新的生产组织方式实现赋值、赋能。三是数字化治理是数字经济发展的保障，是信息通信技术融合应用过程。重点将信息通信技术广泛应用到政务、农业、工业、交通、教育、安防、城市管理、公共资源交易等领域的应用场景，进而提高全要素生产率。四是数字化价值是数字经济发展的关键生产要素，是全要素数字化转型的过程。重点通过信息通信技术发展、普及，不断催生出新技术、新产品、新模式、新产业，带来更多正向外部效应。可以看出，数字产业化与产业数字化是数字经济的核心，数据价值化是数字经济的驱动力，数字化治理是数字经济的保障。

(二) 数字经济的特征

数字经济作为一种新的经济形势，呈现信息化引领、开放化融合和惠普化应用三个重要特征。一是信息化引领。以数字要素为关键资源，将信息技术深度渗入各行业，大量数据资源汇聚和共享，促进行业智能化发展，实现数字产业化。二是开放化融合。以信息网络为依托，数据的流动与共享进一步促进组织内部、企业间、行业间开展大规模协作和跨界融合，价值链得到进一步优化与重组，实现产业数字化。三是惠普化应用。信息通信技术借助云平台和商贸、金融等各种信息基础设施服务平台，与其相关领域紧密融合，使数字经济出现"人人参与、共建共享"的普惠格局，实现数字价值化。

二、发展数字经济的战略意义

一是发展数字经济是实现经济高质量发展的重要途径。在新常态背景下，面对外部环境复杂多变、下行压力较大等挑战，大力发展数字经济，发挥信息技术优势，重点实施数字产业化和产业数字化，重组经济要素资源、重塑经济结构、提升经济竞争力，发挥数字经济普惠性特征，重点拓宽数字经济应用范围，实现网络购物、移动支付、共享经济等数字经济新业态新模式蓬勃发展，进而培育经济发展新的动能和新增长点，为经济高质量发展提供有力支撑。

二是发展数字经济有助于赋能实体经济提质增效。数字经济与实体经济的融合发展，推动数据要素市场与其他要素市场的协同联动，实现对劳动力、技术、资本等各方面生产要素流转的全面数字化、智能化改造，可以提高实体经济的要素投入数量和质量，推动实体经济向精细化配置、精准化服务和柔性生产的方向转型升级。同时，数据要素资产化进程不断释放数据价值，发挥数据低成本流通、规模报酬递增等优势，形成规模报酬递增的经济发展模式，有助于实现数字技术与实体经济深度融合，提升全要素生产率，推动制造业、服务业、农业全方位、多角度、全链条向数字化、智能化、网络化转型升级。

三是发展数字经济有利于提升政府和社会公共服务效能。数据作为重要生产力和关键生产要素，深入渗透到生产、分配、交换和消费的各个环节，打通了资源要素流动堵点，提高了经济社会各领域资源配置效率。加快发展数字经济，拓宽与政务、农业、工业、交通、教育、安防、城市管理、公共资源交易等领域的应用场景，可以加快推进各级政府、各部门、各系统之间数据、信息和业务的联通共享，提升政务数据在社会管理、公共服务、宏观调控、市场监管等方面的社会效益和经济效益。同时，有助于加快推进数字政府、数字社会、新型智慧城市、数字乡村建设，提升公共服务数字化、智能化水平，推进治理体系和治理能力现代化。

三、石家庄数字经济发展现状

石家庄以京津冀协同发展、建设省会都市圈、全国首批 5G 试点城市、举办中国国际数字经济博览会为契机，在国家战略及河北省数字经济相关政策的指引下，互联网与传统产业加速融合，信息化、智能化改造赋能传统产业转型升级，数字化转型成为产业发展的新引擎。

(一) 数字经济发展生态不断优化

完善的政策是推广应用大数据的重要保障。在大数据战略部署和政策推动下，石家庄相继出台《石家庄市数字经济发展规划 (2020-2025)》《正定数字经济产业园发展规划 (2021-2025 年)》《关于支持数字经济加快发展的若干措施》《石家庄市加快推进"数字政府"建设实施意见》等数字经济战略规划和配套措施，具体部署大数据相关产业空间布局、功能定位和创新发展方向等，通过数字产业化、产业数字化、数字化治理来打造"中国数字新城"，构筑了数字经济发展的政策体系。设立规模 20 亿元数字经济子基金，专门扶持数字经济领域企业孵化和培育。石家庄数字经济具有良好的基础条件和巨大发展空间，连续举办中国国际数字经济博览会等系列活动，国内外企业参与中国数字新城建设的广度深度不断提高，裕华区、正定县入选河北省数字生态"十强县"，数字产业应用生态圈不断扩大。

(二) 数字化基础能力持续升级

石家庄持续优化升级信息基础设施，为数字经济蓬勃发展提供扎实的网络和服务基础。数字网络基础设施建设持续加强，累计建设 5G 基站 6950 个，实现设区市主城区、县城城区和重点乡镇覆盖，所有行政村实现光纤宽带通达、4G 网络全覆盖；(固定) 互联网宽度接入用户 462.8 万户，居全省第 1 位；电信业务总量为 133.8 亿元，电信业务收入为 94.4 亿元，均居全省第 1 位；电话总用户 1542.8 万户，移动电话、固定电话用户分别达到 1428.1 万户和 114.7 万户，均居全省第 1 位，5G 终端用户占比 30.9%，居全省第 3 位①。数字算力基础设施布局持续加快，政务信息资源机柜部署 323 个、服务器 356 台，运算处理能力近 1 万核，存储近 30P，搭建了连接 40 余个市级

---

① 《2021 年度河北省信息通信行业发展报告》。

部门的光传输网①; 建设智慧城市云中心项目、常山云数据中心、中国移动(河北石家庄)数据中心、万联云数据中心等一批投资强度较大、带动能力较强的大数据中心项目; 河北北正云鼎数字经济产业园、国家半导体照明产业化基地、国家火炬计划软件产业区、正定数字经济产业园、鹿泉数字经济小镇等一批特色基地园区快速发展; 云数据中心等新型基础设施建设有序推进, 物联网在公共服务、视频监控、智慧物流、公共交通等行业得到广泛应用, 为高质量发展注入新动力。

(三)数字产业化实现快速发展

数字产业化是发展数字经济的先导力量, 依靠信息技术创新驱动, 不断催生新产业新业态新模式。近年来, 石家庄把数字经济作为转型升级的突破口, 出台实施《石家庄市"十四五"信息化规划》《关于加快5G发展的实施方案》《石家庄市关于加快推进"大智移云"的实施方案》《新时期促进集成电路产业和软件产业高质量发展的实施意见》《石家庄市加快战略性新兴产业发展实现经济上台阶的实施意见》《关于支持新一代电子信息产业和生物医药产业率先突破的若干措施(试行)》等政策文件, 为数字产业化指明了方向。数字产业结构得到优化, 拥有中国电子科技集团公司第五十四研究所、中国电子科技集团公司第十三研究所、中瓷电子、普兴电子、远东通信、美泰电子、博威电子、新华北集成电路、晶禾电子、京华电子、东森电子、银河微波、诚志永华、森斯泰克等大量数字技术强劲的科研机构和优势企业, 吸引了华为、海康威视、浙江大华、北明软件、神玥软件等一批知名企业和重大项目相继落户, 形成了通信导航、光电、微机电等领域完整的产业链条。大数据与物联网、信息技术制造、人工智能与智能装备等数字技术产业也得到快速成长, 鹿泉经济开发区发展成为全国知名的光电子、微电子和通信产业基地, 中移系统集成等企业连续多年入围中国电子信息百强、软件百强, 中电科54所复杂封闭空间内无线物联网关键技术研发项目、中车石家庄车辆有限公司蓄冷正压疫苗方舱物联网系统应用项目, 分别入选2020～2021年物联网关键技术与平台创新类、集成创新与融合应用类示范项目。全市电子信息领域在建项目48个、拥有47个省级以上创新平台。

(四)产业数字化建设步伐加快

产业数字化是数字经济的实体支撑, 推动制造业加速向数字化、网络化、智能化发展。近年来, 石家庄着力推动5G、大数据、物联网与实体经济深度融合, 取得了显著成效。工业数字化水平显著增强, 出台了关于制造业与互联网融合发展的实施意见, 深化新一代信息技术与制造业融合发展、加快发展工业互联网平台推进信息化和工业化深度融合等多个实施方案, 持续开展"5G+工业互联网"工程、数字"千项智改、千企提质"工程和企业上云计划; 两化融合发展效果明显, 推动1000家企业上云, 科林电气入选工信部上云典型案例; 同福中央厨房工业互联网平台项目等13个项目入选河北

---

① 米彦泽. 石家庄: 大数据应用提速升级[N/OL]. 河北日报, [2020-04-10]. http://hbrb.hebnews.cn/pc/paper/c/202004/10/content_32626.html.

省 2021 年工业互联网创新发展标杆示范案例,入选数量全省第一;铁路货车修造智能化平台等 38 个项目入围河北省 2022 年工业互联网创新发展重点培育项目名单,入选数量全省第一;河北鹿泉经济开发区(电子信息)被认定为专业化细分领域竞争力强的特色产业示范基地。农业数字化水平显著提升,综合运用"物联网+大数据""特色产业+电子商务+精准扶贫"等模式,鹿泉、赞皇、灵寿等县(市、区)的 40 多个农产品成功上线,正定等 6 个县获批国家电子商务进农村综合示范县①,行政村农村电商服务站点覆盖率达到 100%②。建有淘宝镇 38 个、淘宝村 100 个③。服务业数字化快速发展,国家电子商务示范城市、国家跨境电商综合试验区建设加快推进,新媒体电商直播示范城市建设取得积极成效,建设国家电子商务示范基地 1 个,建设了河钢云商、中废通、回收商网、掌尚北国等一批优势电商平台,华北网红直播基地、太和电商基地、大龙网京津冀龙工场电商产业园等一批示范园区加快发展。2021 年,全市限上批零企业商品网络零售额 40.0 亿元,同比增长 139.5%;仅 12 月当月就达到 5.6 亿元,同比增长 241.6%④。

(五)信息共建共享成效显著

5G 在智慧城市、远程教育、医疗、康养等公共服务领域的融合应用,为石家庄经济发展注入强大动力。纵横贯通的平台基础基本夯实,5 个市级部门 72 个业务系统实现云上部署,实现与省平台、部分国家部委对接;政务信息共享平台全面完善,累计建立线上通道 15 个,26 个部门数据实现共享对接;政务服务事项实现跨地区通办,审批事项实现 100%全流程网上办理;在全省率先推行智能 AI 审批改革,12 个事项作为智能 AI 审批试点先行上线。数字赋能各领域平台快速发展,在全省率先推出食品"信用+智慧"监管新模式,应用食品安全智慧监管平台得到高度肯定;建设完成市县一体化信用信息共享平台,已覆盖市县乡村四级,初步形成全市信用信息"一张网";建设市县乡村四级一体人社公共服务体系、"智慧化导游导览"平台、"智游石家庄"手机应用平台、"智慧监管平台"等平台,实现对景区管理"限量、预约、错峰"的常态化监管。

四、石家庄数字经济发展存在的问题

对标上海等一线城市,石家庄数字经济发展在数据要素发展、基础设施建设、应用场景、发展生态等关键领域存在短板,值得关注。

---

① 焦莉莉. 农特产品搭上"电商快车"精准服务助力乡村振兴　石家庄市市场监管局深入开展"电商助企"活动[EB/OL]. 石家庄新闻网,[2022-07-20]. http://news. sjzdaily. com. cn/2022/07/20/99768102. html.
② 任学光. 35 个淘宝镇 97 个淘宝村助农增收[N/OL]. 河北日报,[2020-09-23]. http://hbrb. hebnews. cn/pc/paper/c/202009/23/content_56063. html.
③ 阿里研究院公布的《2021 年淘宝村、淘宝镇名单》。
④ 2021 年全市经济持续稳定恢复实现"十四五"良好开局[EB/OL]. 石家庄市统计局网,[2022-01-30]. http://tjj. sjz. gov. cn/col/1584345010372/2022/01/30/1643511739589. html.

(一)数据要素的整合、流转、共享存在障碍

石家庄数据资源丰富，由于数据应用观念、技术、利益、安全等原因，在采集、存储、交互、共享、集成方面存在较多障碍。数据要素与金融、电商等信息化程度较高的行业融合深度较高，与制造业、农业等行业融合效果有待进一步提升。与广东、贵州等发展速度较快的地区相比，政府数据在开放数量和质量上还存在一定差距，有较大的发展空间。同时，尚未建立区域性数字条例，缺少数据交易规范及制度，缺乏实现数据资产化、商品化和标准化的交易要件体系，很大程度上限制了数据交易市场规模。

(二)数字基础设施支撑不足

数字要素需要消耗大量的网络、存储资源和算力资源。石家庄5G基站还未实现区域和行业的全覆盖，大数据中心、工业云平台等关键领域的数字基础设施建设还不能满足工业企业的需求，还有较大的发展空间。

(三)跨领域、跨行业应用场景亟待拓展

石家庄数字技术、产品、服务向各行各业融合渗透还不够。现代服务业数字经济发展水平最高，工业数字经济发展第二、农业数字化转型需求较弱，呈现出第三产业高于第二产业，第二产业高于第一产业的典型特征。制造业企业信息化建设主要集中在生产线改造、财务、办公、采购、销售等单项应用，多数中小企业因资金、人才和技术等生产要素短缺，生产环节的数字化、网络化、智能化程度较低，数字化改造动力不足，呈现数据服务内容及技术服务模式的层次不高的特点。

(四)协同发展生态环境有待优化

石家庄数字经济政策还有待完善，尚未分行业制定主导产业数字化发展政策。资金、人才、技术等生产要素还存在不足，数字经济的行业知名度和品牌影响力还不够，区域间协作能力不强，还未形成数字经济产业集群。

五、石家庄数字经济发展的对策研究

当前，石家庄数字经济正日益融入经济社会发展的各领域和全过程，要扎实打牢数字经济发展基础、重点推动规范数字要素健康发展、持续拓展数字经济发展新空间，进一步做强做优做大数字经济，让其成为助推全市经济高质量发展的新引擎。

(一)加快培育数据要素市场

石家庄要积极抢抓推动数据要素市场化改革政策机遇，围绕落实省会都市圈建设、现代化省会城市建设战略，多举措激活数据要素市场活力、释放新动能。一是建立公共数据运营管理体系，借鉴北京、上海等地经验，推动公共数据运营机构建设，建立

健全公共数据运营规则，补齐运营主体缺位短板，进一步释放公共数据资源价值。二是加强政务数据共享，完善数据共享协调机制、数据供需对接机制，实现市政务服务平台在线对接，进一步提升政府现代化治理能力。三是激发社会数据资源活力，加快数字经济领域立法，制定加快数据资源汇聚融合与创新应用具体措施，制定公共数据共享和开放领域规则，进一步促进数据高质量汇聚。四是促进数据交易流通，推动石家庄数据交易场所及配套机构建设，探索建立数据经纪人资格认证和管理规则，进一步加快数据要素价值转化。五是强化数据安全保护，引入数据分类分级安全管理方法，建立公共数据安全协同监管机制、公共数据安全态势感知和应急指挥机制，进一步为数字经济发展保驾护航。

(二)强化新技术基础设施支撑

石家庄要筹划布局与数字时代相匹配的"数+感+算网"现代化数字基建新体系，加大数据算力，实现智能互联突破。一是重点推进5G网络和千兆光网建设，布局建设窄带物联(NB-IoT)、加快建设工业互联网，推进骨干网、城域网、接入网、互联网数据中心和支撑系统的IPv6升级改造，实现互联宽带扩容。二是加快新型数据中心、工业互联网大数据中心布局，合理部署超级计算中心，打造若干数据中心集群，加快数据汇聚和流动。三是加快推进核心算法等算力关键技术的研发突破，构建综合算力网，提高数据要素算力能力，全力支撑数字经济发展。四是全力开展数字基础设施应用示范项目建设，重点围绕医疗、教育、交通、环保等重点领域和区域开展移动物联网络建设与应用，形成"云+网+端"基础设施体系，打造数字基础设施典型示范和应用试点。

(三)打造数字经济赋能平台

石家庄要合理搭建数字赋能平台、中小企业数字化发展平台等载体，实现企业数字转型升级。一是加强平台的引进和培育。充分借鉴广东、上海、杭州等先进地区经验，重点加强工业互联网平台建设和数字赋能平台引进建设，搭建一批企业级、行业级的跨行业、跨领域的工业互联网平台，推动钢铁、石化、纺织、建材、食品等传统优势产业数字化改造，加快其数字化转型升级；围绕五大主导产业建设主导产业集群数字化专业平台，为实体经济发展筑势赋能。二是建立中小企业数字化发展平台。鼓励有条件的中小企业上云上平台，从产业链、供应链推动企业"上云用数"，提升中小微企业数字化转型能力，培育一批细分领域高成长性企业。

(四)推动数字产业化和产业数字化发展

石家庄要聚焦大数据、云计算、人工智能、区块链、5G等新兴领域，推进数字经济基础产业发展、强化传统制造业与数字经济的深度融合。一是做大做强数字经济关键产业，重点培育新一代信息技术产业、人工智能及智能装备产业，发展壮大电子信息制造产业，做优做强软件服务与互联网产业，在电子信息、生物医药、装备制造等重点产业领域开展数字车间、数字工厂等示范试点，夯实数字经济发展的基础。二是强化传统制造业与数字经济的融合，推动传统制造业的数字化转型。借助数字化技术和互联网思维，重点采取进行智能制造、完善工业互联网网络、平台和安全体系，打造区域制造业数字化集群、建设智能制造示范园区等措施对企业的制造流程、管理模式、产品质量和服务体系进行数字化重构。在石化、建材、纺织等产业领域大力开展智能生产线、数字化车间和智能工厂试点示范。三是培育发展新兴服务业态，推进智能物流、智慧交通、数字金融等领域生产性服务业数字化发展，推进旅游、健康、养老、教育、餐饮、娱乐等生活性服务业数字化升级。

(五)优化数字经济发展生态

石家庄要从体制机制建立、数字经济应用、品牌建立、产业聚集等方面优化数字经济发展生态，为数字经济发展提供保障支撑。一是创新体制机制。加强政策保障，制定分行业、分类型的数字化发展方案或计划，分类施策企业数字化转型；借鉴保定市经验，组建"产业数字化赋能中心"，搭建"企业数字化赋能云平台"，形成由运营商、头部互联网、工控安全等企业支撑的"资源池"的数字化转型"1+1+1"推进机制，促进数字经济发展。二是丰富数字经济应用场景。鼓励企业通过物联网、大数据、云计算等新技术，在智慧农业、智慧城市、智慧交通、智慧能源、智慧市政、智慧社区、智能商贸物流、跨境电商等数字经济领域开展示范应用。三是打造开放合作的知名品牌和载体。创新举办中国国际数字经济博览会、数字经济高端论坛等活动，加强对外交流合作，进一步提升行业知名度和品牌影响力。四是推动数字产业集聚发展，鼓励全市大数据与物联网、电子信息制造业、人工智能与智能装备等数字经济产业向园区集聚，建立创新发展示范区，提高信息技术跨领域、跨行业数据融合和协同创新。五是打造数字经济"飞地"模式平台，梳理钢铁、石化、纺织、建材、食品等产业链条短板，鼓励各区域加强协同发展，共建重大项目，全面提升数字经济产业发展质量。

(六)培育壮大新型市场主体

石家庄要遵循引进一批、扶持一批、引导一批、推动一批、培育一批的原则，扩大数字经济企业规模。积极引进一批互联网、大数据、人工智能等领域优势企业，扶持一批优势数字企业打造成领军型企业，引导一批品牌企业加强领域对外合作，推动一批中小微企业向"专精特新"发展，培育一批数字经济中小微创新型企业群，促进数字经济蓬勃发展。大力发展技术转移、检验检测、创业孵化等中介服务机构，提升服务的专业化、市场化、规范化水平。

(七)加大数字经济人才培引力度

石家庄要遵循引进一批、培养一批、聚集一批的原则，增强数字经济人才动能。聚焦数字化前沿方向和关键领域，绘制大数据产业人才地图，引进一批高层次领军人才和创新团队，解决数字化高端人才不足问题。充分发挥研究型大学和创新型企业的引领作用，鼓励重点企业、科研机构与省内外高校深度合作，鼓励和支持本地高等院校、科研机构开展与大数据相关的研究性教育，增设大数据相关专业，培养大数据创新型和技术技能型人才。加强数字经济职业技能培训，建设校企联盟技能中心、设立一批大数据产教融合示范院校和培训基地，大力引进国内外知名院校设立分支机构，集聚多方优势资源培养数字技术专业人才。推进石家庄人力资源服务产业园建设，提升高新区、经开区、正定新区对高端科技人才和创新领军人才的集聚能力。

（本文作者：郝雷。本文系第二届石家庄市社会科学学术年会优秀征文。）

加快石家庄市劳动力要素市场化配置
助力现代化国际化美丽省会城市建设

要素市场化配置是我国经济体制改革的重点，对经济社会发展起着巨大推动作用。2021 年 12 月，中共中央　国务院印发的《要素市场化配置综合改革试点总体方案》，提出了土地、劳动力、资本、技术、数据五个要素市场化配置的改革方向。劳动力要素是五个要素中最活跃最重要的一个要素，土地、资本、技术和数据等要素只有通过劳动力要素才能激活和运转，提高劳动力要素市场化配置水平，对整个经济社会发展具有极其重要的意义。石家庄是人口大市，2021 年末全市常住总人口 1120.47 万，城镇化率和劳动年龄人口比例逐步提高①，劳动力资源较为充沛，向城市中心聚集趋势比较明显，为全市高质量发展提供了强大持续动力。面对疫情冲击和复杂多变的外部环境，进一步提升劳动力要素市场化配置水平，引导劳动力和人才向石家庄聚集，对打造现代化国际化美丽省会城市至关重要。

一、劳动力要素市场化配置的重要意义

（一）劳动力要素市场化配置有利于激发城市发展活力和发展潜力

劳动力要素的流动、配置在最大程度上反映了一个地区、城市发展的活力，以及社会对其发展前景的总体预期。2020 年中国城市人口吸引力排行榜中，深圳、广州、东莞位居榜单前三，充分说明一个能吸引人才的城市，特别是中青年群体较大的城市，一定是充满活力的城市。随着后工业化社会、消费社会、创新型经济的来临，资本、技术等资源流动越来越受到劳动力要素配置格局的影响，资本、技术越来越跟着人口尤其是跟着人才走。劳动力的流动与配置越来越主导着资本、技术等要素的流动和配置格局。从某种意义来说，劳动力要素配置决定城市发展潜力。

（二）劳动力要素市场化配置有利于缩小区域差距、促进共同富裕

实现共同富裕、缩小城乡差距的重点是补齐欠发达地区和农村地区短板，需要各类人才、资金、技术等生产要素的倾斜，而劳动力是主要生产要素，对一个地区的经

---

① 资料来源于《石家庄市 2021 年国民经济和社会发展统计公报》。

济社会发展至关重要。农村剩余劳动力转移促进了农民增收，城市优秀人才下乡加速了农村地区转型。所以推动共同富裕必须要充分发挥"人"的作用，特别是要推动高层次人才到欠发达地区和农村地区带动当地经济社会发展。

(三)劳动力要素市场化配置有利于省会都市圈一体化协调发展

《石家庄市国民经济和社会发展第十四个五年规划和二○三五年远景目标纲要》明确提出要"加强大省会建设，打造石家庄现代化都市圈"，加强石家庄与周边县市的联动发展，在交通、产业、生态建设等方面开展合作，这些合作发展，需要劳动力要素的合理流动、合理分工。提升石家庄市劳动力要素的优化配置，进一步带动土地、资本、技术和数据等要素在都市圈内的合理配置，有利于推进省会都市圈同城化发展，有利于助推京津冀协调发展。

二、石家庄市劳动力要素市场化配置的基础优势

(一)户籍制度改革走在全国前列

为进一步促进农业转移人口和其他常住人口市民化，加快城乡一体化融合发展，推动有能力在城镇稳定工作生活的人员就地落户，2020 年 12 月，石家庄市下发了《石家庄市公安局关于进一步深化户籍制度改革实施细则》，全面放开县(市)城区、建制镇落户，全面放开人才落户，全面放开重点群体落户。目前，全市已全面贯彻落实，据统计，2017 年 1 月至 2021 年 12 月底，户籍制度改革政策户口迁入城镇的共计 196865 人[1]。同时，石家庄市已经实行京津居住证互认，对已办理京津居住证，在承接地实际居住生活但不愿意在承接地落户的，可以在承接地通过"绿色通道"申领居住证，不受办理居住登记满 6 个月的限制。

(二)人才引进环境日趋优化

先后出台了加强人才支撑引领支持新一代电子信息产业和生物医药产业率先突破，以及进一步提高人才流动便利度两个实施方案，制定了 27 项具体举措，在引进、培养和选拔各类人才上向主导产业倾斜。加大事业单位引才力度，实施"名校英才入石"计划，引进"双一流"高校毕业生进入事业单位，根据单位事业发展需要，对急需紧缺人才快办特办，2021 年为石家庄市属高校、医院、科研院所等单位公开招聘(选聘方式)引进急需紧缺人才 178 名。建立人才绿卡制度，畅通人才服务绿色通道，为高层次人才提供良好的创业环境和方便快捷、运行高效的服务，为石家庄市吸纳了大量优秀人才。2021 年石家庄市人才总量达到 240 多万人，专业技术人员 54.26 万人，其中高级职称 7.6 万人，中级职称 19.18 万人，初级职称 27.48 万人[2]。

---

[1] 资料来源于石家庄市公安局。

[2] 资料来源于石家庄市人力资源和社会保障局。

(三)技术评价制度进一步放宽

人才分级分类评价体系持续完善，职称评审不断社会化，5 所市属高校、5 家企业开展职称自主评审，15 家企业开展职业技能等级自主认定。同时，加大非公经济和社会组织、灵活就业群体中专家人才选拔力度，2021 年选拔市政府特殊津贴专家 124 人①。对引进的急需紧缺和高层次人才，实行职称绿色通道，不受学历、资历、资格和单位岗位设置数量限制，符合条件的可直接申报相应职称。民营企业专业技术人员职称申报渠道进一步打破户籍、身份、档案、所有制等制约。

(四)人力资源服务业快速发展

近年来，石家庄市大力实施人力资源服务业发展行动计划，通过优化环境、搭建平台、加强监管，加速推动人力资源服务业快速发展、集聚发展、健康发展。2021 年 1 月，"中国石家庄人力资源服务产业园"获批，成为全省首家国家级产业园。现有 1 个国家级产业园、3 个省级产业园、1 个市级产业园，17 个县(市、区)设立了人力资源服务工作站，基本形成了人力资源服务产业体系。2021 年，入驻服务机构 196 家，其中，上市公司 8 家，全国知名机构 18 家，全年营业收入 32.69 亿元，纳税总额 5510 万元。全年服务人次 107.48 万人次，帮扶就业和流动人数 8.71 万人次，提供就业岗位 7.51 万个，引进高层次人才 140 人，诚信机构企业数量 5 个，举办招聘会 2541 场，举办培训 1770 场，培训 34.35 万人，发布求职信息 8.26 万条②。服务领域涵盖了人力资源服务全业态，构建了业务门类齐全、层次多样的全产业链条。

三、石家庄市劳动力要素市场化配置的影响因素

(一)经济发展水平不高

从全国来看，石家庄市总体上经济发展水平较低，2021 年，石家庄地区生产总值 6490.3 亿元，在全国 36 个主要城市(含 4 个直辖市、22 个省会城市、5 个自治区首府城市及 5 个计划单列市)中排第 25 位，经济水平长期处于下游，对人才的吸引力较弱③。从京津冀城市群来看，石家庄经济发展水平与京津差距较大，京津的"虹吸效应"使更多人才和劳动力向京津流动。从石家庄自身来看，产业结构不优，传统产业和产业链中低端比重较大，战略性新兴产业发展不充分，县域经济发展和新型城镇化进程滞后，对高端人才的吸引力严重不足。

(二)与京津收入差距较大

国家统计局公布的数据显示，2020 年，石家庄在岗职工平均工资为 84870 元，仅

---

① 资料来源于石家庄市人力资源和社会保障局。
② 资料来源于中国石家庄人力资源服务产业园。
③ 资料来源于新浪财经等网络媒体、全国省会城市及直辖市主要 GDP 排名表。

为北京市在岗职工平均工资的 45.87%，上海市的 48.54%，深圳市的 60.87%，南京市的 61.44%，天津市的 71.37%，济南市的 78.53%，在全国 36 个主要城市中排名 35 位，长期处于倒数。2021 年，北京、天津人均可支配收入分别为 75002 元和 47449 元，石家庄为 33555 元，不足北京的 1/2，仅为天津的 70%。因此，石家庄市与京津城市及其他区域主要城市的收入差距使本市及周边区域劳动力及人才更倾向于向外流动。

(三) 人才事业存在明显短板

一是人才规模不够大。据有关机构统计，北京市人才总量占总人口的 60%，深圳市占 34%，济南市占 25%，而石家庄市仅占 21.9%。二是人才质量不够高。北京市院士数量占全国总量的一半，"千人计划"人才占全国的 1/4；深圳市高层次人才近 1.8 万人；济南市的院士等顶尖人才有 364 人。石家庄引进国家级高层次人才仅 306 名，高层次、高技能人次和高水平创新团队还比较缺乏。三是创新平台层次不高。杭州市、深圳市、成都市、合肥市建有国家级重点实验室、工程实验室等创新平台都有上百家，而石家庄市仅有 66 家，科技创新引领高质量发展的动能明显不足。

(四) 社会人文与自然环境缺乏吸引力

石家庄市人才流失受环境影响较大。一是城市建设和公共服务不完善，地铁系统尚未竣工，交通系统不够完善；医疗、社会保障、住房等与其他主要城市相比并无明显优势；教育领域缺乏重点知名高校，高等教育发展相对薄弱，影响了对人才的吸引力。二是自然天气环境不容乐观，石家庄市雾霾天气使空气质量受到影响，环保压力和产业发展矛盾突出，对各类生产要素特别是劳动力吸引力不高。

四、对策建议

当前，石家庄处于建设现代化、国际化美丽省会城市的关键时期，推动劳动力要素配置，重点要解决人才引进、使用和培养的问题，要在经济发展、公共服务、制度建设等各方面统筹考虑，为引进人才、留住人才营造良好的发展环境，使劳动力市场化配置达到最优。

(一) 建立与常住人口挂钩的公共服务机制

1. 完善财政转移支付与常住人口挂钩机制

改变以户籍为导向的转移支付思路，完善以常住人口为导向的转移支付体制，转移支付资金分配与政府提供公共服务的成本相衔接，外来流动人口与户籍人口享受同等的公共服务待遇。加大对城市教育、医疗、公共文化及水电路气信等公共基础设施的财政投入，为提升城市综合承载能力、吸引人才和劳动力提供良好的生活环境，争取更多人才和劳动力在石家庄定居常住。加大对高等教育的投入，支持驻石省属重点骨干大学争创"双一流"建设高校，采取"一事一议"方式，由市财政给予资金支持。鼓励驻石高校围绕石家庄市产业发展动态调整专业设置，对每个新获批专业，由市财政给予一定资金补助。加大对农业转移人口进城落户较多地区的转移支付支持力度，加快推进农业转移人口市民化，改善异地务工人员在石家庄工作、生活等住房条件，落实一次性创业资助、租金补贴等普惠性政策。

2. 探索建立以身份证为标识的人口管理服务制度

按照国家统一部署，推进居民身份证、居住证电子照应用，提升公共服务便利化；丰富居民身份证应用场景链接，推动刷居民身份证自动核验社保、金融、健康等信息服务。扩大身份证信息容量，将就业、社保、职称、技术能力、特殊人才性质及经济社会贡献等有关劳动力流动事项统一到身份证信息，提高人才和劳动力市场供求信息匹配度，推动劳动力更加充分更高质量就业。强化信息安全，制定有关事项沟通对接机制和信息查阅范围，规范使用身份证信息。

（二）探索建立京津石居住证互通互认和共享制度

1. 推动京津石居住证制度衔接

对已办理北京市、天津市居住证的在石工作生活人才，可以凭北京市、天津市居住证，办理河北省居住证，不受在石居住半年以上的条件限制。在石家庄启动与京津一致的居住证积分制，制定详细积分细则，建立合法稳定就业、合法稳定住所及教育背景、职住区域、创业创新、纳税、年龄、荣誉表彰、收发记录等指标体系，通过积分对等或按比例兑换的方式，使达到一定条件的劳动者可以在三地实现同等待遇，吸引更多人才和劳动力到石家庄就业。一些有意愿到京津就业但又迫于京津工作生活压力的高校大学毕业生，可以优先选择到石家庄就业，积累经验和贡献度，当积分达到一定程度后可直接到京津享受京津居民同等待遇。一些随北京非首都功能疏解到石家庄的企事业单位职工可以接续原来在北京的积分年限，随时可回北京不影响原居民待遇，解除其后顾之忧，做到业来人也来。要积极争取国家和省级支持，加强与京津的沟通协商，加快京津冀协同向纵深推进。

2. 建立京津石一体化人才培养互认共享制度

加强京津石区域"跨域、互认和共享"，突出完善人才流动机制，打破人才使用壁垒，加强人才评价互认、人才培养挂职交流、创新平台共享共用等方面交流合作，启动三地人才挂职交流，从党政人才、专业技术人才、农业人才、社会工作人才等重点领域选派人才异地挂职，减少区域间人才流动障碍。围绕主导产业发展，选择三地工程技术中心、重点实验室、众创空间等创新平台，面向三地企业和人才共享共用。实行高层次人才服务卡，京津石三地统一认定的高层次人才可持卡享受相应的公共服务。创新京津石人才公共服务互融互通机制，整合三地公共人力资源市场信息资源，加强三地人才流动、吸引、创业等政策对接，在重点产业、企业和项目中探索人才共享机制，推动三地人事考试、人事代理等互通互享。

（三）完善与石家庄产业结构相匹配的人才引进机制

1. 深化人才政策改革

持续优化人才绿卡服务政策，拓展人才绿卡服务对象，完善人才服务措施，加大政策支持力度，打造人才绿卡升级版。继续实施现代产业人才集聚工程，围绕石家庄主导产业发展，加大对高精尖人才和产业急需人才的支持力度，在科研费、安家费、项目资金奖励、创业担保贷款等领域给予相应补贴。设立"高级人才寻访券"，鼓励主导产业骨干企业购买人才寻访服务，降低企业人才开发成本。探索实施"揭榜挂帅"制度，以主导产业为重点，征集发布一批制约产业链发展的"卡脖子"技术疑难问题，由项目单位设立揭榜金，邀请国内外专家人才广泛参与"揭榜挂帅"，开展技术攻关、成果转化，激发科技创新活力。探索建立外籍高层次人才居留便利制度。制定紧缺人才职业清单，简化外国人才来石工作手续，为外籍高层次人才和专业技术人才提供永久居留便利，提高外国人才来石工作便利度。

2. 深化人才管理和服务制度改革

加快科技、教育、人才工作"放管服"改革，探索建立编制管理"周转池"制度，在编制使用、职称评审、评先推优等环节赋予用人单位更大的自主权。优化人才公寓建设，坚持因地制宜、多措并举，合理确定人才公寓建设总量和布局，加大青年人才公寓、高端人才公寓、外国专家公寓建设力度，为人才、专家提供便捷、优质的租（居）住服务。对引进的高层次人才的配偶，愿意在石家庄市就业的，按照"身份对等、双向选择、统筹调配"原则，由市组织、编制、人社部门和市国资委按干部管理权限和有关政策规定优先妥善安排工作。实施人才管家服务，依托人力资源服务工作站，建立"政府+工作站+企业"人才管家制度，对企业持有人才绿卡人才实行"一人一档"精准管理，掌握人才分布和人才流向，根据人才需求，提供"点对点"精准化服务，着力解决人才服务"最后一公里"问题。开展特殊工时管理改革试点，扩大特殊工时制度适用行业和工种岗位范围，探索适应新技术、新业态、新模式发展需要的特殊工时管理制度。

3. 深化评价激励制度改革

创新人才评价办法，建立高层次人才信息管理系统。探索实行更加灵活的激励机制，支持高校、科研院所的科研人员离岗创业，在离岗创业期内编制岗位保持不变；支持科研人员到企业从事重大科技工程、关键核心技术攻关，在一定期限内其人事关系可保留原单位，帮助科研人员解除后顾之忧。实施人才贡献奖励，设立"企业骨干人才奖"，对年缴税额达到一定数额的主导产业企业，可推荐为企业做出突出贡献的企业骨干人才领取奖励。对主导产业企业新获得副高级及以上职称的专业技术人才或者新获得技师及以上职业技能等级的高技能人才，给予一定金额的一次性奖励。

（四）完善城乡双向的劳动力流动机制

1. 加强城乡人才市场合作

健全统一规范灵活的城乡人力资源市场，打破城乡、地区、行业分割和身份、性别歧视，实现人力资源服务均等化、效益的最大化，营造人力资源科学开发、合理流动和有效配置的市场环境，实现城乡劳动者公平均等享有人力资源服务。因地制宜地设立综合性或专业性的服务场所，合理布局服务网点，完善乡镇（街道）公共服务平台，积极推进社区（行政村）公共服务平台建设，构建公共服务规范化、专业化、信息化和网络化服务体系，确保城乡居民能够就近享受到优质人力资源公共服务。搭建城乡人才联合培养、互换培养平台，建立人才信息发布、人才信息成果共享制度等，为城乡人力资源合理流动和优化配置提供制度基础和政策保障。

2. 积极引导城市人才和劳动力向农村流动

建立城乡人口合理流动的体制机制，使农村人口愿意"留下来"建设家乡，吸引城市人口愿意"走进来"建设农村，为农村发展注入相应的劳动力资源，为乡村振兴和促进共同富裕提供智力支撑。支持和引导离退休干部、乡村本土能人、外出农民工、高校毕业生、退役军人、科技人员、农村实用人才等领办创办家庭农场、农民合作社、农业社会化服务组织。鼓励农村地区集体经济组织探索紧缺型、技能型人才加入机制，对集体经济发展作出突出贡献的，按规定经民主协商给予一定比例的农村集体资产股份。建立分类考核机制，在教师考核评价、职称评审、绩效工资分配、兼职管理等方面加强服务乡村振兴的业绩权重。实施高校毕业生基层成长计划，加快培养一支扎根基层、奉献基层的青年人才队伍，每年招募一定规模的高校毕业生，到石家庄城乡基层从事为期 2 年的支教、支农、支医和扶贫服务活动。

（五）完善劳动力和人才社会性流动机制

1. 健全党政机关和企事业单位人才流动机制

完善党政人才、企业经济管理人、专业技术人员等人才交流制度，畅通国有企事业优秀人才进入公务队伍渠道。积极争取省级授权，降低企事业单位进入公务员队伍门槛，根据用人单位工作需求和人才专业特长合理匹配，及时调整匹配度不高的就业人员岗位，力争做到人尽其才、才尽其用。支持和鼓励事业单位专业技术人员到企业挂职、兼职和离岗创新创业，建立健全相关制度，保障其在职称评定、工资福利、社会保障等方面的权益。畅通人才跨所有制流动渠道，把非公有制经济组织和社会组织人才开发纳入各级政府人才发展规划，一视同仁、平等对待。拓宽党政机关、国有企事业单位选人用人渠道，完善吸收非公有制经济组织和社会组织中的优秀人才进入党政机关、国有企业事业单位的途径。畅通非公有制经济组织、社会组织和新兴职业等领域人才申报评价渠道。完善人才柔性流动政策，坚持不求所有，但求所用；不求所在，但求所为，创新柔性引才方式，支持通过规划咨询、项目合作、成果转化、联合研发、技术引进、人才培养等方式，实现人才智力资源共享；建立以业绩为导向的柔性引才激励办法，柔性引进人才与本地同类人才在创办科技型企业、表彰奖励、科研立项、成果转化等方面可享受同等待遇。

2. 深化人才资源配置改革

针对人力资源市场劳动力供需不平衡问题，着力解决企业普遍面临的"找不到、招不来、留不住"等难题，进一步完善人力资源服务体系，提高企业和劳动力匹配度。加快发展人力资源服务业，做好做强石家庄市国家级人力资源服务产业园，大力引进国内外知名人力资源服务机构，制定市场化高级人才寻访（猎头）激励机制，建立人力资源服务产业园管理考核机制，加速形成与产业发展相匹配的多元化、多层次、专业化人力资源服务产业集群。鼓励支持在县(市、区)产业集聚区设立人力资源服务工作站,促进人力资源服务业与主导产业深度融合、协同发展。探索设立"高级人才寻访券",鼓励主导产业骨干企业购买人才寻访服务,降低企业人才开发成本。

3. 完善劳动力市场用工服务机制

推进企业"订单式"用工服务,聚焦石家庄主导产业,对企业急需的人才,开展"订单式"培训,积极培育劳动力品牌,打造"燕赵月嫂"等服务品牌,提高劳动者服务和流动能力。加强公共就业和人才服务体系建设,优化信息咨询、就业指导、补贴申领、跟踪扶持等服务。进一步完善高校毕业生、农民工等重点群体就业创业指导、落户、子女读书等服务。鼓励高新技术企业建立创新创业平台,鼓励城镇建设农业众创、众包、众扶、众筹等服务平台,为农户创新创业提供多元化、高质量的空间载体。完善"网上就业服务"功能,运用互联网、手机 APP、微信、短信平台、自助服务终端等媒介,推进公共就业创业服务由线下向线上拓展。完善城乡一体化的就业援助制度,健全公益性岗位开发管理办法及配套扶持政策。

(六)完善劳动力收入分配机制

1. 深化机关事业单位工资制度改革

落实国家和省市出台的各项增资政策,特别是县(区)机关事业单位,要全面落实符合国家标准的各类津贴补贴政策。按照优先提高规范津贴补贴标准、健全完善改革性补贴制度、提高奖励性补贴标准的思路,研究提出提高机关事业单位工资收入的具体办法,尽量做到机关事业单位工资收入与人均 GDP、与企业职工工资在全国的位次相适应。推进高校和科研院所薪酬制度改革,扩大工资分配自主权。落实高层次人才工资分配激励政策,抓好义务教育教师待遇保障,深化公立医院高校、科研院所薪酬制度改革。

2. 深化国有企业工资制度改革

探索建立以国有资产保值增值为核心的业绩考核与薪酬分配制度,建立企业经营者任期制和契约化管理,深化企业内部分配制度改革,提升企业经营管理水平,打造高素质企业家队伍。完善国有企业工资总额管理制度,改革国有企业工资总额管理方式,建立工资总额的统计、监测、预警、提醒机制,严格事后监督和责任追究。持续深化企业内部收入分配制度改革,落实企业内部分配自主权,不断完善职工工资能增能减机制。建立健全职工薪酬市场对标体系,构建以岗位价值为基础、以绩效贡献为依据的薪酬管理制度,坚持按岗定薪、岗变薪变,合力确定各类人员薪酬水平。坚持短期和中长期激励相结合,对企业经营业绩和持续发展有直接或较大影响的科研人员、业务骨干等核心人才,实行股权激励和分红激励等中长期激励措施,充分调动他们的积极性。

3. 健全非公企业工资决定和正常增长机制

完善企业工资分配制度政策,引导企业健全劳动、知识、技术、管理等要素按贡献决定报酬的机制,提高劳动报酬在初次分配中的比重,着力增加一线劳动者劳动报酬。引导企业建立集体协商制度，履行民主程序，让职工工资与企业效益挂钩，推动建立公平的企业收入分配秩序。完善工资宏观调控机制，健全工资指导线、企业薪酬调查和信息发布制度，完善最低工资保障制度，开展重点行业薪酬调查，对违反最低工资制度的行为依法查处。

(七) 建立技术技能人才服务体系

1. 完善专技人才使用和评价机制

优化职称评审条件。突出技术性、实践性和创新性，重点评价技术人员技术创新、成果转化、技术推广、标准制定、决策咨询、解决实际问题等方面的能力，将取得的经济效益、社会效益、生态效益作为评审的重要内容。突出对代表性成果的评价，重大原创性研究成果可"一票决定"。畅通民营企业专业技术人员职称申报渠道。对引进的急需紧缺和高层次人才、民营企业专业技术人才，实行职称绿色通道，不受学历、资历、资格和单位岗位设置数量限制，符合条件的可直接申报相应职称；扩大自主评审范围，向主导产业下放职称自主评审权，充分发挥用人单位人才评价的主体作用。

2. 完善技术和技能人才培养机制

实施"名师名医名家"培育工程。发挥好校长队伍作用，招引培养一批"石家庄名师"和"石家庄名校长"；着力引进一批"石家庄名医"、储备一批中青年卫生骨干；发掘培养一批文化艺术领域的"石家庄名家"，不断扩大优质文化产品供给。制定筛选标准，完善扶持政策，发挥"名师名医名家"对行业发展的示范引领作用。加强紧缺技能人才培养。加大石家庄市职业技术学校建设力度。立足产教融合发展，发挥职业技术院校支撑作用，引导企业、学校在实施企业新型学徒制、项目定制培训、企校合作培训、建设高技能人才培训基地等方面开展深入合作；引导院校优化专业结构，主动对接产业不同需求，全力打造从中职(技工院校)、高职到应用技术本科全链条人才培养服务体系，促进教育链、人才链与产业链、创新链有机衔接。

3. 建立技术技能人才互通共享机制

破除束缚高技能人才发展的体制机制障碍，打破职业技能评价与专业技术职称评审界限，畅通高技能人才的职业通道，符合条件的高技能人才可以申报专业职称评审，提高技术工人待遇；专业技术人才参加职业技能评价，注重操作技能考核，可免于理论知识考试。加强与京津等地职业院校双向合作，联合培养输送更多企业必需、市场急需的技术技能人才。建立技术技能人员数据库，完善数据信息，强化政策引导和监管，精确调配富余劳动力，及时有效保障重点企业、重大项目人力资源需求。

(本文作者：李云霞、师建泉。本文系第二届石家庄市社会科学学术年会优秀征文。)

加快石家庄产业发展
助力省会青年友好型城市建设

  石家庄是一座年轻的省会城市。目前，河北省正在举全省之力打造省会经济，建设省会都市圈，石家庄正在以奔跑的姿势踏上高质量发展之路，比以往任何时候都更需要青年、渴望青年，也比任何时候都更有吸引青年的优势、培育青年的条件、留住青年的环境。近日，石家庄市委、市政府印发《青年友好型城市发展规划》，提出石家庄市要着力优化青年成长环境，努力打造青年乐业、乐创、乐居、乐享、乐学之城，全面激发广大青年建功立业热情和青春先锋作用，为建设万亿级省会城市注入更多澎湃青春动能。产业作为聚集人才特别是青年人才的重要载体和平台，产业规模、产业结构、产业效益等情况直接影响着来石就业和生活的人口总量、年龄结构、学历结构及素质水平。青年人才越多，城市越有希望。加快产业发展、优化青年群体在城市的工作、生活、社交环境，提升青年群体在城市发展中的参与感、获得感、安全感与幸福感，对石家庄青年友好型城市建设具有重要意义。

一、深刻理解产业发展与青年友好型城市的关系

  一是良好的产业基础是解决青年人就业、促进青年友好型城市建设的基本前提。就业是青年生存和发展的基础，也是城市吸引青年、留住青年的根本。大量研究认为经济增长对就业具有促进作用，经济发展能改善一国或一个地区制约劳动力人口容量的资源条件，生产力水平提高，生产手段增多，可以不断创造出较多的工作岗位。经济发展使社会进步，特别是劳动力人口的文化素质得到提高，这与产业升级的要求相适应，可以间接增加就业容量，产业结构和产业空间的调整对就业容量具有趋同变化趋势。城市产业发展的规模、结构和效益在很大程度上决定着就业人口的数量、年龄和综合素质。一般来说，战略性新兴产业发展前景好、经济效益高，对高精尖人才的需求量较大，是最需要聚集青年人才智慧、最能吸引高端青年人才的产业；第三产业创业门槛较低，是青年人最容易就业创业和满足消费需求的产业，《上海市青年就业状况报告(2019)》显示，上海80%的青年从事第三产业，南京超七成的青年在第三产业就业，充分说明第三产业对青年就业的重要影响。

二是青年友好型城市建设对产业发展具有重要推动作用。青年历来都是创造创新的主体，他们充满激情与活力，敢于创新与挑战，能够在产业发展中发挥积极作用。马云、丁磊、杨志远等全球知名企业家，他们在开创事业时都不足 35 岁，却引领了一个时代新兴产业的发展或者新的商业形态形成。20 世纪 80 年代，洛杉矶在第三次浪潮冲击的关键时期，抓住了计算机产业兴起和多中心大都市区建设的机遇，青年人发挥了巨大作用，创造了城市发展的洛杉矶模式，在较短时间内跻身世界级城市前列，改变了城市的发展轨迹。青年友好型城市建设有利于吸引更多年轻人怀揣梦想，不断创新，为产业发展和转型升级增添新的强大动力，有利于推动产业以更快速度更高质量向现代化迈进。

二、立足石家庄青年与产业协同发展基础

一是凝聚青年力量，激发产业发展"青动能"。近年来，石家庄坚持人才引领发展的战略地位，在全国省会城市率先颁布实施《石家庄市人才发展促进条例》，出台落地一大批惠及"青年发展型城市"建设的政策，住房保障、就业岗位、创新创业政策等一系列措施为青年发展提供了强有力的保障。作为河北省唯一人口过千万的城市，石家庄流入人口大部分是青年人和中年人。河北省第七次全国人口普查数据显示，全市14~35 岁青年群体共有 3266806 人，占总人口数的比重为 30.70%，高于28%的全国青年平均占比水平。青年群体成为经济社会发展的中坚力量，在产业发展中发挥了积极作用，构成了石家庄竞争力的战略优势。

二是以产业聚人才，搭建青年立业"大舞台"。石家庄产业基础雄厚，形成了以生物医药、新一代电子信息、装备制造业、现代食品、商贸物流为主导产业的现代产业体系，产业支撑向服务业主导转变，高技术服务业快速发展。三次产业结构由 2015 年的 9.0∶35.7∶55.3 调整为 2020 年的 8.4∶29.4∶62.2，服务业对经济增长贡献率达到68.7%以上[1]。第三产业和战略性新兴产业的蓬勃发展，创造了大量的就业岗位，营造了良好的创业就业环境，为青年人提供了施展才华的广阔舞台。

三、明确石家庄青年友好型产业发展思路

一是坚持以产业聚集青年。进一步优化产业布局，调整产业结构，积极发展适合青年人就业的高新技术产业和第三产业，积极培育新业态新模式，更加注重创新发展和绿色发展，注重品牌建设，加强与互联网、云计算等数据信息技术的融合发展，搭建青年人施展才华的平台，为青年人就业、创业、学习、生活和娱乐提供良好产业基础。

二是坚持以青年赋能产业。充分发挥青年人在产业发展中的积极性、创造性和工作热情，让青年人成为产业发展的主体，在产业发展中不断开拓创新、积极探索、奋

---

[1] 资料来源于《石家庄统计年鉴》。

勇前进，为产业发展开拓新思路、增添新想法，创造新价值、作出新贡献，促进产业发展更具活力、更有前景。

三是坚持青年与产业协同发展。积极践行青年优先发展理念，加大政策扶持力度，鼓励青年人就业创业，对青年人创业给予一定的资金奖励或税收减免政策等，对促进产业发展作出重大贡献的青年人给予特殊奖励，营造青年人就业创业良好氛围。根据青年人生产、生活、学习、娱乐的需求特点着力构建适合青年人全面发展的产业体系。

四、探索石家庄青年友好型产业发展路径

一是发展适合青年人就业创业的产业。立足于青年人朝气蓬勃、充满热情、思维敏捷、学习能力强、最有生气、最富活力、最具创造性的群体特征，围绕青年人就业创业需求，着力发展劳动密集型、技术密集型产业，从数字经济、智能制造、新型城镇化、乡村振兴等领域开拓更多适合青年人的优质岗位，促进劳动力分配更加均衡。同时积极吸引优秀青年人带动产业发展，努力实现"引进一位青年人才，集聚一个高端团队，带动一个新兴产业"。

二是发展适合青年人生活的产业。立足于当代青年人务实、开放、高消费和网络化生存的基本特征，围绕青年人衣食住行基本生活需求，积极发展时尚产品生产、夜间经济、数字经济、文创产业等能够生产出符合青年群体人设和文化的产品，将数字技术融入到购物、餐饮、旅游、交通、健康、公民参与、安全、环境等各个领域和行业，设计研发适合于青年人的科技产品和文化服务，更加注重商品的外形、款式、颜色和品牌等。

三是发展适合青年人学习的产业。立足于当前知识更新较快、青年人就业发展对专业知识要求更高的特点，积极发展与产业相关的职业教育，深化产教融合、校企合作，建设一批高水平职业院校和专业，推动职普融通，增强职业教育适应性，培养更多高素质技术技能人才、能工巧匠、大国工匠。加强云计算、大数据、AI 等技术与教育的深度融合，让学习从"有限时空"扩展为"不受限时空"。

四是发展适合青年人娱乐的产业。立足于青年人信息接触广、社交活动多、乐于在群体中展示自我、塑造自我从而获得存在感和认同感等特征，围绕青年人娱乐、社交需求，规范发展以文化娱乐为主体的新兴业态和模式，如电影、剧本杀、密室、电竞馆、小酒馆、咖啡馆等能吸引众多青年人群社交和娱乐的行业。同时加强对文化娱乐产业的监管，引导文化娱乐产业良性发展，培养高层次高水平的文化娱乐企业和高素质文化娱乐产业人才。

五、发展壮大石家庄青年友好型产业

一是做大做强主导产业，吸引更多青年人才来石就业创业。新一代电子信息产业、生物医药产业、装备制造产业、现代食品产业、现代商贸物流五大主导产业，是最需

要聚集青年人才智慧、最能吸引高端青年人才的产业，不管是对高精尖的研发型人才，还是对复合型的一般型人才，需求量都非常大，尤其是对青年就业的拉动效应非常明显。因此，要切实发挥这五大产业基础性和引领性作用，在高质量发展中充分考虑青年人就业创业等现实需求，围绕五大主导产业，聚力打造千亿主导产业集群，创造更多就业岗位。新一代电子信息产业要紧紧抓住中国国际数字经济博览会永久落户石家庄和自贸区正定片区成立等重大历史机遇，做强新型显示、现代通信、LED产业，做优卫星导航、集成电路、软件和信息技术服务等产业，做大人工智能、大数据、区块链、汽车电子等产业，打造新一代电子信息产业全球创新高地和开放发展先行区，吸引国内外拥有先进IT技术的高端青年人才源源不断地向石家庄聚集。生物医药产业要依托以石药集团、华北制药、神威药业、以岭药业等医药企业为重点的产业集群，加快创新能力建设，推动生物药创新化、制剂药高端化、原料药绿色化、兽药生态化、健康消费品质化、中药现代化、医疗器械专业化，不断完善产业链条，培育不同梯次企业，为青年人多元化就业创造不同层次岗位。装备制造产业要积极发展轨道交通、通用航空、新能源汽车、工程和专用设备、智能装备、节能环保装备、医疗装备等新兴产业发展，依托行业龙头企业，围绕建链、补链、延链、强链，加快培育优质市场主体，创造更多更优的就业岗位，吸引更多青年人才和劳动力来石就业。现代食品产业要在牛奶、粮食、肉类、果蔬为原材料的基础上，积极发展高端乳制品、绿色厨房食品、现代特色食品及未来食品，深挖产业内涵和石家庄特色，打造"君乐宝""金凤"等一批石家庄特色食品品牌，培育一批特色鲜明、吸纳青年人就业能力较强的龙头企业。现代商贸物流产业要发挥"华北重要商埠"和国家物流枢纽承载城市作用，高起点、高标准、高质量建设滹沱河国际商贸产业带，依托陆港、空港等产业聚集载体，培育壮大航空物流、国际物流等产业集群；面向京津冀世界级城市群庞大的市场需求，加快中央商务区建设，发展购物、休闲、旅游、观光等业态集群，打造京津冀高品质消费新高地。

二是加快传统产业转型升级，提升青年就业质量。石家庄钢铁、石化、建材、纺织服装、家具制造等传统产业历史悠久，为石家庄经济社会发展做出了重大贡献，在新旧动能转换大背景下，传统产业的转型升级势在必行。推动传统产业向高端化、智能化、绿色化转型，需要青年人改革创新的动力和魄力，也需要青年人更加广阔的视野和更加先进的技术，同时，青年人也愿意在更高层次、更现代化的舞台上工作，实现自己的人生价值。因此，青年人始终是在企业转型升级过程中走在最前列的中坚力量。推动传统产业高端化。围绕服装、家具、家电等传统行业，推广大规模个性化定制模式，开发智能、时尚、个性、多功能、定制化产品，有效满足市场多样化需求，创造更多适合发挥青年创造性思维的工作岗位；优化安全水平和工作环境，提高传统产业工人和技术人才薪酬待遇水平，减轻劳动强度，营造体面就业环境，增强传统产业青年人才吸引力和黏合力。推动传统产业智能化。鼓励企业将数字技术与制造业充分融合，为传统产业植入数字化、网络化、智能化基因，加快发展智能制造新模式、新业态；开发面向特定场景的智能成套生产线以及新技术与工艺结合的模块化生产单元，建设基于精益管理、柔性生产的智能车间和工厂，大力发展数字化设计、远程运维服务、个性化定制等新模式，一方面吸引大量懂技术、会设计、能统筹的复合型青年人才；另一方面通过加强技术培训提升原技术工人素质，降低体力劳动强度，提升就业质量。推动传统产业绿色化，加快开发绿色清洁生产技术和资源循环利用技术，通过产品设计改进、设备工艺改革、物料循环再利用等，从源头上节约资源能源、减少环境污染；推进绿色工厂、绿色园区建设，选择一批工艺技术装备先进、产品市场竞争力较强的企业，以及基础设施完善、绿色水平高、工业基础好的产业园区，加快实施绿色技术改造，研发绿色产品，实施绿色供应链管理，统筹推进绿色工厂、绿色园区全面发展，为青年人就业提供绿色环境。

三是加快发展第三产业，全面满足青年多元化就业和消费需求。第三产业是吸纳青年就业创业的重要领域。有研究显示，80%的上海青年从事第三产业，南京超七成的青年在第三产业就业。石家庄亟须加快第三产业发展，提升吸纳青年就业能力。积极发展青春商贸服务业。围绕中山路商业大道，加快北国—勒泰商圈、华润—万象—新百广场商圈、万达广场商圈、恒大中央广场商圈、荣盛广场商圈等重点商圈建设，升级青春商业模式，布局多元商业载体，发展首店经济、免税经济，繁荣夜间经济，推出一批青年喜爱的网红打卡地。打造一批青年运动场所、时尚项目比赛场地、文化创意主题公园，布局一批咖啡馆、时尚餐厅，定期推出网红景点、网红美食、青年玩乐地标，打造具有"现代气息""时尚气质"和"活力指数"的年轻城市和年轻产业。大力发展科技和信息服务产业。抓住京津冀协同发展、规划建设雄安新区等重大国家战略机遇，积极对接和承接技术转移、知识产权、检验检测认证服务机构和管理机构的转移，加快发展研究开发、技术转移、创业孵化、知识产权、科技咨询、科技金融、科学技术普及等专业科技服务和综合科技服务，培育壮大科技服务市场主体；推进石家庄大数据应用示范区建设，培育大数据新模式、新业态，促进大数据在工业、商务、公共安全、医疗健康、交通等领域开展应用，以示范应用引领产业发展，为掌握现代信息技术的青年人创造更多的就业空间。积极发展教育体育服务业。围绕职业教育和高等教育加快创新改革，构建政府、行业、企业和职业院校协同发展机制，实施职业技能人才培养工程，使人才链、教学链与产业链、岗位链有效衔接；以"双一流""双高计划"和高水平创新平台建设为重点构建市校合作机制，推进驻石高校资源优势转化为省会发展优势，支持驻石高校进入国内地方同类高校先进行列，依托驻石高校提升青年人来石学习和生活的吸引力；同时繁荣体育赛事活动，推出青年体育节庆活动，开展健康跑、健步行、骑行、登山等健身运动，支持冰雪、马术、电竞等时尚体育赛事，不断满足青年时尚运动需求，彰显城市青春运动活力。积极发展文化创意产业。立足于石家庄年轻开放包容的文化气息，充分展现红色历史、绿色生态、古城古迹和现代生活特征，将文化创意与广播电视、新闻出版、影视艺术、动漫游戏、广告会展、设计服务及旅游等产业相结合，充分展现文化创意产业的经济效益和社会效益，让有文化有创意的年轻人能够在工作中释放独有的艺术天分，最大体现自身价值。加快发展旅游产业。深入挖掘旅游资源，构建青年友好旅游生态，通过旅游引导青年人增进对石家庄祖国大好河山等旅游资源的认识，增强热爱国家、热爱人民、感激时代的情怀，增强文化自信；把握"Z 时代"青年群体旅游的新需求，了解青年人的旅游诉求，以缓解青年人工作压力、体验不同生活、追求个性化趣味性旅行为目标，创造更高质量、更符合青年口味的文旅产品，重点培育提升旅居、研学、工业、红色、博物馆、婚恋、体育等旅游业态，为青年提供多样化、高品质旅游选择。

四是加快发展新经济新业态，拓展青年就业创业新空间。在产业调整、数字化等趋势以及疫情等特殊外部环境的影响和推动下，新业态新模式不断涌现，吸引了大批青年进入新兴经济领域，从事相关新兴职业，打破传统用工制度，以灵活就业形态和线上线下融合方式，进行工作创新、职业创新、思维创新和生活创新等多种实践，谋求个性体现与职业发展的统一。加快发展新经济新业态，营造良好的业态发展环境，是吸引青年群体来石就业创业的重要途径。同时，青年作为新业态新模式的主要参与者、实践者和推动者，也将不断推进新业态纵深发展。规范发展平台经济。支持网约车、电商购物、直播带货、社区团购等业态规范化发展，并针对网约车司机、快递员、网络主播等新职业探索制定新的社会保障制度，维护新兴领域青年劳动权益；在石家庄大力发展数字经济背景下，还要加快推进工业互联网平台体系建设，着力培育一批有全国影响力的工业互联网平台企业和解决方案的提供商，形成服务京津冀、覆盖全国产业转型升级的工业互联网赋能体系，全方位发挥平台经济对青年的吸纳作用。规范发展社群经济。合理规范运用社群优势，在社群建立、价值互动、客户维护过程中树立品牌，维护形象，自然自发地完成转化、复购和传播，让社群生态化、生活化。加强对社群经济的规范管理，充分运用大数据、互联网等技术手段加大智慧监管力度，防止社群经济变为假冒伪劣重灾区。

五是营造良好发展环境，协同推动产业发展与青年友好城市建设。鼓励适合于青年就业创业和生活消费的产业发展，营造更好满足青年多样化、多层次发展需求的政策环境，让更多青年选择到石家庄就业创业、安家落户，共同打造"产业兴旺、功能强大"的现代化梦想之城。建设青年创新创业园区（大学生创业园）。以优势产业集群、科技创新平台和高水平大学为依托，建设"乐游、乐学、乐业、乐创、乐居"一体化青年创新创业园区或大学生创业园，建设众创空间、路演中心、青年公寓、咖啡空间、社交健身、共享厨房、社交天台等复合创新生态系统，形成石家庄青年专属的 24 小时"工作、生活、居住"新型共享经济生态圈，让创业青年在这里找到归属感，促进不同行业、专业创业青年多向联动、迸发创业火花。积极培育青年就业载体。立足于适合青年人就业的产业体系，加快市场主体培育，着力壮大一批行业龙头企业，鼓励增加青年岗位设置，畅通上升通道，快速提升青年就业成就感，提升对青年人就业吸引力；加快青年就业创业见习基地建设，加强产校合作，为应届大中专毕业生、已毕业未就业大中专学生、下岗失业青年和青年农民工等青年群体提供岗位见习机会，帮助他们积累工作经验、提高就业创业能力，同时为用人单位选人搭建平台。完善政策支撑体系。围绕主导产业，加大招商引资力度，大力招引行业龙头企业和上下游配套产业，进一步延长产业链、优化供应链、提升价值链；鼓励企业扩大再生产，奖励主导产业项目引进，完善奖励政策，对新建企业、新增投资及引进主导产业项目的引荐人给予一定奖励，充分调动企业在扩大有效投资、开展以商招商等方面的积极性；完善青年就业创业政策，落实社保补贴、创业补贴、创业担保贷款等帮扶政策，支持大学生自主创业；积极承办一些具有青春元素的大型活动，形成青年产业品牌，打造青年人聚集之地。

（作文作者：李云霞、郝雷、师建泉。本文系社会与消费部自立研究课题成果。）

省会强则全省强

——加快省会建设发展步伐系列谈之一

省会强则全省强，省会兴则全省兴。推进建设现代化国际化美丽省会城市，是中共河北省委、河北省人民政府着眼战略全局作出的重大决策部署。石家庄市作为省会城市和以首都为核心的世界级城市群的重要节点城市，建设发展水平关系全省大局，关系京津冀协同发展大局。我们必须站在政治、战略和全局的高度，深刻认识做优做强省会城市对建设经济强省、美丽河北的重大意义，凝心聚力支持省会建设和高质量发展。

一、省会强有助于更好引领带动全省高质量发展

抓好省会建设是打造创新驱动引擎和产业发展高地，引领河北省经济转型升级的积极举措。当前，河北省正处在转型升级、爬坡过坎的关键阶段，大力支持省会城市提升科技创新能力，巩固提升传统优势产业，发展壮大战略性新兴产业，积极培育未来产业，打造带动全省高质量发展的重要增长极，对于补齐河北省产业短板弱项、加快经济转型升级具有重要的支撑和推动作用。

抓好省会建设是打造现代化城市标杆，逐步提升全省城市功能品质和治理效能的有效手段。城市是生产生活的主要空间载体，增强城市功能，改善人居环境，提升城市品位，推动治理能力现代化，是增强人民群众获得感、幸福感、安全感的必然要求。当前，河北省城市功能品质和治理能力与先进省市相比、与人民群众对美好生活的需要相比还存在一定差距，城市建设发展的弱项和短板仍较为突出。加快建设建筑优质美观、设施国内一流、服务公平高效、生活舒适便利、生态环境优美的现代化省会，才能更好发挥示范引领作用，带动河北省加快城市更新与品质提升。

抓好省会建设是打造一流营商环境，推动全省经济发展质量变革、效率变革、动力变革的重要支撑。从一定意义上讲，营商环境就是生产力、竞争力，优化营商环境就是解放生产力、提高竞争力。当前，河北省营商环境依然存在一些亟待解决的问题，需要尽快推进各项改革，优化和完善制度环境，为经济高质量发展提供支撑。推进省会建设发展，有助于深化供给侧结构性改革和"放管服"改革，打造法治化、国际化、便利化营商环境，更好地引导资源要素优化配置，有效激发市场主体活力，不断增强

河北省经济创新力和竞争力。

二、省会强有助于推进京津冀协同发展向深度广度拓展

抓好省会建设是优化城镇体系结构，打造京津冀世界级城市群的客观要求。从国际经验看，世界级城市群普遍采取多中心发展模式，并建立规模等级完整有序、空间分布有机协调、职能分工明确合理的城镇体系，从而更好发挥区域比较优势，密切地区间经济联系，有效带动区域协调平衡发展。推动省会石家庄扩规提质，打造具有较强引领辐射作用的区域中心城市，对于解决城镇规模等级体系"断层"问题，补齐城市群发展短板，构建以首都为核心的世界级城市群具有重要意义。

抓好省会建设是提升区域承载力吸引力，有效疏解北京非首都功能的现实需要。疏解北京非首都功能，是推动京津冀协同发展的"牛鼻子"，而确保非首都功能转得出、稳得住、能发展，需要一流的营商环境、高品质的生活环境、适配的产业体系作为保障。石家庄在生活环境、营商环境、产业层级等方面，与省内其他城市相比具有明显优势，是河北省承接北京非首都功能疏解的重点区域。推进石家庄建设发展，进一步提升城市品位，改善生态环境质量，完善现代产业体系，优化营商环境，打造宜居、宜业、宜游的现代化国际化美丽省会城市，将为北京科技成果转化、企业转移迁建、投资项目落地创造更为有利的条件。

抓好省会建设是弥合河北省与京津产业发展梯度差，促进区域产业链、创新链深度融合的关键一招。从产业发展规律看，只有区域间上下游产业相互匹配、合理分工，才能实现协同发展。但京津冀地区间，特别是河北与北京之间，产业发展存在明显梯度差。大力支持省会培育发展先进制造业、高新高端和战略性新兴产业，把主导产业做大做强做优，对于提高河北省与京津产业耦合度，共建世界级产业集群具有重要推动作用。

三、省会强有助于在构建新发展格局中展现更大作为

抓好省会建设是增加优质供给，提升供给体系对国内需求适配性的关键抓手。当前，河北省在产业、人才、技术、金融、公共服务和制度供给等方面还存在短板，与不断升级的市场需求不相匹配。统筹推进石家庄产业现代化与城市现代化，打造全国创新型城市、战略性新兴产业和先进制造业基地，高标准提升科技中心地位、产业发展能级、综合服务功能，对于优化河北省供给结构、提高供给质量具有十分重要的作用。

抓好省会建设是扩大消费需求和有效投资，充分释放河北省巨大内需潜力的重要支撑。坚持扩大内需这个战略基点，形成强大内需市场，是构建新发展格局的必要条件。大力支持省会建设和高质量发展，深入实施系列民生工程，不断增进民生福祉、促进共同富裕，将明显提升省会居民消费能力，有效扩大投资需求，为构建新发展格

局提供有力支撑。

　　抓好省会建设是打造开放型经济发展新高地，推动河北省加快融入国内国际双循环的有效路径。国内国际双循环能否协调畅通，相当程度取决于关键链接点桥梁和纽带作用的发挥。石家庄区位条件优越，是河北省开展国际经贸合作和人文交往的中心。建设国际化省会，将其打造成全省对外开放枢纽和示范窗口，推动企业国际化、产业国际化、城市国际化、人才国际化，提高城市全球链接能力，能够有效引领河北省扩大高水平对外开放，形成全方位、多层次、多元化开放合作新格局。

　　（本文作者：黄贺林。本文发表于 2021 年 8 月 4 日《河北日报》（理论版）。）

强省会，应强在哪里

——加快省会建设发展步伐系列谈之二

推进建设现代化国际化美丽省会城市，是中共河北省委、河北省人民政府着眼战略全局作出的决策部署，是大势所趋、群众所盼，其时已至，其势已成，其兴可待。号角已吹响，奋斗正当时。抓好省会建设，必须坚持省会功能定位，弄清何谓"强省会"，应强在哪里，只有明确目标、把准方向，才能奏响"强省会"的时代强音，凝聚"强省会"的磅礴力量，实现"强省会"的宏伟蓝图。

一、强省会，必须是现代化省会

现代化是当今时代城市发展水平的集中体现，是城市高质量发展的必然要求。提高城市现代化建设水平，有助于增强城市吸纳力和承载力，提升城市治理现代化水平。城市现代化的核心是产业现代化、功能现代化、建设管理现代化和人文精神现代化。综观国内发展实力较强的省会城市，都构建了高端高新和高质高效的现代产业体系，建有先进完善的基础设施和服务功能，拥有和谐包容的城市文化，具有科学精细的城市建设管理水平。近几年，郑州市的高速发展，有赖于通过大力度的陆、空交通体系建设，成为全国重要的现代化交通枢纽；合肥市的快速崛起，根源于以科技创新为引领，打造形成了以电子信息、高端装备制造等产业为主导的现代产业体系；杭州市成为各类人才要素集聚的高地，得益于抓住举办"G20峰会"之机对城市功能品位的全方位提升。从石家庄市来看，城市规划建设水平不高、产业竞争力不强、基础设施和公共服务设施不完善，仍是城市建设的重大短板，不仅弱化了城市的承载力和吸引力，而且制约着城市综合服务功能和辐射带动功能的提升。

推进省会城市建设发展，必须顺应城市建设发展新理念，对标国际一流标准，坚持产业现代化与城市现代化同步，加快产业迭代升级和产业链更新再造，强化新型基础设施建设，着力完善科技创新、现代服务、国际交往、人文交流、都市休闲等高端城市功能，全面提升市民素质和城市文明程度，提高城市规划建设和管理服务水平，打造全省城市现代化建设的标杆。

二、强省会，必须是国际化省会

国际化是全球化背景下城市发展的必然趋势，是城市加快自身发展的动力来源。

城市国际化发展程度反映着这个城市在国际上的实力和地位。提高城市国际化发展水平，有利于从更高起点上融入全球产业链价值链，提升产业外向度和高端化、现代化发展水平；有利于在更高层次上提高城市建设品位、功能和能级，全面增强城市发展影响力和辐射带动力。综观国内外，任何一个发达的城市，必然是国际化的城市。美国纽约因其"世界金融中心"地位而成为全球最发达的城市之一，新加坡因打造国际自由贸易港而成为世界级大城市，上海市、深圳市因其在开放发展方面的先行探索而成为国际化的大都市。反观石家庄市，2020 年全市实际利用外资只有 18.3 亿美元，仅为郑州的 39%、杭州的 25%；全市经济外向度仅为 23%，远低于上海市的 90%、深圳市的 110%，是我国国际化程度和经济开放度较低的省会城市之一①。

推进省会城市建设发展，必须抢抓"一带一路"、京津冀协同发展等重大机遇，以建设"一带一路"重要节点城市为目标，全面实施开放带动战略，率先构建更高水平开放型经济新体制，主动自觉融入新发展格局，高标准推进自贸试验区正定片区、综合保税区等开放平台建设，高水平推进国际化区域性陆港枢纽建设，全力办好中国国际数字经济博览会等重大国际交往活动，全面融入全球产业链、创新链、信息链、资金链，推进企业国际化、产业国际化、城市国际化、人才国际化，打造全省对外开放的前沿阵地和示范窗口。

三、强省会，必须是美丽省会

美丽是一个城市最鲜亮的符号，是城市形象最直观的体现。城市美不美、靓不靓，关系到人民群众的幸福感和获得感，决定着城市的吸引力和竞争力。综观国内外美誉度较高的知名城市，无一不是自然生态之美、历史人文之美、时代风貌之美和谐相融的城市，无不拥有一流的建设品质、独特的城市气质、亮丽的城市形象、优美的生态环境和深厚的文化底蕴。比如，法国巴黎是一座拥有浪漫之都美誉的花园城市，日本京都是一座极富历史特色的古朴典雅城市，杭州是一座富有湖光山色美的宜居城市。与这些知名城市相比，与美丽省会建设要求相比，石家庄差在城市生态环境和人文环境，弱在城市景观设计和建筑特色风貌，缺的是城市品质和气质，输的是城市形象和品位。

推进省会城市建设发展，必须坚持世界眼光、国际标准，按照"生态、洁净、秩序、文明、美丽"的要求，以提升城市格调品位、促进城市形象嬗变为方向，全面提升城市规划建设水平，扎实推进城市更新行动，精心打造优美天际线、城市客厅和中央商务区，建设建筑优质美观、容颜清新亮丽的高颜值高品位省会城市；持续打好污染防治攻坚战，着力改善城市生态环境，不断强化城市园林景观设计，建设天蓝、地绿、水秀的省会城市；传承好历史文化和红色基因，保护好城市文化遗存、历史街区，厚植城市人文底蕴，保留城市记忆，建设具有燕赵文化特色的省会。

---

① 资料来源于各市 2020 年统计年报。

四、强省会，必须是全省排头兵

一个时代有一个时代的特征，一座城市要有一座城市的担当。当今时代，省会城市在区域发展大局中扮演越来越重要的角色，对省域而言，省会城市就好比领头雁，代表着全省发展水平，决定着全省的未来。一个省份要走在全国前列，其省会必须走在全省前列。成都、杭州、武汉、西安等之所以被称为"强省会"，强就强在是全省经济发展的火车头，是全省科技创新的领跑者。石家庄市作为河北省省会城市和以首都为核心的世界级城市群的区域中心城市，作为全省的政治、科教和文化中心，集中了全省30%以上的本科高校，集聚了中电科13所、54所等重量级科研机构，具有"国字头"高新区、经开区、自贸区等发展平台，拥有电子信息、生物医药等较强影响力的现代产业集群，区位交通条件在全省首屈一指，具备很多城市无可比拟的基础条件和发展优势，理应也必须在全省发展中先行一步、走在前列、当好先锋、做好表率，这既是应承担的时代责任和使命，也是中共河北省委、省政府的殷切希望，更是全市乃至全省人民的新期盼。

推进省会城市建设发展，必须牢牢把握省会这一根本定位，强化率先意识、标杆意识和担当意识，发挥区位、交通、产业和科教优势，坚定供给侧结构性改革战略方向，扭住扩大内需战略基点，着力提升科技创新能力，持续增强综合经济实力，全力建设高经济首位度城市和创新型城市，打造全省高质量发展的龙头、创新发展的引擎，以省会之强服务全省发展大局，为全面建设现代化经济强省、美丽河北做出省会贡献。

（本文作者：张金杰、梁世雷。本文发表于2021年8月6日《河北日报》（理论版）。）

强省会，应该怎么强

——加快省会建设发展步伐系列谈之三

石家庄市作为河北省省会城市和以首都为核心的京津冀世界级城市群的区域中心城市，如何强起来，应该怎样强？关键是要明确省会功能定位，坚持目标导向、问题导向和结果导向，突出重点、抓住关键、聚焦攻坚，着力增强综合经济实力和吸引辐射带动功能。

一、着力实施大省会战略，大幅提升城市首位度

城市强，首先表现在体量大、辐射带动能力强。要着力实施大省会战略，做大城市体量，努力成为以首都为核心的京津冀世界级城市群重要一极。一是持续增强省会经济实力，把石家庄打造成为带动全省高质量发展的重要增长极。要深入挖掘潜力，发挥后发优势，大力发展战略性新兴产业、现代服务业和现代都市型农业，不断扩大经济体量，促进经济增长和加速崛起，到2025年，经济总量力争超万亿元。二是实施"拥河"发展战略，拓展城市空间。发挥滹沱河沿岸区位、空间和生态优势，打造滹沱河沿线高水平生态经济带，使之成为现代化国际化美丽省会城市新名片。三是构建现代化省会都市圈。都市圈是城市群的基本单元，构建现代化省会都市圈是做大做强省会城市、建设京津冀世界级城市群的客观需要。要推动与邯郸、邢台、衡水等周边城市基础设施一体化建设，促进产业协作分工、市场统一开放、公共服务共建共享，共同打造具有全国影响力的现代化省会都市圈。

二、加快构建现代产业体系，全面促进省会产业振兴

产业是城市发展的基础，城市强离不开产业强。要立足省会产业定位，大力实施产业跃升工程，打造经济发展新优势新支撑。一是聚力提高科技创新能力。坚持把创新作为引领发展的第一动力，深入实施创新驱动发展战略，汇聚创新要素，优化创新生态，吸引"双一流"高校在石家庄建立研发机构，谋划建设一批高端科研平台。促进与京津雄创新资源共建共享，推动科技创新和科研成果加速转化。二是加快产业迭代升级。推动新一代电子信息产业、生物医药产业率先突破，做强主导产业和战略性新

兴产业，着力打造"千亿级"产业集群，形成全市产业发展的支柱。以深入实施"万企转型"、质量提升行动和产业基础再造工程等为抓手，持续改造提升钢铁、石化等传统产业，加快实现"老树发新芽"。大力发展商贸、金融、休闲旅游等现代服务业及科技、绿色、质量、品牌农业，促进发展质量和效益双提升。三是提升开发区能级。强化新型基础设施建设，探索产城融合发展新模式，提高产业聚集度。

三、全力提升建设管理水平，打造高颜值高品位省会城市

城市形象决定着城市魅力和吸引力。要对标国际一流城市，不断提升石家庄市规划建设管理水平，增强城市服务功能和承载能力，加速城市形象嬗变。一是深入实施城市更新行动。持续推动老旧小区、城中村、棚户区、老旧管网改造和城镇雨污分流、停车场建设，扎实开展绿化、美化、亮化、净化工程，巩固拓展全国文明城市、国家卫生城市、国家森林城市创建成果。强化城市设计，科学谋划城市商贸流通、居住、文化旅游等功能区，精心打造城市客厅、中央商务区和优美城市天际线。注重文化引领，突出地域特色，增添城市人文底蕴。二是完善城市高端功能。汇聚具有区域乃至国内外影响力的科技创新、现代服务、国际交往、人文交流、都市休闲等高端城市功能，打造高度集约化、品质化、现代化、国际化都市区。三是加强城市精细化管理。推进城市管理理念、管理手段、管理模式创新，强化智慧城管、智慧社区、智慧交通等建设，打造智能城市和智慧城市。

四、深化"放管服"改革，营造一流营商环境

好的营商环境就是生产力、竞争力。要结合"三重四创五优化"活动，深入推进"放管服"改革，打造市场化、法治化、国际化营商环境，提升城市核心竞争力。一是营造更加高效便利的政务环境。围绕企业开办、建设和经营便利，进一步精简审批事项，简化审批流程，提高审批服务效率。完善网上政务系统，全面推进"互联网+政务服务"，让数据多跑路、企业少跑腿。积极构建亲清新型政商关系，牢固树立服务企业发展和项目建设的"店小二"意识。二是营造宽松有序的市场环境。推进结构性减税，严格落实留抵退税等政策，规范行政事业性收费，全方位降低企业运营成本。推进诚信石家庄建设，完善守信激励和失信惩戒联动机制。三是营造更加公平公正的法治环境。深化作风纪律专项整治，深入推进公正文明执法司法，坚决打击侵害企业合法权益的各种违法犯罪行为。

五、高水平推进开放合作，打造开放发展新高地

开放带来进步。石家庄市要大力实施开放带动战略，加快构建更高水平开放型经济新体制，主动自觉融入新发展格局，全面提升开放度，持续激发高质量发展新活力。

一是积极发展更高层次的开放型经济。推进企业国际化、产业国际化、城市国际化、人才国际化，积极融入全球产业链、创新链、信息链、资金链。高标准高质量推进自贸试验区正定片区、跨境电子商务综合试验区等开放平台建设，大胆创新开放制度，完善开放功能，打造全市开放发展的引擎。二是深度融入京津冀协同发展。加强与国家部委、央企、国企的对接联系，主动承接具有示范引领作用的国家级重大工程，引进一批高端高新产业项目。强化与雄安新区产业链创新链等协作融合，加快高质量发展步伐。三是打造"一带一路"重要节点城市。高标准建设石家庄国际陆港，不断扩容中欧班列"朋友圈"。加强与国际友好城市的务实交流与合作，举办一批国际化经贸合作、人文交流活动，吸引更多跨国公司、国际机构投资项目落地。

（本文作者：苏凤虎、杨华。本文发表于2022年8月11日《河北日报》（理论版）。）

关于推动邯邢地区高质量发展的
思路和建议

近年来，受国内外发展形势变化和自身多年积累矛盾问题影响，邯邢地区面临着发展动能不足，传统优势弱化，实力地位下滑等发展困境，对全省高质量发展支撑力减弱，需要引起高度关注，采取有力举措，推动邯邢地区高质量跨越赶超发展，打造经济强省、美丽河北建设的战略支撑。

一、邯邢地区在河北省高质量发展中的重要地位

(一)建设经济强省的重要支撑

邯邢地区面积占河北省的13%，人口占1/5强，地区生产总值、一般公共财政收入和全部工业增加值等主要经济指标均占到全省的12%以上，冀中南地区的37%以上，粮食总产量占全省的近1/3，精品钢铁、现代食品、光伏产业在全省地位突出，是河北省发展中不可或缺的重要组成部分，是冀中南发展的关键支撑。近年来，邯邢地区发展速度放缓，2015~2021年，地区生产总值年均增长在4.9%，低于河北省5.2%的平均增速，占河北省的比重由16.5%下降到16.2%。2020年邢台、邯郸人均GDP分别为30909元和38623元，均远低于河北省48564元的平均水平，分别位居河北省倒数第一和倒数第三，邢台甚至低于定州和辛集，事实上已经成为河北省发展水平最低的地区[①]。在河北省高质量发展大局中，邯邢地区经济地位十分重要，实力水平提升任务紧迫，是经济强省建设的重点地区。

(二)河北省产业转型升级的重点区域

长期以来，邯邢地区依托资源优势形成了以钢铁、建材、煤炭、食品为主导的资源依赖型产业结构，2020年邯邢地区平板玻璃产量占到全省60%以上，煤炭产量占河北省一半以上，焦炭和钢材产量则分别占全省1/3和1/5，规模以上工业能源消耗占到了全省的近20%，是河北省重化产业最为集中，转型升级任务最重的区域之一[②]。新发展阶段，河北省开启建设现代化经济体系，打造新型能源强省、制造强省、农业强省、

---

① ② 资料来源于《河北统计年鉴2021》《邯郸统计年鉴2021》《邢台统计年鉴2021》。

质量强省、数字河北的新征程，作为产业结构、发展阶段、转型任务、突出矛盾与全省高度相似的邯邢地区无疑会成为全省转型升级的重点、难点和关键点。

(三) 河北省推进新型城镇化的关键变量

邯邢地区是全省人口密度最大的区域之一，2020 年，邯邢地区在仅占河北省 13% 的土地上聚集了河北省 22% 的人口，人口密度高达 671.6 人/平方千米，为河北省平均人口密度的 1.7 倍，而与此同时，邯邢地区又是河北省城镇化水平最低的地区之一，城镇化率分别仅为 59.59% 和 54.74%，均低于河北省 61.14% 的平均水平，在 11 个设区市中分别占第 6 和第 10①。邯邢地区庞大的人口基础和较低的人口城镇化率，使其成为河北省推进新型城镇化的重点地区，其城镇化进程和水平，事关京津冀城市群建设的深入推进，事关河北全国新型城镇化与城乡统筹示范区成功创建，事关省会都市圈顺利打造，已经成为推进新型城镇化的关键变量。

二、当前邯邢地区高质量发展面临的困境

(一) 产业动能不足的困境

邯邢地区传统产业依然占据主导地位，战略性新兴产业底子薄、发展慢，经济增长动能尚未实现产业间、行业间的顺利接续，对区域高质量发展的支撑明显不足。"十三五"时期以来，在邯邢地区长期发展中起核心主导作用的工业发展速度整体下滑，两市全部工业增加值增速多数年份均低于 GDP 增速(邯郸 2020 年和邢台 2021 年例外)，2020 年，邯邢地区全部工业增加值占 GDP 比重为 38.9%，比 2015 年降低了 2.6 个百分点。受能源约束、低碳排放、市场需求等因素影响，在工业中占据主导地位的传统优势产业发展势头趋缓，2020 年，邢台七大产业占全市规模以上工业增加值比重为 65.6%，比 2015 年降低 3.5 个百分点；占邯郸工业半壁江山的钢铁产业，在"十三五"期间累计压减炼铁产能 1238 万吨，炼钢产能 1157.6 万吨，粗钢产量也由 2015 年的 4358 万吨下降到 2021 年的 4071 万吨，邯邢地区传统优势产业对区域经济的支撑逐步减弱。与此同时，新能源、新材料、高端装备等新兴产业经过多年培育，产业规模占比依然较小，2020 年，邯邢地区高新技术产业增加值不到 GDP 的 1/20，约占规模以上工业增加值的 16%，不仅与先进地区存在明显差距，甚至落后于全省平均水平 3 个多百分点，尚未形成对区域经济发展的强有力支撑②。

(二) 城市引领不力的困境

当前，邯邢地区中心城市综合竞争实力不强，对整个区域发展的辐射带动十分有限。2020 年，邯郸和邢台市辖区 GDP 分别为 1505 亿元和 688 亿元，在全国地级以上

---

① ② 资料来源于《河北统计年鉴 2021》《邯郸统计年鉴 2021》《邢台统计年鉴 2021》。

城市中仅排第 78 位和 164 位[①]。据 2021 年中国社科院财经战略研究院发布的《中国城市竞争力第 19 次报告》，邯郸位列第 170，邢台仅居第 196，是名副其实的三线和四线城市。邯邢地区中心城市首位度低，两市市辖区经济总量分别仅占市域的 41.4%、31.3%，在全国排第 168 位和第 230 位，城市产业以传统服务业和制造业为主，创新能力弱，高水平创新平台少，对周边地区产业升级和创新发展的引领带动能力与先进地区存在较大差距。

(三)先进要素匮乏的困境

当前，邯邢地区面临技术、人才、资本等先进要素供给不足的窘境。截至 2021 年，邯邢地区拥有重点实验室、技术创新中心、产业技术研究院等省级以上科技创新平台 190 家，仅占全省的 13.1%，与区域人口规模、经济体量不相匹配；高水平、高能级创新平台缺乏，国家级创新平台仅有国家企业重点实验室 1 家和国家野外科学观测研究站 2 个。2021 年，邯郸和邢台每万人专利授权量仅为 0.48 项、0.5 项，在全国地级以上城市中排名中下游，低于全省平均水平。根据第七次人口普查数据，邯郸和邢台大专以上文化程度人员占人口比重分别仅为 7.8% 和 8.2%，远低于全省 12.4% 的平均水平。2021 年，邯邢地区高技能人才约 42 万人，仅占全省的 13.5%，低于区域人口占全省比重 8.6 个百分点[②]。

(四)综合环境不优的困境

邯邢地区之所以发展速度慢、动力弱、活力不足，根源在于综合发展环境不优。在营商环境方面，邯邢地区亦步亦趋，改革创新意识不足，缺少图新求变的魄力，鲜有在全国具有开创意义的试验试点和示范，缺乏能够引领带动全省破局发展的改革创新举措，政务服务效率和市场监管水平仍与先进地区存在较大差距，在《全国地级以上城市营商环境报告(2020)》中，两市营商环境排名均在全国 200 名以外。在公共服务方面，邯邢地区高等级公共服务投入少、配套不齐全，高水平休闲娱乐、医疗健康、教育服务等优质资源短缺，对高层次人才、团队和企业的吸引力十分有限。在政策方面，邯邢地区虽地处京津冀协同发展和中原城市群两大国家战略叠加区，但均处于战略区域的边缘地带。

三、推动邯邢地区高质量发展的思路和任务

(一)发展思路

全面贯彻落实习近平新时代中国特色社会主义思想，聚焦高质量跨越赶超总目标，

---

① 资料来源于《全国地级以上城市营商环境报告(2020)》。
② 作者根据《全国地级以上城市营商环境报告(2020)》、邯郸与邢台统计公报、国家科技创新平台名单及相关公开资料汇总分析。

完整准确全面贯彻落实新发展理念，主动融入和服务新发展格局，以重塑区域发展新动能新优势为统领，以转型、提质、增效为方向，解放思想、真抓实干，全面深化改革创新，以"大胆闯、勇于试"的劲头，紧紧围绕塑造新引力、培育新动能、构建新支撑，加快优势产业数字化和能源体系绿色化，培育壮大新兴产业融合集群，规划建设邯邢经济协作区，提升招商引资实效，着力推进环境优化再造、产业迭代升级、城市一体发展，努力探索制度引领、环境先行、产业筑基、城市提能的高质量发展之路，建设全国产业转型升级试验先行区、全省跨区域城市协同联动发展示范区，打造四省交界区域经济中心，全面提升对经济强省美丽河北建设的支撑力和贡献度。

（二）重点任务

1. 制度创新，全面优化区域发展软环境

一是全面推进政策集成创新。逐一梳理邯邢地区各领域、区域、部门获得的各级各类"金字招牌"，仔细研究国家和省市以及各部门赋予的权利权限，出台相应政策措施，叫响擦亮"金字招牌"，用足用好优惠政策；跟踪国家、省以及各相关部门示范试点、政策创新动态，积极创造条件，争取相关示范试点和政策创新率先在区域内开展。总之，要打破惯性思维的桎梏，研究学习其他地区的经验，思考"许多事情在别的地方能做，而在我们这里就不行?"不要一开口就说"不行"，而是想办法"怎样才行"。

二是开展营商环境优化提升行动。聚焦关键短板，对标先进标杆，持续深入推进"放管服"改革，实行政府权责清单管理制度，深化行政权力事项下放工作，深入推进"一件事"改革，提升重点领域简政放权实效，规范权力运行，完善约束机制，强化监督问责，打造高效便利的政务环境；围绕市场主体准入、准营、运营、退出等环节，着力解决一批堵点难点问题，着力提升服务效率，推进包容审慎监管，探索推行轻微违法行为首次免罚、"沙盒监管"、触发式监管等模式，广泛推行惠企优惠政策"免审即享""落地即享"，维护公平有序的市场秩序。

三是打造高品质公共服务体系。全面提升基础教育水平，多措并举、引培并重，提高高等教育能级和层次；积极争取国家区域医疗中心建设，引入高品质商业医疗机构，打造优质医疗服务体系；加快完善以公租房、保障性租赁住房和共有产权住房为主体的住房保障体系，扩大保障性租赁住房供给，创新人才公寓、园区综合性职工公寓的供给方式；谋划建设标志性文化和体育设施，高标准打造城市公共文化体育空间，营造品质文化生活圈，构建特色化和现代化相结合的公共文化体育服务体系。

四是塑造创新开放人文环境。建立常态化、规范化、制度化的政企沟通渠道，建立完善定点联系、定点走访、会议论坛等常态化制度化政企沟通机制，规范政商交往行为，着力构建亲清新型政商关系；弘扬厚德、崇文、实业、创新精神，激励新生代企业家茁壮成长，依法保护企业家合法权益，促进企业家公平竞争诚信经营；推动研发费用加计扣除等普惠性政策应享尽享，探索科技成果产权制度改革，完善创新和人才服务体系，营造良好创新创业氛围。

2. 迭代升级，构建"3+4+2+N"现代产业体系

一是围绕产业高端化，提升平台载体能级、引进重大产业项目、推动军民融合发展，打造全省重要先进制造基地。全力实施产业平台升级工程，支持有条件的开发区升级为国家级园区，充分汇聚政策资源，增强对高端产业与先进要素的承载力和吸引力。实施重大战略项目引进工程，着力引进一批具有"雁阵效应"的"头雁"项目、完善产业链条的"补链"项目、助力跑赢新赛道的"卡位"项目，提高重大项目对产业转型提质的支撑作用。实施军民融合工程，支持中船重工、汉光重工、金后盾等优势军工企业开发民用产品，鼓励本地民营企业参与军工科研和生产，塑造产业转型升级新优势。

二是围绕产业智能化，强化优势企业示范、工业互联网支撑、应用场景牵引，打造全省智能制造高地。实施龙头企业智能化改造示范工程，对标世界先进水平，每年支持一批区域龙头企业创建省级智能制造示范工厂、示范车间和工业互联网标杆工厂、5G全连接工厂，加快形成"一行业一标杆"智能制造发展格局。实施工业互联网创新工程，创建一批省级综合型、特色型和专业型重点工业互联网平台，打造一批"5G+工业互联网"融合应用项目和工业大数据应用示范项目，促进企业数据共享、资源高效配置。实施智能制造应用场景拓展工程，支持智慧农场、智能矿山、智能工厂、智慧家居、自动驾驶、智能诊疗等应用场景建设，增强对智能产品发展的牵引力。

三是围绕产业绿色化，推动企业绿色低碳改造，建设循环经济产业园区，构建新型能源体系，打造全省产业绿色低碳转型样板区。实施传统产业绿色低碳改造工程，推动钢铁、装备、农副产品加工企业，对标先进标准，提升工艺装备，推进资源综合利用，开展可再生能源替代，建设绿色工厂，全面提升企业节能降碳水平。实施产业园区循环化改造工程，优化产业空间布局，促进产业循环链接，推动资源高效综合利用，加强污染集中治理，形成绿色低碳循环生产体系。实施新型能源体系构建工程，全面提升新能源和清洁能源供给能力，加强智能电网等新型能源基础设施建设，为产业绿色低碳转型提供设施保障。

四是围绕产业集群化，统筹推进优势产业集群整合提质和战略性新兴产业融合集群发展，打造一批具有全球竞争力和影响力的先进制造产业集群。实施优势产业集群整合提质工程，聚焦精品钢铁、装备制造、农副食品加工等区域优势产业，支持龙头企业整合中小配套企业，形成紧密分工合作关系，促进企业空间集聚、链群式发展。实施战略性新兴产业融合集群培育工程，聚焦太阳能光伏、高端金属材料、现代中药产业、高端医疗设备等重点领域，超前谋划布局重大创新基础设施和载体平台，强化产学研用协同创新，建立创新型企业梯队化培育体系，打造一批国家级创新型产业集群。

3. 品质引领，全面提升城市能级

一是壮大城市经济"核心引擎"，全面提升中心城市经济竞争力。城市经济和产业是壮大提升城市实力地位的核心关键。要坚持"以产促城、以城兴产，产城融合"，改造提升城市工业，聚力壮大先进制造业，在推进制造业服务化链群化发展中提升生产性服务业水平，切实提高生活性服务业品质，鼓励发展楼宇经济、电商经济、创意经济、共享经济、流量经济等城市新业态，打造城市经济和产业发展重要支撑。

二是建设城市新区"新地标"，全面提升中心城市综合承载力。城市新区是拓展城市发展空间、优化城市功能结构、提升城市承载容量的重要抓手。目前邯邢两市均对城市新区建设做了部署，要按照相关规划，高标准建设邯郸东湖新城和邢台邢东新区，加快推进中央商务区、交通枢纽、科创中心等重大标志性工程建设，完善国际交往、文化交流、科技创新、先进制造、现代服务等高端功能，努力打造引领城市高质量发展的龙头。

三是塑造城市功能"新名片"，全面提升中心城市区域影响力。城市功能定位是城市发展的"顶层设计"，关系着城市发展的总方向。在区域竞争日益激烈的形势下，邯邢两市必须围绕特色、聚焦高端、精准定位，才有可能在城市竞争中脱颖而出。邯郸要依托四省要冲区位、产业发展基础和传统商业中心的优势，大力引进京津高端医疗资源，国际品牌连锁酒店和大型商超集团，努力建设四省交界医疗健康中心、区域消费中心城市和冀南大宗商品物流枢纽；邢台要发挥新能源产业发展优势，谋划组织国家新能源和新能源装备会展及国际论坛，打造国内闻名的新能源特色城市。

四是厚植城市发展"新内涵"，全面提升中心城市生活宜居性。实施城市更新行动是践行以人为本的发展理念的必由之路，是城市由粗放式开发转向集约化发展的客观要求。邯邢两市要加快中心城市旧城改造速度，强化特色商业街区、工业遗址街区、历史文化街区等精品节点建设，高标准打造标志性景观带；实施城市生态修复，厚植文化底蕴，疏通城市经脉，重点解决交通拥堵、排涝不畅顽疾；加快老旧小区和城中村改造，优化社区配套服务；加快建设郊野公园、口袋公园等城市慢生活空间，精心打造城市客厅、城市阳台，提升城市现代化气息和生活舒适度。加快推进基于数字化、网络化、智能化的新型城市基础设施建设，打造宜居、韧性、智慧城市。

五是开创大县城建设"新局面"，全面提升中小城市吸纳聚合力。县城是连接城乡的关键节点，是推进新型城镇化建设的重要载体，是引领县域经济发展的核心引擎。邯邢两市要继续实施大县城战略，以武安、魏县、大名、涉县、宁晋、清河、威县等县城为重点，优化软硬发展环境，增强综合服务功能，努力建成县域乃至周边地区发展的重要引擎。其他县城和重点建制镇要因地制宜，加快补短板强弱项，努力建成一批现代化高品质小城镇。

4. 相向联动，推动邯邢一体化发展

一是谋划建设邯邢经济协作区。借鉴郑卞一体化、西咸一体化、广佛一体化的经验做法，在邯邢两市交界地区分别划出一定范围的区域共同规划建设，营造两市由背道而驰转向相向而行的强大磁力场，打造冀南地区参与国内外竞争合作的新平台。

二是推动重大基础设施一体化建设。率先规划建设中心城市间的快速通道体系，协作共建"城市大脑"和区域性高等级绿色云数据中心，共同完善"1+N"工业互联网平台体系，统筹布局区域新能源充电设施及配套线路，创造区域一体化发展的基础条件。

三是共同构建主导产业链。依托两市资源、产业基础优势，瞄准未来产业方向，探索构建精品钢铁向铁基新材料延伸发展、精品钢铁与用钢产业联动发展，新能源装备制造与应用协同发展、新能源汽车零部件与整车一体发展等若干重点产业链条，区域产业发展动能显著增强。

5. 引育并举，壮大六大区域战略增长极

一是高标准推动冀南新区和邢东新区开发建设。以滏阳新城、邢东新区商务中心区建设为抓手，补齐基础设施和公共服务短板，为人口和产业集聚创造条件；加快推进冀南新区科创园、中电子产业园、马头综合物流中心，邢东新区科创城、北大燕园科技产业园区、医药健康基地、国际会展中心等科创和产业平台建设，全面提升科技创新能力和产业承载力；支持冀南新区创建国家级高新技术产业开发区、邢东新区建设全省知名"创客中心"，加快汇聚先进制造、科创服务、商贸物流等高端制造业和现代服务业，打造邯邢地区产业发展新高地。

二是推动邯郸经开区和邢台经开区产城融合发展。推进邯郸经开区与东湖新城、邯郸工业园区联动发展，加快邢台经开区与龙岗、会宁、旭阳开发区整合步伐，着力提升现代城市功能，加快与中心城区同城化、一体化步伐，打造融合高端功能、集聚高端产业、汇集高端要素的城市"成长坐标"。推进邯郸经开区中船重工邯郸基地、美的北方生产基地、中建材新材料产业园，金风科技产业园等产业发展平台建设，集聚新能源、新材料、应急产业、高端装备等战略性新兴产业，健全创新孵化服务体系，加快发展楼宇经济，建设区域性总部基地，创建国家级开发区，打造战略性新兴产业和现代服务业增长极。

三是推动邯郸高新区和邢台高新区创新发展。理顺邯郸高新区与冀南新区，邢台高新区与任泽片区、隆尧片区和巨鹿片区的关系，探索园区间责任分担机制和利益分享机制，实行统一规划、统一建设、统一管理，有效整合资源，形成发展合力。围绕先进装备、集成电路、生物医药、现代食品、新材料等重点产业领域，吸引国内外著名高校和科研机构建设各类创新载体，支持区域新增省级以上创新平台在高新区布局，创建国家级或省级"双创"园区，探索面向创新团队和人才的投融资政策和创业孵化机制，打造邯邢地区科技成果转化高地、高新技术产业育成区。

6. 对标先进，实施县域特色产业集群提质行动

一是全力推进县域特色产业集群"三个一批"发展，针对纺织服装、健康食品、五金及零部件等产业，大力塑造以品牌、质量、标准、设计、服务为核心的竞争新优势，提升全要素生产率，重点支持清河羊绒产业集群、平乡自行车产业集群、隆尧食品产业集群、大名食品加工特色产业集群、永年标准件产业集群等块状特色经济专精特优发展，提升一批"专而精"县域特色产业集群；针对钢铁、建材、装备等产业，强化内培外引，鼓励本土优势企业通过并购重组、合作开发等方式参与区域竞争合作，努力嵌入核心产业链、价值链、创新链，重点支持威县汽车及零部件产业集群、沙河玻璃产业集群、武安铁基新材料产业集群、临漳装备制造产业集群发展壮大，打造一批"大而强"县域特色产业集群；瞄准新一代信息技术、生物经济、新能源、新材料等领域的未来产业和高潜力产业，强化与中心城市的对接合作，努力引入关键项目和企业，打造新技术支撑、新需求引领、新业态带动的新型产业，培育一批"新而优"县域特色产业集群。

二是优化提升县域特色产业发展平台。集中开展产业园区规划修编，优化提升主导产业和空间布局；积极推动产业园区基础设施提档升级；加大标准厂房建设力度，支持工业园区按照重大项目建设需求定制代建厂房；利用大数据、人工智能、5G等技术进行园区基础设施数字化、智慧化改造；在园区广泛开展"亩均论英雄"，强化评价结果应用，推动园区"腾笼换鸟"；推动一批基础较好、产业层次较高、邻近城区的产业园区社区化改造，增强城镇功能，优化公共服务，推进产城融合，打造产业社区。

三是做优做专产业发展生态。实施特色产业集群龙头企业引培行动，每个集群培育或引进龙头企业2~5家，培育一批在细分市场产品占有率居前列的"隐形冠军"，支持集群内专精特新中小企业的发展；发挥头部企业或核心环节带动作用，逐步聚集原材料生产、零部件制造、销售物流、研发设计等产业链上下游配套企业，提升本地配套率和集聚度；针对特色产业集群发展需求，精准配套建设创新平台、中介服务体系、定制化基础和公共服务设施，出台针对性强的优惠支持政策，全面优化产业发展生态。

7. 升温加压，压茬推进招商引资登上新台阶

一是建立健全制度化招商机制。建立完善领导招商责任机制，坚持招商引资一把手工程，党政主要领导要主动对接大企业好项目，亲力亲为研究部署、带队招商、参与洽谈；压实市直部门在招商引资中的责任，充分发挥各部门优势，形成招商合力；按照专业化、市场化、国际化原则，打造一支作风过硬、熟悉产业政策、懂得谈判技巧的专业化招商队伍，探索实施招商雇员制、专员制等更加灵活的用人机制和薪酬制度；建立邯邢招商引资合作机制，整合搭建招商大数据平台，组建联合招商平台公司，探索建立项目流转和信息通报制度，统筹招商项目布局。

二是大力开展精准招商。聚焦"3+4+2+N"现代产业体系建设的关键核心项目和企业，制定精准招商"路线图"，开展针对性招商；紧盯近期北京央企总部迁出动态，超前做好对接和配套服务设施完善等工作，争取1~2家央企落户邯邢；瞄准世界500强、中国500强、知名跨国公司、隐形冠军企业、"专精特新"企业、"卡脖子"技术项目、总部型项目、外资研发中心等，谋划一批重大产业盯引项目，建立项目库，引进一批投资规模大、效益好、产业带动强的"大好高"项目；坚持对接雄安，做好"雄安建设，邯邢配套"，认真谋划一批对接雄安的好项目、大项目。

三是创新招商方式。科学精准运用产业链招商、以商招商、园区招商、平台招商、基金招商、合作合资等方式，加大招商力度，确保项目招得来、留得下，实现谋划储备一批、洽谈签约一批、落地建设一批、投产见效一批。谋划举办国际新能源大会，持续扩大清河国际羊绒交易会、平乡国际自行车博览会、安平国际丝网博览会等专题展会的影响力，开展专题招商，积极参与中国·廊坊国际经济贸易洽谈会，石家庄国际数字经济博览会以及知名省外招商引资会等，推介邯邢、引资邯邢。适应当前疫情防控进入常态化的形势，积极采取"云推介""云洽谈""云签约"等办法，确保招商不停步、项目不断档。实施"回归雁"工程，建立"邯邢籍优秀企业家人才库"，大力吸引邯邢籍优秀企业家、高端人才回乡投资。开展以企引企，充分发挥龙头企业在产业链中

的引领作用，完善生态，招引上下游企业集聚。

四、支持邯邢地区高质量发展的建议

(一)研究制定邯邢地区高质量发展规划

完善邯邢地区高质量发展顶层设计，研究制定邯邢地区高质量发展规划，明确邯邢地区高质量发展的总体思路、主要目标、重点任务和战略举措，提出邯邢地区高质量发展的重大工程、重大项目、重大政策，统领和引导邯邢地区高质量发展。根据高质量发展规划，配套编制邯邢地区产业发展、城市建设、综合交通以及重点功能区域等专项规划，研究制定规划实施的具体行动计划和专项推进方案，分年度、分区域确定工作要点和任务清单，确保规划各项目标任务落实落地。做好高质量发展规划与国民经济和社会发展总体规划、国土空间总体规划等规划的衔接，形成协调、统一的高质量发展蓝图。

(二)支持邯邢地区开展系列试验示范

支持邯邢地区承担全国全省改革试点、探索示范任务，重点围绕全国产业转型升级试验区建设，推动邯邢地区开展制造业数字化转型、新兴产业融合集群发展、县域特色产业集群提质增效等系列试验，支持邯邢地区优先申报国家和省创新型产业集群试点。围绕全国新型城镇化与城乡统筹示范区建设，推动邯邢地区开展农业转移人口市民化、城市规划建设管理、城乡融合发展等试点示范，支持邯邢两市联合申报国家新型城镇化综合试点、开展跨区域城市协同联动发展示范；支持县市争创全国新型城镇化建设示范县城、优先入列省新型城镇化与城乡统筹示范区试点。同时，在部署推进新型能源强省、制造强省、现代化交通强省、农业强省、物流强省、质量强省、数字河北等试点示范时，重点向邯邢地区倾斜。

(三)出台支持邯邢地区高质量发展一揽子政策

以中共河北省委、河北省人民政府名义制定出台支持邯邢地区高质量发展的意见，明确支持邯邢地区高质量发展的重点领域、重点区域、重点事项，并从规划建设、项目安排、财政金融、放权赋能以及用地、能耗、环保等指标保障方面，推出系列改革举措和配套支持政策。同时，加大省产业发展基金、科技引导基金等对邯邢地区支持力度，推动省级财政资金、省直职能部门专项资金、新增地方政府债务限额等给予邯邢两市重点倾斜。省有关部门和单位要根据职责分工，制定出台具体支持方案和改革方案。

(本文作者：苏凤虎、梁世雷、王哲平、黄贺林、张金杰、戴海益、罗静、王素平。本文任务来源于河北省发展和改革委员会。)

河北省县域经济转型升级的策略探讨

由赛迪顾问县域经济研究中心发布的"2020 中国县域经济百强研究"中，河北省仅有迁安和三河两市上榜，与江苏（25 个）、浙江（18 个）、山东（15 个）相比，上榜县数量少、位次低，从一个侧面反映出河北省县域经济整体发展水平不高。随着新型城镇化加快推进，乡村振兴战略深入实施，全面小康社会全面建成，县域经济进入高质量发展的新阶段。在新一轮大发展大变革大调整中，推动县域经济转型升级、改变长期以来一直相对落后的局面变得尤为迫切。

苏浙鲁县域经济发达，有诸多可借鉴的成功模式，如江阴的实体经济与资本运作完美结合模式、昆山的"闯"出来的外向型经济模式、慈溪的人才本土化推动创业经济发展模式、义乌的贸易国际化推动外向经济发展模式、温岭的农业现代化推动县域经济发展模式、安吉的产业生态化驱动绿色经济发展模式、嘉善的新型城镇化推动县域经济转型升级模式、荣成的蓝色经济领跑模式、龙口的城乡协调发展带动县域经济发展模式等，有政府主导型，也有市场主导型；有工业引领型、农业推动型，也有生态驱动型；有开放创新型，有城乡协调型；等等。河北省县域经济发展要在充分考虑本地发展实际的基础上，借鉴先进经验，探索一条适合自己的转型升级之路。

一是突出功能定位，实施错位发展。大城市周边县（市）要发挥较好的区位交通优势，主动与大城市沟通对接，完善合作平台，接受大城市功能辐射和产业外溢，大力发展大城市主导产业的上下游产业，与其共同形成一套相互合作、相互协调、配套完整的产业体系；适时推动廊坊、沧州、衡水等使周边县（市）撤县设区，拓展城市空间。边远山区县（市）要牢固树立绿水青山就是金山银山的理念，坚持生态优先、绿色发展，推进产业生态化、生态产业化，促进生产发展、生活富裕、生态良好的有机统一。通过培育发展特色农业与乡村观光旅游、养生保健、创意农业、定制农业等新型业态，打造县域经济核心竞争力和提升自我发展能力；要加大对欠发达山区县（市）的扶持力度，加快改善山区生产生活条件，缩小与其他地区的差距。普通平原县（市）要更加注重集约发展，通过优化开发不断提高单位土地的产出效率；以新型城镇化建设为契机，加快推进县域经济城市化转型；强化对外开放，吸引高端高新产业和项目落地；资源型县（市）要更加注重资源的合理开发利用，加快传统小工业的转型升级，逐步摆脱传统发展模式依赖，积极培育发展新动能，增强可持续发展能力。

二是发展特色产业，增强综合实力。立足于做优做大做强县域特色产业，积极对接京津，千方百计用足用好京津的技术、人才、资金等优质资源，打造一批高水平的承接平台，精准承接产业转移，加速北京高校、科研院所等创新成果孵化转化，形成一批与京津功能互补、错位发展的新兴产业集群。加快传统产业集群提质增效，以清河羊绒、白沟箱包、安平丝网等产业集群为重点，实施集群、企业、产品"三位一体"品牌战略，引导优势企业以品牌、资本、技术为纽带，组建集群产业化联合体，打造若干国际上有影响、国内居于领先地位的特色产业集群。立足于打造高端高新产业集群，把握新一轮科技革命和产业变革大势，引进一批高端装备制造、生命科学、新材料、人工智能等战略性新兴产业龙头企业，重点培育香河机器人、固安卫星导航、高碑店石墨烯、涿州高温合金新材料等一批有规模、上档次、知名度高、发展前景好的高端高新产业集群。

三是汇聚资源要素，做优发展环境。以新型城镇化建设为契机，坚定不移实施"小县大县城"战略，推动县城扩容提质，完善路网建设，加快旧城改造，拉大城市框架，完善县城功能，提高城市综合承载力，培育一批高标准中等城市和特色彰显、宜居宜业、充满活力的特色小城市，引导产业、资本、人口等要素向县城聚集。以改革开放为根本动力，持续优化营商环境，激发县域经济发展活力，逐步消除各种隐性壁垒，破各种各样的"卷帘门""玻璃门""旋转门"，在市场准入、审批许可、经营运行、招投标、军民融合等方面，清理废除一切不合理规定，切实提高行政服务质量，打造"亲""清"新型政商关系。学习苏浙鲁招商引资方式，实施精准招商，依托县域特色产业平台，积极举办相关商品博览会，引进一批科技含量和投资强度高的大项目好项目。各县(市)要根据自身需求，制定符合当地发展的人才、资金、土地等支持政策，强化要素保障，吸引大企业、大项目在本地落户实施。政府要持续增加有效供给，加大对基础设施、公共服务、生态环境等公共产品投入，为企业家和劳动者提供良好的生活环境。

（本文作者：李云霞。本文发表于 2021 年 1 月 21 日《中国县域经济报》（理论版）。）

推进河北省县域经济高质量发展的对策建议

县域经济是国民经济的基本单元，是国家现代化建设的重要内容，是推进共同富裕的关键环节。河北省共 118 个县（市），其中县级市 21 个、县 91 个、自治县 6 个。县域总面积 15.94 万平方千米、常住人口 4820.86 万，分别占全省的 84.4% 和 64.7%，县域兴衰关系着全省发展全局，县域强则全省强，县域兴则全省兴。推动县域经济高质量发展是时代赋予的使命，是实现全省经济社会高质量发展的有力保证，也是加快建设经济强省、美丽河北的内在要求。

一、发展情况及成效

中共河北省委、河北省人民政府高度重视县域经济发展，陆续出台了一系列扶持县域经济发展的政策和措施，多次对县域经济发展做出决策部署，全省各县不断解放思想、开拓视野，尤其是近年来，全省统筹推进疫情防控和经济社会发展，把县域经济发展摆在重中之重的位置，加强统筹协调，完善政策措施，全力推进县域经济高质量发展，河北县域经济建设取得了一些重大成就，对全省经济拉动作用明显增强。

（一）聚焦提质增效，县域特色产业不断壮大

一是绿色化智能化转型不断加快。2021 年，50 家集群企业获评国家级绿色工厂，86 家获评省级绿色工厂。泊头铸造集群通过改造生产线，实现二氧化硫、氮氧化物分别下降 47%、40%，营收、税金增长均超 20%，形成了全国推动的"泊头模式"。二是品牌影响力持续提升。全省培育创建特色产业名县名镇 90 个，发布特色产业指数 14 个，培育中国驰名商标、国家地理标志产品等 295 项。11 个集群产品国内市场占有率超 50%，滦南钢锹、安平丝网、河间再制造等产业集群国内市场占有率超 80%[①]，市场占有率和话语权得到大幅度提升。三是"领跑者"企业培育行动初见成效。印发《河北省县域特色产业集群"领跑者"企业培育行动方案》，实施企业上市、科技赋能、产业升级、强链补链、金融助力、冀有特色六大行动，认定并授牌首批 137 家集群"领跑者"企业。

---

① 米彦泽. 全省县域特色产业焕发强劲活力 [N]. 河北日报，2021-12-23(7).

四是服务头部企业工作顺利推进。印发《服务头部企业助力特色产业提质升级2022年工作方案》，组建包括省工信、发改、科技等部门在内的省直跨部门服务头部企业工作专班，开发建设了县域特色产业集群头部企业服务系统，围绕项目建设、用地保障等8类问题，全力帮助企业纾困解难。根据河北省发展和改革委员会的统计，2022年前三季度，河北省291个县域特色产业集群实现营业收入26287.27亿元，增长12.1%。其中，107个省级重点县域特色产业集群实现营业收入20888.29亿元，增长11.2%。

(二)聚焦提升活力，县域科技创新能力不断增强

一是创新主体稳步增长。根据河北省发展和改革委员会的统计，2021年，县域高新技术企业达到3871家，县域科技型中小企业达5.21万家，县域省级"专精特新"中小企业1162家。二是创新服务能力不断提升。累计建立研发机构3877家，省级检验检测中心、公共技术服务平台等各类创新机构和服务平台达217家，各类行业协会达264家。累计培育省级以上孵化器71家、众创空间102家，国家级孵化器达到36家。培育省级小微"双创"示范基地76家，获评国家示范基地14家。三是科技特派团示范带动作用充分释放。组建派驻了泊头铸造、安平丝网、安国中药、内丘苹果、兴隆山楂、玉田印机6个县域特色产业科技特派服务团，精准摸排及梳理产业技术需求，强化科技赋能，推动县域特色产业高质量发展。同时针对有技术需求的企业，组建了第一、第二、第三批共266个"小巨人"科技特派团，充分发挥了科技特派团的示范带动、典型引领作用。自《河北省县域科技创新跃升计划(2019-2025年)》实施以来，全省A类县从最初的6个增加到32个，B类县从31个增加到66个，C类县从131个减少到69个，三类县分布明显优化，县域科技创新能力实现大幅跨越。

(三)聚焦平台建设，园区能级显著提升

一是项目建设成效显著。对重大项目实施包联帮扶，向五大银行定期推送项目建设资金需求，召开全省经济开发区重点建设项目观摩调度会，2022年前三季度，全省经开区重点建设项目全部开工，投资完成率110.3%，提前超额完成年度计划目标，正谱省长对经开区项目建设给予充分肯定。二是要素支持不断强化。利用省财政专项资金对先进经开区进行支持，积极推进经开区扩区调区升级工作。对廊坊广阳经开区扩区、魏县经开区调区事宜，积极推动，提出解决方案，正谱省长分别作出"好""继续主动服务"的肯定性批示。三是宣传推介稳步开展。编制印发《河北省开发区产业地图》、河北开发区投资指南，发布河北开发区发展宣传片；参加第二届经济强省美丽河北新媒体作品评选活动并获得人气作品奖，借助媒体平台宣传报道河北省经开区典型经验做法数十条。

(四)聚焦城镇化载体，县城建设步伐明显加快

一是市政基础设施不断完善。根据河北省发展和改革委员会的统计，2021年全省新增县级公共停车位11.5万个，提前超额完成任务；建成16座生活垃圾焚烧厂，完成总工程量的99.5%，126座生活垃圾填埋场已全部完成治理任务；燃气、供热、排水、

供水完成率分别为 95.6%、120.3%、117.7%、127.3%。二是居住社区品质加快提升。2022 年，棚户区改造开工 2.5 万套、建成 2.8 万套，提前完成年度任务；城中村改造 76 个，完成率 100%；老旧小区改造 1529 个，完成年度任务的 87%。三是县城环境容貌持续优化。新建口袋公园 619 个，超额完成任务；城区主要道路实现水洗机扫全覆盖，建成"四化"样板示范街道 354 条；开展河北省星级公园和园林式单位、小区、街道创建活动，积极推进园林城创建工作，指导迁安市创建国家生态园林城市，完成两批共 20 个县(市)省级园林城复查工作。①

(五)聚焦补齐短板，农业农村现代化水平持续提高

一是粮食生产再获丰收。2022 年，全省夏粮实现面积、单产、总产"三增加"，分别比上年增 1.2 万亩、0.9 公斤、0.76 亿斤，得到李克强总理充分肯定和农业农村部通报表扬，预计全年粮食生产将延续面积、单产、总产"三增加"趋势。②二是"菜篮子"产品产量全面增长。各地着力打造标准化、规模化生产基地，"菜篮子"产品供给保障能力进一步增强。2022 年前三季度，全省蔬菜、肉类、禽蛋、生鲜乳、水产品产量分别增长 0.35%、3.8%、0.3%、10.8%、11.8%。③三是农业特色优势产业集群不断壮大。集中打造强筋小麦、设施蔬菜、高端乳业等 15 个特色优势产业集群，优质小麦、蔬菜、中药材、食用菌、梨和乳品列入国家级产业集群建设支持范围。大力实施农业产业项目突破年行动，根据河北省发展和改革委员会的统计，2022 年前三季度，全省农业签约招商项目 477 个、引资额 1876 亿元，完成年度任务的 110.4%，完成项目建设投资 815.5 亿元，占年度投资目标的 99.5%。四是乡村建设行动扎实推进。新建户厕 62 万座、公厕 10697 座，4.76 万个村庄已基本完成问题厕所排查整改，取得显著成效。84.2% 的村编制了实用村庄风貌规划方案，创建美丽乡村 2265 个，新布局创建 15 个省级乡村振兴示范区。

二、存在的主要问题

河北县域面积小、底子薄、盘子大，在县域经济快速发展的同时，受行政区划、地理位置、资源禀赋、经济基础等因素影响，在国际国内形势更加复杂，区域发展更趋分化，内部竞争日趋激烈的情况下，县域经济发展存在的问题日益突出。

(一)综合实力不强且发展后劲有限

河北省经济强县少、弱县多，大部分县(市)处于相对落后水平。2021 年，全省仅有 32 个县(市)地区生产总值超过 200 亿元、占总数的 27.1%，④由赛迪发布的 2022 年县域经济百强榜中，河北只有迁安市上榜。县域经济在尚未做大做强的同时，还面临

---

① 河北 20 个县(市、区、镇)通过省级园林城复查 [N]. 河北日报，2022-10-19(10).
②③ 资料来源：根据河北省农业农村厅上报材料整理。
④ 资料来源：根据河北省发展和改革委员会地区处各县上报数据整理。

财政支撑不足、人才资金生产要素外溢、发展动力衰减的问题。一是财政缺口扩大。受新冠肺炎疫情影响,县域经济企业发展困难,为稳住经济基本盘,河北大力实施减税降费政策,在财政收入锐减的情况下,县域经济财政支出刚性仍持续扩大,财政收支缺口扩大。2015~2020年,县域财政收入仅由907.15亿元增加到1387.18亿元,而财政支出由2681.47亿元增加到4486.17亿元,财政收支差额由1774.31亿元增加到3098.99亿元,几乎所有的县均入不敷出。二是人口外流严重。2015~2020年,全省县域的人口规模由4921.49万减少到4820.86万,人口减少100万,[①] 而且从县域流出的人口大多是年轻有学历有技能的技术人才,人才的外流更加导致了县域人口老龄化和知识结构低层化。三是资金加速外溢。根据河北省发展和改革委员会的统计,2015~2020年,县域存贷款差额由9642.79亿元增加到15506.29亿元,更多的资金由县域转移到城市。生产要素加速外流,使县域经济的发展动能下降,县域经济发展面临发展势能衰减的危险。

(二)发展水平差距较大且呈片状分布

河北的县域经济总体上呈现沿海强内陆弱的态势,经济强县主要分布在环京津和沿海地区,落后县主要分布在燕山—太行山区、坝上地区和黑龙港流域。秦唐沧三市的县域经济总量合计占到全省的近1/3。河北10强县中,沿海占了一半,前30强中唐山7席、沧州7席、廊坊6席,张家口、衡水、承德无县(市)上榜。2021年经济实力最强的迁安市地区生产总值为1160.3亿元,而最低的柏乡县只有53.9亿元,两极分化严重。[②]

(三)产业结构不优且升级缓慢

从工业结构看,河北县域工业主要是配套性、资源型产业,以中小企业为主,经营分散,实力较弱,尤其是近年来,受环保政策影响,县域龙头企业和领军企业外迁趋势加快,2015~2020年规模以上工业营业收入由26732.3亿元减少到22628.7亿元[③],进一步降低了县域工业竞争力。从价值链层次看,多数产业处于价值链中低端,发展质量和效益偏低,规模以上工业企业营业收入利润率低于全国平均水平,新兴产业发展缓慢,新兴服务业仍处于起步阶段,以数字经济、平台经济为引领的新兴服务业较慢,结构调整任务艰巨。

(四)产业集群规模大但竞争力弱

特色产业是县域经济发展的重要支撑,也是县域经济发展的"名片",围绕特色产业实现差异化发展,是县域经济构建现代经济体系的重要一环。从特色产业来看,河北省县域特色产业集群存在群体大、单体小、集而不群现象突出,企业之间关联度并不高,价值链衔接也不紧密,真正在全国有竞争力的集群较少。集群内产业层次低端,大项目、创新型项目相对较少,大部分企业产品科技含量低,行业隐形冠军企业少,产业链和价值链关键环节缺失,企业之间没有因为集群产生"化学"反应提高整体发展

---

①②③ 资料来源:根据河北省发展和改革委员会各县上报数据整理。

能力，反而因为同质化发展造成同业恶性竞争加剧，集群效益不高。

（五）县城规模小且发展受限

县城是县域经济发展的核心载体，对整个县域经济发展具有重要的辐射带动作用，但河北县城弱小，对县域经济作用发挥不充分。一是河北大部分县（市）城区规模偏小。县城多为Ⅱ型小城市，目前主城区人口超过 20 万的Ⅰ型小城市仅有 10 个左右，达到 50 万以上的中等城市只有定州和任丘。二是产城融合互动发展格局尚未形成。开发区发展水平较低，产业聚集度和产业层级不高，吸引投资能力不强，要素产出水平与发达地区相比差距较大，部分县如赞皇等县城区与开发区空间割裂，基础设施、公共服务设施难以共享，产城一体协同发展格局尚未形成。三是承载能力低。大部分县城规划建设和管理水平较低，"脏乱差"问题一定程度存在，商务中心、高端酒店等配套设施不够完善，教育、医疗、文化等公共服务水平有待提升，综合承载能力较弱。四是部分县的发展受控。廊坊北三县、雄安新区周边县、环京周边的涿州、怀安、固安等县，在人口落户、社保上设置门槛，降低人口向这些区域流动积极性，也限制了这些区域县城规模扩大和人口聚集。

（六）协作合作水平有限且内卷严重

改革开放 40 多年来中国经济发展的总体态势和实践探索充分证明，开放发展和联动发展县域经济发展壮大的动力源泉。河北省县域受区位、地理、经济基础和传统文化等多种因素的影响，开放程度远远不够，体制机制不活，尤其是新冠疫情暴发以来，县域经济发展"内卷"化程度更加厉害。一是河北省县域经济外向度不高，对外贸易规模较低。2020 年高阳、高碑店、安国、涿鹿、武邑、安新等县利用外资额不足 10 亿元，其中武邑、安新甚至为 0[①]。二是河北省县域与周边地区联动发展不够。河北省县域经济发展更多地依靠资源和传统的产业发展，如迁安钢铁、安平丝网、清河羊绒等，产业链独自成环成链，与所在市和周边地区联系不多，块状经济、网状经济发展缓慢，县域经济"有高峰无高原"。三是县域之间内卷加速。河北县域之间发展差距较大，形成了较大发展势差，但是由于各县域之间对项目、资金等生产要素争夺激烈，甚至在要素流动中设置障碍，从而降低了生产要素效益的发挥，造成县域经济发展的严重内卷。

三、推进县域经济高质量发展对策建议

县域强则全省强，县域兴则全省兴。站在新的起点上，县域经济发展要抢抓机遇、找准定位、争先作为，加快形成百舸争流、竞相发展的新格局。

（一）"筑高原、起高峰"，分类推进县域经济发展

借鉴赛迪公司全国百强县的评价指标体系，围绕经济规模、发展水平、投资强度、创新活力、收入水平、节能环保等方面，制订河北省县域经济综合实力评价体系，对

---

① 资料来源：根据河北省发展和改革委员会各县上报数据整理。

全省118个县(市)进行排队,分成强、中、弱三类,实施分类指导。一是全力打造经济强县。对排名前20县(市)加大支持力度,完善土地、财税、金融、体制机制等方面政策措施,推动资金、土地、人才等要素向20县(市)倾斜,促进强县更强。实施"三百"工程,支持迁安市"百强进位",挺进全国前30强;支持三河、武安、黄骅、任丘四市"百强冲刺",跻身全国百强;支持遵化、乐亭、滦州、霸州、辛集、正定6县(市)"百强储备",争取早日跨入全国百强县评选"双门槛",形成("1+4+6")①的梯队培育格局。二是提升县域经济发展底板。对后30名县(市)弱化GDP考核,强化人均收入的民生指标,建立强县帮扶弱县机制,针对强县土地指标紧张的问题,实施飞地经济,实施财税分成,统计指标数据计入强县。三是做大做强中坚力量。对中间的68个县强化特色立县,以做大做强107个省级重点产业集群为抓手,按照"强龙头、补链条、聚集群"思路,通过规划和政策引导,提升支柱产业对县域产业的带动和支撑作用。

(二)"促转型、聚链群",做强特色产业集群

特色产业集群是县域经济的支柱。一是加快高端化智能化转型。实施新一轮技术改造,大力引进先进技术设备和生产工艺,引导企业加快智能化改造,推进数字化转型,产业升级上实现新突破。二是完善产业链条。围绕重点产业链、龙头企业等,强化产业链招商,实施强链补链行动,做精做优现有链条,打造更多上下游衔接、大中小企业协作的产业链条。同时推动产业链条紧密协同互动,建立重大资源和平台共享机制,推动资源和要素在县域间双向良性互动,形成良性贯通的产业发展链。三是培育集群"领跑者"企业。扎实落实《河北省县域特色产业集群"领跑者"企业培育行动方案》,规范"领跑者"企业培育、认定和管理,培育一批"专精特新"中小企业,打造一批"小巨人"企业、单项冠军企业。四是开展品牌创建活动。优选食品、箱包、工艺玻璃、体育器材等集群品牌价值高、创新能力强的企业,组织品牌专家和专业服务机构,分层次分梯队开展品牌创建服务活动,强化标准引领,打造一批有影响力的知名品牌和驰名商标。

(三)"抓科创、增动力",提升核心竞争能力

把科技创新作为推动县域经济转型升级、增强县域经济核心竞争力、破解县域发展深层次矛盾和问题的关键一招,精准发力。一是大力培育创新型企业。认真落实研发费用加计扣除政策,精准制定高新技术企业、专精特新"小巨人"企业成长扶持政策,构建创新型企业领军带动,科技型中小企业、"专精特新"中小企业协调融通发展格局。二是加快推进科技创新平台建设布局。提升沙河玻璃、清河羊绒、安平丝网等产业技术研究院水平,加快布局一批重点实验室、技术创新中心等研发平台。三是持续实施"揭榜挂帅制"。建立县域经济发展亟待解决技术清单,充分调动县域内外行业内专家积极参加,推动重大技术攻关,着力攻克"卡脖子"技术。四是深化科技特派员制度。组织2023年科技特派员的派驻服务工作,表彰一批优秀科技特派员和工作站、工作

---

① 名词解释:1+4+6:1指迁安;4包括三河、武安、黄骅、任丘4市;6包括遵化、乐亭、滦州、霸州、辛集、正定6县。

室，展示服务成效，宣传典型案例，推广示范样板。组织成立科技特派员管理协会，促进科技特派员管理工作规范化制度化常态化。

（四）"提能级、上水平"，壮大开发区实力

开发区是县域经济的主引擎、对外开放的排头兵、招商引资的主战场。做大做强县域经济，必须充分发挥开发区产业平台、有效载体支撑作用，加快打造成县域经济的增长极、对外开放的主窗口。一是优化开发区空间布局。探索开发区合作开发模式路径，推动市县联合、区县联合、强强联合，抱团打造开发区品牌，以1个邻近县城的国家级开发区或省级开发区为主体，整合其他发展较弱开发区，推动县域内开发区实质性合并，通过跨县域产业合作，解决县域产业园区资源利用率低下和单位面积产出偏低的问题。二是加快开发区功能升级。加快完善便捷交通、5G通信等基础设施，利用大数据、人工智能等技术进行园区基础设施数字化、智慧化改造，促进企业集群向产业集群、产业集群向创新集群、生产功能向生产生活复合功能转变，打造一批由国家级开发区、省级重点开发区龙头带动的产城融合示范区，推动开发区生产组团与城市功能组团融合发展。三是深化开发区体制机制改革。全面推行"管委会+公司"运营机制，促进开发区轻装上阵创新创业。建立绩效激励薪酬机制、分级分类考核机制、优胜劣汰奖罚机制，促进土地、资本、人才、项目优质要素向先进开发区集中，打造一批优质高效开发区改革样板。

（五）"提县城、承辐射"，打造城乡发展关键节点

县城是城乡发展的重要连接，要充分发挥县城的枢纽作用，实现城带县，县带乡协调发展。一是充分适应京津高质量养老健康需要，加强张家口、承德、保定、廊坊、沧州等县域与京津对接，积极引进京津医院和养老机构，加大医院养老设施建设，在京津周边布局健康养老中心。二是适应电子商务和现代物流快速发展的形势，充分发挥设区市周边县例如石家庄周边的高邑、正定，沧州周边的沧县、邯郸周边的永年等县紧邻经济中心的优势，完善高速支线、国道、通信等基础设施，加快布局物流仓储设施，打造一批物流强县。三是提升城市品质和城市形象。强化统筹市政道路、公共建筑、便民服务设施、城市绿地公园等特色设计，打造一批更有引力、更有张力、更有魅力、更有活力的中小城市。四是补齐公共服务短板。进一步完善医疗、教育、托老、育幼、社区综合服务等基础设施，促进公共服务设施与人口规模相匹配，提高对产业和人口集聚的支撑能力。

（六）"壮产业，振乡村"，推动城乡统筹发展

乡村振兴作为县域经济的重要内容，是未来农村工作的重点和难点，要紧紧扭住乡村振兴的关键，推进乡村振兴行稳致远。一是要把壮大产业作为乡村振兴的核心工作，按照宜工则工、宜游则游的原则，在乡村游重点区、农副产品重要产区倾斜部分产业用地指标，推进一二三产业融合发展。二是持续推进乡村建设。巩固农村问题厕

所排查整改成果，建立厕所维修、粪污清掏、无害化处理、公厕管护和运行监管"五项机制"。围绕"环、带、片"重点布局，新建 2000 个省级美丽乡村，深入挖掘村庄特色和优势，提升创建标准和质量，打造更多美丽乡村精品村。新布局创建 4 个国家乡村振兴示范县、11 个省级乡村振兴示范区，探索推广一批典型模式，示范带动全省乡村振兴。三是推进城乡融合发展。坚持城乡一盘棋理念，统筹传统基建和新基建，加快县域道路、能源、信息、供水、污废处理等基础设施一体化建设，提升县城综合承载能力，推动县域人口集中、产业集聚、功能集成、要素集约。

（七）"优环境、增信心"，支持民营企业发展

民营企业是县域经济的重要组成部分，稳住了民营企业，就稳住了县域经济发展基本盘。一是激发民营经济活力。全面落实中央和河北省支持民营企业改革发展政策，依法保护民营企业产权和企业家权益，健全民营企业依法使用资源要素、公开公平公正参与竞争、受到法律保护的体制机制，支持民营企业参与政府采购。二是持续优化营商环境。在常态化疫情防控下，要聚焦企业服务，进一步简化行政审批手续，推动更多服务事项一网通办，做到企业开办全程网上办理；营造公平竞争的市场环境，依法保护民营企业和民营企业家合法权益，构建有利于企业家干事创业的体制机制，鼓励创新、宽容失败，让企业家专心创业、放心投资、安心经营，打造市场主体投资兴业的良好生态。三是加大企业纾困力度。坚持普惠性与精准性相结合，落实河北纾困措施。围绕民营企业在项目建设、用地保障、招工引才、技术研发、资金保障、市场开拓、监管执法等过程中存在的问题，建立分解交办、服务对接、推动解决、办结销号的闭环机制，切实解决企业发展面临的各种困难。

（八）"聚要素、激活力"，释放要素发展势能

推进县域经济高质量发展，必须要改变当前县域发展要素和资源输出地、人才和资本流出地的状况，破除生产要素聚集壁垒，加快释放要素发展势能。一是抢抓国家促进大学生就业机遇，改变以往一味追求"高新尖"人才的思路，有条件的县要提高落户创业待遇，促进各类人才回流，重点吸引本专科层次专业技术人才就业创业，同时加强新生代农民工和中坚农民群体的技能培训，加快构建适应县城产业发展的知识型、技能型、创新型人才梯队。二是加快土地制度改革，吸纳乡村振兴急需的技术特派员、乡贤成为荣誉村民，并享有宅基地定期使用权。三是设立县域经济高质量发展专项资金，重点用于全省县域经济发展及各项奖励；设立产业发展基金，专项用于县（市）产业发展及园区基础设施建设；省级预留一定新增建设用地指标，对全国百强重点培育县给予重点支持。四是强化金融赋能。完善政银企联动机制，开展产融对接，建设融资平台，多层次多形式提供融资服务。积极引进京津地区和河北工业技改股权投资基金等产业基金，对接发展前景好、科技含量高的头部企业，推动股权融资，助力企业孵化成长。

（本文作者：王哲平、黄慧博、戴海益。本文发表于河北省社科院陈璐主编的《京津冀协同发展报告（2023）》。）

对标全国百强县
推动河北省县域经济高质量发展研究

县域强则省域强。当前，河北省仍处在转变发展方式、优化经济结构、转换增长动力的关键期，县域经济发展直接关系到全省能否顺利跨越重大关坎，实现高质量发展。为此，我们对标全国百强县，对河北省县域经济进行了多维度分析，总结了新时代县域经济发展新趋势，有针对性提出了推动县域经济高质量发展的对策措施，以期为政府部门决策提供参考和依据。

一、对标百强，剖析县域经济发展突出短板和问题

与全国百强县相比，河北省县域经济存在整体发展水平偏低、结构调整缓慢、活力动力不足、营商环境不优等问题，突出表现在以下五个方面：

(一)整体发展实力偏弱

根据《河北统计提要 2020》《2020 年河北省国民经济和社会发展统计公报》有关数据计算，作为东部省份，河北省仅有 2 市进入全国百强县，与沿海的江苏(25)、浙江(18)、山东(15)三省差距悬殊，甚至不如河南等中部省份。一是从经济总量看，2020 年，全省县域经济总量 20042 亿元，县均生产总值只有 169.8 亿元，仅为江苏的 1/6，不足浙江的 1/3、山东的 1/2①。全省 118 个县(市)中，生产总值超 200 亿元的只有 29 个，超 300 亿元的只有 14 个，超 500 亿元的仅 4 个，分别占总数的 24.5%、11.9%、3.3%，同期江苏相应占比分别为 100%、100%、82.5%，浙江为 77.3%、62.2%、41.5%，山东为 83.7%、48.7%、23.0%，河南为 78%、41.9%、10.5%。河北省仅迁安市进入千亿元俱乐部，江苏、浙江、山东 GDP"千亿县"分别有 16 个、9 个、2 个②。二是从一般公共预算收入看，2020 年，河北省 118 个县(市)一般公共预算收入 10 亿元以上的 44 个，20 亿元以上的 14 个，50 亿元以上的 4 个，分别占总数的 37.2%、11.8%、3.3%，同期江苏省相应占比分别为 100%、97.5%、42.5%③，浙江为 88.6%、

---

① 资料来源：根据《河北统计提要 2020》有关数据计算。
② 资料来源：根据相关数据整理。
③ 资料来源：根据相关数据计算。

64.1%、37.7%①，山东为93.5%、48.7%、15.3%②，河南为72.3%、20.9%、4.7%③。位居河北省榜首的迁安市仅61亿元，而江苏、浙江、山东100亿元以上的县分别有6个、4个、2个。三是从百强县数量看，2020年，河北省仅迁安、三河2市入围全国百强县，分别位于第二方阵和第三方阵；江苏省入围25个(总共40个)，5个位于第一方阵；浙江入围18个(总共53个)，2个位于第一方阵；山东入围13个(总共78个)，1个位于第一方阵(见表1、表2)。

表1　2020年部分省份县域生产总值情况

省份	200亿~300亿元(个)	300亿~500亿元(个)	500亿元以上(个)
河北	15	10	4
江苏	0	7	33
浙江	8	11	22
山东	27	21	18
河南	39	32	11

注：截至2020年底，江苏省共有40个县(市)、浙江省53个县(市)、山东省78个县(市)、河南省105个县(市)。
资料来源：根据《河北统计提要2020》《河北省2020年国民经济和社会发展统计公报》等相关数据整理和计算。

表2　2020年部分省份县域一般公共预算收入情况

省份	10亿~20亿元(个)	20亿~50亿元(个)	50亿元以上(个)
河北	30	10	4
江苏	1	22	17
浙江	14	13	20
山东	35	26	12
河南	54	17	4

注：截至2020年底，江苏省共有40个县(市)、浙江省53个县(市)、山东省78个县(市)，河南省105个县(市)。
资料来源：根据《河北统计提要2020》《河北省2020年国民经济和社会发展统计公报》等相关数据整理和计算。

(二)产业支撑能力不足

河北省县域产业以自发形成的传统产业为主，总体存在结构失衡、层次偏低、特色化差异化发展不足、节约集约水平不高等问题，产业链价值链"低端锁定"明显，转型升级任务十分艰巨。一是从县域第二产业比重看，作为县域经济发展的主引擎，全国百强县第二产业占地区生产总值比重平均高达48.6%，而2020年河北省县域第二产业占比仅为37.0%，低于百强县11.6个百分点，近2/3的县第二产业占比低于35%，产业存在空心化隐忧。二是从产业层次看，河北省县域工业多为中低端制造业、能源原材料产业，以初级加工、贴牌加工为主，战略性新兴产业和现代服务业发展明显滞

①②③　资料来源：根据相关数据计算。

后，县域创新体系基本不健全，高端要素吸纳承载能力存在明显短板。三是从产业特色看，县域产业多集中于钢材加工、汽车及零部件、食品等领域，产业优势、地方特色挖掘不够，产业同构、产品同质问题比较突出。四是从产业集群看，项目布局混杂，龙头牵引缺乏，产业配套不完善，企业集而不群、关联性弱，产业链条短、能级低，2019年河北省营业收入超百亿元县域产业集群仅51个，与江苏、浙江、山东等县域强省差距显著。

(三)中心城市带动有限

河北省中心城市发展滞后，与先进省份相比，对县域经济发展的引领带动作用偏弱。2020年河北省前30强的县(市)主要分布在沿海和环京津地区，其中沿海地区共15个，环京津地区9个，石家庄3个，邯郸2个，邢台2个。一是从省会城市的带动作用看，同样作为省会，郑州的带动作用远远大于石家庄，2020年郑州近郊县新郑、巩义、新密、荥阳均入围全国百强，而石家庄近郊县中只有正定(15名)、平山(20名)2个县入围全省前30强。二是从沿海城市的带动作用看，山东省沿海城市中有多个县(市)入围全国百强，如龙口、莱州(烟台)，胶州、平度(青岛)，荣成(威海)，寿光(潍坊)，而河北省秦唐沧三市虽有15个县(市)入围全省30强，占总数的一半，但仅迁安入围全国百强，经济实力差距甚大。三是从都市圈的带动作用看，以江苏省为例，百强县中有近一半处在上海周边，尤其是位于第一方阵的昆山、江阴、张家港等县均集中在上海附近的苏州、无锡两市，而河北省环京津地区虽有9个县(市)入围河北省前30强，但仅三河入围全国百强。四是从地级市的带动作用看，以浙江为例，地级市温州近郊县瑞安县、乐清，宁波近郊县慈溪、余姚，台州市的温岭均入围全国百强，对比河北省邯郸、邢台均只有两个县(市)入围河北省前30强①。

(四)发展动力活力不强

从科技水平看，2019年，昆山市新增科技型中小企业663家，每万人发明专利拥有量高达65.53件。而河北省迁安市新增科技型中小企业仅150家，总数只有607家，万人发明专利拥有量仅1.58件。三河市新增省级科技型中小企业228家，远远低于昆山市水平。从经济外向度看，2019年，昆山市完成进出口总额826.72亿美元，其中出口557亿美元。而同样列入全国百强县的迁安市进出口总额172.0亿元，其中出口总额21.5亿元；三河市进出口总额14.5亿元，其中出口总额1.2亿元，都远远低于昆山市。昆山市实际使用外资为7.84亿美元，而迁安市为1.56亿美元，三河市为1.23亿美元。从市场主体看，2019年末昆山全市拥有市场主体516688户，而河北迁安拥有市场主体只有79905户，市场主体数量远低于昆山②。

---

① 资料来源：根据《河北统计提要2020》等相关数据整理。
② 资料来源：根据2019年迁安市、三河市、昆山市三地政府工作报告、《国民经济和社会发展统计公报》数据整理。

(五)营商环境相对欠佳

经过多年改革发展，县域营商环境和政务效率有了极大改善、提高，但与先进省份相比，仍然存在较大的差距。一是从制度执行看，多年来全省持续推进行政审批制度改革，河北省县(市)在审批时效等明文标准上，与先进地区差异不大，甚至有一些方面已经领先，但在具体执行中，工作人员服务专业性差、服务能力差等现象依然存在，态度好但不作为、慢作为等现象时有发生，特别是在市场主体和群众不了解的政策领域，仍有不依法依规办事现象。二是从政务诚信看，招商引资仍存在"JQK"(指在招商引资中先把企业 J 住，然后 Q 起来，最后 K 掉)、"吃唐僧肉"现象，玻璃门、弹簧门、旋转门等现象依然较为突出，对市场主体的服务态度、要素供给等，看背景、看实力、看心情、看"懂事程度"等现象依然严重。三是从服务意识看，官本位思想依然较为严重，为人民服务、为市场主体服务的意识还不够强，在行使行政职能时缺乏边界，认为企业应该听话、应该围着政府转等意识还在作祟，干扰性执法、扰乱企业运营、侵犯企业合法权益的现象还个别存在。

二、明确方向，把握县域经济高质量发展新趋势

当前，我国县域经济已进入高质量发展的新阶段，面临着新发展格局加速构建，城市群建设持续推进，创新驱动战略深入实施，产业链供应链现代化水平加快提升等新形势，县域经济发展也呈现一系列新变化。

(一)融入城市群成为县域经济强势崛起的重要特征

近年来，新经济发展浪潮风起云涌，交通枢纽化和城市群一体化快速推进，新型城镇化形态向城市群、都市圈、城镇带等不断演进，在这一过程中，城市群的功能、结构、节点加速重构，越来越多的县域经济加速融入都市圈和城市群发展格局中，中心城市、都市圈和城市群对县域经济的统合能力和引领带动作用愈来愈强。从河北省来看，全省前 30 强县(市)中，超过 3/4 的县(市)位于沿海城市群和环京津城市群。从外省来看，入围全国百强的县中，山东集中在沿海城市群，江苏集中在上海、苏州、无锡城市群。从江浙区域来看，两省位于长三角城市群，共入围全国百强县 43 席，占全国百强县榜单数量的近一半，在全国县域经济高质量发展方面占据引领地位。由此可以看出，融入城市群发展已经成为县域经济强势崛起的重要特征，而且，城市群中核心城市的数量越多、能级越高，其辐射范围越广、影响力越大，对县域经济的引领带动作用越强。

(二)成群成链成为县域产业发展的重要方向

随着现代制造技术的发展，产业之间的竞争已经从单一技术、产品和企业之间的竞争，转向了以支撑平台和生态系统为主导的竞争，产业链的聚合能力和现代化水平

日益成为赢得竞争的关键。先进省份纷纷遵循县域经济发展规律，适应生态系统竞争范式，将培育壮大特色产业集群作为提升县域经济竞争力的重要路径，大力推进产业集群化、链条化发展。在专业市场建设方面，福建晋江市加快中国鞋都、国际鞋纺城等大型专业市场建设，产业集群规模已超千亿元，运动鞋产量占全球 20%，品牌男装产量占全国 25%。在产业集群化发展方面，山东滕州依托机床龙头企业推动"抱团"式发展，2018 年全市机床企业发展到 700 家，主营业务收入超 700 亿元，中小型机床国内市场占有率达到 80%。在特色产业集群培育方面，河南省在县域相继建成 116 个产业集聚区和 104 个服务业"两区"，形成了巩义精深铝加工等 78 个百亿级特色产业集群，助推县域经济发展驶入快车道，2020 年入围百强县数量稳步达到 7 个，占中部六省百强县的 1/3。

(三) 创新成为县域经济实现弯道超车的重要引擎

创新是引领县域经济高质量发展的核心动力，也是破解县域产业低端锁定困局、加快建设现代产业体系的治本之策。当前，新一轮科技革命和产业变革方兴未艾，以大数据、人工智能为支撑的新产业新业态蓬勃兴起，为县域经济在创新上高位嫁接、撑杆起跳提供了可能，先进县市纷纷抢抓机遇，在创新驱动上提速加力。在高新技术产业培育方面，县域经济"领头羊"昆山市，经济总量已突破 4000 亿元，现江苏省正举全省之力打造昆山国家一流产业科创中心，仅 2019 年就新增高新技术企业 225 家，高新技术产业产值占比超过 50%。在科技金融创新方面，2018 年新晋上榜、目前已稳居百强中游的安徽肥西县，成立安徽省首个县级天使投资基金，创新推出"科技贷"，大力推进专利质押贷款，以科技金融助推创新主体跨越发展，高新技术企业数量连续三年保持 40% 以上增速，目前已达 258 家。在创新服务平台建设方面，河南长垣市建设省级以上研发平台 93 个，院士工作站 7 家，专利授权量近万件，助推起重、医疗耗材、建筑防腐三大主导产业加速转型升级，目前全市纳税超亿元企业 7 家、超千万元企业 71 家。

(四) 深化改革成为县域经济提升竞争力的迫切需要

理论和实践表明，县域改革走在前列，则县域经济走在前列。县域经济发达的地区，无不将改革和发展有机结合起来，坚定不移深化改革，以制度创新为县域经济发展提供了强大动力。在深化"放管服"改革方面，浙江义乌市探索建立了以"一次不用跑"为宗旨的"一网通办"平台，形成了"1+2+4+X+Y"的工作模式，通过减事项、减材料、无证明、推网办等多种措施，大大提高了政务服务效能。在深化园区管理体制改革方面，广东清远市通过下放政府管理权限，授予各类产业园区管委会与所在行政区同一级别审批权，采用"充分授权、封闭运作、无事不扰、有求必应"的管理模式，设立独立金库，实行一级财政审批，开展"办事不出园区"一站式服务，为园区发展创造了一流营商环境。在县市赋权扩权方面，山东出台了关于深化扩权强县改革促进县域经济高质量发展的十条措施，提出以扩权强县改革为主线，通过直管扩权、要素集聚、流程再造、差异化评价、正向激励等方面的体制机制改革，扩大县域发展自主权，营造支持和推动县域经济高质量发展的制度环境。

三、靶向发力，实施县域经济高质量发展重大行动

对标全国百强县发展经验，把握县域经济高质量发展趋势，瞄准全省县域经济薄弱环节和突出短板，聚焦重点县市，采取超常举措，分类施策，精准发力，实施县域经济高质量发展五大行动。

（一）实施特色产业振兴行动

特色产业是县域经济增长的根、转型升级的核、未来发展的基。发展壮大县域特色产业，是增强县经济动能势能、实现县域经济高质量发展的主要任务。实施特色产业振兴行动，要根据比较优势和发展潜能，精准选择、聚焦支持，着力培育一批规模体量大、专业程度高、延伸配套好、支撑带动强的特色产业集群，打造县域经济高质量发展的核心支撑。一是在产业特色上再挖潜。准确判断特色产业在行业中的市场地位、发展定位，强化主体功能与产业定位衔接，加强比较优势与特色产业对接，聚焦重点环节延伸拓展产业链，在行业细分领域中挖掘潜力、厚植优势，推动县域经济差异化发展、特色化升级。二是在平台建设上再升级。以经开区、高新区及各类功能型园区为重点，完善配套基础设施和高端服务设施，强化土地、资金等要素保障，打造集技术研发、检验检测、生产流通、生活消费等功能于一体的产业服务体系，优化软硬环境，提升对现代产业和高端要素的承载吸纳力。三是在龙头引育上再加力。加大县域特色产业集群优势企业培育力度，在科技攻关、技术改造、质量提升、品牌培育、融资上市、人才引育等方面给予重点支持；紧密对接行业优势企业，积极引进一批世界500强、中国500强企业，通过引进培育龙头企业，整体提升特色产业竞争力。四是在数字化改造上再提速。适应数字经济发展大势，深入推进"产业集群+数字平台"融合发展，推动企业落实数字精益理念、规范、标准，支持企业应用数字化技术、设备和系统，引导企业有序上云用云，提升企业数字化、智能化水平。五是在集群品牌打造上再优化。实施品牌兴业战略，引导特色产业优势企业走品牌提升之路，创建省级以上名牌产品和著名商标，依托优势企业培育集群品牌，提升特色产业行业影响力和市场知名度。

（二）实施中心城市带动行动

中心城市是一个区域发展的龙头引擎，是引领带动县域经济高质量发展的核心力量。积极对接融入中心城市，承接好中心城市辐射，是发达地区县域经济强势崛起的重要路径。实施中心城市带动行动，要在做大做强中心城市上下功夫，在推进中心城市与周边县域融合联动上下力气，通过提升中心城市能级和服务能力，辐射带动县域经济高质量发展。一是努力打造三大万亿级城市。着眼于京津共建世界级城市群，推动建设石家庄、唐山、雄安+保定三个万亿级城市。石家庄市要坚持大省会发展理念，提升城市能级，完善城市功能，建设现代化国际化美丽省会城市，打造现代化省会都市圈。唐山市要按照"三个努力建成"要求，提升节点城市发展层次和水平，带动冀东

北地区县域经济发展。雄安新区要加快高水平社会主义现代化城市建设，推动与保定同城化发展，联合打造京津冀世界级城市群的重要一极。二是培育壮大区域中心城市。全面落实各设区市功能定位，加快邯郸、沧州、廊坊、秦皇岛、邢台、衡水区域中心城市建设，支持定州、辛集深化省直管改革，提升城市承载能力和服务水平，发展成为新兴节点城市。三是提升环首都县域协同发展水平。以北京冬奥会筹办举办、廊坊北三县与北京城市副中心协同发展、北京大兴国际机场临空经济区建设为抓手，促进环首都县域加快融入首都经济圈建设。四是推进周边县市与中心城市同城化发展。规划建设中心城市连接周边县市的快速通道，统筹推进中心城市与周边县市资源要素配置，联合培育发展优势产业链，共建现代基础设施，共享优质公共服务，形成有机融合、功能互补、协作配套的发展格局。

(三)实施先进要素汇聚行动

新的历史时期，人才、技术和资本是县域赢得发展主动权的关键要素。汇聚先进要素是全省县域经济高质量发展的基本保障。实施先进要素汇聚行动，要切实破除自我封闭保守的发展藩篱，以海纳百川的胸怀，全面扩大开放合作，聚天下才智、汇四海财富、纳八方精英。一是有效集聚创新人才。聚焦县域重点产业创新需求，构建以项目聚人才、以人才带项目模式，完善各类人才工程计划，研究制定人才需求、项目、资源和政策"四张清单"，建立招商与引才并行常态化"双招双引"机制。鼓励综合实力强、创新需求多的县域打造集科技创新、创业孵化、金融配套、信息共享等功能于一体的人才科技广场，以环京津县市为重点，创建国家级人力资源服务产业园，支持各县市结合特色产业建设产业技术研究院，打造聚才平台，集聚高层次专业人才。招募"县域经济发展合伙人"，实施优秀毕业生归乡创业计划，推进人才返乡。二是全面加强技术合作。围绕县域重点产业发展，支持各县市联合国内外骨干研发机构、产业化平台、中介服务组织，组建产业技术创新联盟。借鉴欧盟创新驿站的做法，加强与国内外行业研发机构或创新中介组织合作，联合建立行业创新驿站。适应互联网+发展趋势，鼓励依托县域核心创新载体平台和创新中介平台，建设虚拟创新平台，畅通企业在线上与相关创新资源实现零距离合作交流的渠道。推动更多先进适用技术在全县转移转化，提高技术引进转化的效率。三是积极引进外部资本。完善重点项目引进机制，通过项目引进带动资本引进。加强农业农村发展融资平台建设，鼓励建立县域重点产业投资基金、私募股权投资基金和科技创业投资基金。加强县域重点企业上市培育工作，引导高成长、创新型企业到全国中小企业股份转让系统挂牌。制定融资贷款、用地支持、能源利用等配套支持政策，全面清理不利于社会资本投向县域经济发展的文件，探索建立社会资本支持县域经济发展的"负面清单"制度。

(四)实施营商环境再造行动

县域营商环境反映了其改革的深度和广度，决定了其经济发展的活跃度，关系到其对高端要素的吸引力。打造优质高效的营商环境，是国内发达县域取得成功的基本经验和制胜法宝。当前，营商环境不优是制约全省县域经济高质量发展的最大短板。实施县域发展环境再造行动，要推动各县市树立"优服务"的新理念，当好服务企业的"店小二"，为企业提供更精准、更贴心的服务。一是深化企业开办注销改革。推行证照联办改革，分类制订准入准营联办事指南，实现开办企业"一件事、一次办好"。升级"一网通办"平台，实现税务、刻章、开户、社保、公积金等数据互通共用，最大限度压减企业开办时间。全面推行企业简易注销，推进"证照分离"改革全覆盖。二是强化项目落地服务。加快项目前期工作进度，建立部门协作工作机制，实现可研、用地预审、选址、环评等前期要件申报一套材料，行政部门统一受理、同步评估、同步审批、统一反馈。全面完成开发区"多评合一"模式的区域评估，推动水气外线工程涉及的审批事项由串联改为并联审批。三是提升政务服务效能。健全完善全省政务服务大数据库，推进跨地区、跨部门、跨层级数据共享，实现省市县三级政务服务事项（除涉密事项外）网上可办率达到100%。四是优化纳税专项服务。推行网上办税，拓展"全程网上办"事项清单，推动实现涉税事项"最多跑一次"。探索推进"银行网点办税"，推进出口退税不见面办理，全面推行税务证明事项告知承诺制。五是规范市场监管秩序。严控环保治理"一刀切"，建立正面清单动态更新机制。实行透明招标投标，取消政策采购和招标投资项目中的不合理限制规定和隐性门槛，推进远程异地评标，开展招投标领域环境专项整治，严厉惩处串标围标、恶意投诉等行为。

（五）实施政策精准支持行动

科学精准的支持政策，是推动县域经济发展壮大的"助推器"，是助力县域经济快速腾飞的"金翅膀"，是增强县域经济发展活力和吸引力的关键招。实施政策精准支持行动，要根据各县域区位条件、自然禀赋、产业基础、功能规划和发展潜力，因地制宜、分类施策、精准扶持，为县域经济高质量发展加力赋能。一是对京津和石家庄等城市周边的县市，要突出"借城发展"导向，围绕承接中心城市辐射带动，重点支持县市高端要素集聚集成转化、产业承接平台打造、城市服务功能提升、高端高新产业发展等领域建设，鼓励县市在城市规划建设、科技成果转化、人才培养引进等方面大胆改革、先行先试，推动这些县市借力借势中心城市提升产业竞争力和城市承载力，尽快实现高质量发展。二是对传统资源型产业为主导的工业强县（市），要突出转型发展导向，依托河北省全国产业转型升级试验区建设，重点支持县市优势产业铸链补链、特色产业集群打造、新兴产业集聚培育等领域建设，鼓励县市在产业转型升级、园区开发建设等方面开展积极探索、试点示范，推动这些县市加速经济转型升级，早日实现二次振兴。三是对国家、省发展战略和生产力布局惠及的县市，要突出借机发展导向，重点支持县市软硬基础设施建设、关键产业要素配套、优质营商环境塑造等领域，对国家、省发展战略和生产力布局涉及的重大项目、关键事项、重点工程等，采取省（市）级层面"一事一议"的方式给予支持，推动这些县市抓住国家和省战略机遇，加速实现跨越赶超。

（本文作者：王素平、梁世雷、吴璟。本文发表于2022年8月《京津冀协同发展报告（2022）》。）

河北城市发展报告(2021)

城市是政治、经济、文化发展的中心,是区域竞争的主战场。作为京津冀世界级城市群的重要组成部分,河北城市享受国家重大战略深入实施持续释放的红利,但也面临与京津落差较大、发展短板多的巨大挑战。2021年是"十四五"规划开局之年,河北城镇化率达到61%,城市化进程进入深化发展阶段,提升城市能级、完善城市功能、塑造城市特性、强化城市协作将是未来一段时间的发展主题。

一、全球城市发展新趋势新特点

当今世界面临百年未有之大变局,全球治理体系正在发生深刻变革,我国加紧构建以国内大循环为主体,国内国际双循环相互促进的新发展格局,全球城市发展呈现新的趋势特点。

(一)国际城市发展趋势特点

1. 城市群化仍是全球城市发展的重要趋势

城市群是世界经济的承载体,也是当今世界最具活力和竞争力的核心区,根据世界银行《重塑经济地理》报告,全球一半以上的生产活动聚集在仅占全球1.5%的土地上。世界级城市群对全球资源的支配和控制能力仍在不断加强,全球价值链高端要素也在不断向世界级城市群聚集,在美国,2.43亿人集中在仅占全国总面积3%的城市群中。城市群的发展在发展中国家和发达国家呈现出不同特点,发展中国家普遍处在快速城市化进程中,生产要素不断向大中型城市集中,城市群的发展还处在孕育中,中心城市普遍处在拓展发展空间、集聚生产要素阶段。发达国家的城市群普遍处在稳定发展阶段,中心城市自身的形态演化和枢纽功能逐渐走向成熟,与其他城市通过发展轴带紧密相连,发展为空间范围巨大、城市功能互补的城市连绵带。

2. 城市发展动力越来越取决于知识和信息

当今世界处在知识经济时代,知识和信息已成为发展最重要的战略资源,对于城市乃至国家发展越发重要,城市未来竞争已不单是经济规模的竞争,而是知识创新能力的竞争。《2022年世界城市报告:展望城市未来》明确提出,城市的未来是"知识城市"，以知识和信息为要素的服务业将成为城市的中心部门，只有掌握最前沿知识、技术，才有可能拓展发展空间和高度，甚至引领世界经济，在美国纽约、旧金山、芝加哥等城市，以知识为基础的第三产业对经济增长的贡献率已经超过80%。知识经济时代，科学和技术研究开发是重要基础，信息技术处于中心地位，人力素质和技能成为先决条件，城市管理者只有整合城市资源，加速城市转型和产业结构调整，全面提升人力资本的战略地位，才能促使城市全面升级，保持城市可持续发展。

3. 低碳绿色、包容型社会、精细化管理等新发展理念被越来越多的城市采纳

发达国家出现了"城市悖论"，即城市在实现充满活力的增长的同时，也出现了严重的收入差距、大量社会排斥和分割等问题，甚至在城市的地理空间分布上也表现出了难以融合的特点。新兴国家城市发展则普遍出现的人口激增、无序扩张、环境污染、资源浪费加剧以及社会分配不平衡等问题。面对城市发展进程中的诸多问题，城市治理逐渐融入绿色低碳、包容性发展、精细化治理等理念，低碳城市、智慧城市、包容性城市等概念越来越多地出现在城市规划中。从具体措施上看，城市通过构建紧凑型的城市空间格局、发展公共交通和轨道交通、提倡低碳建筑和公共住宅、提高城市能源的利用效率等措施打造低碳城市，通过完善数字基础设施、拓展数字应用场景等措施打造新型智慧城市，通过推动公共服务的均等化、多元文化的和谐共生等措施打造包容性城市。

4. 成熟城市群呈现多中心的空间结构特征

信息化时代城市空间结构形态是工业化时代的延续，大型城市绵延带或群落不断壮大，具有城市功能的新型空间集聚体不断涌现，城市之间的功能分工更为细致、联系更为紧密。成熟城市群呈现出多中心、网络化的重要特征，各成员城市间在经济、基础设施、信息等方面相互联系形成密切的功能分工，城市群中既有综合性全球城市，又有专业性全球城市和功能性节点城市。

(二)国内城市发展趋势特点

1. 强都市圈成为新一轮城镇化的重点发展方向

2021年全国城镇化率64.7%，处在城镇化的稳定发展期。这一阶段的主要特征是人口等生产要素由乡村流向城市演变为由中小城市流向发展基础好、承载能力强的中心城市，中心城市在经济发展优势和人口承载能力领域的重要作用将得到进一步增强，强都市圈成为新一轮城镇化承载发展要素的主要空间形式。近期，国家发展和改革委员会相继批复南京、福州、成都、长株潭、西安等都市圈规划，越来越多的城市将都市圈的建设提上日程，种种迹象表明，我国未来经济战略布局逐步向"超级城市群+区域都市圈"靠拢，城市的竞争与发展正在演变为都市圈之间的竞争与发展。

2. 城市发展迎来剧烈分化

我国城市发展分化且呈现日益加剧趋势。一线城市综合实力持续提升。国家针对一线城市进行功能疏解和优化调整，户籍政策也较其他城市更为严格，但据2021年中国可持续竞争力研究，一线城市可持续竞争力格局稳定，人口特别是高层次人才向北

上广深四大一线城市流动集聚的趋势仍不断强化。内陆新一线城市快速崛起。新一线城市是指对周边城市具有辐射能力、经济基础良好、交通便利和城市魅力独特的区域中心城市。近几年中西部如成都、重庆、武汉、郑州等新一线城市快速崛起，根据GaWC《世界城市名册》，世界城市排名前100位榜单中中国内陆新一线城市越来越多，位次越来越高，中小城市的发展分化明显。北方、城市群边缘区部分城市有收缩趋势，2010~2020年，除直辖市之外的333个地级行政区中，149个市人口数量下降，占比44.74%，下降城市主要来自东北、中部地区和西北的陕西、甘肃，西南的四川、云南等地。

3. 城市发展模式由外延式扩张转向高质量发展

在新发展阶段，中国城市面临社会融合、资源环境、财政金融、人口老龄化等越来越多的发展约束，高质量发展成为新主题，城市发展模式正在由速度型向质量型转变、由外延式向内涵式转变、由功能型城市向特色型城市转变、由内向型向外向型转变，其本质是更好地满足人民在经济、社会、生态、文化等方面日益增长的美好生活需要。在城市发展实践中，城市逐渐放弃重速度轻质量、重规模轻内涵的发展导向，注重完善城市功能、提高居民生活品质、塑造高品质城市质感、展现城市独特魅力，"更好推进以人为核心的城镇化，使城市更健康、更安全、更宜居"。

4. 城市功能分工更为细致

在世界经济逆全球化愈演愈烈的背景下，国家提出"构建以国内大循环为主体、国内国际双循环相互促进的新发展格局"发展战略，推动我国城市群之间，城市群内不同城市之间的功能不断重构，城市功能分工水平持续提升，多个城市群将构建分工合理、功能互补、错位发展的分工格局写入城市群规划，力求城市功能分工更为细致、专门化程度更高，进而提升城市群整体竞争力。特大城市、中心城市更为聚焦于高端服务功能，将一般制造业等功能持续向外疏解，中西部地区、城市群内部中小城市受益于制造业向内陆扩散以及在城市群内部扩散的趋势，接受产业和分工环节转移，逐渐成长为产业专业化中心。

二、河北城市现实基础和发展问题

近年来，河北围绕京津冀世界级城市群建设目标，坚持规划引领、统筹推进、协调联动，积极落实全国新型城镇化与城乡统筹发展示范区功能定位，优化城镇空间布局和规模结构，提高城乡规划建设管理和公共服务水平，健全城乡融合发展体制机制，推动新型城镇化高质量发展。

(一)现实基础

1. 城市层级结构

河北着力推动省会都市圈建设，壮大区域中心城市，推动节点城市扩容和县城建设攻坚，积极培育小城镇和特色小镇，初步形成以1个Ⅰ型大城市、6个Ⅱ型大城市、

5个中等城市、21个小城市为主体、县城和小城镇为支撑的城镇层级结构。相比2010年，大城市、中等城市和Ⅰ型小城市数量均有所增多，石家庄晋升为Ⅰ型大城市，邢台、保定、张家口、秦皇岛晋升为Ⅱ型大城市，承德、廊坊、衡水、三河晋升为中等城市①。2021年，全省城镇化率61.14%，城镇人口4554万，分别比2010年提升17.2个百分点，增长1400万人②。

2. 城市综合实力

近年来，城市经济在全省的比重逐年增加，对经济增长贡献明显提升，2020年11个重点城市市辖区GDP合计16201亿元，占全省比重的44.75%，比2010年提升11.2个百分点，11个重点城市比重均有所提升③。石家庄核心作用日益突出，经济总量保持高速增长，2020年市辖区地区生产总值3581亿元，相比2010年比重提升3.81个百分点，提升幅度最大，极核发展能级不断提升，对周边城市辐射带动作用日益增强。保定、邯郸、邢台等冀中南人口大城市经济也呈现增长态势，占全省比重分别提升1.54个、1.49个和0.84个百分点，但主要受益于人口的快速提升，人均GDP的提升在11个重点城市中增长最为缓慢④。

3. 城市规划建设

近几年，全省城市规划建设提速，先后有张家口、邢台、石家庄等6市完成了行政区划调整，各重点城市在"以首都为核心的世界级城市群"中的功能定位更加清晰。石家庄立足省会城市发展新定位全力推动省会都市圈建设，实施拥河发展战略，积极创建全国创新型城市、战略性新兴产业和先进制造业基地、综合交通枢纽和现代商贸物流中心、京津冀世界级城市群重要一极。区域中心和节点城市发展质量和水平进一步提升，唐山、邯郸、邢台、张家口等城市城区框架全面拉开，建成区面积分别增加到249平方千米、189.2平方千米、157.05平方千米和101.8平方千米⑤。县级城市聚集能力大幅提升，大力实施县城建设三年攻坚行动，县城面貌焕然一新，石家庄省级园林县城实现全覆盖，邯郸建成10个国家园林县城。

4. 城市产业发展

深入实施工业转型升级、科技创新、战略性新兴产业发展等系列三年行动计划，推动"千项技改""万企转型"，推进钢铁等产业退城搬迁，新能源汽车、新型显示、大数据等新兴产业形成局部优势，中国国际数字经济博览会影响力不断扩大，城市产业转型升级和新旧动能转换实现新突破。石家庄制造业质量竞争力指数在全省名列前茅，战略性新兴产业发展提速，新一代信息技术、生物医药等产业集群逐步崛起，总部经济、楼宇经济、夜间经济等城市服务业态蓬勃发展，工业设计、环保科技、信息服务等新兴服务业产业生态加速构建，电子商务、综合商贸、现代物流产业加速发展，成功纳入"十四五"首批国家物流枢纽建设名单、"国家创新型试点城市""国家知识产权示范城市"，在中国省会城市创新能力评比中荣列第9名。

---

① ② ③ 《河北新型城镇化报告（2020）》。
④ 《河北统计年鉴（2021）》。
⑤ 《中国城市统计年鉴2021》。

5. 城市治理水平

全力实施城市精细化管理三年行动，设区市全部纳入国家级市域社会治理现代化试点，持续开展市容市貌专项整治、生活垃圾分类工作，加强城市和社区管理服务能力建设，实现城乡社区网格化管理全覆盖。新型智慧城市建设加速推进，落实一体化智慧政务、精细化社会治理、智能化基础设施建设、宜居化环境建设、便捷化智慧民生五项重点任务，推动新一代信息技术与河北省城市规划、建设、管理、服务和产业发展的全面深度融合。石家庄智慧城市时刻大数据平台正式投入运行，整合涉及基础时空、公共领域、自然资源、行业部门、物联网实时感知、互联网在线抓取共700类数据，对接石家庄市智慧政务、智慧公安、智慧城管、智慧环保等典型应用系统。

(二) 发展问题

1. 城市规模能级偏低，综合实力较弱

从规模等级看，河北城市规模能级普遍偏低，全省最大城市石家庄尚未达到特大城市标准，设区市城区人口占市域人口比重普遍较低，除秦皇岛、石家庄接近40%外，其他市均在30%以下，沧州、廊坊仅为11%和11.7%，多数县城规模偏小、辐射带动能力不足[①]。从综合实力看，全省11个设区市无一进入"万亿城市俱乐部"，经济竞争力和可持续发展能力屡弱，据《中国城市统计年鉴2021》，全国291个城市综合经济竞争力排名中，唐山、廊坊、石家庄分列51位、70位和81位，可持续竞争力排名分列50、70和53位，落后于大部分中西部省会城市。省会石家庄经济总量和带动作用"双低"，2020年省会石家庄市辖区经济总量仅为郑州的43.2%、济南的36.8%，在全国排名第38位，省会城市首位度排名全国倒数第4。人均GDP分别是北京、天津的37.7%、61.2%。

2. 城市产业转型升级缓慢，传统经济业态仍占主流

河北城市以传统产业为主导，新技术、新产业、新业态、新模式"四新"经济等未融入城市发展中，转型升级仍是当下的核心任务。战略性新兴产业集群发展缓慢。中心城市产业以传统产业为主体，多处于价值链中低端，集聚度低，关联性弱，制造业比重下降较快，战略性新兴产业和高新技术产业占比小，对现代产业体系的构建支撑能力不足。新兴经济业态发展滞后。数字经济、创意经济、共享经济等新兴经济业态还未形成发展主线，互联网、现代物流、信息服务、文化创意等现代服务业行业发展步伐仍然较慢。城市创新能力较弱。城市高端要素集聚能力不足，城市优质劳动力有流出趋势，创新人才、科教资源、R&D及创新产出等与发达城市差距较大，创新型企业、创新平台、研发机构等创新平台载体相对匮乏。2021年，河北省每万人口高价值发明专利拥有量1.65件，比全国平均水平低5.85件，每亿元GDP伴随的专利产出数量有0.21项，居全国第22名[②]。

3. 城市基础设施建设滞后，现代化城市建设任重道远

河北城市规划建设水平不高，创新城市、智慧城市等先进理念与城市规划建设的

---

① 《中国城市统计年鉴2021》。

② 《中国统计年鉴2022》。

融合度不高。城市基础设施、市政公用设施等的建设仍很薄弱。根据 2022 年度《中国主要城市道路网密度与运行状态监测报告》，2021 年，石家庄道路网密度 5.5 千米/平方千米，低于全国 6.3 千米/平方千米的平均水平，也低于 8 千米/平方千米的国家目标要求，2018~2022 年，石家庄道路网密度累计增长 7.7%，居第 15 位，远低于呼和浩特、太原、南宁、西宁等中西部城市。城市公共服务发展相对滞后，教育、文化、社保等领域还有不少薄弱环节，与实际民生需求相比存在很大缺口。图书馆、音乐厅、影剧院等设施数量有限、水平不高，据《中国城市统计年鉴》，2021 年石家庄公共图书馆藏书量在全国省会城市倒数第 10，博物馆数量仅高于南宁、海口、贵阳、拉萨、银川、乌鲁木齐 6 个省会城市。

4. 城市高端功能缺失，城市品位不高、魅力不强

城市功能是城市在一定区域范围内的政治、经济、文化、社会活动中所具有的能力和所起的作用。近年来随着城市竞争的日趋激烈，国内众多城市瞄准文化、教育、国际交往、现代服务等高端城市功能集中发力，着力提升城市品位，增强城市软实力，提高城市对高端要素的吸引力和承载能力。长期以来，河北大部分城市高端现代城市功能不完善，如缺少城市地标、城市客厅，地域文化特色不明显；城市中央商务区品位不高，影响力辐射力不强；区域性特别是国际性交流场所和活动不多，国际交往功能严重缺失；科技、教育、金融、商务、城市休闲等现代服务业发展严重不足。高端功能的缺失使城市对优质要素的吸引和承载能力十分有限，经济总量跨越提升面临现代发展要素支撑不足的突出问题。

三、经验借鉴

(一)合肥都市圈：长三角城市群边缘城市的发展之路

合肥处在长三角城市群的边缘地带，地理区位、经济体量、城市底蕴等不具优势，但经过二三十年的发展，合肥走出了一条科技、产业、人才深度融合的内生发展之路。坚定不移做大做强实体经济。2008 年，合肥成功"押注"京东方，推动了电子制造业、信息技术产业的繁荣。2019 年，合肥"接盘"蔚来，随后两年迎来了"碳中和"等战略机遇，新能源汽车走上了快车道，形成了"芯屏汽合、集终生智"的产业链。全力以赴提升科技创新能力。坚持科技与产业双轮驱动。着力建设综合性国家科学中心、滨湖科学城等科创载体，系统推进全面创新改革试验区域、国家自主创新示范区等创新平台，加快建设量子信息、离子医学中心等一大批重大科技基础设施和基础研发平台，深化科技体制改革，系统推进全面创新改革试验，促进政策、资金等要素资源高效配置。积极融入长三角城市群。在区域合作上，安徽始终坚持全域融入长三角的发展导向，"十四五"规划中提到上海有 19 次之多，明确提出支持合肥与上海、杭州深化战略合作，合肥提出长三角一体化发展的"合肥推进方案"，实质性推进科创产业、区域交通、营商环境、城乡融合等领域一体化，全面建立一体化发展体制机制。

（二）东莞：与深圳从分工协作到深度融合

东莞全力创建创新型城市，将"制造"升级为"智造"，城市的核心竞争力有了大幅提升，与深圳的分工合作也从产业协同走向源头创新的协同共进，从技术合作迈向科研领域的深度融合。优化城市布局主动融入深圳都市圈。实施"南融、北接、东拓、西连"的城市发展战略，优化城市开发格局，构建多个合作轴的深莞一体化新格局。共建协同平台推动两地融合发展。积极复制推广深圳先行示范区建设改革创新经验，在规划引领、科技创新、产业升级、基础设施、城市品质、社会民生等方面加强学习借鉴、对接合作，加强与深圳在新一代电子信息、人工智能、生命健康、现代服务业等领域协同发展，与深圳形成合理分工。全力推动松山湖科学城"创新引擎"工程，与深圳光明科学城进行通道联通，携手共建综合性国家科学中心的主要承载区，推动两地人、财、物等要素充分流动。加强与深圳的体制机制对接。加强与深圳合作的战略层面谋划，突出规划层面的互通交流，与深圳建立常态化议事协调机制，对标、追赶深圳服务水平和特色，确保投资者在两地所能享受同等的公共服务配套，构建与深圳同等水平的营商环境。

（三）德国莱鲁城市群：多中心城市群的产业转型升级样板

莱鲁城市群是德国也是世界上最大的多中心形态城市群，曾经因生产煤和钢铁而被称之为"鲁尔工业区"，是世界上最重要的工业区之一，随着采煤业的衰退和新技术的出现，电气、电子工业得到了快速发展，该地区不断调整产业结构，始终保持较强的生命力。全力推动产业转型。政府推动改善鲁尔区的投资环境，将极具发展潜力的高新技术产业作为发展重点，出台一系列支持政策，规定凡是生物技术、信息技术等新兴产业来落户，将给予大型企业投资者28%、小型企业投资者18%的经济补贴。构建城市群内部互补型产业链条。在转型过程中，采取"区域联盟+次区域协作+私人机构推动+特殊项目运作"的区域治理与协作模式，不同城市依托自身禀赋和特色优势错位发展，科学布局，形成差异化发展的良性竞争格局。强化科技创新对产业转型的支撑作用。鲁尔区发展成为欧洲大学密度最大的工业区，每个大学都设有"技术转化中心"，从而形成了一个从技术到市场应用的体系。鼓励企业之间以及企业与研究机构之间合作，发挥"群体效应"，并对开发项目予以资金补助。创建科学公园吸引低污染、高技术企业入驻，如太阳能和废弃物处理研发中心等。

四、提升河北城市发展能级的建议

推动河北城市跨越赶超发展，需要借势借力国家战略和国家大事，依托发展基础，找准比较优势，挖掘发展潜力。在未来一段时间，迅速提升城市发展能级、做大城市规模是河北城市发展的首要任务，而找准新模式、探索新路径则是城市发展的重要遵循。

（一）完善城市体系

紧紧围绕与京津共同打造世界级城市群，加强系统规划，分类引导大中小城市明

确发展方向和建设重点，形成分工合理、层级鲜明、联系密切的城市体系。一是打造
3 个万亿级城市。大力培育总部经济、楼宇经济、会展经济等现代服务业，全面提升城
市经济发展的支撑力，推动石家庄、唐山率先向万亿级城市迈进，推动保定与雄安新
区同城化发展，联合打造万亿级城市。二是打造 3 个五千亿级城市。加快冀南新区开
发建设，促进邯郸新设区与主城区融合发展，尽快调整廊坊、沧州行政区划，推动廊
坊与北京副中心、新机场临空经济区和雄安新区互动发展，加快完善渤海新区城市和
港口功能，强化沧州主城区与渤海新区联动发展，打造形成辐射带动周边的五千亿级
城市。三是打造 5 个三千亿级城市。加快完善秦皇岛、张家口、承德、邢台、衡水城
市综合服务功能，适时调整承德、邢台行政区划，依托交通区位、历史文化和资源优
势，加大北戴河新区、洋河新区、邢东新区、滨湖新区开发力度，着力塑造城市特色、
产业特色和文化特色，提升城市对优质要素的吸纳力，打造形成实力较强、特色突出
的三千亿级功能性节点城市。

（二）着力打造现代化都市圈

强化石家庄对冀中南区域辐射带动作用，与邯郸、邢台、衡水等周边城市共同打
造具有全国影响力的现代化省会都市圈。极化发展都市圈核心城市。加速推进复兴大
街、北三环市政化改造，打造城市交通"新中轴"，高水平建设滹沱河生态经济带，拓
展城市空间，拉开城市框架。加快培育和引进领军企业和高成长性中小企业，优化产
业发展生态，推动新一代电子信息产业、生物医药产业两大产业率先突破，打造省会
千亿级产业集群。加强经济轴带建设。强化交通轴线的串联作用，探索跨区域同城发
展示范区，优化都市圈空间结构和功能布局，打造石邢邯、石衡沧、石保、石太四条
发展带，形成网络化、多层次的发展格局。推动城际产业联动协作。加强城市间产业链
互动协作，联合推动主导产业"延链""补链""强链"。围绕化工、食品、物流等区域关联
性强、合作潜力大的产业，开展产业协作示范，组建区域性产业发展和创新联盟，共同
打造具有较强竞争力的产业集群。健全都市圈一体化机制。建立省级层面都市圈发展协
调机构，统筹谋划都市圈发展重大决策。加强规划引领和统筹协调，适时启动石家庄都
市圈发展规划编制。加强人才、资金、技术等要素的统筹配置，促进要素市场一体化。

（三）全面提升协同创新能力

聚焦重点城市跨越提升的创新需求，围绕借京津创新优势，壮大骨干创新力量，
推动创新链和产业链深度融合，强化与京津的创新合作。一是加强创新合作平台载体
建设。鼓励企业、高等院校、科研院所与京津高校院所、创新联盟等主体加强合作，
跨区域组建一批产业技术研究院。建设一到两所"双一流"高校，引进国内生命科学知
名院校或研究生院。加快推进河北·京南国家科技成果转移转化示范区建设，搭建对
接国家高端科技资源的国家级合作平台，吸纳京津高端科技成果转移转化，谋划布局
建设"燕赵实验室"。二是加强重点领域创新合作。与京津在生命科学、新一代信息技
术等领域开展全方位多层次合作，支持骨干研发力量与京津针对两大领域关键核心技

术开展合作攻关，努力引进一批骨干研究机构、创新团队和领军人才，吸引京津创新成果在河北孵化转化。三是推进产业链和创新链深度融合。针对优势产业和战略性新兴产业发展技术需求，鼓励行业领军企业牵头，联合省内外产业链企业、高校、科研机构建设产业技术创新战略联盟。支持有条件的科技领军企业联合行业上下游牵头组建创新联合体，支持创新平台、创新人才、科技金融服务、科技基础设施等优先在创新联合体布局。

(四) 推动城市精细化治理

尽快补齐城市治理的短板，推动城市治理科学化、精细化、人性化和品质化。一是优化城市空间治理。统筹划定落实生态保护红线、永久基本农田、城镇开发边界三条控制线，做好总体城市设计，加强建筑设计和城市风貌管理，促进新改扩建建筑与城市整体风貌相融合。加强城市历史文化街区保护利用，集中展示城市特色风貌和文化底蕴。二是加快城市更新改造。全力推动城市更新行动，推动市政设施改造，持续实施棚户区、城镇老旧小区、"城中村"改造，新建一批城市公共停车位。实施城市净化、美化工程，改造城市景观设施，加快推进"美丽街区精品街道"创建，创建一批国家级园林城市、省级洁净城市。三是加快智慧城市建设。推进市政公用设施智能化升级，改造交通、公安和水电气热等重点领域终端系统，加快推进新型智慧城市建设试点。加强城市城管、城市交通、城市环保和城市网络空间等领域的治理，深化新型智慧城市的治理场景建设。实施智慧平安社区建设工程，全面推行政务服务"一网通办"、城市运行"一网通管"，丰富智慧城市应用场景。以疫情防控精准化为重点，强化基层公共卫生防控体系建设。

(五) 加强城际协作和跨域治理

顺应城市发展需要，加强沟通交流、对话合作，构建高效顺畅的协同发展与合作模式，深化合作领域，推动跨域治理、整体治理，以更低的成本和更高的效率实现共赢发展。一是完善城市间协商网络。以协商和整合为主要手段，建立联席会商、府际协议、工作方案等多种跨域治理机制，完善干部交流互派机制，加强城际互信，降低跨区域合作治理的风险和交易成本。探索构建都市圈治理机制，在部分公共事务领域对石家庄赋权，提升中心城市在跨域治理中的引领和带动能力。促进城市间企业合作，支持企业间战略合作和跨行业、跨区域兼并重组，提高规模化、集约化经营水平，培育一批具有全球影响力的企业集团。二是探索城际合作新模式。借鉴莱鲁城市群经验，在产业链对接、协同创新、公共事务协调等事项中建立"区域联盟+次区域协作+私人机构推动+特殊项目运作"的区域治理与协作模式，构建城际利益协调机制。探索建立跨市基础设施、公共服务和生态环境建设项目成本分担机制，探索各类市场资源的连接和整合，建立城市合作基金。

(本文作者：王富华。本文系 2022 年度区域发展和开放合作部自立课题。)

全面提升各类开发区建设水平

开发区是推动经济高质量发展的主阵地、主战场，是扩大高水平对外开放的领头雁、排头兵，对区域经济发展具有重要引领带动作用。近年来，中共河北省委、河北省人民政府高度重视开发区建设，出台了一系列政策措施助推开发区高质量发展，全省各类开发区经济总量稳步提升，实力地位不断增强，日益成为经济发展的重要支撑。但是，我们也要看到，当前河北省开发区建设发展中还存在总量规模小、产业层次低、集群"发育不良"、营商环境欠佳、创新能力较弱等问题。特别是在当前新冠肺炎疫情防控常态化情况下，实体经济发展面临更为严峻的考验。要将开发区建设成为全省优势产业聚集区、创新驱动策源地、改革开放桥头堡、经济发展主引擎，必须提振解放思想、奋发进取的精气神，坚持高点定位、量质并举、久久为功，全力推进开发区建设提速提质，建设水平大幅跃升。

一、高点定位，优化整合，推动开发区增比进位新突破

高起点规划、高标准建设、高质量推进、高效能整合是实现开发区扩规升能、增比进位的重要前提。全面提升开发区建设水平，必须充分发挥科学规划的先导作用，有序推进开发区整合提升，完善配套服务功能，增强开发区高端高新产业承载能力。

一是科学规划开发区发展空间。学习借鉴发达国家和先进地区的规划理念，科学编制和修订开发区规划，合理确定产业空间布局，解决好发展空间和土地制约的矛盾问题。二是加快推动开发区优化整合。结合国土空间规划，推动国家级开发区调规扩区，支持优势开发区升级为国家级开发区。推行"开发区+功能园区""一区多园"等模式，推动国家级开发区与相邻开发区优化整合、一体化发展。以增量置换方式推动过度碎片化开发区向核心片区集中，推动远离城区的开发区与周边城镇一体化规划建设，实现产城融合、集聚集约发展。三是大力推进开发区现代化升级。按照"生产生活相融，产业城市互动"建设思路，加快完善开发区"新九通一平"基础设施，健全商贸商务、休闲娱乐、医疗卫生、文化体育等生活服务功能，提升开发区设施现代化、功能多元化、管理智能化、服务精细化水平，打造宜业、宜居、宜创的现代化开发区。

二、聚环成链，量质齐升，促进开发区产业升级大跨越

产业是开发区的"中枢"和"内核"。全面提升开发区建设水平，必须着眼破解开发区主导产业"集而不合""聚而不链""量小质弱"问题，做大做强做优主导产业，补齐锻长提升供给链条，推进开发区产业升级，增强产业核心竞争力。

一是着力发展"源产业"。推动开发区主导产业"上延下拓"，建设集研发、设计、制造、营销于一体的枢纽，夯实主导产业源头和根基，提高产业根植性、关联性、延展性，将产业转移的"中转站"变为高端产业的"始发站""终点站"。二是全面打造"高能核"。综合考虑河北省经济发展的现实条件和紧迫要求，选取最具发展前景和发展潜力的产业，集中力量和资源打造开发区新兴战略产业，引领经济高质量发展。三是加快构建"生态链"。发挥"热带雨林"效应，借助互联网、大数据、人工智能等技术手段，拓宽开发区产业形态，丰富业态模式，全面提升产业规模效益和能级水平。四是大力拓展"新制造"。推动互联网与制造业深度融合，发展智能制造，建设绿色工厂，构筑共享平台，提升开发区产业智慧化、绿色化、平台化水平，打造开发区产业发展风向标，引领产业发展新潮流。

三、把握核心，集聚要素，培塑开发区创新发展强优势

科技是强盛之基，创新是进步之魂。全面提升开发区建设水平，必须坚持创新核心地位，强化创新主体，集聚创新要素，完善创新平台，提高创新能力，以创新支撑开发区高质量发展。

一是加强关键核心技术攻关和成果转化。聚焦开发区产业升级核心任务，在人工智能、量子信息、生命健康、高端材料等前沿领域实施一批发展急需的重大科技项目，在轨道交通装备、绿色低碳等领域开发一批强基础、培优势技术，在大数据、新型显示等领域攻克一批"卡脖子"技术，加快推进创新成果产业化和示范应用。二是建设高水平科创平台。在有条件的开发区建设一批省实验室和重点实验室，建强战略性基础研究平台；支持产业技术研究院等做大做强，打造新型研发机构群，优化高端产业技术创新平台；加快完善开发区科技创新全链条服务生态，完善共性技术服务平台。三是培育壮大创新型企业主体。全面推进企业创新积分制试点，支持开发区培育独角兽企业、瞪羚企业，加快构建"科技型中小企业—高新技术企业—科技领军企业"创新发展格局和大中小企业融通创新的生态群落，提升开发区企业核心竞争力。四是大力集聚高层次创新人才。支持开发区引培一批国际一流"高精尖缺"科技领军人才和创新团队，壮大高水平工程师和高技能人才队伍。以国家级经开区和高新区为重点，先试先行更加灵活的人才机制和突破性政策措施，全方位引才、留才、用才。

四、深化改革，优化环境，激发开发区引领发展动力源

改革是引领发展的第一动力。全面提升开发区建设水平，必须全面深化改革，创

新管理体制，优化运营机制，改善营商环境，推动开发区回归本位、聚焦主业、重塑优势。

一是改革运管体制。以去行政化为导向，深化开发区管理体制和运营机制改革，全面推进"管委会+公司"制，优化职能配置，精简剥离社会事务，深化工资薪酬制度改革，提升效率，激发动力，让开发区成为创新创业的热土。二是创新项目谋划和招引机制。围绕主导产业配套、区域产业链供应链断点畅通、科技创新成果跟踪落地转化，开展项目谋划和招引，不断增强产业发展势能。支持开发区组织专业招商团队，聚焦京津冀、长三角、粤港澳大湾区等重点区域，持续开展多元化、市场化精准招商，推动招商引资增力度、加速度、拓深度、提温度，增强招商引资效能。三是优化营商环境。深入推进"放管服"改革，加大放权赋能力度，深化审批制度改革，全面推行服务承诺制、首问负责制和限时办结制，推动开发区与中国（河北）自由贸易试验区联动发展，打造市场化、法治化、国际化一流营商环境。四是健全考核机制。坚持分类分级、强化激励，完善各类开发区评价指标体系，突出主责主业，注重激励先进、鞭策后进，建立针对不同类型、不同级别开发区的"赛马"机制，全面激发开发区内生动力。

五、扩大开放，拓展合作，打造开发区开放型经济新高地

开放是开发区的天然基因和初心使命，是实现高质量发展的必由之路。全面提升开发区建设水平，必须深化跨区域产业协作，拓宽领域合作空间，激发大马力开放动能，打造引领全省开放型经济发展的"特战队""排头兵"。

一是加强与京津产业合作。深层次融入京津冀协同发展，积极对接京津产业链、创新链、要素链，加快推进"京津研发、河北转化"，培育发展"研发总部+制造基地"高精尖产业集群，将开发区打造成为京津产业外溢和科技成果转化的首选承接地。二是推动跨区域高效协作。加强与先进地区交流联系，积极开展产业协作、项目对接和园区共建，学习借鉴先进理念和管理模式，探索省际开发区合作交流新模式。三是拓展国际合作空间。对接国外创新高地，建设海外创新中心和创业基地，鼓励开发区优势企业建立境外生产基地和营销网络，积极融入国际产业链供应链。大力引入国际高端资源要素，培育壮大国际合作园区，全面提升国家级开发区和综合保税区开放能级，推动自由贸易试验区创新发展，打造全省开放发展的主战场。

（本文作者：杨华。本文发表于 2022 年 8 月 17 日《河北日报》（理论版）。）

河北省开发区发展报告（2022）

　　开发区是我国产业要素最集中、科技创新最活跃、改革开放最前沿的区域，是引领经济高质量发展的主阵地、主战场和主引擎。目前，河北省开发区建设取得重要进展，在全省经济发展中的功能地位不断增强。但要看到，河北省开发区整体发展水平依然较低，与全省经济高质量发展要求相比，与先进地区开发区发展成效相比，仍存在"量"的差距和"质"的短板。在高质量发展的新阶段，河北省亟须进一步强化开发区规划建设，尽快提升开发区能级水平，切实发挥好开发区功能作用，以开发区的大发展、大升级、大突破，推动全省经济转换动能、重塑优势、跨越赶超，为建设经济强省、美丽河北提供战略支撑。

一、河北省开发区发展基础

　　经过多年的发展，河北省开发区规模体量、发展质量、综合效益得到大幅提升，已成为全省产业发展、科技创新、对外开放、体制改革的重要平台。

（一）数量等级日趋合理

　　近年来，河北省持续推进开发区优化整合，科学调整开发区空间布局，不断加大国家级开发区争创力度，全省开发区数量等级日益合理，区域布局趋于完善，总体上形成了经开区、高新区、综合保税区协同并进的发展格局。从数量上看，2021年全省共有开发区190家，其中经开区154家、高新区32家、综合保税区4家。从等级上看，2021年全省国家级开发区数量达到12家，其中国家级经开区7家、国家级高新区5家；拥有省级开发区174家，其中省级经开区147家、省级高新区27家；同时，沧州高新区、衡水高新区争创国家级开发区方面取得新进展，邯郸高新区、迁安经开区正加快推进相关创建工作。从分布上看，全省国家级开发区已覆盖9市，省级经开区和高新区分别实现11个设区市和定州、辛集2市全覆盖，其中，石家庄、唐山、廊坊3市已拥有国家级经开区、国家级高新区、综合保税区三个"国字头"招牌①。

---

　　① 作者根据河北省商务厅和河北省科学技术厅提供的相关资料整理所得。

(二)实力地位持续提升

近年来,河北省开发区经济体量不断壮大,综合实力不断增强,主要经济指标占全省比重逐年增加,对全省经济增长贡献明显提升。从经济总量看,2021 年全省开发区完成地区生产总值超 2 万亿元,实现营业收入 10.2 万亿元,占全省比重 50% 以上;完成税收收入超 2100 亿元,占全省比重 70% 以上,已成为全省引领发展、创造财富的重要支撑。从市场主体看,2021 年全省开发区拥有规模以上工业企业近 8000 家,占全省规模以上企业总量的一半左右;共有市场主体超过 25 万家,工商注册企业超过 15 万家,已成为各类市场主体培育发展的重要承载平台。从园区规模看,2021 年河北省开发区主营业务收入超 2000 亿元开发区达到 11 家,1000 亿~2000 亿元开发区达 18 家,500 亿~1000 亿元开发区 36 家,初步形成了相对合理、梯度发展的规模体系。从全国排位看,石家庄高新区连续 8 年位居全国高新区第一方阵,国家级开发区全国排名总体呈稳步上升态势[①]。

(三)产业升级成效明显

近年来,河北省开发区传统优势产业加快升级,新兴产业加速成长,产业发展层次和水平持续提升。从产业结构看,已基本形成以信息智能、生物医药、新能源、新材料等为引领,以先进装备、精品钢铁、绿色化工、现代食品等为支撑的产业体系。2021 年,开发区高新技术产业增加值占规模以上工业比重超过 30%,高于全省 21.5% 的整体水平[②]。从产业集群看,培育形成石家庄高新区生物医药、保定高新区新能源、唐山高新区机器人、秦皇岛经开区高端装备、廊坊经开区电子信息等一批先进制造业集群,发展形成了清河羊绒、安平丝网、安国中医药等一批特色产业集群。从产业名片看,石家庄高新区药用辅料、保定高新区新能源与智能电网装备、邯郸高新区现代装备制造、燕郊高新区新型电子元器件及设备制造获批科技部创新型产业集群试点,清河经开区羊绒、宁晋经开区线缆跻身国内知名特色产业品牌行列。

(四)创新能力不断增强

近年来,河北省开发区科技创新投入不断增加,科技企业规模快速增长,创新创业平台扩量提质,创新能力和活力持续增强,作为全省科技创新重要策源地作用不断强化。2021 年,全省开发区 R&D 经费投入占 GDP 比重超过 2%,高于全省 1.85% 的总体水平,其中,全省高新区 R&D 经费投入占 GDP 比重达到 4%。全省开发区拥有科技型中小企业超过 3 万家、高新技术企业超过 6000 家,建设省级及以上孵化器、众创空间超过 770 家,分别占全省总量的 1/3、1/2 和 2/3 左右[③]。一批优势开发区分别获批国家"双创"示范基地、国家知识产权示范园区、国家产学研合作创新示范基地等"国字头"创新招牌,其中,石家庄高新区和保定高新区获批科技部第二批企业创新积分制试点单位,在科技创新试点示范方面走在了全国前列。

---

①②③ 作者根据河北省商务厅和河北省科学技术厅提供的相关资料整理所得。

(五)开放合作步伐加快

近年来,河北省开发区持续扩大对外开放,不断强化对内合作,在对外贸易、招商引资、区域合作等方面取得了积极成效。从外资外贸看,2021年,全省开发区企业实现进出口超3000亿元,占全省进出口总额一半以上,全年实际利用外资超过100亿美元,占全省比重的近九成,其中全省经开区实际利用外资84.2亿美元,占全省比重的72.5%。从开放平台看,现有重点培育建设的国别(地区)产业园区35个、省际合作产业园近20个。从协同京津看,2015年以来,河北省引自京津产业项目和资金的70%以上在开发区落地①,建设了秦皇岛经开区中关村海淀园分园、沧州临港经开区北京生物医药产业园、唐山曹妃甸经开区京冀协同发展示范园区、石家庄高新区京津冀协作示范园、保定中关村创新中心和衡水科技谷等一批标志性协同合作平台。

(六)改革创新深入推进

近年来,河北省开发区改革发展进入新阶段,"四项重点改革"纵深推进,"放管服"改革深入展开,开发区从管理体制到营商环境实现新突破。从行政审批制度改革看,2021年全省190个开发区中,60多家开发区独立设置了行政审批局,131家经开区建立全程代办制度,网上审批率超过90%,部分开发区"全流程网办"事项达到100%。从人事薪酬制度改革看,有120多个开发区开展了竞争上岗或公开招聘,有94个开发区实施绩效工资制。从投融资平台建设看,60多家开发区建立具有独立法人资格的投融资平台,90多家开发区以PPP模式、PFI模式、基金模式等实行市场化运营②。从率先改革探索看,涌现出唐山高新区"拿地即开工""区域审批""一网通办"改革,衡水高新区"四最"营商环境建设,衡水、邯郸、石家庄等市开发区"标准地+承诺制"改革等一批亮点和典型。

二、河北省开发区发展存在问题

总体上看,河北省多数开发区规模小、实力弱、能级低、改革创新不足,发展水平与先进地区存在较大差距。

(一)发展规模等级不高,综合竞争实力偏弱

河北省开发区整体实力较弱,缺乏高能级、旗舰型开发区。从国家级开发区数量看,河北省国家级开发区仅12家,远低于江苏的44家、浙江的30家、山东的29和广东的21家,在沿海9省份中仅多于广西、海南两省③。从开发区经济规模看,根据赛迪顾问园区经济研究中心发布的《2022园区高质量发展百强研究报告》,2021年我国GDP超过1000亿元开发区已达48家,其中广东、江苏、浙江、山东数量均在5家以

---

① ② 作者根据河北省商务厅和河北省科学技术厅提供的相关资料整理所得。
③ 作者根据商务部公布的国家级经开区名单和科技部公布的国家高新区名单整理所得。

上，而河北省排名第一的石家庄高新区 GDP 仅 515.6 亿元。从全国的竞争力看，赛迪顾问发布的"2022 中国园区高质量发展百强榜"显示，河北省只有石家庄高新区 1 家上榜，且排名第 60 位，而江苏有 19 家、浙江有 9 家、广东有 8 家、湖北和山东分别有 7 家；根据商务部公布的 2022 年国家经济技术开发区综合发展水平考核评价结果，国家级经开区综合发展水平综合排名 30 强，河北省无 1 家上榜，全国排位的差距直接客观地反映了河北省与先进地区开发区发展水平的差距。

(二) 高端产业比重较低，聚而不群特征明显

河北省开发区产业仍以传统产业为主体，新兴产业发展不足，绝大多数开发区新兴产业尚未成为主导产业。同时，开发区产业多处于产业链、价值链中低端，集聚度低，关联性弱，集群化发展滞后。目前，我国中关村科技园新一代信息技术产业规模达 3 万亿元，占全国比重的 17%；武汉东湖高新区光电子产业规模约占全国的 50%，成为国际知名的"光谷"；张江高新区集成电路产业规模约占全国的 35%，在全球电子信息产业版图中独具分量；长沙经开区是世界三大工程机械产业集聚地之一，在工程机械行业市场具有主导权和控制力[1]。但反观河北省，石家庄高新区和经开区生物医药、保定高新区新能源与智能电网、廊坊经开区电子信息、唐山高新区机器人等新兴产业虽具有一定比较优势，但总体上体量小、实力弱，尚未真正成为具有话语权的行业翘楚，也未形成"成链集群"的发展局面，全省"千亿级"创新型产业集群至今仍属空白。

(三) 创新生态整体不优，创新能力明显不足

河北省开发区创新主体较少，创新平台较弱，创新要素缺乏，创新能力薄弱仍是制约开发区创新发展的重大短板，也是其在全国缺乏竞争力的重要原因。从创新主体看，以国家级高新区为例，2020 年，河北省国家级高新区高新技术企业平均数量为 369 家，远低于广东的 1005 家、江苏的 688 家和全国平均水平的 587 家，只有石家庄高新区(928 家)高于全国平均水平。从创新型载体看，我国重点建设的世界一流高科技园区 10 家、创新型科技园区 18 家、创新型特色园区 29 家，河北省只有石家庄和保定高新区入列创新型特色园区[2]。从综合创新能力看，2021 年中国高新区创新能力百强榜，河北省仅 4 家入榜，明显低于江苏的 17 家、山东的 10 家和湖北、辽宁的 7 家[3]。

(四) 开放发展进展缓慢，协同发展亟待突破

河北省开发区开放合作水平偏低，对接国际规则、链接全球资源、承接高端要素的能力偏弱，与河北省东部区位、沿海省份、京畿重地的发展条件还不相称。从外向

---

① 《"十四五"国家高新技术产业开发区发展规划》。

② 作者根据《中国火炬统计年鉴 2021》整理所得。

③ 作者根据由德本咨询、eNet 研究院、互联网周刊、投研电讯 4 家智库机构联袂推出的"2021 中国高新区创新能力百强"榜名单整理所得。

型经济发展看，2020 年河北省国家级高新区平均出口总额仅 38.9 亿元，仅相当于广东的 5.3%、江苏的 7.7% 和浙江的 12.0%[①]。从高能级开放平台看，截至 2021 年底，河北省综合保税区数量只有 4 家，而同期江苏、山东、广东、浙江分别有 20 家、13 家、11 家和 10 家，西部地区的陕西、四川也分别有 7 家和 6 家[②]。从与京津协同合作看，虽然打造了一批协同合作平台载体，但平台载体的功能、设施、服务、环境等建设滞后，尚未形成"类京津"的优质生态，致使京津人才要素不愿意来、高端产业不愿意转、创新成果难落地的现象仍普遍存在。

（五）软硬环境总体欠佳，管理服务效能偏低

河北省开发区体制机制改革仍不到位，软硬件基础设施欠账较多，综合营商环境与先进开发区相比缺乏竞争优势。从管理体制看，多数开发区承担着大量社会事务管理职能，致使开发区不能聚焦主责主业发展；先期人事管理和薪酬制度等改革尚不彻底，工作人员积极性和主动性有待充分调动。从运营机制看，多数开发区仍采取政府投资管理的单一模式，适应新时期开发区发展的专业化、市场化运行机制亟待建立。从设施建设看，多数开发区尚未实现"新九通一平"，部分开发区至今未达到"九通一平"；同时，开发区"重产轻城"问题突出，配套生活服务设施不完善，高端要素承载服务功能普遍缺位。从营商环境看，开发区"放管服"改革仍待深入，突破性改革创新和高含金量政策措施还十分欠缺。21 世纪经济研究院发布"2020 年全国经开区营商环境 30 强"，河北省没有开发区上榜。

三、推进河北省开发区发展的建议

瞄准我国开发区发展趋势，针对河北省开发区发展问题，对标先进补短板、强弱项，靶向发力提能级、上水平，全力推动开发区高质量发展，聚力打造经济强省、美丽河北建设的强劲引擎。

（一）集中力量支持国家级开发区提升能级、增比进位

把国家级开发区作为河北省开发区发展的"优先项"，集中力量、集成要素予以支持，尽快提升国家级开发区实力地位和综合竞争力，力争更多开发区跻身全国一流行列。

一是精准施策提能级。明确国家级开发区能级提升重点和方向，强化国家级开发区分类指导和扶持，国家级高新区突出"高"和"新"导向，国家级经开区突出高质量发展和开放发展导向，通过推进产业层级跃升、创新能力提升、开放平台建设和营商环境打造等，全方位、系统性提升国家级开发区发展能级。重点推动石家庄高新区营业收入尽快突破 4000 亿元、力争 5000 亿元，保定高新区、石家庄经开区、唐山曹妃甸经

---

① 作者根据《中国火炬统计年鉴 2021》整理所得。
② 作者根据中国海关 2022 年发布的《中国综合保税区名录大全》整理所得。

开区、廊坊经开区、秦皇岛经开区、沧州临港经开区营业收入尽快突破 3000 亿元、力争 3500 亿元。

二是对标对表创一流。对照中国园区高质量发展百强榜、国家级经开区综合发展水平考核评价、国家高新技术产业开发区综合评价等指标体系，推动国家级开发区有针对性地做强优势领域、补齐短板弱项，提升河北省国家级开发区全国位次。重点推动石家庄高新区、保定高新区分别争列国家级高新区综合排名前 20 位和前 30 位，推动秦皇岛经开区争列国家级经开区综合发展水平综合排名 30 强，推动其他国家级开发区发展排名实现整体前移。

三是"以升促建"扩队伍。抢抓当前国家加快在地级市布局国家级开发区有利时机，按照有关程序和要求，完善相关条件建设，强化争取跑办力度，尽快推动沧州、衡水和邯郸等省级高新区，以及邢台、迁安等省级经开区创建国家级开发区，扩充"国字头"开发区队伍，尽快实现国家级开发区设区市全覆盖，更多设区市国家级高新区和国家级经开区"双覆盖"。

四是强化激励增动力。研究制定专门针对国家级开发区的综合考核办法，创新考评激励机制，加强考核结果运用，对入列我国国家级开发区综合排名"第一方阵"以及排名进位明显的国家级开发区，实行财政资金重点倾斜、建设用地优先保障、环保和能耗指标优先支持等特殊奖励政策，促进国家级开发区比学赶超、创先争优。

(二)超常举措抓投资、上项目、促发展

根据开发区产业定位，突出高端高新高质方向，以延链、补链、强链为重点，全力做好招商引资和项目建设，择优定向推动开发区主导产业"成链集群"发展，打造一批具有重要影响力和竞争力的产业集群，以产业大发展促进开发区能级大提升。

一是突出抓好创新型产业发展。着眼打造全省创新型产业发展的引领区和标志区，全力推进石家庄高新区生物医药、保定高新区新能源、秦皇岛经开区高端装备以及廊坊和鹿泉经开区电子信息等产业发展，打造形成若干"千亿级"创新型产业集群，其中石家庄高新区生物医药营业收入力争突破 1500 亿元；强化其他开发区创新型产业集群培育，重点推动唐山高新区智能机器人、衡水高新区生命健康、沧州临港经开区生物医药等产业营业收入尽快突破 500 亿元，构建创新型产业集群梯度发展格局。

二是精准实施招商引资引智。围绕开发区主导产业产业链供应链断点痛点，聚焦产业创新需求、配套需求和服务需求，针对性编制重点项目目录和招商目录，谋划储备一批带动全局、引领增长的重大项目，精准招引一批战略投资者、行业领军企业和主要配套企业，推动开发区主导产业做大规模、做优配套；同时，坚持"要素跟着项目走"，全力保障企业项目用地、用能、用水和资金需求，确保企业项目快开工、快投产、快见效。

三是完善主导产业集群建设推进机制。借鉴先进地区经验做法，实行主导产业集群"群长"负责制，由开发所在地区主要领导任群长，开发区管委会成立工作专班，配套制定推进工作方案，为产业集群建设提供全方位、全过程、全天候管理服务；构

建"七个一"培育体系，推动开发区围绕主导产业确定一位首席专家、明确一个专业化智库单位、建设一个共性技术支撑平台、打造一个企业供需对接平台、设立一只产业发展引导基金、建立一支专业招商队伍、形成一个专属政策组合包，集成部门、专家、机构、智库等要素资源培育壮大主导产业。

(三)聚焦创新型主体、强平台、优生态

围绕开发区创新发展需求，在科技创新"牵一发而动全身"的事项上出硬招，在提升创新力、催生新动能上求突破，全力补强开发区创新短板，使之成为全省创新发展的重要策源地。

一是做多做强创新型企业。实施创新型企业培育工程，完善"科技型中小企业—高新技术企业—科技领军企业"三级梯度培育体系，强化创新型企业分类别精确指导和差异化精准扶持，引导技术、资本、人才、公共服务等各类创新要素向创新型企业集聚；支持石家庄和保定高新区企业创新积分制试点建设，在全省开发区推广企业创新积分制，通过"创新积分"精准发现、培育和支持一批研发能力强、成长潜力大的创新型企业，推动创新型企业增量提质。

二是全力打造高能级创新载体。以石家庄、保定和燕郊高新区为依托，尽快推动创建河北国家自主创新示范区，通过开展全方位、大力度的创新体制机制改革和政策先行先试，打造全省自主创新引领区；支持石家庄、保定高新区在创新型特色园区建设基础上，全力创建创新型科技园区；支持其他国家级高新区优化创新创业生态，积极创建创新型特色园区。

三是超常举措引培战略科技力量。针对开发区主导产业技术需求，争取国家产业创新中心、重大科研设施和科学装置等在开发区布局建设；对事关开发区创新发展全局的战略科技人才、高端创新团队、国家级科创平台、科技领军企业和独角兽企业等，一人一策、一事一议，实行最具震动性和含金量的引培政策，切实用"真金白银"集聚战略科技资源、积蓄未来发展潜力。

四是完善创新创业服务体系。推动开发区构建完善"创业苗圃+孵化器+加速器"全链条科技企业培育孵化体系，建立"政府产业资金(基金)引导+金融资本、社会资本进入+中介机构服务"融资机制，支持优势开发区建设国际化创新创业服务体系、开放式科技创新平台体系，打造功能复合、开放共享的创新创业服务生态。

(四)靶向发力深化京津冀协同、促进高水平开放

适应国际经贸格局变化，抓住京津冀协同发展战略机遇，针对开发区开放合作短板弱项，找准突破口、明确发力点，以点带面、内外联动优化开放生态、提升开放能级，打造全省开放发展的主阵地。

一是纵深推进与京津协同发展。聚焦产业协同、创新协同、要素协同，高标准建设保定中关村创新中心、衡水科技谷、京津冀协作创新示范园等重点协同平台，突出抓好60家承接京津产业转移重点开发区建设，通过设立"科创飞地"、派驻科技专员等

形式，强化与京津高校和科研院所合作；采取"总部+生产基地"开发模式，推动京津头部企业在开发区共建专业化配套主题园区；采用一区多园、整体托管等方式，推动与京津开发区合作共建一批高端科技园区、创新创业平台，构建京津产业外溢和科技成果转化的主要承接地。

二是积极探索开放型经济新体制。推动综合保税区与河北自贸区统筹发展，聚焦贸易投资便利化、金融业务创新、政府职能转变、产业开放发展等重点领域，统筹开展首创性、集成化、差别化改革创新，统筹制定出台含金量高、吸引力强的招商引资和项目建设支持政策；以国家级开发区和优势省级开发区为重点，推动建设自贸试验区联动创新区，在开发区全面复制推广自贸试验区改革试点政策，支持开发区与自贸试验区开展联动试验、协同创新，实现资源互通、平台互用、产业互促、政策互惠、经验互鉴，协同打造高能级对外开放平台。

三是做强做优国际和省际合作产业园。突出国别（地区）省别特色，高标准制定完善合作园区发展规划，积极组织与目标国别（地区）省别开展定向对接合作；创新国际合作园区建设和管理服务模式，着力引进合作国家科技孵化器、众创空间、研发中心等功能性平台，以及金融、法律、知识产权、人力资源等专业机构，构建国际化综合服务体系；鼓励采用公共私营合作制（PPP）模式、引入境外园区管理机构等方式推进国际合作园区建设，聚力打造开发区对外开放先导区。

（五）对标先进活机制、优服务、提效能

以最大程度满足市场主体需求为根本导向，以提升管理服务效能为核心，深入推进开发区体制创新、机制创新、政策创新和服务创新，构建市场化、法治化、便利化、国际化营商环境。

一是创新管理运营机制。全面推进"管委会+公司"制，引入国内外战略投资者、专业化园区运营商，主导、参与开发区或"区中园"的建设运营，通过政府购买服务、委托外包等方式，将开发区建设、招商、运营、服务等事项交由市场承担，加快开发区运营管理市场化、融资渠道多元化、招商引资专业化，让开发区聚焦主责主业谋发展；深入推进以全员聘任制和绩效工资制为核心的人事薪酬制度改革，加快推行岗位公开、择岗自愿、竞争上岗、公开招聘的用人制度，实行多种分配方式，全面激发工作人员动力活力。

二是深化"放管服"改革。全面实行权责清单管理，采取"照单点菜"精准放权机制，依法充分赋予开发区经济管理权限，提升开发区自主发展、自主改革和自主创新管理能力；持续推进"一件事"集成审批机制改革，全面推行"最多跑一次""不见面审批"，探索推行"极简审批"模式，推动实行企业投资项目承诺制、容缺受理制，加快政务服务全程在线办和指尖办，持续强化全程帮办服务，推动实施惠企政策"免申即享"，以便捷高效的政务服务构筑企业发展的"沃土"、投资兴业的"宝地"。

三是实施营商环境对标行动。对标营商环境指数排名前位开发区，对表世界银行公布的营商环境标准，对照国家《优化营商环境条例》，查找差距、分析问题、优化举

措，明确营商环境建设、追赶、超越的路线图和时间表，"账单式"推进营商环境再造，全面优化政务环境、投资环境、市场环境、竞争环境、生活环境和法治环境，打造国内最优、国际一流的营商环境。

(六) 因地制宜完善软硬设施、强化服务功能

着眼满足高端人才、现代产业、创新创业等发展需求，以设施现代化、功能多元化、管理智能化、服务品质化为方向，优化开发区生产、生活、生态空间，加快开发区智慧化、精细化、人性化建设，打造宜业、宜居、宜创的现代化开发区，以更强的功能、更优的品质、更美的"颜值"，服务产业发展，集聚高端要素，提升人气商气。

一是加快开发区设施现代化升级。推动所有开发区高标准建设"九通一平"，推动优势开发区尽快建成"新九通一平"，重点完善开发区 5G 网络、人工智能、大数据中心、工业互联网等新型基础设施，推进开发区政务服务、公共安全、信息发布、资源管理等领域数字化，支持开发区搭建线上综合服务平台，开展智能化管理运营。

二是完善开发区高品质服务功能。对国家级开发区和重点省级开发区，尽快完善科创、人才、金融、信息、物流等生产服务体系，优化开发区商贸商务、休闲娱乐、医疗卫生、文化体育等生活服务功能，提升开发区绿地系统等规划建设管理水平，构建产业、创新、人文、环境"四合一"生态圈。对其他省级开发区，根据发展基础条件和阶段需求，本着适度超前、积极有序的原则，因地制宜完善功能服务设施，提升生产生活服务能力和水平。

三是推动开发区产城融合化发展。加强开发区发展规划与当地国土空间规划紧密衔接，推动远离城区的开发区与周边城镇一体化规划建设，统筹完善区域现代化基础设施和生产生活服务设施，实现产城融合发展；根据《河北省省级经济开发区设立扩区调区和退出管理办法》，推动过度碎片化开发区调整规划范围，以增量置换方式将分散分布的片区向核心片区集中，以核心片区为基本单元推动与主城区融合互动发展。

（本文作者：梁世雷、戴海益、王光瑜。本文系 2022 年度河北省宏观经济研究院区域发展与开放合作部自立课题成果。本文发表于《河北蓝皮书：河北经济发展报告（2023）》。）

河北省国家高新区创新发展
面临问题及对策建议

我国将创新摆在前所未有的战略高度，国家高新区地位作用日益凸显。近年来，河北省石家庄、保定、燕郊、承德、唐山5家国家高新区，除燕郊高新区外，在全国综合排名均呈下滑态势。着力破解国家高新区创新发展中面临的突出问题，充分激发国家高新区创新发展动能，成为河北省提升自主创新能力的重要任务。

一、河北省国家高新区创新发展现状分析

为更好摸清河北省高新区创新发展状况，本文从创新资源集聚状况、创新创业环境条件、创新的国际化水平、创新活动产出绩效四个维度研究全省国家高新区创新发展整体情况，并对全国30个省市区(西藏没有国家高新区)进行对比分析，明确河北省国家高新区创新发展能级和水平。

(一)创新资源集聚状况

创新资源的集聚，是创新活动开展的前提条件，主要反映在创新人才集聚程度、创新资金投入强度和创新主体培育水平三个方面。

创新人才集聚方面。人才是第一资源，加快推动人才的空间集聚，是国家高新区创新发展的必备条件。近年来，河北国家高新区从业人员数量显著增长，在全国排名也有所提升，但从事科技活动的人员增长趋缓，全国排名有所降低，R&D人员全时当量更呈现总量、位次"双下降"态势(见表1)。

表1　2016~2020年河北省国家高新区创新人才集聚指标及排名

指标	2016年		2017年		2018年		2019年		2020年	
	总量	排名	总量	排名	总量	排名	总量	排名	总量	排名
年末从业人员(人)	298283	19	323528	19	323396	19	337321	18	345472	18
其中：大专以上(人)	175107	17	190067	17	203646	17	226213	16	237594	16

指标	2016 年		2017 年		2018 年		2019 年		2020 年	
	总量	排名	总量	排名	总量	排名	总量	排名	总量	排名
科技活动 人员（人）	61072	15	61712	17	65113	15	66200	17	69001	17
其中：R&D 人员（人）	48576	15	37580	18	42402	17	31371	19	36106	18
R&D 人员全时 当量（人年）	35686	14	20168	19	26531	16	20562	19	25124	17

资料来源：《中国火炬统计年鉴》。

科技资金投入方面。科技资金是创新发展的重要保障。从企业层面看，近年来，河北国家高新区的企业科技活动中，其经费内部支出长期处于全国中下游，R&D 经费支出更是出现了明显的下滑趋势。从政府层面看，河北财政科技支出不足问题十分突出，国家高新区财政支出中科技支出比重指标在全国处于下游水平，近年来虽然这一指标数值有所上升，但由于全省财政科研支出力度不及兄弟省份，因此全国排名出现了明显下滑（见表 2）。

表 2　2016~2020 年河北省国家高新区科技资金投入及排名

指标	2016 年		2017 年		2018 年		2019 年		2020 年	
	数值	排名	数值	排名	数值	排名	数值	排名	数值	排名
企业科技活动中经费内部支出 （亿元）	121.8	16	132.4	18	150.4	18	160.6	17	184.3	18
其中：企业 R&D 经费内部支出 （亿元）	102.6	16	86.0	17	110.9	15	94.3	16	100.9	16
国家高新区财政支出中科技 支出比重（%）	—	—	8.5	22	6.3	26	7.8	25	8.7	24

资料来源：《中国火炬统计年鉴》和《国家高新区创新能力评价报告》。

创新主体培育方面。企业和科研院所是创新活动的主体。近年来，河北国家高新区高新技术企业数指标数值和全国位次均有一定提升，当前处于全国中游水平；省级以上各类研发机构数指标数值有所提升，但全国位次出现大幅下滑（见表 3）。

表 3　2016~2020 年河北省国家高新区科技资金投入及排名

指标	2016 年		2017 年		2018 年		2019 年		2020 年	
	总量	排名	总量	排名	总量	排名	总量	排名	总量	排名
高新技术企业数（个）	411	18	618	18	1031	17	1606	16	1845	16
省级以上研发机构数（家）	266	14	296	20	308	20	306	20	350	21

资料来源：《中国火炬统计年鉴》和《国家高新区创新能力评价报告》。

(二)创新创业环境条件

良好的创新创业环境是市场主体开展创新活动的必要条件。本文主要从创新服务与协同创新、金融服务与创业投资、创业孵化与双创活力三个方面,对国家高新区创新创业环境条件开展客观分析。

创新服务与协同创新方面。全面提升创新服务能力、加快推进各类主体协同创新是促进国家高新区创新发展水平提档升级的重要手段。近年来,河北国家高新区创新服务机构建设滞后,企业产学研合作开展不足,相关指标全国排名均呈下降趋势(见表4)。

表4 2018~2020年河北省国家高新区创新服务与协同创新指标及排名

指标	2018 年		2019 年		2020 年	
	总量	排名	总量	排名	总量	排名
省级以上开展创新服务活动的机构数(个)	78	11	118	15	140	14
企业进行产学研合作发生的费用额(亿元)	6.5	16	10.8	15	10.3	17

资料来源:《国家高新区创新能力评价报告》。

金融服务与创业投资方面。科技创新离不开资本投入。特别是风险投资对初创企业培育发展、促进技术创新和高科技成果转化意义重大。近年来,河北国家高新区创投机构对企业投入的风险投资额和全国排名均呈现下降状态(见表5)。

表5 2018~2020年河北省国家高新区金融服务与创业投资及排名

指标	2018 年		2019 年		2020 年	
	总量	排名	总量	排名	总量	排名
创投机构对企业投入的风险投资额(亿元)	1.8	17	0.08	23	1.65	22

资料来源:《国家高新区创新能力评价报告》。

创业孵化与双创活力方面。开展创业孵化与推进双创工作,是国家高新区重要任务之一。近年来,河北国家高新区孵化器和加速器内在孵企业数和全国排名均有所增长;高新技术企业加快培育,高新技术企业每年被新认定的数量有所增长,全国排名稳定在16位左右;新注册企业数占工商注册企业数比重呈下降态势,全国排名出现大幅下滑(见表6)。

表6 2018~2020年河北省国家高新区创业孵化与双创活力指标及排名

指标	2018 年		2019 年		2020 年	
	数值	排名	数值	排名	数值	排名
孵化器和加速器内在孵企业数(个)	2300	16	3157	14	3521	13

指标	2018 年		2019 年		2020 年	
	数值	排名	数值	排名	数值	排名
新认定的高新技术企业数（家）	525	16	698	13	619	16
新注册企业数占工商注册企业数比重（%）	25.5	7	20.8	18	19.6	21

资料来源：《国家高新区创新能力评价报告》。

（三）创新的国际化水平

开放带来进步、封闭必然落后。为反映国家高新区创新的国际化水平，我们主要从创新合作、人才集聚、创新成果产出和贸易交流四方面进行分析。

国际创新合作方面。充分利用海外创新资源，开展国际创新合作，是国家高新区提升创新竞争力的有效手段。近年来，河北国家高新区内资企业在境外建设研发机构数和企业委托境外机构研发的费用支出两项指标均呈增长态势，但内资企业在境外建设研发机构数全国排名下滑明显，而企业委托境外机构研发的费用支出全国排名呈上升态势（见表7）。

表 7 2017~2020 年河北省国家高新区国际创新合作指标及排名

指标	2017 年		2018 年		2019 年		2020 年	
	总量	排名	总量	排名	总量	排名	总量	排名
内资企业在境外建设研发机构数（家）	18	13	18	15	21	15	24	15
企业委托境外机构研发的费用支出（亿元）	0.7	17	1.8	11	3.8	10	1.1	12

资料来源：《国家高新区创新能力评价报告》。

国际人才集聚方面。国家高新区是人才创新的高地，有效集聚全球优秀人才创业就业，是国家高新区高质量推进创新发展的关键。近年来，河北国家高新区国际人才集聚基本呈现增长态势，留学归国人员和外籍常住人员就业人数两项指标的数量和全国排名实现波动提升（见图8）。

表 8 2016~2020 年河北省国家高新区国际人才集聚指标及排名

指标	2016 年		2017 年		2018 年		2019 年		2020 年	
	总量	排名	总量	排名	总量	排名	总量	排名	总量	排名
留学归国人员（人）	823	20	782	19	848	19	1355	17	1126	18
外籍常住人员（人）	633	17	591	19	727	16	898	16	771	16

资料来源：《中国火炬统计年鉴》。

国际创新成果产出方面。支持企业取得海外具有国际影响力的创新成果,是提升国家高新区创新能力,更好参与全球竞争的重要手段。2017 年,在河北国家高新区,内资企业每万人获得欧美日的专利授权数,加上境外注册的商标数,约为 91.1 件,全国排名第 3 位,表现较为优异。

国际贸易交流方面。近年来,河北国家高新区出口中技术服务出口额比重指标一直稳定在 1.7%左右,全国排名略有下降,处于全国国家高新区中下游(见表 9)。

表9 2017~2020 年河北省国家高新区创新国际贸易交流指标及排名

指标	2017 年		2018 年		2019 年		2020 年	
	总量	排名	总量	排名	总量	排名	总量	排名
出口中技术服务出口额比重(%)	1.7	16	1.9	17	1.4	19	1.7	17

资料来源:《国家高新区创新能力评价报告》。

(四)创新活动产出绩效

创新活动最终目的在于将创新成果转化为现实生产力。国家高新区创新活动产出绩效可以从技术交易、产业价值实现两个方面去考核评价。

技术交易方面。国家高新区是高新技术产业发展的主要平台和载体,加速科技成果转移转化是国家高新区的主要功能和核心任务。近年来,河北省国家高新区企业当年登记的技术合同成交额呈现增长态势,全国排名也有所提升(见表 10)。

表10 2017~2020 年河北省国家高新区技术交易指标及排名

指标	2017 年		2018 年		2019 年		2020 年	
	总量	排名	总量	排名	总量	排名	总量	排名
企业当年登记的技术合同成交额(亿元)	4.8	23	25.5	19	26.1	18	36.0	18

资料来源:《国家高新区创新能力评价报告》。

产业价值实现。推进高科技发展、加快实现产业化是我国设立国家高新区的主要目的。近年来,河北省国家高新区所产生的技术收入逐步提高,全国排名也有所提升;高技术产业营收占全部营收比重有所增长,但全国排名明显下降;从业人员中技术服务人员比重指标值和全国排名均有增长(见表 11)。

表11 2017~2020 年河北省国家高新区创新活动产业价值实现指标及排名

指标	2017 年		2018 年		2019 年		2020 年	
	数值	排名	数值	排名	数值	排名	数值	排名
技术收入(万元)	3796621	18	4172999	16	4805024	16	6708598	14
高技术产业营收占全部营收比重(%)	28.1	9	27.9	14	30.2	14	32.3	13
从业人员中技术服务人员比重(%)	13.2	12	17.5	10	21.6	8	21.8	9

资料来源:《中国火炬统计年鉴》和《国家高新区创新能力评价报告》。

(五)国家高新区创新发展水平评价

为科学评判河北省国家高新区创新发展整体水平，揭示各领域短板弱项，本文建立评价指标体系，深入开展评价结果分析探讨，为提升国家高新区创新发展能级提供科学依据。

聚焦创新资源、创新环境、创新国际化、活动绩效四大重点领域，构建形成由4个一级指标和20个二级指标构成的国家高新区创新发展水平评价指标体系，同时根据各领域和具体指标的重要程度，采取德尔菲专家打分法对一级指标进行赋权，对二级指标赋予，具体分值如表12所示。

表12 国家高新区创新发展水平评价指标体系

一级指标	二级指标	分值	权重(%)
创新资源集聚 (100分)	R&D人员全时当量	25	25
	企业R&D经费内部支出	25	
	省级以上各类研发机构数量	20	
	财政科技支出占当年财政支出比例	15	
	大专以上从业人员数	15	
创新创业环境 (100分)	新认定的高新技术企业数	25	25
	新注册企业数占工商注册企业数比重	20	
	省级以上开展创新服务活动的机构数	15	
	企业进行产学研合作发生的费用额	15	
	孵化器和加速器内在孵企业数	15	
	创投机构对企业投入的风险投资额	10	
创新国际化水平 (100分)	内资企业在境外建设研发机构数	30	20
	出口中技术服务出口额比重	30	
	企业委托境外机构研发的费用支出	20	
	留学归国人员和外籍常驻人员占年末从业人员比重	20	
创新活动绩效 (100分)	技术收入	25	30
	高技术产业营收占全部营收比重	20	
	企业当年登记的技术合同成交额	20	
	企业营业收入利润率	20	
	从业人员中技术服务人员比重	15	

利用功效系数法计算指标标准化分值，再利用指标权重，进行加权平均得到综合得分。将评价得分划分成90~100、80~90、70~80、50~70、40~50、30~40和0~30，七段，分别评判为"很好""好""较好""一般""较差""差""很差"七档，得出国家高新区创新发展水平最终评价结果(见表13)。

表 13　河北省国家高新区创新发展水平综合评价结果

评价内容	2018 年			2019 年			2020 年		
	分值	排名	等级	分值	排名	等级	分值	排名	等级
综合评价	57.4	16	较差	56.8	17	较差	56.6	17	较差
创新资源集聚	54.8	20	较差	54.3	21	较差	54.5	19	较差
创新创业环境	60.5	12	一般	56.8	17	较差	54.9	23	较差
创新国际化水平	55.3	17	较差	54.7	17	较差	55.4	19	较差
创新活动绩效	58.3	16	较差	60.2	14	一般	60.4	12	一般

从综合评价结果看，河北省国家高新区创新发展综合评价得分低于全国平均水平，处于各省市中下游，评价等级为"较差"，且近三年出现分值下降、排名下滑趋势。从一级指标得分看，除创新活动绩效指标得分高于综合评价得分外，创新资源的集聚、创新创业的环境、创新的国际化水平三项指标均低于综合评价得分，是河北省国家高新区创新发展面临的主要短板，特别是创新创业环境指标不仅分值较低，而且近年来出现分值下降、排名下滑的严峻形势。

二、国家高新区创新发展问题成因

当前，河北省国家高新区创新发展面临很多痛点堵点和短板弱项，亟须揭示矛盾、剖析原因，为精准施策提供依据和支撑。

(一) 突出问题

园区数量过少，规模体量偏小。国家高新区的数量和规模的大小，直接决定着区域国家高新区创新发展能级的高低。科学技术部火炬高技术产业开发中心数据显示，河北省共有国家高新区 5 家，在各省市区中排名第 14 位，远远少于江苏的 18 家、广东的 14 家、山东的 13 家、湖北的 12 家，比江西少 4 家，比浙江、湖南、四川、辽宁少 3 家，比陕西、河南、福建少 2 家，比安徽少 1 家，在沿海省份中仅多于广西和海南，处于沿海省份第 7 位；河北省国家高新区入统企业数量 3315 个，全国列第 16 位；河北省国家高新区营业收入 5272.2 亿元、工业总产值 3219.2 亿元，全国均排在第 19 位。

创新环境不优，主体动力不足。良好的创新环境，是促进市场主体开展创新创业活动的必要条件。当前河北省创新环境条件较差，创新创业环境评价得分仅列 31 个省份第 23 位，是河北省推进国家高新区创新发展面临的最为突出的短板。一是科技金融服务供给不足。银行科技金融产品和服务创新不足，风险投资机构来河北开展业务较少，全省国家高新区创新发展得不到充足的资金保障。《国家高新区创新能力评价报告 2021》数据显示，2020 年河北省国家高新区创投机构对企业投入的风险投资额仅为 1.65 亿元，全国各省市排名仅列 22 位。二是创新激励机制不完善。开发区体制机制改革仍未落实到位，企业创新积分制试点工作正处于起步推进期，全省国家高新区尚未形成充分激发创新创业的制度环境。三是创新服务机构建设滞后。《国家高新区创新能力评价报告2021》数据显示，河北省国家高新区科技企业孵化器及加速器内企业仅为3521个，全国排名第13位，难以满足国家高新区创新发展需求。四是初创企业数量大幅下降。《国家高新区创新能力评价报告2021》数据显示，河北省国家高新区新注册企业数占工商注册企业数比重指标下滑态势明显，市场主体创业热情严重下挫，由2018年的25.5%下降到2020年的19.6%，三年下降了近6个百分点；全国排名由2018年的第7位下降到2020年的第21位，三年下降了14位。

创新资源匮乏，支撑能力薄弱。一是河北高水平创新机构和载体明显不足。《国家高新区创新能力评价报告2021》数据显示，全省拥有高校的高新区数量很少，国家实验室、大科学装置等国家战略科技力量布局尚属空白。省级以上研发机构数量较少，2020年仅为350家，全国排名第21位。二是高端科技人才供给不足。《国家高新区创新能力评价报告2021》数据显示，2020年河北国家高新区留学归国人员指标在全国各省市中仅排名第18位和第16位；全省国家高新区R&D人员仅为36106人，仅排在全国第18位。三是科技资金投入不足。《国家高新区创新能力评价报告2021》数据显示，河北省国家高新区财政支出中科技支出比重仅为8.7%，排在全国第24位。企业科技活动产生的经费内部支出仅为184.3亿元，排全国第18位。近年来财政科技支出、企业研发经费、研发人员投入等指标均出现明显下降，使本已不足的创新资源，更加捉襟见肘。

园区发展不同步，区域布局不合理。一是河北省各国家高新区发展水平差距较大、创新能力参差不齐。5家高新区中，石家庄和保定2家的规模和实力、创新水平能力十分突出，而唐山高新区、燕郊高新区、承德高新区规模实力、创新能力较弱，两大梯队间形成了数量级的发展差距。二是国家高新区区域分布不合理，创新能力较强的地区尚未布局。国家高新区作为区域创新发展的核心引领区，对区域人才、技术、产业和城市服务等发展条件的要求较高。而现有5个国家高新区发展条件差距较大，石家庄、保定、唐山紧邻城市中心区，建设发展具有良好的人才、技术和城市服务等优良条件支撑；燕郊高新区毗邻北京，具有发展良好的区位和产业基础优势；而承德高新区位于山区，发展地理条件相对较差，也导致其创新发展能力持续地位徘徊。与此同时，河北很多具备条件的地区国家高新区尚未有效覆盖，全省有6个地市还没有国家高新区布局。

(二)深层原因

导致河北高新区创新发展过程中出现上述问题和短板，既有改革思路上的原因，也有决策部署上的问题，还有落实推进中的不足：

创新发展体制机制改革尚不到位。一是在管理主体激励方面，目前河北国家高新区人事和薪酬制度改革仍处于初级阶段，无论从改革的力度深度，还是从改革的进展成效，与有效激发工作人员积极性的要求还存在巨大差距。"减编不减人""设岗不竞聘"现象仍普遍存在，部分国家高新区人事薪酬制度改革尚不到位，体现不出实际的工作绩效和岗位职责，发挥不出"奖优罚差"的激励效应。二是土地供给方面，强化投资强度的供地方式与科技型企业轻资产化趋势不相适应；工业用地的低容积率要求与孵化器(工业用地上)的楼宇经济特点不相适应；孵化器产权分割出让政策执行不到位，对在孵企业利用产权进行质押贷款造成了严重影响。三是人才发展方面，扩大单位用人自主权、促进人才流动、支持科技人员兼职兼薪和离岗创业、赋予项目负责人更大的技术管理决策权、强化科研成果转化激励、提高科研项目科技人员收益比重等多项改革举措尚不到位，各类人才创新的动力活力严重不足，创新环境对省外高精尖人才吸引力不足。四是投融资方面，银行服务知识产权质押能力严重不足，使企业利用专利成果进行抵押贷款难度较大；服务科技创新企业的投融资机构培育不足，科技型企业获取资金困难，即使得到，资金使用成本也偏高。

创新发展推进方式不科学不完善。一是在发展思路上，重顶层设计轻基层创新。过于注重顶层的统筹谋划，给予国家高新区改革创新空间过小。二是在决策部署上，重区域统筹轻重点扶持。由于创新资源主要分布于中心城市，因此河北高新区理论上只有省域中心城市、京津周边地区才具备做大做强的条件。当前，在决策部署上过于注重面上的统筹，而忽视重要点上的突破，资源过度分散。三是在政策制定落实上，重文件编制轻细化落实。支持政策多、改革方案多和文件多，但对重点部门配套改革滞后，很多好政策好举措停留在纸面上、口头上，难以有效落地。四是在工作推进上，重行政命令轻市场调节。

对外部优质创新资源利用严重不足。对于河北而言，国家高新区优质创新资源十分匮乏，目前全省国家高新区大学与科研机构、省级以上重点实验室、技术创新中心、科研人员数量与先进省市均有较大差距，单纯依靠自身力量推动创新发展困难重重。目前，河北利用省外优质创新资源还不充分，京津冀协同创新共同体建设还较为滞后，引进国际创新资源还明显不足，创新资源的引进方式、与省外创新主体的合作模式还较为陈旧和落后，有效利用外部优质创新资源还需探索符合河北高新区创新发展实际的有效路径。

对重大机遇敏感度不高、把握不及时。一是自主示范区建设滞后。早在 2009 年 3 月，我国就以高新区为主要载体，启动自主创新示范区建设，给予"含金量"较高的政策支持，很多国家高新区以此为契机实现了快速崛起。而河北自主创新示范区建设较为滞后，近两年才开始谋划启动自主创新示范区创建工作，截至目前仍未取得实质性进展。当前，我国已批准 23 个国家自主创新示范区，沿海省市仅有河北和广西、海南尚未建立自主创新示范区。二是国家高新区创建工作进展缓慢。随着我国对创新的高度重视，我国支持地方加快国家高新区创建工作，目前国家高新区已增至 173 家，而河北国家高新区创建工作进展缓慢。三是争取国家战略科技力量布局尚未突破。河北在争取国家战略科技力量布局方面工作不足，国家实验室和大科学装置仍是空白。

三、新发展阶段推动国家高新区创新发展的重点任务

针对河北省国家高新区创新发展的短板弱项，全面提档国家高新区创新发展能级，打造全省创新策源地和引领区。

（一）扩大高新区数量规模，提升园区发展能级

支持优势园区创建世界一流高科技园区。以石家庄、保定等具备条件的优势园区

为重点，强化原始创新，提升创新能力，加快新兴产业发展，着力引培高新技术企业，打造代表河北参与全球科技竞争的核心力量，加快推进开展创建工作。

支持省级高新区升级为国家高新区。抢抓新时期国家高新区加快布局的政策窗口期，选择近年来高新技术产业发展较快、综合实力突出的高新区，加大支持力度、创建国家级园区，进口实现国家高新区设区市全覆盖，扩充河北国家高新区队伍。

引导国家高新区周边工业企业进区入园发展。对搬迁进入高新区的高新技术企业，给予用地和厂房支持，引导资金、人才要素向相关园区倾斜，同时提高服务效能，实现工业企业空间集聚。

(二)创建河北国家自创区，提升园区创新政策优势

科学确定自主创新示范区战略定位。一是推进京津冀协同发展、构建协同创新共同体，打造跨省域协同创新先行区。二是用好区域优势科教资源，强化科技对经济发展的支撑引领作用，打造科技产业融合发展试验区。三是集聚科技和创新要素，打造创新创业生态标志区。四是聚焦重点产业领域，瞄准未来产业，打造高端高新产业集聚发展示范区。

合理构建总体建设发展架构。按照"三核引领、多园联动、三市协同"的总体架构建设，即以石家庄、保定和燕郊三个高新区为核心区，打造国际化、开放式、引领型创新高地；"多园联动"即以国家级开发区、河北自贸试验区、创新型功能区等为重点，在石保廊三市建设一批联动园区，重点围绕共性需求开展联合试验、协同创新，实现自创区与自贸区"双自联动"、与开发区和创新型功能区互补发展；"三市协同"即以国家自创区为引领，辐射带动石家庄、保定和廊坊三市创新驱动发展，实现三地产业、创新、服务、资金四大链条协同互动。

扎实推进河北国家自创区创建工作。一是健全创建工作推进机制。建议由中共河北省委、河北省人民政府统筹协调，由省科技厅牵头组织，协同省直相关部门和石家庄、保定、廊坊三市政府，以及石家庄、保定和燕郊高新区管委会，建立河北国家自主创新示范区创建工作推进机制。二是强化申报创建工作力度。做好与国家相关部门汇报对接，强化创建工作力度和速度，力争河北国家自创区早日获得国务院批复。三是超前做好相关前期准备。系统梳理现有国家自创区相关政策，做好体制机制改革和先行先试政策的研究储备工作。积极组织专家智库力量，就河北国家自创区建设涉及的重大问题和重要事项开展前瞻性研究。

(三)加速聚集创新资源，打造自主创新的动力源

积极争取国家战略科技力量在河北布局。聚焦河北优势领域，以国家高新区为载体，对标国家战略科技力量建设要求，全力支持河北骨干科研机构和企业创新平台提升科研能力，培育建设一批国家高能级创新平台，为国家实验室、大科学装置落地河北创造条件。

加快引培一流高校科研机构。下决心在省会建设或引进一所全国双一流大学，积

极推进西安电子科技大学研究生院落户石家庄，在京津周边吸引京津相关院校研究生院入驻发展，为河北国家高新区创新发展提供有力的科研支撑。

加大科技创新资金投入。在省级基金中设立高新区建设专项。积极探索贷款贴息、项目奖补、基金注入等间接财政投入模式，发挥好财政资金放大"乘数"效应。针对创新活动不确定和高风险特点，采取差异化、包容性的资金监管方式，开展经费支出负面清单管理制度创新。

（四）着力推进开放创新，深度融入全球创新体系

鼓励国家高新区建设海外创新载体。出台激励政策，支持国家高新区在重点科技领域具有全球优势的国家或地区打造海外创新中心，以海外创业基地、国际合作园等形式，打造高能级的海外创新平台。

与海外先进地区开展科技创新合作。鼓励河北国家高新区与国外优势科技园区建立伙伴关系，积极争取相关地区优质科技成果在河北孵化转化，积极吸引海外好的科研成果、重大科技项目、优势创新平台落地转化实施。支持国家高新区与"一带一路"沿线区域开展人才和技术交流，鼓励企业联合海外机构开展研发活动。加快吸引海外人才到河北国家高新区就业创业。

（五）改革创新体制机制，形成优质创新创业环境

深化高新区管理体制机制改革。优化管委会机构设置，加强组织机构创新，强化经济、科技等重点领域的职能配置。厘清行政区与高新区权责边界，创新管理模式，探索实行一区多园、区政合一、区区合一等管理模式。深化以全员聘任和绩效工资制为核心的人事薪酬制度改革。

积极推进企业创新积分制试点。一是鼓励自主探索。鼓励试点高新区在省科技厅的统一指导下，结合地方实际，在积分指标体系构建、"硬科技""好苗子"企业发现、科技企业精准扶持方面开展积极探索。二是强化政策扶持。利用企业积分评价结果，对表现优异的高新区给予财政资金支持，精准、量化扶持创新能力突出的优秀企业。三是分类指导服务。充分利用大数据资源，按照不同成长阶段，有效识别和遴选具备成长性的创新企业，对其开展全生命周期的政策和服务精准推送工作。

提升科技金融服务能力和水平。支持有条件的高新区建立创业投资引导基金、天使投资引导基金等，为企业创新发展提供资金保障。积极引导创投机构对河北国家高新区企业开展风险投资。

（本文作者：黄贺林、孔慧珍（河北科技大学）、王哲平、张金杰、梁世雷。本文系河北省省级科技计划软科学研究专项"河北国家高新区创新发展面临的问题和对策研究"阶段性研究成果，发表于《京津冀协同发展报告（2023）》。）

社会发展篇

关于河北省推进共同富裕的几点思考

实现共同富裕是社会主义的本质要求和中国式现代化的重要特征，是社会主义制度优越性的集中体现。党的十八大以来，党中央根据我国所处的新的历史方位，把逐步实现全体人民共同富裕摆在更加重要的位置上。党的二十大报告指出，"坚持尽力而为、量力而行，深入群众、深入基层，采取更多惠民生、暖民心举措，着力解决好人民群众急难愁盼问题，健全基本公共服务体系，提高公共服务水平，增强均衡性和可及性，扎实推进共同富裕"。现在已经到了扎实推动共同富裕的历史阶段，必须把促进全体人民共同富裕作为为人民谋幸福的重要着力点。

一、把握共同富裕的背景和内涵

"治国之道，富民为始"，实现共同富裕是人类的美好理想。中华优秀传统文化中的民本思想和大同思想就体现了对这种美好理想的追求，马克思主义对未来社会的设想推动了共同富裕的萌发，中国共产党对共同富裕的实践探索让美好理想逐渐转化为可观可感的现实。

(一) 共同富裕提出的背景

中国历史上共同富裕的思想源远流长。几千年来，中国人民一直都期盼和追求着共同富裕的美好社会，这与中国传统文化上的"大同"思想、"民本"思想有着深刻的关系。一是富民为始的治国之道。共同富裕的精髓在于全体人民共享发展成果，体现的是"以人民为中心"的治国理念，这与中国悠久的民生传统一脉相承。二是均平扶弱的损益之道。均平思想是中国古代思想家对如何缓解贫富分化、维系社会稳定的方案设计，最直接地体现了中国传统文化对共富的朴素体认。三是重义兼利的索取之道。共同富裕是一个不断满足人民利益需求的过程，以儒学为代表的传统文化形成了用以调节中国经济运行的一系列价值准则和伦理规范。

中国共产党自诞生以来，带领中国人民探索共同致富道路的百年历程，既包含着对传统文化优秀共富基因的激扬，也不可避免地受到传统文化消极因素的干扰，一度陷入"大锅饭""穷过渡"的波折。改革开放以来，我国即便强调以经济建设为中心，遵循效率优先兼顾公平的原则，但市场经济的特征必然要发挥竞争机制的优胜劣汰的作用，从而促使经济高速发展中收入差距也有所拉大。中国政府发挥积极能动作用，重视发展的公平性、包容性和均衡性，瞄准全面建成小康社会的目标，积极开展脱贫攻坚、精准扶贫、乡村振兴等政策举措，着力应对贫富差距问题。

党的十八大以来，以习近平同志为核心的党中央把握发展阶段新变化，把逐步实现全体人民共同富裕摆在更加重要的位置，为促进共同富裕创造了良好条件。在庆祝中国共产党成立100周年大会上，习近平总书记代表党和人民庄严宣告，经过全党全国各族人民持续奋斗，我们实现了第一个百年奋斗目标，在中华大地上全面建成了小康社会，历史性地解决了绝对贫困问题。小康社会的实现，就标志着共同富裕应提上日程。因此，共同富裕随着经济社会的发展应运而生。现在，已经到了扎实推动共同富裕的历史阶段，必须把促进全体人民共同富裕作为为人民谋幸福的重要着力点。

（二）共同富裕的内涵

共同富裕是共同和富裕两个方面的有机统一，富裕讲的是生产力发展，指社会物质财富的增长与发展，共同则是体现生产关系的发展，也就是社会群体、劳动者之间以及人与人之间的利益分配关系。因此，共同富裕既体现了社会生产力发展的内在要求，也体现了社会生产关系运动的内在要求，包含着生产力与生产关系的对立和统一的发展。所以，共同富裕也就必然反映了"在我国社会主义制度下，既要不断解放和发展社会生产力，不断创造和积累社会财富，又要防止两极分化"的科学内涵。

共同富裕是物质和精神的统一。随着社会生产力的发展，人民生活水平的不断提高，精神需求的增长越来越快，人的精神追求的超前性又为物质生产提出更高的要求。所以，只有物质生活与精神生活的共同富裕，才能促进人的全面而自由地发展。实现共同富裕就是要保障所有人脱贫，不仅是物质上的，而且包括精神上的脱贫，促进人的自由全面发展。

共同富裕是效率与公平的统一。共同富裕不是部分群体少数人的富裕，是全体社会成员的富裕，社会公平、社会和谐是共同富裕的基本要求，但共同富裕也不是整齐划一的平均主义。我们要实现14亿人共同富裕，必须脚踏实地、久久为功，不是所有人都同时同等富裕，也不是所有地区同时达到一个富裕水准，不同人群在富裕的水平上会有高有低、在时间上也会有先有后，不同地区在富裕的程度上也会存在一定差异，在时间上不可能齐头并进。因此要加快形成"中间大、两头小"的橄榄型分配结构，实现效率与公平的统一，促进人的全面发展。

实现共同富裕是一个在动态中向前发展的过程。共同富裕是实现人的全面发展和社会全面进步的一场深刻社会变革，是一项长期发展任务，不可能一蹴而就，必须科学谋划，分阶段分步骤推进，在动态中向前发展。根据中央部署，实施共同富裕战略分"三步走"。到"十四五"末，全体人民共同富裕迈出坚实步伐，居民收入和实际消费水平差距逐步缩小；到2035年，全体人民共同富裕取得更为明显的实质性进展，基本公共服务实现均等化；到21世纪中叶，全体人民共同富裕基本实现，居民收入和实际消费水平差距缩小到合理区间。

二、共同富裕下的河北省现状

2021 年，中共中央、国务院提出要加快构建推动共同富裕的综合评价体系，国家统计局也提出加快建立共同富裕统计监测体系。目前，我国尚未形成明确、成熟、完整的共同富裕评价指标。参考《浙江高质量发展建设共同富裕示范区实施方案》的细化目标，结合河北省实际情况，分析共同富裕下河北省现实情况。

(一) 城乡收入差距情况

2021 年河北省居民人均可支配收入 29383 元，比全国平均水平 35128 元低 5745 元。城镇居民人均可支配收入 39791 元，农村居民人均可支配收入 18179 元，城乡居民收入倍差为 2.19，低于全国城乡居民收入倍差(2.50)。从近十年来看，河北省城乡收入倍差呈现不断下降的趋势，从 2012 年的 2.54 下降到 2021 年的 2.19，说明城乡收入差距也在不断缩小(见图 1)。2021 年，河北省居民恩格尔系数为 28.3%，低于全国平均水平(29.8%)1.5 个百分点，其中城镇为 27.0%，农村为 30.6%。

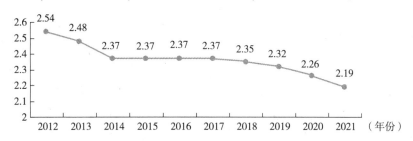

图 1　2012～2021 年河北省城乡收入倍差变化

资料来源：作者根据国家统计局和河北省统计局公布的数据整理。

(二) 地区发展差异情况

从河北省内部各设区市来看，经济发展和人民生活水平也具有明显差异。从经济总体发展来看，2021 年唐山、石家庄 GDP 总值较高，经济发展较好，张家口、衡水、承德 GDP 总值较低，经济发展相对落后，唐山 GDP 是承德的 4.85 倍(见图 2)。从各设区市居民收入水平来看，只有 4 个设区市人均可支配收入高于全省平均水平，7 个设区市低于全省平均水平，较高的有唐山、廊坊、石家庄，较低的有衡水、承德和邢台(见图 3)。总体来看，地区经济发展水平与居民可支配收入水平相一致。

(三) 公共服务共享情况

2021 年，全省一般公共预算支出的 80% 以上用于民生，着力解决人民群众关心的教育、就业、医疗、养老等实际问题。基础教育发展水平进一步提升，学前教育毛入园率达到 89.44%，义务教育巩固率达到 97.65%，高中阶段毛入学率达到 95.87%。基

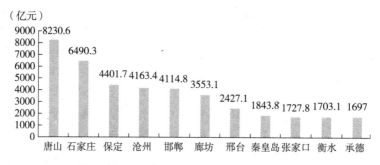

图 2　河北省各设区市 2021 年地区生产总值

资料来源：河北省各设区市 2021 年国民经济和社会发展统计公报。

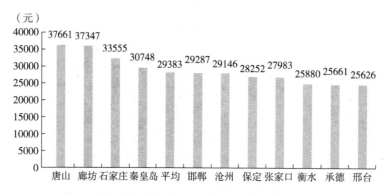

图 3　河北省各设区市 2021 年居民人均可支配收入

资料来源：河北省各设区市 2021 年国民经济和社会发展统计公报。

本医疗卫生体系进一步健全，90%以上的基层医疗卫生机构实现标准化，全民卫生健康水平显著提高。加大省对下转移支付力度，下达困难群众基本生活救助补助资金 76.6 亿元，人民收入水平不断提高。就业优先战略深入实施，城镇新增就业 92.5 万人，帮扶重点群体就业，做好公益性岗位托底安置。推进企业养老、失业、工伤保险扩面，全省基本医保参保率达 96.86%，多层次社会保障体系不断健全①。

三、河北省实现共同富裕的路径选择

在现阶段，要高度重视民生建设，坚持从群众切身需要来考量，实施更多有温度的举措，落实更多暖民心的行动，统筹做好收入、就业、教育、医疗、社保、养老、住房等工作，特别要解决好困难群体的生产生活问题。

(一)不断提高人民收入水平

落实国家促进共同富裕行动纲要，建立有效的收入持续增长机制，推动居民收入

①　作者根据河北省财政厅、河北省教育厅、河北省卫生健康委员会、河北省人力资源和社会保障厅提供资料整理。

和经济同步增长、劳动报酬和劳动生产率同步增长。要高度重视群众增收，列多渠道增加居民工资性、财产性、经营性收入，特别是密切关注受疫情影响群体，组织好劳务对接，提高增收能力。完善工资制度，加强企业工资宏观调控，健全农民工工资支付机制，依法保障农民工工资支付。丰富和规范居民投资产品，深化农村土地和集体产权制度改革，拓宽居民经营性、财产性收入渠道。实施扩大中等收入群体行动计划，激发技能人才、专业技术人员等重点群体增收活力，不断提高中等收入群体比重。坚持多劳多得，提高劳动报酬在初次分配中的比重，健全各类生产要素由市场评价贡献、按贡献决定报酬机制，加大税收、社会保障、转移支付等再分配调节力度和精准性，重视发挥第三次分配作用，合理调节城乡、区域、不同群体间的分配关系，提高低收入群体收入，有效缩小收入分配差距。

(二) 深入实施就业优先战略

就业是最大的民生，实现更加充分更高质量就业是推动全体人民共同富裕的重要基础。坚持把稳就业、把居民就业放在首要位置，不断扩大就业容量和空间，优先实施就业带动能力强的重大投资、重大项目，稳定提升制造业就业，努力扩大服务业就业，拓展农业就业空间，支持和规范发展新就业形态，发挥民营和中小微企业吸纳就业的主渠道作用，促进数字经济领域就业创业，引导平台经济、共享经济等创新模式发展。鼓励支持创业带动就业，加大创业政策支持力度，高标准建设双创示范基地，鼓励大众创业、万众创新，推广新型孵化模式，加快发展众创空间，打造创业带动就业升级版。统筹做好重点群体就业，突出做好高校毕业生就业工作，把高校毕业生就业作为就业工作的重中之重，力促农村劳动力转移就业，支持农民工返乡创业，实施退役军人就业优待政策，加强退役军人就业保障，健全脱贫人口、农村低收入人口就业帮扶长效机制，保持脱贫人口就业领域的扶持政策、资金支持、帮扶力量总体稳定，统筹做好公益性岗位托底安置，确保零就业家庭动态清零。提高重点地区就业承载力，完善京津冀劳务协作会商机制，深化京津冀就业服务协作，支持雄安新区高质量就业，保障回迁群众、脱贫劳动力等群体就业，加大易地扶贫搬迁安置区、乡村振兴重点帮扶县等重点地区倾斜支持力度，促进当地群众就业。建立健全高标准人力资源市场体系和公共就业服务体系，强化创业就业全程服务，完善人力资源市场监管体制、评价机制。完善终身职业技能培训制度，健全贯穿劳动者职业生涯全过程的终身职业技能培训组织实施体系。健全劳动关系协调机制，建立覆盖全民、统筹城乡、公平统一、可持续的多层次社会保障体系，强化劳动者社会保障。

(三) 促进基本公共服务便利共享

坚持以保基本、均等化、可及性、可持续为方向，健全基本公共服务制度，完善基本公共服务标准体系，推动基本公共服务达标。加快补齐基本公共服务软硬件短板弱项，促进义务教育优质均衡，提高卫生健康服务水平，织牢织密兜底性养老服务网，完善住房保障体制机制，推动公共体育服务普及开放，全面强化基本社会服务。提升基本公共服务均等化水平，促进公共服务资源向基层延伸、向农村覆盖、向生活困难群众倾斜，缩小区域间基本公共服务差距，加大财政转移支付向革命老区、坝上地区、太行山—燕山地区、黑龙港流域等地区倾斜力度，推动城乡基本公共服务标准统一、制度并轨、质量水平有效衔接，围绕公共教育、就业创业、社会保险、医疗卫生、社会服务、住房保障、公共文化体育、优抚安置、残疾人服务等领域，建立健全基本公共服务标准体系，建立动态调整机制，实现城乡区域间标准水平衔接平衡。坚持差别化分担原则，突出政府在基本公共服务供给保障中的主体地位，推动非基本公共服务提供主体多元化、提供方式多样化，构建政府保障基本、社会积极参与、全民共建共享的公共服务供给结构和保障格局。财政支出优先保障基本公共服务补短板，加大省级财政对基层政府提供基本公共服务的财力支持，将更多公共服务项目纳入政府购买服务指导性目录，完善财政、融资和土地等优惠政策。

（四）有力有效应对人口老龄化

根据《河北省人口发展规划(2018-2035年)》预测，到2025年河北省老年人口占比将达到22.5%左右，进入深度老龄化社会。随着老年人口总量特别是高龄老年人口、失能老年人口的增加，老年健康问题将愈加突出。要落实国家生育政策，以"一老一小"为重点完善人口服务体系，把解决老年人健康医疗、生活照料等问题抓在手上，有效满足多样化、多层次养老服务需求。完善三孩生育政策支持配套措施，推进优生优育全程服务，健全普惠托育服务体系，积极构筑政府推动、社会参与、家庭为主、托育补充的服务供给体系，扶持推动社区婴幼儿照护，支持社会力量开展多种形式照护服务，鼓励幼儿园发展托幼一体化服务。不断扩大养老保险覆盖面，建立多层次养老保险体系，深化基本医疗保险制度改革，稳步建立长期护理保险制度，完善老年人社会福利政策和服务体系，建设老年友好型社会。大力发展普惠型养老服务和互助性养老，推广"时间银行"做法，巩固居家养老基础性地位，推进医养结合发展，构建居家社区机构相协调、医养康养相结合的养老服务体系。完善老年健康服务设施，加强设施适老化改造，建立老年健康支撑体系。发挥中医药在健康管理方面的独特优势，推进中医药健康养老服务，加强老年人养生保健行为干预和健康指导。推动养老事业和康养产业协同发展，发展银发经济，开发老龄人力资源。

（本文作者：李菁。本文原载于内刊《专题研究》2022年第10期。）

持续改善生活品质
扎实推动共同富裕

人民对美好生活的向往，就是我们的奋斗目标。省第十次党代会提出，要认真践行以人民为中心的发展思想，持续改善人民生活品质和扎实推动共同富裕。这是坚持人民至上的具体体现，是建设"六个现代化河北"的根本出发点和落脚点。我们要顺应人民群众对美好生活的向往，着力解决人民群众急难愁盼问题，提供更优质的公共服务、更丰富的精神文化生活、更安全的生产生活环境，不断增强人民群众的获得感、幸福感、安全感。

一、大力保障和改善民生，加快构建优质均衡的公共服务体系

公共服务关系民生福祉。加快构建优质均衡的公共服务体系，是兜住兜牢民生底线，不断满足人民日益增长的美好生活需要，促进社会公平正义，增强全体人民获得感、幸福感的重要途径；是顺应人民群众高品质生活期待，实现人的全面发展和全体人民共同富裕的坚实基础。从河北省实际看，与人民对美好生活需要相比，公共服务体系仍存在供给不足、品质不优、效率不高等问题。提高保障和改善民生水平，应以创造高品质生活为目标，进一步加强普惠性、基础性、兜底性民生建设，促进公共服务标准化制度化，提升公共服务品质和效率，加快构建覆盖全人群、全生命周期的现代化公共服务体系，让发展成果更多更公平惠及全体人民。

全面落实就业优先政策。就业是最大的民生，是社会稳定的重要保障。要坚持就业优先战略，全方位构建就业创业服务体系，健全灵活就业劳动用工政策，千方百计稳定和扩大就业，抓好高校毕业生、农民工、城镇困难人员等重点群体就业，保持零就业家庭动态清零，实现更加充分更高质量的就业。

持续提高居民收入水平。让百姓的钱袋子鼓起来，是改善民生的直接体现。要继续深化收入分配制度改革，建立有效的收入持续增长机制，多渠道增加居民收入，实施扩大中等收入群体行动计划，着力扩大中等收入群体，推动居民收入和经济同步增长、劳动报酬和劳动生产率同步增长。

提升公共医疗卫生服务水平。公共医疗卫生服务水平关系百姓生命健康和幸福指数。要健全公共卫生防控体系、救治体系、应急管理体系、物资保障体系、组织指挥

体系，毫不放松抓好常态化新冠肺炎疫情防控，严格落实外防输入、内防反弹各项措施，坚决维护人民生命安全和身体健康。

完善社会保障制度。社会保障是实现广大人民群众共享改革发展成果的重要制度安排。要进一步健全基本养老保险制度、基本医疗保险制度，完善社会救助体系，提高社会福利和住房保障水平，构建覆盖全民、统筹城乡、公平统一、可持续的多层次社会保障体系，切实兜住兜牢民生底线。

办好各级各类教育。教育是实现人的全面发展的根本途径。要把立德树人融入思想道德教育、文化知识教育、社会实践教育各环节，贯穿基础教育、职业教育、高等教育各领域，深化教育改革，优化教育布局，多渠道增加优质教育资源供给，构建体系健全、衔接融通、适应终身学习需要的现代教育体系。

加强特殊群体权益保障。要积极应对人口老龄化，落实国家生育政策，以"一老一小"为重点完善服务体系，有效满足多样化多层次养老和生育服务需求。维护妇女儿童合法权益，推动残疾人事业发展。加强退役军人服务管理，营造尊崇军人职业、尊重退役军人的浓厚社会氛围。

二、大力弘扬社会主义核心价值观，推动文化事业和文化产业繁荣发展

文化兴国运兴，文化强民族强。繁荣发展文化事业和文化产业，是弘扬中国精神，凝聚中国力量，实现中华民族伟大复兴的重要支撑；是讲好中国故事，展示中华文化魅力，提升我国国际影响力的有效途径；是满足人民群众日益增长的精神文化需求，更好保障人民文化权益的必然要求。随着经济发展水平不断提高，精神文化生活需要越来越成为人们美好生活需要的重要方面，这对繁荣发展文化事业和文化产业，增加高质量文化供给提出了新的要求。我们要紧扣满足人民日益增长的美好生活需要这个根本，大力弘扬社会主义核心价值观，推动文化事业和文化产业繁荣发展，加快建设文化教育体育繁荣、精神文明的现代化河北。

着力提高社会文明程度。文明是现代化国家的显著标志。要坚持正确的文化前进方向，深入开展习近平新时代中国特色社会主义思想学习教育，推动社会主义核心价值观融入社会发展各方面，大力弘扬西柏坡精神、唐山抗震精神、塞罕坝精神、李保国精神。传承好、弘扬好优秀传统文化，加强历史文化名城名镇名村和街区保护利用，推进重要文化和自然遗产、非物质文化遗产系统性保护，为建设文化强省提供有力支撑。

着力提升公共文化服务水平。加强公共文化服务，是保障人民基本文化权益和满足人民改善生活品质新期待的重要途径。要坚持为民服务、为社会主义服务方向，实施文化惠民工程，丰富群众精神文化生活，加快构建城乡一体的公共文化服务体系，推进县级文化馆、图书馆总分馆制建设，强化基层综合文化服务中心文明实践功能，增强公共文化服务覆盖面和实效性。建好用好各种融媒体平台，拓展新时代文明实践中心建设，加强优秀文化作品创作生产传播，全面提高公共文化产品质量和服务水平。

加快健全现代文化产业体系。文化产业是满足人民群众精神文化需要、增加先进

文化产品和服务供给的重要载体。要坚持社会效益和经济效益相统一，加快改造提升传统文化业态，创新发展新型文化业态，着力打造优势文化产业集群，重点建设雄安文化产业引领区，协同推动冬奥冰雪文化产业发展，打造文化产业发展新引擎。深入推进文化体制改革，全面促进文旅产业融合发展，切实提升河北文化产业整体实力和竞争力。

三、大力推进社会治理体系和治理能力现代化，打造更高水平的平安河北和法治河北

国以安为宁，民以安为乐。打造更高水平的平安河北和法治河北，是建设现代化经济强省、美丽河北的重要基石，是增强人民群众幸福感、安全感的现实需要。当前，外部环境和内部矛盾发生深刻变化，传统安全和非传统安全因素交织叠加，保持社会和谐稳定、人民生活幸福，必须全面落实总体国家安全观，统筹发展与安全，大力提升平安河北、法治河北建设科学化、社会化和智能化水平，以河北之稳拱卫首都安全，坚决当好首都政治"护城河"。

切实维护国家安全。严格落实国家安全责任制，增强全民国家安全意识，严密防范和严厉打击敌对势力渗透、破坏、颠覆、分裂活动。加强网络安全保障体系和能力建设，健全网络安全工作机制和数据安全管理制度，推进京津冀网络安全协同治理。

强化经济安全保障。加强经济安全风险预警、防控机制和能力建设，提高产业链供应链安全稳定性。实施粮食绿色仓储提升工程，建立健全能源储备体系，增强粮食、重要农产品和能源储备安全保障能力。完善重要民生商品价格调控机制，确保市场供应和价格总体平稳。统筹做好重大金融风险防范化解工作，筑牢防范系统性金融风险安全底线。

保障人民生命财产安全。全面提高安全生产水平，健全安全生产责任体系和风险防控体系，有效遏制重特大安全事故。实施食品药品安全放心工程建设攻坚行动，强化源头治理和全过程监管。完善自然灾害预防体系，加强应急物资保障体系建设，提升应急处置效能。

维护社会稳定和安全。完善公共安全隐患排查和化解机制，加强和创新社会治理，全面抓好信访维稳、扫黑除恶、防灾减灾救灾等工作。坚持和发展新时代"枫桥经验"，构建源头防控、排查梳理、纠纷化解、应急处置的社会矛盾综合治理机制，完善立体化、信息化社会治安防控体系。

全面推进依法治省。加强创制性地方立法，加强全民普法，加大法治政府建设力度，健全依法行政制度体系，全面提升依法行政水平。巩固拓展政法队伍教育整顿成果，健全权力监督制约机制，让人民群众在每一起司法案件中感受到公平正义。

（本文作者：王素平、苏凤虎、杨华。本文发表于2022年1月12日《河北日报》（理论版）。）

强化就业优先战略，推动实现
更加充分更高质量就业

实施就业优先战略是习近平新时代中国特色社会主义经济思想的重要内容，也是实现河北省宏观调控和可持续发展目标的客观需要。党的十八大特别是"十三五"以来，河北省深入贯彻落实国家决策部署，大力实施就业优先战略，完善就业政策体系，加强就业投入和就业保障，开展就业创业服务攻坚季行动等系列稳就业行动，实现了就业总体稳定，就业质量不断提高。

当前及今后一个时期，就业领域面临新形势、新问题、新变化和新挑战，就业结构性矛盾长期存在，就业质量有待于进一步提高，重点群体就业难度依然较大，特别是突如其来的新冠肺炎疫情对就业形势产生了严重影响，需要我们把就业放在更加重要的位置，进一步强化就业优先战略，以习近平新时代中国特色社会主义思想为指导，把"践行以人民为中心的发展思想"落到实处，进一步完善就业政策，优化就业环境，积极应对新冠肺炎疫情冲击，千方百计稳定和扩大就业，努力实现城乡居民更高质量和更充分的就业。

一、推动更高质量经济发展，扩大更高质量就业容量和空间

解决就业问题，根本要靠发展。持续的经济增长是拉动就业岗位的前提和基础，高质量经济发展是实现高质量就业的基本路径。必须坚持稳增长与扩就业联动不偏离，着力增强经济发展创造就业的能力，提升经济发展的就业导向、就业容量，不断扩大就业规模，提升就业质量。

一是加大投资力度创造就业岗位。抓住京津冀协同发展、雄安新区规划建设等重大历史机遇，谋划和实施一批就业带动能力强的重大投资、重大项目；加强"两新一重"建设，增强有效投资，吸纳更多数量、更多层次的劳动者参与城乡建设。

二是挖掘消费潜力增加就业岗位。顺应消费升级趋势，发挥服务业劳动密集程度高、吸纳就业能力强的特点，大力发展生产性服务业和高品质生活服务业、消费服务业等，促进家政服务、旅游、医疗、养老、托育服务等提质升级；鼓励汽车、家电、消费电子产品更新消费，拉动相关产业持续发展，稳定增加就业岗位。

三是培育壮大经济新业态拓展就业空间。深入实施数字河北战略，推动大数据、

人工智能等信息技术同实体经济深度融合，支持制造业转型升级，创造更多高质量就业岗位；大力发展平台经济、共享经济、零工经济、夜间经济等新产业新业态，培育形成吸纳就业新的"蓄水池"。

四是加快民营经济发展稳定就业主渠道。完善支持民营企业特别是中小企业和个体工商户发展的政策体系，降低市场主体的经营成本，培育更多充满活力、持续稳定经营的市场主体，营造良好的发展环境和就业环境。

五是支持形式多样、主体多元的灵活就业。引导劳动者转变就业观念，支持劳动者通过临时性、非全日制、季节性、弹性工作等灵活多样的形式实现就业，鼓励兼职就业、周末副业、地摊就业等灵活就业形式，完善对灵活就业模式的社会保障体系。

二、鼓励创业带动就业，激发就业动力活力

创业是推动就业不竭的动力源泉，一个职工创业一般可以带动五个人实现就业。充分发挥创业带动就业"倍增效应"，要不断优化创业环境，鼓励支持一部分有条件、有能力的劳动者积极投身创业大军。

一是营造创新创业良好环境。加强舆论引导，营造鼓励创业、宽容失败的良好社会氛围。深入推进大众创业万众创新，积极引导有创业意愿和创业能力的人员创业，在用地、融资、人才等方面出台实施更多支持创新创业的优惠政策。实施包容审慎监管，促进数字经济、平台经济健康发展，为劳动者居家就业、远程办公、兼职就业创造条件。

二是强化创新创业服务能力建设。充分发挥"双创"示范基地带动作用，打造更多、更专业、更高水平的"双创"支撑平台，为创业者提供信息、技术、培训、管理和市场等服务。鼓励高校和创业服务机构开展更有针对性、全程化的创业服务和企业经营辅导。支持各地就业服务中心设立创业导师库，组织创业导师为创业者提供一对一创业指导服务。

三、抓好重点群体就业，筑牢就业民生底线

确保大学生、农民工、退役军人、困难群体等重点群体就业有保障、生活有出路，既是"十四五"时期就业工作的重要任务，也是维护就业稳定的基本要求，要把创造就业机会、增强就业持续性，作为促进重点群体全面发展的重要途径。

一是重点促进高校毕业生等青年群体就业。积极开发适合高校毕业生的就业岗位，从产业发展壮大、事业单位改革、公务员录用、社会公共服务体系完善等方面，拓宽就业渠道。引导高校毕业生转变就业观念，鼓励高校毕业生到城乡基层工作，到民营企业、中小微企业工作，支持高校毕业生创业和灵活就业。

二是统筹推进农村劳动力转移和就近就业。结合乡村振兴战略和新型城镇化建设，创造更多的农村劳动力就业机会，全面促进农村劳动力转移就业和就近就业。改善农

村劳动力就业环境，加强农村劳动力就业指导，完善农民工子女上学、医疗、社保、住房、落户等就业服务保障，促进农民工在就业地平等享受就业服务。

三是加强退役军人就业保障。支持退役军人自主就业创业，引导退役军人就业向基层延伸，鼓励退役军人返乡创业。强化退役军人就业技能培训，提高其就业创业能力。结合平台经济、社区服务业、养老服务业等新兴行业发展，挖掘更多适合退役军人的就业岗位。

四是完善困难群体和特定群体就业帮扶机制。健全对就业困难人员、零就业家庭人员、最低生活保障人员、残疾人等困难群体的就业援助制度，完善各项就业援助政策，形成援助困难群体的长效机制。开展精准就业帮扶，鼓励困难群体到企业就业，对吸纳困难群体就业的企业给予一定优惠政策。

四、提升劳动者素质，奠定高质量就业基础

实现更加充分和更高质量的就业，必须提高劳动者素质，筑牢持续稳定就业的根基。要加强公共基础教育和专业培训，提升劳动者综合素养和专业能力，增强劳动者就业能力和抵御市场风险能力。

一是构建高质量教育体系。深化教育体制改革，推进素质教育，开展职业生涯规划教育，引导学生树立科学合理的人生观、价值观、就业观。大力发展职业教育，健全职业教育、高等教育、继续教育统筹协调的发展机制。构建服务全民终身学习教育体系，提高就业能力的动态适应性。

二是加强高素质人才培养。实施更加积极、开放、有效的人才政策，加大人力资本投入力度，培养更多优秀创新人才、高技能人才、科技领军人才、企业管理人才。持续推进产教融合发展，统筹协调教育政策、产业政策、人才政策的相互协调，全面提升人力资源质量，破除就业结构性矛盾。

三是强化劳动者职业技能培训。鼓励企业开展岗前培训、在岗培训、订单式定向培训等多种职业培训，引导职业技能培训更适应产业升级和企业岗位需求。加强职业院校与企业对接，根据市场需求开展紧缺职业的技能培训，提升职业技能培训的针对性、实用性和有效性。

五、健全就业创业服务体系，营造良好就业环境

健全的就业服务体系有利于推动就业信息共享、改善劳动力市场状况，缓解失业带来的消极影响。新形势下求职者对就业公共服务的需求进一步增加，必须进一步强化就业创业服务功能，全力提升就业水平。

一是健全就业服务机构。加强人力资源市场建设，建立完善高效的供求信息发布和对接机制，加强相关数据库建设，提高智能化匹配水平；加强市、县、街道就业服务机构建设，在人口集中、交通便利的公共场所规范建设职业介绍机构；加强就业服

务人员配备，提高服务质量和服务效率。

二是提供全方位就业公共服务。适应劳动者多层次就业需求，进一步完善人力资源市场政策咨询、职业指导、创业指导、就业信息提供、技能培训、接续社会保险关系等功能，为求职者提供"一站式"就业服务。

三是建立更加可靠的社会保障体系。持续推进城镇职工社会保险扩面，重点完善对非公单位员工、劳务派遣员工、灵活就业人员、城镇个体户的社会保障，对进城务工的农民工，尽可能引导参加城镇社保。加快制定灵活就业形态从业者参加社保政策。完善城乡和区域之间的社会保障衔接机制，不断提高社会保障待遇。

六、防范和化解规模性失业风险，维护就业大局稳定

当前，国内外影响就业稳定的不确定性因素日益增多，防范和化解规模性失业风险尤为重要。要强化底线思维，在制定各项政策时，要把稳就业放在更加重要位置，防止可能出现的大规模失业。

一是强化就业形势监测分析。加强就业常规统计、劳动力市场监测、失业动态监测，深入研判苗头性、倾向性、潜在性问题。建立完善企业用工监测制度和规模性失业风险预警机制。密切跟踪监测"机器换人"、人工智能发展等对就业的影响。对受新冠肺炎疫情影响较大的重点行业、重点企业、重点群体，开展跟踪监测和动态分析，结合实际制定稳就业预案。

二是构建常态化规模性失业风险应对机制。加强政企联动，完善规模裁员及突发事件报告制度。加大对困难行业、困难企业援助力度，最大限度地稳定就业岗位。充分发挥劳动力市场信号和就业目标的引导作用，根据就业形势变化，及时调整宏观政策取向，千方百计稳定和扩大就业。

（本文作者：李云霞、郝锋、郝雷。本文系2021年河北省人力资源和社会保障研究课题"河北省就业优先政策实施效果及强化路径研究"（课题编号：JRS-2021-1252）阶段性研究成果，获得2021年度河北省人力资源和社会保障研究课题二等奖。发表于2021年9月11日《河北经济日报》（理论版）。）

着力破解就业结构性矛盾
实现高质量充分就业

当前河北省就业形势总体上保持稳定态势，但就业结构性矛盾依然存在，人力资源供给与岗位需求之间不匹配问题突出。认清就业领域中的结构性问题并探索矛盾的有效化解路径，有利于提高就业政策的精准性，更好服务于扩大就业和提高就业质量，对稳定经济、改善民生、维护社会和谐稳定具有十分重大的意义。

一、就业结构性矛盾的根源分析

河北省就业结构性矛盾日益突出，已成为制约实现更加充分更高质量就业的关键因素。第一产业就业结构比重依然偏高，第三产业就业人员供给不足，就业结构调整略滞后于产业结构调整步伐。劳动力技能水平与产业转型升级需求不匹配，劳动力就业市场"招工难"与"就业难"两难现象并存。此外，高校毕业生能力水平与企业岗位需求有差距，造成就业结构性错配。分析发现造成就业结构性矛盾的根源主要在以下几个方面。

劳动力需求的结构性变化是导致就业结构性矛盾产生的根本原因。在河北省产业结构调整过程中，一方面，去产能和智能化升级改造对中低端产业的就业产生的挤出效应越发明显，同时新兴产业发展时间较短，高端人才市场供给不足，导致就业结构与产业结构不吻合。另一方面，河北省农村转移劳动力大多从事低端行业，工资水平低、工作环境恶劣、社会保障不健全等问题普遍存在，导致农村劳动力转移意愿不强，第一产业从业人员比重偏高。

劳动力供给的结构性变化是形成就业结构性矛盾的关键因素。一方面，河北省人口老龄化形势十分严峻，劳动年龄人口减少趋势明显，而制造业、建筑业等又是用工的大头，大龄低技能劳动者就业面临挑战，在一定程度上造成了就业结构性矛盾。另一方面，河北省高校在综合实力较弱，吸引力不强，再加上教育培养结构滞后于经济社会需求的实际变化，高校毕业生的能力素养与用人单位需求有差距，加之职业教育发展不足，导致难以形成高水平的技能人才队伍。

劳动力市场功能发挥不足是造成就业结构性矛盾的重要原因。当前，河北省劳动力市场体系建设起步较晚，人力资源服务业普遍规模小，业务主要集中在人才求职招聘、行政事务代理等基本服务方面，在人才职业定位和提升、人力资源管理咨询等中高端服务领域发展不足，对劳动力市场的就业困难群体服务水平也不高，无法起到及时有效的解决市场中劳动力供需矛盾的作用。

二、破解就业结构性矛盾路径

积极扩大就业容量，促进就业转型与产业转型相结合。一是建立经济增长与扩大就业联动机制。强化财税、金融、投资、消费、产业、区域等政策支持就业的导向，支持民营经济发展创造更多就业岗位，实现经济增长与就业扩大良性互动。实施扩大内需战略，持续促进消费、增加有效投资拉动就业，通过保市场主体保就业。二是促进就业结构与产业转型升级相适应。建设实体经济、科技创新、现代金融、人力资源协同发展的产业体系，加快推进制造业服务化，增强制造业就业吸引力。重点推动电子商务、社区服务、家庭服务、健康服务、养老服务等现代服务业发展，开发更多服务型就业机会。深化农业供给侧结构性改革，重点培育一批产值超百亿元的特色优势产业集群，积极打造一批农业产业强镇、农产品加工产业园，吸纳更多农村劳动力就业。三是拓展新产业新业态就业空间。抓住数字经济蓬勃发展的机遇，大力发展大数据、云计算、物联网、人工智能等信息技术产业，推动传统线下业态数字化转型赋能，以新产业新业态新模式发展拓展就业新形态新岗位。

统筹重点群体就业，促进城乡区域就业结构相协调。一是统筹城乡融合发展。加快推进新型城镇化与城乡统筹示范区建设，引导农村劳动力有序进城务工，创造更多农村劳动力转移就业机会。推进以县城为重要载体的城镇化和乡村振兴战略有效衔接，做大做强县域经济，壮大县乡村促就业内生动力。丰富乡村经济业态，扩大农业规模经营，培育乡村就业增长极。二是提高重点地区就业承载力。深化京津冀就业服务协同发展，加强技能人才培养交流合作，开展京津冀劳务输出合作，推动雄安新区、廊坊北三县以及环京津县（市、区）与北京在人力资源领域实现全面对接。促进特殊类型地区充分就业，支持脱贫地区发展壮大本地特色产业，促进当地群众就业。三是做好重点群体就业安置。聚焦未继续升学初高中毕业生、城镇失业青年、转岗青年职工等城镇青年，开发更多适合青年的就业岗位。完善退役军人优先就业岗位目录，引导退役军人就业向城乡基层延伸。

全面提升劳动者技能素质，促进劳动者技能水平和岗位需求相匹配。一是加强教育培训与产业发展紧密结合。引导高校加快急需紧缺人才的专业化培养体系建设，精准培养适用性技能人才，从根本上提高人才的有效供给。完善职业教育和培训体系，切实提升培训效能，促进劳动力就近就地转移就业。支持企业开展职工在岗培训，解决技能人才短缺、技能发展不均衡的系统性问题。二是构建新型技能人才培养体系。积极推广以"双元制"为依托的技工培养新模式，加快在中小城市发展一批应用型技术大学或职业院校，推动以体力型就业为主向以技能型就业为主转型。深化产教融合、校企合作，鼓励企业与职业院校共建生产性实训基地和产业人才培养培训基地。大力发展继续教育、在线教育，建设学习型社会。三是加强重点群体职业技能培训。积极发展养老、托育、家政等生活服务从业人员培训，大力开展新业态新商业模式从业人员技能培训，实施高校毕业生就业培训工程和就业见习计划，做好农村转移劳动力培训，加强下岗失业职工的转岗再就业培训，开展退役军人职业技能提升行动和学历提升行动。

提高就业服务质量，优化就业创业环境。一是完善就业公共服务体系。建立健全高标准人力资源市场体系，加强人力资源市场制度建设，构建统一的人力资源大市场。大力发展人力资源管理咨询、高级人才寻访、人才测评等高技术、高附加值业态，满足高端产业人才缺乏矛盾。积极推进公共就业服务标准化、制度化、专业化和信息化建设，搭建公共就业服务平台，建立定期举办招聘会制度。二是营造优良的就业创业环境。全面落实各级政府的创业优惠政策，多渠道筹集资金加大投入，从市场准入、贷款发放、收费减免、纳税服务、创业培训服务等方面支持创业。健全劳动用工管理规章制度，规范企业用工。加强劳动者社会保障，加大城镇职工基本养老保险扩面力度，探索灵活就业人员养老、医疗及其他保险新模式。建立投诉处理机制和联合约谈机制，加强劳动者就业权益保障。健全完善就业形势分析制度和就业失业信息监测、失业预警制度，加强就业形势的分析研判。

（本文作者：刘静、李珊珊、李菁。本文系 2022 年度河北省人力资源和社会保障研究课题"河北省就业结构性矛盾分析及破解对策研究"（课题编号：JRS-2022-1098）阶段性研究成果，发表于 2022 年 12 月 17 日《河北经济日报》（理论版）。）

乡村振兴视角下促进农民增收路径研究

——以河北省为例

实施乡村振兴战略是党中央对"三农"工作作出的重大决策部署。让农民有持续稳定的收入来源、经济宽裕、生活便利是实施乡村振兴战略的目标，是建立和谐社会的根本要求。长期以来，我国聚焦乡村振兴战略，有效拓宽农民增收渠道，农民收入持续较快增长，城乡居民收入差距不断缩小，但是农民始终是推进共同富裕道路上的薄弱环节。在实施乡村振兴背景下，探索促进农民增收的路径对于促进共同富裕意义深远。

一、问题提出及研究综述

习近平总书记多次强调"农业农村工作说一千、道一万，增加农民收入是关键"。长期以来，中共河北省委、河北省人民政府把农民增收作为"三农"工作的中心任务，把促进农民增收当作头等大事来抓，认真贯彻中央强农惠农政策，持续加大对"三农"的支持力度，多举措鼓起农民钱袋子，相继出台了《中共河北省委河北省人民政府关于实施乡村振兴战略的意见》《关于促进农民增收的若干举措》等，不断加强对农业农村的财政投入力度，农民收入实现持续增长，城乡居民收入差距不断缩小。在宏观经济的深刻影响下，梳理、归纳、总结和展望农民增收问题具有重要的现实意义。

农民增收问题一直是学术界关注的话题。学者对美国、日本等国家农民增收问题进行了研究。研究结果表明，国外通常通过实施财税政策、农业保险制度、建立农业合作组织、完善农村基础设施和公共服务等，重视基础教育和职业教育、加大科技研发力度来提高农业生产率、减轻农民负担达到农民增收目的。学者对国内农民增收研究主要从农民收入来源结构、影响因素、变化态势和增收路径等方面展开。多数学者以 1978 年为基点，按照农业农村政策历史关键节点进行阶段研究，通过省际区域间或城乡间的差别，揭示农民收入增长所表现出的空间特征。对影响农民增收因素、变化态势以及路径研究方面，多数学者认为制度因素、非制度因素和两者结合因素是影响农民增收的主要原因。在变化态势研究方面，学者主要从经营性收入和工资性收入展开研究；在增收路径方面，学者多数从产业、区域品牌及农民就业等角度开展研究。总的来看，学者对农民增收相关问题研究比较深入，为推进农民增收提供了较好的思路和启示。实施乡村振兴战略作为党的十九大的重大决策部署提出时间较短，如何促进农民增收问题有待进一步研究。本文以河北省为例，结合问题导向、目标导向，分析 1978~2020 年农民收入构成情况，总结农民增收特点，借鉴国内外经验做法，探索有利于加快农民增收的途径。

二、河北省农民增收的发展现状

河北省农民收入主要来源为工资性收入、经营净收入、财产净收入和转移净收入。改革开放以来，河北省农民收入持续较快增长，城乡居民收入差距逐渐缩小。2020 年全省农村居民人均可支配收入达到 16467 元，比 1978 年增长了 143.4 倍，比 2012 年增长了 1.0 倍；恩格尔系数由 1980 年的 60.10%下降到 2020 年的 29.2%，农民生活质量有了明显提高。总体来看，河北省农民收入实现四个重点"突破"：1978 年，农民人均纯收入达到 114.06 元，首次突破百元。1994 年农民收入达到 1107.25 元，突破"千元"用时 16 年；2009 年农民收入达到 5149.67 元，突破"5 千元"用时 15 年；2014 年农民收入达到 10186.14 元，突破"万元"大关，用时 5 年[①]。

(一) 基本形成收入来源多元化格局

从收入来源看，经营净收入是农民收入的主体，其占比逐步下降；工资性收入是农民增收的主渠道，贡献最大；转移、财产净收入是农民收入的重要组成部分，占比逐步提升。

改革开放以来，全省全面落实党中央农业农村优惠政策，减轻农民负担，极大地调动农民生产积极性，促进了农民收入增长。河北省农业供给侧结构性改革不断深化，农业生产结构不断优化，2020 年全省粮食播种面积达 9583.5 万亩，总产 759.2 亿斤，居全国第 6 位，连续 8 年保持在 700 亿斤以上较高水平，粮食单产创历史新高，总产增量居全国第 4 位，蔬菜总产、水果总产、生猪存栏、禽蛋总产、乳制品产量分别居全国第 4 位、第 6 位、第 4 位、第 3 位、第 1 位[②]；农产品增值空间不断拓展，创建迁西板栗、永年大蒜、泊头鸭梨、鸡泽辣椒、平泉食用菌等 217 个农产品出口基地，农产品出口值达到 114.1 亿元，同比增长 3.2%[③]。农民经营方式加快转变，家庭农场、农民合作社、社会化服务组织分别达到 4.9 万家、11.58 万家、2.9 万家，覆盖 94%的行政村[④]，新业态蓬勃发展，构建起立体式、复合型现代农业经营体系，很大程度上辐射带动农民增收。2020 年，河北省农民人均经营净收入 5517 元，同比名义增长 8.2%，

---

① 资料来源于《河北统计年鉴 2021》。
② 郝东伟.丰产丰收! 今年河北粮食总产量为 759.2 亿斤，亩产创新高[EB/OL].河北新闻网，[2020-12-25]. http://hebei.hebnews.cn/2020-12/25/content_8276042.htm.
③ 郝东伟."国际范儿"擦亮"农"字招牌——河北农产品以优质供给拓展国际市场[N/OL].河北日报，[2021-09-07].http://hbrb.hebnews.cn/pc/paper/c/202109/07/content_100059.html.
④ 资料来源于河北省农业农村厅。

占农民人均可支配收入的 33.50%①，经营净收入成为农民收入的主要来源，其中第一产业收入所占份额较大。随着经济发展，转移就业机会不断增加，改革红利不断释放，农民收入来源日益多元化，经营净收入占比逐步下降。经营净收入占比 1990 年为 68.02%，2000 年为 57.20%，2010 年为 45.82%，2020 年为 33.50%。农民经营净收入中，呈现第一产业比重下降，二三产业比重上升态势②。

工资性收入是农民增收的主渠道，占比不断提高。改革开放后，农村土地经营制度改革不断深化，城乡二元结构逐步改善，以乡镇企业为代表的农村非农产业快速发展，大量农村富余劳动力进入乡镇企业务工。农村人口逐步向城镇转移就业，农民非农收入增加，2011 年工资性收入占农民人均可支配收入的比重达到 48.09%③，首次超过经营净收入占比，成为农民收入的主要来源。党的十八大以来，国家坚持农业农村优先发展，推进农业供给侧结构性改革，实施乡村振兴战略。强调把农业农村优先发展落到实处，农村地区干部优先配备、要素配置优先满足、资金投入优先保障、公共服务优先安排。2020 年河北省农民工资性收入达到 8598 元，同比名义增长 5.9%，占农民人均可支配收入的 52.21%，占比高于农民经营净收入 18.71 个百分点④。

农民增收进入多轮驱动，财产净收入和转移净收入占比提高。2004~2020 年，国家强农惠农富农政策不断出台，连续十六次出台农业一号文件，为促进农民增收带来重大利好。各项惠民政策不断升级，全面取消农业税、大幅提升农民土地占用补偿和退耕还林补助，更多增收红利持续释放。2020 年河北省农民财产净收入达到 352 元，同比名义增长 8.9%，占农民人均可支配收入的 2.14%，2010 年峰值为 3.06%。同时，金融机构向农村布点增加，农民养老金或退休金不断提高，国家政策性补贴增多、医疗费报销比例加大、转移性支出减少等举措促使河北省农民转移净收入增长较快⑤。河北省落地产业扶贫项目 5.3 万个，62 个贫困县培育特色扶贫产业 140 个，7746 个贫困村发展优势产品 11786 个，这进一步增加了农民收入渠道⑥。2020 年河北省农民转移净收入达到 2000 元，同比名义增长 9.2%。从转移净收入占人均可支配收入比重来看，1993~2005 年整体处于下降趋势，由 1993 年的 3.33% 下降到 2005 年的 3.04%。2006 年之后，农民转移净收入占农民人均可支配收入的比重提升较快，2020 年达到 12.15%⑦。

总体来看，河北省农民工资性收入依旧是增收的主要渠道，经营净收入仍是农民增收的基石，转移净收入成为农民增收的重要渠道，财产净收入是农民增收的有益补充。

(二)城乡间收入差距逐步缩小

城乡居民收入差距缩小是农民收入持续增长的结果。河北省实施统筹城乡经济社

---

① 资料来源于《河北省 2021 年国民经济和社会发展统计公报》。

②③④⑤ 资料来源于《河北统计年鉴 2021》。

⑥ 辉煌五年 奋进河北 | 精准脱贫 梦圆小康 [EB/OL]. 河北新闻网，[2021-11-26]. http://hebei.hebnews.cn/2021-11/26/content_8675382.htm.

⑦ 作者根据《河北统计年鉴 2021》计算得出。

会发展战略，城乡关系从"农业支持工业、农村支持城市"转向"工业反哺农业、城市支持农村"，逐渐步入"以工补农、以城带乡"的发展阶段。全省加快推进全国新型城镇化与城乡统筹示范区建设，推动人地钱等要素在城乡间流动，大量农村人口向城市转移，新生代农民工成为工厂主力，农民工资性收入占比逐步提高。同时河北省着力加强农业供给侧结构性改革，加快转变农业发展方式，促进农业稳定增长和农民持续增收。从数据来看，河北省城乡居民人均收入分别从 1978 年的 276. 24 元和 114. 06 元提高到 2020 年的 37286 元和 16467 元；城乡收入比呈"W"增长趋势，由 1978 年的 2.42∶1 缩减到 2020 年的 2.26∶1，比例缩减了 0.16。分阶段看，1978～1984 年，河北省深化农村体制改革，农民获得生产经营自主权，极大地解放了生产力，农民收入实现快速增长。1984 年城乡居民收入差距创历史最低，达到 1.51∶1，较 1978 年缩减了 0.91，这符合河北省农业大省的特点。1985～1993 年，经济发展重心由农村转向城市，城镇居民人均收入增长快于农村，城乡收入差距扩大。1993 年城乡居民收入差距为历史最高，达到 2.74∶1，城乡收入差距快速扩大，农业农村成为突出"短板"。1994～2009 年，河北省城市发展迅速，户籍制度与土地改革制度促使资源进一步向城镇集聚，城乡收入差距进一步拉大，2009 年城乡收入比达到 2.86∶1，比 1994 年扩张了 0.14。2010 年以后河北省加大扶持"三农"力度，实施城乡居民收入倍增计划、乡村振兴战略等一系列积极举措，城乡收入差距逐渐缩小，2020 年河北省城乡收入比达到 2.26∶1，比 2010 年缩减 0.47[①]。

(三)区域间农民收入差距明显

和其他省份比较，河北省农民人均可支配收入整体水平偏低，增速缓慢。2020 年，河北省农民人均可支配收入达到 16467 元，比全国平均水平低 664 元，比浙江省低 15463 元，总量居全国第 14 位。河北省农民人均可支配收入增速为 7.1%，高于全国平均水平 0.2 个百分点，低于增速排名第一的西藏 5.6 个百分点，增速和新疆并列居第 18 位[②]。四项收入来源中，工资性收入高于全国平均水平 1624 元，占比高于全国平均水平 11. 50 个百分点。经营净收入、财产净收入、转移净收入分别低于全国平均水平 560 元、67 元、1661 元，占比分别低于全国平均水平 1. 97 个百分点、0. 31 个百分点、9. 22 个百分点[③]。同时，河北省地区间农民人均可支配收入差距较大，经济发展水平较高的唐山、廊坊、石家庄等地区四项收入均较高，而张家口、承德地区以农业收入为主，非农产业发展滞后，经营净收入占比较大，其他三项收入占比较低。2020 年唐山、廊坊、石家庄、邯郸、保定 5 市农村居民人均可支配收入均高于全省平均水平，秦皇岛、沧州、衡水、邢台、张家口、承德 6 市均低于全省平均水平；增速上，张家口、承德、衡水位居全省前三，仅秦皇岛、石家庄、廊坊 3 市低于全省平均水平[④]。

---

① 作者根据历年《河北统计年鉴》相关数据计算得出。
②④ 作者根据《河北统计年鉴 2021》相关数据计算得出。
③ 资料来源于《河北统计年鉴 2021》。

三、国内外农民增收经验借鉴

(一)国外经验借鉴

美国重点采用农业立法和政府补贴的形式来增加农民收入。制定了一系列以农业为核心的农业法律体系,形成了健全和完善的法律法规体系,促进农业发展和农民增收。制定价格补贴、收入补贴、收入价格补贴等农业补贴政策来稳定市场价格、加大农业生产的直接补贴和保护。重视财政作用,加大财政支农力度。积极发展农业保险,成立政府的联邦农作物保险公司,实施巨灾风险保险、额外风险保险、区域救灾保险、额外保险项目等项目,降低农业生产者的风险。制定补充保障选择计划(SCO)、浅层次收入保护计划(STAX)等农业保险政策避免农民收入的风险损失。形成了由联邦农业部科研机构、赠地大学的农业科研及推广机构和私人企业科研机构等三方面组成的三位一体农业科研体制模式。注重完善农业职业教育体系建设,培养大批农业现代化实用型人才。

英国将现代信息技术与规模化农业生产相结合,重点发展精准农业生产,注重农村教育投入和农民科技教育培训。开发农村地区观光休闲农业、经营乡村旅游,增加农民第三产业收入。实施经济补贴、价格支持、帮助滞销农产品销售等优惠政策来保护农场主的切身利益。完善信贷和抵押贷款方式,解决部分农村家庭农业资金短缺问题。实施农村就业计划来增加乡村居民的收入,提高农村居民生活水平。

法国实施加速土地集中政策,建立农业互助组织、农业合作社和农业信贷组织,健全合作组织体系。建立农业生产补贴、农村发展补贴和林业持续管理补贴的农业保护政策,形成了国家、地方和农场三级农业科研体系。提供信贷服务和保险服务等金融服务来合理配置资金。同时,积极推进区域专业化、农场专业化和作业专业化的农业生产专业化。注重农业教育体系的实用性建设,推行"农民高学历"计划实现科技兴农。

日本重视发展非农产业,非农收入是农民收入的主要来源。大力发展农产品加工和流通业,带动农村大量富余劳动力向第二、第三产业转移,增加农村地区就业机会。"工业下移"的城镇化布局实现了农民就地转移就业,提高了农民的工资收入。同时,采取价格支持、限制进口、高补贴等农业扶持和保护措施保障农民收入稳定增长。扶持为农民服务的农村合作组织,成立农业协同组合(农协)为农户统一采购生产资料、提供农业技术、养老、保险、金融等综合服务。形成了农业技术研发与推广的"双轨制"农业科研体制模式。注重农村基础教育和职业培训,促进农村劳动力在产业间顺利转移。

德国注重城市化和生产力布局均衡发展,通过空间规划和区域政策,引导工业向小城市和城镇布局,形成产业和人口的"逆城市化"发展趋势。注重提升农民生活品质,实施"村庄更新"计划,借助补贴、贷款、担保等方式改善基础设施、优化生态和环境、保护社会文化、提高公共服务质量为"在乡村生活、在城镇就业"的人口迁移模式发展提供机会。加大财政对农业的支持力度,设立专项财政资金,采用投资补贴、拨款、农产品价格支持、信贷担保及低息贷款等措施，帮助落后地区调整农业结构，全面更新农业机械，加快农村城镇建设。重视乡村土地整治，逐步优化土地结构和布局，赋予其不同功能，实现农村创新发展。

(二) 国内经验借鉴

浙江采用"工业思维"经营"三农"，注重实施三产融合、技术驱动、品牌意识、规模效应、商业模式等典型的工业经营思维促进农村经济发展。大力发展民营经济，注重产业集群发展，柯桥轻纺、海宁皮革、义乌小商品、永康小五金、桐乡羊毛衫、大唐袜业等块状产业规模效应、品牌效应显现，成为浙江农村经济的强大支撑和竞争力所在，是农民就业的主阵地。充分挖掘农业内部增收潜力，加快发展农村第二、第三产业，培育特色小镇、打造现代农业产业园等产业融合载体，农村产业经济发展不断推进。实施科技强农、机械强农"双强行动"，全面提高农业生产效率和效益。拓宽农民外出务工经商转移渠道，多举措支持农民工、大学生、退役军人、科技人员返乡入乡兴办企业，增加农民就业机会。开展"千村示范、万村整治"工程，扎实推进农村人居环境整治，农村生活便利化程度得到提高，农旅结合、乡村创业、资本回流等新兴景象不断涌现。2020 年，全省农村居民人均可支配收入首次踏上 3 万元台阶，达到 31930 元，连续 36 年位居全国省区第一。城乡居民收入比值为 1.96，比全国城乡差距最小的天津(1.86)仅高 0.1 个百分点，自 1993 年以来首次实现城乡居民收入比低于 2，农民收入呈现水平高、速度快、差距小的特点[①]。

江苏省秉持"工业化思维、项目化机制"思想，做大做强乡村产业。走市场化的发展路子调整农业结构，创建国家现代农业产业园、农业产业示范园、农产品加工集中区。农业与文化、旅游、教育、康养等行业实现跨界融合，实施"百园千村万点"休闲农业精品行动，"互联网+"农业发展速度和规模一直稳居全国前列。大力推进农业科技创新和科技成果推广，拥有涉农高校院所 70 余所，建有一大批国家重点实验室和工程中心。着力优化农业生产体系，全省农业机械化水平达到 88%[②]。在全国率先出台土地制度改革实施意见，农民合作社总数位居全国前列。在全国率先建成统一联网、省市县镇四级联动的农村产权交易市场体系，推进集体经营性资产量化到人、固化到户。大力推进新型职业农民培育，建立教育培训、认定管理和政策扶持"三位一体"模式。2020 年全省农村居民人均可支配收入突破达到 24198 元，城乡居民收入比降至 2.19：1 以下[③]。

广东把建设现代农业产业园作为农民增收的重要举措。注重产销同抓，出台农产品收储补贴政策，搭建"保供稳价安心"数字平台，创新农产品"12221"市场体系解决农产品"卖难"问题。注重科技赋能，打造广州国家现代农业产业科技创新中心等一批成

---

① 资料来源于《浙江统计年鉴 2021》。

② 农业农村部发展规划司. 农业农村部发展规划司农业现代化辉煌五年系列宣传之四十二：江苏省"十三五"农业现代化发展回顾[EB/OL]. 中华人民共和国农业农村部网，[2021-09-10]. http://www.jhs.moa.gov.cn/ghgl/202109/t20210910_6376135.htm.

③ 资料来源于《江苏统计年鉴 2021》。

果转化平台，实施农村电商工程，创新建立"广东农村电商网络学院"开展技术培训，2020年全省县域农产品网络销售额排名全国第一。注重品牌效应，开展"一村一品"系列行动，打造"粤字号"农产品品牌。注重主体引领示范带动作用，重点发展家庭农场和农民合作社。深入实施"粤菜师傅""广东技工""南粤家政""高素质农民培训"等人才培育工程，多举措促进农民增收。同时，在全国率先建成省市县镇村五级农村人居环境整治管理信息系统，加快补齐基础设施和公共服务短板，多举措提高人民幸福感、获得感。2020年全省农村居民人均可支配收入突破达到20143元，城乡居民收入比降至2.5∶1①。

综观国内外农民增收做法，土地政策是关键和核心，农业保护是收入增长的重要来源，合作组织是收入增长的有效途径，农业教育、科研体制和资金配置是收入增长的重要保障。

四、促进农民持续加快增收的路径选择

促进农民增收是实施乡村振兴战略的重要任务，也是实现共同富裕的重要内容。在经济压力增大的背景下，河北省农民增收深层次问题逐渐暴露，新举措全面发力还需要一个培育过程。因此，需要我们借鉴国内外农民增收经验，结合河北省实际，探索一条促进农民持续加快增收的路径。

一是优化政策供给，突出增收政策差异性。现阶段河北省农民增收问题主要是扩大农村中等收入群体比重，增加传统农区和小农户等农村低收入群体收入。在制定普惠性政策的基础上要适时调整农民增收政策，针对农村低收入群体采取有效性措施，将有限的政策资源更多地向增收困难区域和群体倾斜。

二是拓展农民就业渠道，提高农民工资性收入。注重通过城乡融合发展优化农民增收的外部环境，加快构建城乡要素平等交换、均衡配置公共资源、健全完善城乡融合发展体制机制和政策体系、加强农村基础设施建设来完善农民工资性收入增长环境。第一，促进农民就近就业，深入挖掘农业农村内部就业潜力，落实好财政、金融、用地、人才等扶持政策。壮大县域经济，建立以县城和中心镇为主要节点的产业布局，发挥村级组织和龙头企业作用，带动更多农民就近就业。第二，促进外出务工就业增收，深化京津冀劳务协作，促进农民工参与雄安新区建设、北京冬奥会建设、北京新机场配套建设、河北自贸区建设等重大国家战略建设。加强城乡一体化公共就业服务，完善就业信息平台，开展线上线下专场招聘会，千方百计地促进农民工稳岗就业。

三是鼓励和支持农村创新创业，促进经营净收入快速增长。重点提高农业生产率，向生产率要效益，提高农产品销售额。第一，加快推进农业结构调整，发展都市型农业和特色高效农业，打造特色农产品优势区，持续带动区域经济增长和农民增收。创新农业项目载体和模式，运用好农业产业园区、农商产业联盟和特色小镇等平台载体，延长农业产业链条；加快休闲农业、乡村旅游、农村物流等新业态融合发展，促使农

---

① 资料来源于《广东统计年鉴2021》。

业向第二产业和第三产业延伸。加快发展农村电商，建立线上线下销售相结合的长效机制，持续拓展农民经营净收入空间。第二，建立科研支撑体系，加大农业科研推广投入，加强与农业科研院所、高校合作。加快农民合作社建设，促进农民广泛参与农业科技开发推广。第三，积极培育壮大新型农业经营主体，鼓励发展产业化龙头企业带动、农民合作社和家庭农场跟进、小农户参与的产业化联合体，建立更加稳定的利益联结机制，提高农民风险抵御能力，让农民更多分享产业增值收益。积极发展农村职业技术教育，开展基础性培训、技能培训和专业培训，提高农民受教育水平和科学文化素质。第四，创新收益分配模式，加快推广"订单收购+分红""土地流转+优先雇佣+社会保障""农民入股+保底收益+按股分红"等多种利益联结方式，让农户分享加工、销售环节收益。

四是盘活农村资源，增加农民财产净收入。农村集体资产是农民群众作为集体成员的主要财产，涉及农民群众的切身利益。结合河北省实际情况，重点深化土地制度和农村集体产权制度改革，健全农村金融服务体系，打通资源变资产、资金变股金、农民变股东渠道，赋予农民更多财产权利。第一，健全城乡统一的建设用地市场流转制度，盘活集体资产、农村土地、林地等资源要素，鼓励农民依法采取转包、出租、互换、转让及入股等方式流转土地，发展土地合作社、农宅合作社、农村社区合作社等多元股份合作经济，促进农业适度规模经营。第二，积极探索激活农村产权，组建农村土地流转服务中心、土地流转市场或者农村产权交易市场，通过土地入市、股份合作等方式，允许宅基地使用权向集体组织外部流转，为农民带来长期稳定收益。第三，健全农村金融服务体系，发挥新型农村金融机构和小额贷款公司服务"三农"作用，探索建立金融支农服务联盟，加快土地经营权、林权抵押担保产品创新，推出农户联保贷款、农户小额信用贷款、个人住房按揭、创业贷款等多元化金融产品，补充农业和农村非农部门发展资金链条，引导资金回流。

五是完善强农惠农富农政策，保障农民转移净收入稳步增长。第一，突出财政支持方式多元化。继续加大对"三农"的综合扶持力度，在提价、补贴等方式直接带动农民增收的基础上，落实和完善农业"三项补贴"政策、粮食生产功能区和重要农产品生产保护区扶持政策及草原、森林、湿地等生态补偿政策。发挥财政资金的撬动作用，利用市场机制吸引更多金融资本和其他社会资金共同促进农民增收。积极探索农业保险支持模式，鼓励地方保险金融机构、农业部分联合设计多层次、可选择、不同保障水平的保险产品，开发适应不同经营主体需求和不同种类生产模式的保险品种，增强农业抗风险能力。第二，将社会保障摆在更为优先的位置，突出社会保障的城乡融合性，加快健全多层次农村社会保障体系，尤其是能使小农户和低收入农户两类人群感受到最直接的实惠和真正的生活保障，显著增强农民的获得感和幸福感。第三，完善农村基础设施和公共服务。加快城镇基础设施向农村延伸、公共服务向农村覆盖，缩小城乡发展差距，构建工农互促、城乡互补、协调发展、共同繁荣的新型工农城乡关系。

（本文作者：郝雷。本文发表于《经济论坛》2022 年第 1 期。）

统筹城乡发展
全面促进农民增收

促进农民收入稳定增长、让广大农民尽快富起来，是缩小城乡差距、促进区域协调、实现共同富裕的关键所在。综合考虑当前农民收入结构特征和影响因素，促进农民增收要统筹城乡发展，多措并举，不断拓展农民增收领域、增强农民增收能力，全面推进农民持续稳定增收。

一、培育壮大乡村产业，奠定农民增收基础

乡村产业是实现农村家庭经营收入稳步增长的重要基础。以农业为依托，延伸产业链条，促进一二三产业融合发展，是当前乡村产业发展的主攻方向，也是农民增收的未来和希望。新形势下，要以乡村振兴战略的实施为契机，加快调整产业结构，转变生产方式，发展富民乡村产业。

一是积极发展特色农业，促进农业增产增收。农业是保障农民生活的基础产业，发展特色高效农业是提高农民经营性收入的主要途径。要按照乡村振兴发展要求，突出特色、突出质量、突出品牌，满足人们对更高农产品的质量要求。充分发挥河北省高原、山地、平原、沿海等生态类型丰富的优势，坚持宜粮则粮、宜林则林、宜养则养、宜渔则渔、宜果则果、宜蔬则蔬、宜药则药，培育发展特色产业，奠定农业增收基础。

二是因地制宜发展乡村工业，带动农民就业增收。乡村工业是促进乡村经济增长、农民增收致富的关键力量，包括分散在农村市场的手工业、中小型生产加工企业以及布局在农村附近的工业园区企业。要鼓励符合产业发展政策、有利于吸引当地居民就业的产业发展，推动传统的乡村工业提档升级，向现代化、高端化发展，在增加产业效益的同时，带动周边农民就近就业，让农民获得更多产业增值收益。

三是鼓励发展乡村服务业，增加经营性收入。立足于农村居民生产生活需要，适应农业生产规模化、标准化、机械化的趋势，大力发展以农技推广、土地托管、农机作业及维修等为主的生产性服务；积极改造提升餐饮住宿、商超零售、美容美发等乡村生活服务业，拓展农民自主经营和参与就业取得收入的空间。

四是积极发展乡村新业态新模式，培育农民增收新动能。适应互联网、大数据发展态势，促进数字经济与农村生产生活融合发展。推动农村电商升级，积极发展网络

直播带货等新业态新模式，以流量换销量，将优品变名品，拓展农产品、特色食品、民俗制品等进城空间。充分利用农村生态、旅游、农耕文化等资源条件，探索共享农庄经济，因地制宜发展特色民宿、茶主题小院等业态，吸纳村民以产业工人的形式入园务工，增加农民收入。

二、拓宽就业渠道，增加农民工资性收入

工资性收入是农民收入的主要来源。随着农业现代化进程加快，农业生产效率逐步提高，农村富余劳动力进一步增多。在开放的市场经济体制下，农村劳动力就业渠道越来越多，范围越来越广，大部分农民可以通过各种途径就业并获得工资性收入。

一是鼓励农民就近就业。在新冠肺炎疫情影响下，农民工就近就业不仅有利于农民增收，也有利于避免人员跨区域大规模大范围流动。一方面要大力发展本地二三产业，增加就业岗位；另一方面加强就业平台建设，促进劳动力市场供需双方有效对接。同时，支持有条件的地方积极开发乡村保洁员、水管员、护路员、护林员等公益岗位，优先安排留乡农民工就业。

二是推进农村劳动力转移就业。由于区域经济发展差异的存在，有序推动河北省农村劳动力到京津及长三角、珠三角等发达地区就业，能够极大弥补农村居民收入较低问题。要针对城市月嫂、育婴师、养老护理员等紧缺工种供不应求、收入较高的实际情况，开展针对性、深层次、专业化的培训，促使更多农民能够掌握紧缺工种的技能要求，创造劳务输出品牌，大幅提升就业质量和工资收入。

三是有序推动境外劳务输出。境外劳务输出具有明显的高收入特征，同时，也有利于农民开阔眼界、增长见识、锻炼能力，为回国后再就业奠定基础。随着劳务输出的国家越来越多，从事的行业范围越来越广，农民出国打工的意愿也越来越强，有序推动劳务输出要规范运行。一方面要强化劳务输出的正确理念，使有意愿的农民做好背井离乡、吃苦耐劳的准备，引导其在一定时间内回国就业创业；另一方面要加强对劳务输出的管理，建立健全劳务输出服务机构和服务制度，推动农民通过正规渠道获取就业信息、参加岗前培训，提高劳务输出的成功率。

四是鼓励农民自主创业和灵活就业。面对严峻的就业形势和新冠肺炎疫情冲击，自主创业和灵活就业可以在一定程度上缓解当前困局。要鼓励返乡农民工留乡创业，开展个体经营、创办中小型乡村企业等，以创业带动就业；鼓励农村青年利用互联网自主创业，拓宽增收渠道。加强与服装厂、箱包厂等劳动密集型企业的联系与合作，在农村地区开展以计件工资为主的代工生产，促进本地农民灵活就业。

三、完善支农惠农政策，增加转移性收入

政府转移性支出是收入再分配的一种表现形式，在二元结构特征明显的情况下，增加对农村地区和农民的转移性收入可以在一定程度上缩小城乡差距、促进区域协调

发展。

一是完善农业农村补贴制度，增加农民补贴性收入。持续加大财政投入力度，增加粮食直补、购置和更新大型农机具补贴、良种补贴、生产资料补贴等收入。因地制宜制定特色农业发展补贴制度，对开展标准化、规模化、科技化、绿色化等现代化生产经营的农户，增加农业产业化发展补贴。在生活领域，要降低农村的水电煤气收费标准或给予一定补贴，着力降低农村居民生活成本。

二是完善农村社会保障体系，增加农民保障性收入。完善农村社会保障体系，增加农村社会保障投入，能够很大程度上解决农民生老病死的后顾之忧，意味着农民整体收入水平和生活水平的持久性提升。要以教育、医疗、养老等公共服务为重点，各项财政投入向农村倾斜，减少农村居民家庭必须支出成本。要持续巩固脱贫攻坚成果，对欠发达地区、相对贫困农民加大帮扶力度，通过转移性支付，避免农村居民收入水平差距过大。

四、加快农村改革步伐，挖掘财产性收入潜力

农民理财意识淡薄、社会保障水平不高等导致农村储蓄挤占投资，财产性收入增长缓慢，与城镇居民相差较大。实际上，农村还有大量的"沉睡"资源，需要通过改革来激活，赋予农民更多的财产权利。

一是深化农村土地制度改革，增加土地财产性收入。充分发挥土地增值保值作用，推动土地要素成为农民恒定的资本投入（入股、合作、转包、出租、抵押）。有效流转农村土地，发展多种形式适度规模经营，通过"保底收益+按股分红"等形式让农户分享产业链增值收益。

二是推进农村集体产权制度改革，让农民分享集体经济发展红利。鼓励村集体盘活土地资源，注入资本进行统一规划和布局，开展集约化生产和经营，提高村级集体资产收益。积极稳妥实施农村集体经营性建设用地入市制度，探索建立统一、规范、公平的要素产权交易流转市场。

三是大力发展农民股份合作制度，赋予农民更多财产权利。推动农民股份合作制经济按照市场化模式做大做强，积极吸引高端技术、人才和资金的进入，用现代化经营思路和理念，提高生产效率、保障入股农民利益最大化。

五、强化农村教育培训，提升农民增收能力

无论是增加经营性收入还是工资性收入，最根本的动力还是农民素质的提高。只有农民素质提升了，才能从事更高级别的生产劳动，实现更高质量的就业和更高水平的收入。

一是强化农村基础教育，提升农民基本素质。要高度重视农村基础教育的重要性，改变教育思想，使新时代每个农民家庭子女都能完成九年义务教育，使未来的农民都

能够成长为有知识、有文化、懂科学的新一代劳动者。

二是加强农业生产技能培训，大力培育新型职业农民。针对农业生产，建立农民培训长效机制，科学合理安排农民培训，提升农业增产增效的内生动力。要加强与大专院校和科研院所的合作，不定期组织农民学习农业种养殖及现代化农业设备、农机具的使用技术。

三是鼓励农民自主学习，打造高素质农民队伍。鼓励农民充分利用现代信息技术，通过大数据、互联网自主学习所需知识，拓展农村生产生活范围和视野。有条件的可以自主报考职业院校，提升学历层次。鼓励农民参加继续教育，促进农民终身学习，持续更新知识能力。

（本文作者：李云霞。本文发表于 2022 年 3 月 26 日《河北经济日报》（理论版）。）

发挥财政调节作用
扩大中等收入群体规模

中等收入群体规模是实现共同富裕的重要量化指标，是高质量发展的重要标志。在推动共同富裕背景下，财政政策是"做大蛋糕"和"分好蛋糕"的最有力杠杆，也是扩大中等收入群体规模最有效的政策工具。

一、立足于"做大蛋糕"稳定就业，针对相关产业和重点人群，实施精准培育中的财政支持政策

一是加大对产业结构调整的财政支持。把"蛋糕"做大，是分配的基础和前提，也是扩大中等收入群体的物质基础。河北省产业结构偏重，工资水平较高的高新技术产业和金融、技术服务等现代服务业比重低，企业效益不高、工资水平差距大，不利于扩大中等收入群体规模。因此，要扩大中等收入群体，必须不断调整产业结构，在财政资金上更倾向于支持传统产业转型升级和战略性新兴产业发展，推动先进制造业和现代服务业融合发展，奠定中等收入群体高质量就业基础。同时要大力支持第三产业发展，在通信、金融、商业、旅游、咨询、策划、保险、社区服务等产业制定积极的财政政策，加大项目资金奖补力度，从供给侧壮大第三产业；适时发放消费券，从需求侧刺激第三产业发展。

二是加大对重点群体就业增收的财政支持。习近平总书记在 2021 年中央财经委第十次会议上的讲话时指出，高校毕业生、技术工人、中小企业主和个体工商户、进城农民工、基层公务员及国有企事业单位基层职工都是中等收入群体的重要组成部分或有望进入中等收入群体的潜在人群。从财政角度来看，加大对上述群体的政策支持，是精准培育中的重要体现。在疫情防控常态化形势下，要根据河北实际，完善就业补助政策，资金主要用于支持高校毕业生、技术工人及农民工等重点群体的职业培训、职业技能鉴定、吸纳就业、社会保险、就业见习、公益性岗位补贴、高技能人才培养以及就业创业服务等。加大对中小企业和个体工商户纾困解难力度，落实减税降费政策，实施中小微企业设备器具税前扣除，通过财政贴息的方式减轻小微企业融资成本与还贷压力，让中小企业和个体工商户成为中等收入群体重要的就业平台和载体。改革机关事业单位工资和津贴补贴制度，加大对基层公务员和事业单位职工岗位工资补

贴，允许有条件的地区根据本地财政实力适当提高工资水平。

二、立足于"分好蛋糕"缩小收入差距，进一步完善收入分配制度，优化收入分配格局

一是提高劳动报酬在初次分配中的比重。扩大中等收入群体比重，增加低收入群体收入，合理调节高收入，取缔非法收入，是发挥财政政策作用推动共同富裕的重要着力点。要进一步完善按劳分配政策制度，增加劳动者特别是一线劳动者工资收入、奖金收入以及个体经营收入。指导企业健全薪酬分配和支付制度，建立职工工资合理增长机制，做到职工工资增长与企业效益和社会经济发展同步。健全知识、技术、管理、数据等生产要素由市场评价贡献、按贡献决定报酬的机制。在市场经济条件下，积极推进区域性或行业的工资集体协商制度建设。

二是履行好政府再分配调节职能。根据河北省产业发展方向、居民就业特点，针对企业发展和重点群体就业中面临的实际问题，进一步强化政府再分配调节职能，加大对有利于吸纳就业的劳动密集型企业、有利于提高就业质量和就业收入的高新技术企业的支持力度。提高政府采购工程面向中小企业预留份额，在供应链产业链招投标项目中对大中小企业联合体给予倾斜，给予小微企业价格扣除优惠。建立农村低收入人群和欠发达地区帮扶机制，保持财政投入力度总体稳定。完善一般性转移支付制度，加快基本公共服务均等化，合理调节城乡、区域、不同群体间的分配关系，缩小收入分配差距。

三是充分发挥"三次分配"作用。鼓励高收入人群和企业更多回报社会，通过建立社会救助、民间捐赠、慈善事业、股权激励、志愿者行动等多种社会互助形式，有效弥补初次分配和再次分配中的市场失灵和政府失灵。制定推进慈善事业发展的政策措施，强化对企业社会责任履责的引导功能，提升企业家的认知格局，推动企业增强社会责任感，积极参与三次分配。财政部门要支持慈善事业发展，结合财力与慈善工作实际，多方筹措资金；加强慈善监督和管理，不断完善监管手段，健全综合监管体系，提升信息化、数字化监管水平。

三、立足于挖掘"扩中"潜力，优化财政支出结构，实施有利于"提低扩中"的公共服务政策

一是优化财政教育支出结构。教育投入是社会底层人员提升为中等收入者的重要资本和途径。要优化初中高三级教育支出结构，重点推进财政向初、中等教育倾斜，严格确保九年义务教育这一公共产品所需财政资金，使学龄段人口都能获得学习机会，不断提高自身素质，为成为不同类型的中等收入者打下良好的基础。同时要加大对职业技术院校的财政支持，为技术工人和农民工等提供便利的技能培训条件，使他们能有一技之长，保持就业增收能力，早日步入中等收入群体行列。此外，还要改善教育支出的内部使用结构，使更多的教育支出能够直接用于提高教师的教学质量和学生素

质，从而促进教育事业的发展。

二是完善财政支持就业政策。就业是扩大中等收入群体的基本保障。财政政策在实施就业优先战略中发挥着重要作用。在促进市场化就业中，财政资金可以发挥杠杆作用，与产业政策、金融政策协同发力，支持吸纳就业能力强的劳动密集型企业发展，为中小企业纾困解难、提供贷款担保；加大对"双创"的政策支持，鼓励创业带动就业，降低创业投资基金使用门槛；维护好新就业形态劳动者劳动保障权益，促进灵活就业、增加就业岗位和群众收入；针对高校毕业生、农民工、退役军人和脱贫人口等特定人群制定相应的就业服务政策。

三是完善社会保障支出政策。较为完善的社会保障体系，能够给予人们稳定的预期，有效巩固中等收入群体规模。要在建设覆盖全民、城乡统筹、权责清晰、保障适度、可持续的多层次社会保障体系上切实发力，不断扩大社会保障覆盖范围和人群，重点关注农民工和流动人口等群体，探索自由职业者享受政府和社会提供保障的办法；统筹推进城乡居民养老、医疗与最低生活保障制度，努力实现城乡社会保障制度在筹资机制、待遇保障、经办管理等方面的全面统筹；缩小区域间社会保障水平差距，努力建立均等化、可持续、流动性强的社会保障体系；在完善基本社会保障制度的基础上建立健全多层次社会保障体系，强化各类社会保障和救助制度之间的互补和协调。

四、立足于缩小区域差距，支持欠发达地区发展，扩大农村居民增收渠道

一是加大对欠发达地区的财政扶持力度。持续加大对 62 个欠发达县（区）帮扶力度，坚持巩固脱贫攻坚成果与乡村振兴一体谋划、一体推进，做好易地扶贫搬迁后续帮扶、以工代赈金和消费帮扶等重点工作，一般性转移支付向欠发达地区倾斜，夯实产业基础，补齐基本公共服务能力和公共基础设施短板，增强欠发达地区振兴发展内生动力。发挥财政资金引导作用，保持预算内投资各专项年度投资总体稳定增加，鼓励各类金融机构加大信贷资金投放力度，促进金融信贷政策在欠发达地区有效实施。

二是完善农村居民增收的财政政策。积极盘活财政存量资金，整合乡村振兴专项资金，紧扣农民增收主题，不断加大财政投入。完善农业补贴，加大休耕补贴小麦节水品种及配套技术推广补贴、旱作雨养种植补助、农机购置补贴等补贴力度。因地制宜发放耕地地力保护补贴，支持改善耕地质量。适时发放应对农资价格上涨补贴。扩大农产品保险，增加财政保费补贴。积极支持涉农产业项目，支持农业产业发展，对优质特色农产品品牌建设、农产品标准化示范基地建设给予一定资金补助。支持培育新型经营主体，对吸纳就业人员较多的经营主体加大财政补贴。支持农村综合改革，对集体经济项目实施财政补贴。

（本文作者：李云霞、郝雷、师建泉。本文系 2022 年度河北省财政科研课题"扩大中等收入群体规模相关财政政策研究"阶段性研究成果，获得 2022 年度河北省财政科研课题二等奖。本文发表于 2022 年 10 月 8 日《河北经济日报》（理论版）。）

河北省扩大中等收入群体路径研究

中等收入群体规模和比重是实现共同富裕的重要量化指标，是高质量发展的重要标志。扩大中等收入群体是党中央、国务院对实现第二个百年奋斗目标的具体要求，能够显著提升社会总体消费能力和劳动力整体素质，对维护社会稳定和谐和国家长治久安，构建新发展格局具有重要战略意义。"十四五"时期，河北进入高质量发展阶段，经济社会取得了长足发展，城乡居民的收入水平不断提高，收入渠道和结构不断拓展和优化，但发展不平衡不充分问题仍然突出，疫情影响持续发酵，扩大中等收入群体面临着诸多瓶颈制约，有针对性地采取有效措施化解矛盾、破局困境尤显重要和紧迫。

一、中等收入群体的概念界定及标准

(一)概念界定

中等收入群体的相关论述最早来自西方"中产阶级"的概念，判断中产阶级家庭的标准涉及收入、财产、职业、社会地位和生活方式。作为一个多维度概念，中产阶级是收入和财产处于社会平均水平及其附近区间的人员集合，是影响社会发展的主流人口群体，是社会运行和发展的中坚力量，起到社会"稳定剂"作用。

中等收入群体的概念与中产阶级的概念有所不同。我国政策领域提出中等收入群体的概念有近20年的历史。学术界对中等收入群体进行了深入探讨，形成了诸多"中等收入群体"标准。有的学者将收入水平作为界定中等收入群体的唯一标准；有的学者从收入、财富、职业、社会地位等多个角度综合定义中等收入群体。本课题主要从收入角度分析群体的收入分化状态，将家庭或人均收入作为衡量中等收入群体的重要标准。

(二)划分标准

国内外对中等收入群体相关划分标准差异较大，在政府管理实践中尚未形成统一标准。中等收入群体以收入水平作为划分依据，可分为绝对标准和相对标准两种界定方式，各有其优点和局限性。

1. 绝对标准

绝对标准从发展水平的视角界定中等收入群体,以具体的年收入范围为标准,根据一定的收入水平或消费支出水平计算出收入绝对值区间,将收入落入这一区间的人群称为中等收入群体。世界银行将发展中国家家庭人均每天10~100美元的人群视为中等收入群体;2016年艾瑞咨询发布的《中国中等收入人群需求金融报告》将月收入在8000~50000元群体定位为中等收入群体;瑞士信贷机构将个人财富在28000~280000美元的中国人视为中等收入群体。国家统计局把家庭年收入在10万~50万元的群体定义为中等收入家庭,据此估算出2018年我国中等收入家庭有1.4亿万户左右,中等收入群体约为4亿人。

2. 相对标准

相对标准从收入结构的视角界定中等收入群体,通过设定收入中位数的上下浮动比例,设定中等收入群体收入上下限区间。这种标准根据当期收入分布变化,观测收入区间内群体规模和比例的变化程度。相关标准会随着城镇居民家庭人均可支配收入的变化而变化,很难连续追踪中等收入群体总体规模的动态增长,无法直接进行比较。经合组织(OECD)以收入中位值的75%~200%作为中等收入群体划分区间;格拉姆等国外学者以人均收入中位数的125%和75%作为划分中等收入群体的上下限;李实等学者采用全世界200多个国家收入中位数的67%~200%作为中等收入群体标准。

3. 本课题选定标准

在我国,较为官方的说法是2018年国家统计局采用的绝对数标准,即将典型的三口之家的家庭年收入在10万~50万元定义为中等收入家庭。本报告在国家统计局家庭标准基础上,将收入分解到个人,考虑到家庭收入实际情况,一般三口之家中具有收入能力的只有两人,若个人年收入在5万~25万元,即可进入中等收入群体行列。

二、扩大中等收入群体的意义

一是有利于刺激消费,带动经济发展。中等收入群体具有巨大的消费需求和消费潜力,既有消费意愿,也有消费能力。扩大中等收入群体规模会引起住房、汽车、旅游、教育、耐用消费品和新兴服务业的旺盛需求,带来显著的消费需求效应,使消费成为经济增长的重要拉动力。

二是有利于优化社会结构,促进社会稳定。中等收入群体是经济社会稳定的物质基础和重要力量,将低收入群体扩充到中等收入群体行列,可以进一步优化社会资源配置,促进社会稳定有序发展。

三是有利于缩小贫富差距,实现共同富裕。中等收入群体是低收入群体与高收入群体之间有效过渡空间,扩大中等收入群体,可以让收入差距保持在适度、恰当、合理的范围内,有效缩小贫富差距,加快实现共同富裕目标。

三、扩大中等收入群体的主要影响因素

一是发展环境和发展阶段的影响。受新冠肺炎疫情影响，全球经济更加脆弱，企业生产经营和个人就业都面临着更大挑战，世界贫富差距和强弱分化更加明显，对中等收入潜在人群的冲击更为明显。高质量发展的思维、政策、制度体系等都蕴藏着更加公平合理的趋势变化，将有更多的市场主体和群众有更多的权利参与和分享经济发展成果，有利于中等收入群体的扩大。

二是宏观政策和体制机制的影响。高质量发展阶段，以共同富裕为目标的政策体系开始构建，公共资源进一步向公共民生领域薄弱环节倾斜，有利于逐步缩小区域差距、城乡差距和收入差距，促进中等收入群体规模比重的扩大和结构质量的提升。收入分配制度、户籍制度、土地制度等不断改革，在扩大中等收入群体、促进共同富裕中发挥着重要作用。

三是区域差异和城乡差异的影响。区域发展不充分不平衡问题普遍存在，造成中等收入群体在空间分布的不均衡，其区域分布基本与经济发展水平大体一致。城乡差距使扩大中等收入群体的重点难点主要在农村。

四是人口结构和教育水平的影响。人口老龄化和多子女化降低了中等收入群体比重。受教育程度对扩大中等收入群体产生正向影响。

五是从业领域和职业的影响。农业从业人员的收入水平较低，第二产业中的高新技术企业工资待遇普遍较传统产业要高，是中等收入群体分布的重点领域，金融业、高新技术、软件业和计算机服务业等第三产业集中了更高比例的中等收入群体。机关事业单位工作人员、国有企业职工大部分已经进入中等收入群体行列，部分乡镇企业家、个体工商业者、个体户和私营企业主也成为中等收入群体的重要组成部分。

四、扩大中等收入群体规模的关键环节

一是育中：培育重点人群，实施"精准育中"推动中等收入群体提增量。扩大中等收入群体规模需要"提增量"，精准施策扩大中等收入群体规模，有效识别有望进入中等收入群体的目标群体。高校毕业生、中小企业主和个体工商户、技术工人、进城农民工都是中等收入的重要组成部分或有望进入中等收入群体的潜在人群。

二是稳中：稳定现有中等收入群体，防范中等收入人群滑落。扩大中等收入群体规模需要"稳存量"，重点防止中等收入群体"返贫"、防范中等收入群体滑落到低收入群体。如事业单位管理和技术人员，效益较好的国有企业、股份制企业中的管理和技术人员，以及部分以网约配送员、网约车驾驶员、网络主播、电子商务从业者及其他灵活就业人员。

三是优中：调整中等收入群体内部结构，破解中等收入群体发展不均衡。中等收入群体底端大、中高层比重不足，内部结构稳定性不强，调整中等收入结构、破解不

均衡问题成为"优中"关键所在。公务员特别是基层一线公务员及国有企事业单位基层职工、私营单位科研人员等群体是中等收入群体中亟待优化的重点人群。

五、河北省中等收入重点人群调查情况

我们针对高校毕业生、技术工人、中小企业主和个体工商户、进城农民工、基层公务员及国有企事业单位基层职工、科研人员和网约配送人员七大重点人群开展问卷调查。共收到有效答卷35123份，来自全省11个设区市和辛集、定州、雄安新区等地，覆盖了城镇和农村不同类型地区，具有很好的代表性，能够反映全省中等收入重点群体的基本情况。

一是高校毕业生。约1/2的高校毕业生属于中等收入群体，但大部分处于中等偏下水平。高校毕业生的收入水平与学历和就业行业相关性较大。学历越高收入水平越高。制造业，电力、热力、燃气及水生产和供应业，信息传输、软件和信息技术服务业中等收入群体比例较高，农林牧渔业，居民服务、修理和其他服务业收入水平最低，90%以上属于低收入群体。

二是技术工人。约1/2的技术工人属于中等收入群体，但大部分处于中等偏下水平。民营企业的技术工人收入相对较低，能够进入中等收入群体的仅有38.35%，国有企业和三资企业的技术工人收入水平相对较高，能够进入中等收入群体的均达到60%以上。技术工人收入与职称等级正向关联，职称越高，收入水平越高。

三是中小企业主和个体工商户。河北省中小企业主和个体工商户仅有36.38%属于中等收入群体，且大部分处于10万元以下的较低水平。从事交通运输、仓储和邮政行业的中小企业和个体工商户是中等收入群体占比最高的行业。新冠肺炎疫情对中小企业和个体工商户的经营收入产生巨大冲击，虽然各级政府制定了一系列助力纾困中小企业和个体工商户的政策措施，但在实际执行中面临各种困难，市场主体对扶持政策的感受度不强，享受过税费减免政策的只有33.18%，享受过房租减免政策的仅占6.83%。

四是进城农民工。河北省进城农民工仅有31.82%属于中等收入群体，且大部分处于个人收入10万元以下的较低水平。电力、热力、燃气及水生产和供应业是中等收入群体占比最高的行业，住宿和餐饮业是收入水平最低的行业。进城农民在工作中面临的主要问题体现在权益保障得不到有效保护、超时工作、就业环境差、克扣和拖欠工资严重等方面。

五是基层公务员及国有企事业单位职工。约50%的基层公务员及国有企事业单位职工属于中等收入群体，且大部分处于中等收入较低水平，机关事业单位人员收入和学历均略高于国有企业，学历与收入呈正相关特征。基层公务员及国有企事业单位岗位薪酬差距较大，大部分中高层管理者和拥有中高级职称的人员都属于中等收入群体行列，一般工作人员由于数量多、规模大，收入水平相对较低。

六是科研人员。约2/3的科研人员属于中等收入群体，但大部分仍处于中等偏下

水平。民营企业科研人员相对于其他单位的科研人员收入较低，国有企业和三资企业的科研人员收入相对较高，约25%的国有企业、20%的三资企业科研人员个人年收入在10万~25万元，属于中等收入群体中收入较高人群。科研人员收入水平与学历、职称密切相关，学历和职称越高，收入水平越高。

七是新就业形态从业人员。约30%的网约配送员属于中等收入群体，且大部分处于中等偏下水平。网约配送员收入水平与配送时间、就业地类别等因素相关，与学历关系不大，配送时间越长，个人收入越高，有55.81%的网约配送员工作时间超过9小时。网约配送员职业稳定性不高，从事该行业的时间大部分都不到2年。

六、浙江省扩大中等收入群体的经验借鉴

一是高校毕业生。杭州市钱塘区聚焦高校毕业生群体，以高端先进的产业基础为依托，深入开展政校企多方协同，围绕高层次创新、高水平创业、高质量就业三个方面，构建培养、服务、实践"三大体系"，推动高校毕业生研、创、产"三型共富"，努力打造高校毕业生群体"扩中"的"钱塘样板"。

二是技术工人。台州市作为制造之都，拥有124万技术工人，占全市人口总数近两成。该市瞄准"扩中"最具潜力、最有实力的技术工人群体，突出"薪技双增、名利双收"的创新做法，探索形成"技能增、职级升、薪酬涨、职业香"改革组合拳，拓宽技工全面发展通道，着力打造技术工人"扩中"的台州样板。

三是中小企业主。嘉兴市海盐县以"企"为本、以"业"为基、以"家"为湾，深化"专精特新"中小企业精细化培育，"专精特新"中小企业高质量发展工作走在全省前列。

四是科研人员。绍兴市新昌县通过实施薪酬制度、股权激励、进阶管理三大改革，激发科研人员创业创新积极性，集聚更多科研人员、推动更高水平发展，实现了科研人员增量增收与区域经济提质增效的良性循环。

五是新就业形态从业人员。宁波市作为国家计划单列市和共同富裕示范区浙江省的副省级城市，出台实施平台经济等新业态支持政策，健全新业态用工制度，完善灵活就业人员社会保障体系和职业职称体系，切实维护好灵活就业人员各项权益。

七、河北省扩大中等收入群体的突破路径

(一) 总体思路

一是聚焦"做大蛋糕"：探寻高质量发展有效途径，夯实扩大中等收入群体之基。立足河北发展实际，加快产业结构调整，缓解就业和收入增长面临的压力，推动新一代信息技术与制造业融合发展，促进传统产业高端化、智能化、绿色化变革。

二是聚焦"收入分配"：优化居民收入分配格局，多渠道开辟扩大中等收入群体之源。加快收入分配制度改革，构建初次分配、再分配和三次分配协调配套的收入分配体系。

三是聚焦"城乡融合"：系统重塑城乡关系，为扩大中等收入群体提供"新引擎"。构建城乡互补、协调发展、共同繁荣的新型城乡关系，缩小城乡差距、提高农村居民进入中等收入群体比重。

四是聚焦"区域协调"：着力构建协调发展格局，打牢扩大中等收入群体的重要载体。发挥省内经济优势地区的示范引领作用，带动全省中等收入群体比重的提高。

五是聚焦"教育培训"：全面提升劳动者创业就业致富本领，为培育中等收入群体创造良好条件。充分发挥教育在扩大中等收入群体中的基础性作用，加快提升教育质量，大力发展职业教育，增强劳动者就业增收能力。

六是聚焦"民生福祉"：实现公共服务优质共享，提高中等收入群体的生活质量。创新服务供给模式，扩大优质服务供给，解决好中等收入群体的后顾之忧。

(二)对策建议

高校毕业生：立足于河北产业发展状况，调整高校毕业生培养方向，避免专业设置同质化。引导毕业生转变就业观念，提升就业能力。建立高校毕业生就业帮扶机制，拓宽就业渠道。

技术工人：完善技术工人培育机制，全面提升职业技能水平。推行技术工人工资平等协商，做到职工工资增长与企业效益及发展同步。引导企业制定奖励措施，开辟技术工人收入来源新渠道。

科研人员：优化人员构成，面向企业和基层一线，扩大科研辅助和推广人员规模。健全科技创新人才薪酬制度，实行以增加知识价值为评价标准的科技人员报酬体系。完善科技成果转移转化分配机制，建立起以实际贡献为导向的激励政策体系。

中小企业主和个体工商户：加快落实财税政策，加大对中小企业和个体工商户纾困帮扶力度。鼓励中小企业创新发展，走"专精特新"发展道路。鼓励中小企业和个体工商户实施数字化转型，充分利用互联网优势，积极拓展线上业务。

进城农民工：改善进城农民工就业环境，维护进城农民工的合法权益。做好进城农民工就业服务，提高就业竞争能力，有效转移农村富余劳动力。打造特色的劳务品牌，带动广大群众实现更高质量就业，稳定和扩大农村劳动力就业规模。

基层公务员及国有企业事业单位职工：落实机关事业单位工资制度改革方案，健全正常的基层机关事业单位工资增长机制。完善国有企业薪酬制度，健全职工工资决定及正常增长机制。畅通职务职称上升通道，健全技术技能人员成长成才机制。

新就业形态从业人员：积极应对新业态新模式竞争，助力新支柱产业的培育和建设。加强合法权益保护，维护新就业形态从业人员合法权益。加强技能培训，提升新就业形态从业人员工作能力。完善社会保障制度，健全新就业形态从业人员保障机制。

(本文作者：郝雷、李云霞、师建泉、成军。本文系2022年中共河北省委财经委员会课题(课题编号：2022CJLY13-09)研究成果主要内容。)

河北省推进居家养老服务高质量发展研究

全国第七次人口普查数据显示，河北省即将进入深度老龄化社会，"十四五"时期又将迎来老年人口增长高峰，人口老龄化程度将进一步加深，养老问题成为当前和今后一段时期社会发展面临的重大问题之一。按照"9073"养老布局，居家养老仍是未来主要的养老形式。近年来，河北省社区居家养老服务取得了显著进步，但仍存在社区养老服务作用发挥不充分、居家环境适老化改造不够、智慧居家水平不高、城乡养老服务质量差距较大等问题，难以满足老年人多元化、个性化的居家养老服务需求。应围绕老年人生活特征，以更好满足老年人需要为出发点，借鉴先进发达地区经验，推进居家养老服务高质量发展，应对日益严峻的人口老龄化形势。

一、河北省居家养老服务发展现状和面临的问题

(一)发展现状

1. 家庭照护能力逐步增强

河北省一直大力倡导尊敬老年人、孝顺老年人、关爱老年人的社会风尚，推动家庭成员与老年人共同生活或就近居住，落实经济供养、生活照料、精神慰藉等赡养义务，并面向家庭成员积极开展老年人护理照料、养生保健等方面培训，使家庭照护者照护能力不断提升，进而促进了老年人居家生活品质进一步提高。同时，河北省积极打造"燕赵家政·河北福嫂"巾帼家政品牌，引领带动更多妇女从事家政服务，为有养老服务需求的居家老年人提供服务，也为老年人享受高质量的居家养老服务提供了有效补充。

2. 居家养老服务设施日益完善

近年来，河北省加快推进城乡社区养老服务设施网络建设，城镇居家社区养老服务覆盖面逐步扩大，全省4717个城镇社区已实现日间照料全覆盖；积极构建衔接互通、功能互补的县乡村三级养老服务网络，大力推进政府扶得起、村里办得起、农民用得上、服务可持续的互助幸福院等农村社区互助养老设施建设，全省建设农村互助幸福院2.7万余个，服务覆盖70%以上的行政村①。同时，河北省大力推进老旧小区适

---

① 资料来源于河北省民政厅。

老化改造，加快小区坡道、加装电梯等与老年人日常生活密切相关的公共设施改造，为老年人居家养老提供更加安全、便利和舒适的宜居环境。

3. 居家养老服务形式更加多元化

居家养老服务不再是以为健康老年人提供文化娱乐活动场所、简便餐饮、午休床椅和基本生活照料等日常生活服务为主，而是在此基础上，更多地为居家老年人提供助餐、助浴、助行、助洁、助购、助医、助急等养老服务，以及为居家失能、半失能老年人提供康复护理、医疗保健和精神慰藉等专业化服务，满足各类老年人居家和社区养老服务需求。同时，河北省支持发展家庭养老床位，鼓励养老机构把床位设在家里、把专业服务送到家，有效推动了机构专业护理服务向社区居家延伸。

(二) 面临的问题

1. 社区养老服务作用发挥不充分

居家养老是我国传统的养老模式，但受家庭规模小型化、社会流动加快、生活压力加大等因素影响，居家养老功能逐步弱化，完全依靠传统的居家养老已很难满足老年人生活需求和精神需求，亟须社区养老服务作为有效补充。但目前，虽然河北省社区居家服务水平和日间照料设施覆盖率已得到明显提高，但仍存在老旧小区适老化设施普遍不足，公共空间、公共设施预备不够，相关专业服务人员不多等问题，能够提供现场就餐、理发服务、助洁服务、健康保健、精神慰藉等服务的社区设施较少，难以为社区居家养老提供有力支撑。

2. 居家环境适老化改造不够

居家环境的适老化情况直接影响老年人晚年的生活质量。河北省目前已将小区及周边适老设施、无障碍设施改造纳入老旧小区改造内容，积极推进养老、医疗、助餐、便民市场等社区专项服务设施建设，并面向特殊困难老年人家庭采取政府补贴等方式实施居家适老化改造。但从现状情况来看，城镇老年人很多居住在没有电梯且楼道口没有无障碍通道的楼房中，对于社区无障碍设施的满意度较低，居住在自建低层楼房中的农村老年人的出行较困难，老年人家庭室内扶手安装率和坐便器覆盖率也较低，老年人居家环境适老化改造要求十分迫切。

3. 智慧居家普及率不高

河北省依托全国、全省养老服务信息系统，搭建养老服务供需网络平台，基本实现了线上点单线下企业就近提供保洁、助餐、康复护理等各类服务 21 项，初步实现全省各市主城区的市级居家养老服务全覆盖，固定入网老年人近 100 万人①。但总体上看，河北省智慧居家养老服务还处于初级阶段，政府、企业、社会组织养老信息系统各自独立，各智能养老服务信息平台、服务终端互不兼容，智能化水平较低，资源配置和信息处理手段滞后，平台提供的产品和服务也比较单一，服务质量和效率不高。此外，由于老年人对智慧养老服务的认知度和接受度较低，也导致智慧居家产品和服务的推广不理想、覆盖面偏小。

---

① 资料来源于河北省民政厅。

4. 城乡养老服务质量差距较大

河北省农村人口老龄化程度明显高于城镇，随着城镇化的发展，以及社会发展水平和生活水平的提高，农村养老服务的需求将会持续增长，并且将从简单的基本生活照顾快速升级到包括健康、护理、精神慰藉在内的多元化服务需求。但目前，与城镇社区养老服务设施相比，农村互助幸福院受农村传统思想观念限制、政府支持力度不够、缺乏专业服务人员等因素影响，服务质量普遍不高，在农村养老体系中并未发挥大的作用，甚至很多地方的互助幸福院并未提供实质性的养老服务，一定程度上存在"空壳化"现象。

二、先进国家及地区发展经验

(一)日本：构建预防与照护并重的居家照护服务体系

日本是世界上较早探索建立适合自身的居家照护服务体系的国家之一，力图通过支持家庭非正式照料和向老年人提供居家正式照料，实现让老年人尽量在自己家中接受照护服务。

日本将老年人照护需求等级评定作为照护服务内容、标准、规范和价格设定的基础，规定照护需求等级评定对象不仅包括失能、半失能的老年人，将存在潜在失能风险的老年人也纳入其中。日本首先将照护需求等级分为"要支援"和"要照护"两类，并在此基础上，针对不同等级的老年人，建立不同的居家照护服务体系。其中，针对"要支援"者建立居家照护预防服务体系，旨在维持和改善老年人的日常活动能力，防止其进入"要照护"的状态；而照护预防服务则包括居家照护预防服务、地区紧密型服务。针对"要照护"者建立居家照护服务体系，旨在为老年人提供生活照护服务和康复训练服务，维持老年人的正常生活。同时，针对65岁及以上的所有老年人，在日常生活支援综合事业中还建立了一般照护预防事业，包括照护预防把握事业、照护预防普及启发事业等，以更好地把握所有老年人的健康状况，从而与当地的照护预防事业建立联系；通过向老年人普及照护预防知识，降低其失能风险，从而减少其未来的照护需求。

(二)四川省成都市：打造社区养老服务综合体

养老服务综合体是面向老年人、由政府政策引导、社会资本参与、依托市场供给，集专业养老机构、居家养老服务中心、日间照料中心、医疗健康机构、社会和市场等多种为老服务资源于一体的新型养老服务模式。社区养老服务综合体需具备社区照护服务、医养结合服务、老年生活服务、养老便民服务等功能。

近年来，成都市积极利用公建配套设施、社区服务用房、党政机关、国有企事业单位的闲置资产建设社区养老服务综合体，并提出以社区养老服务综合体为枢纽，构建"一院一中心多站点"社区养老服务网络，到2022年实现社区养老服务综合体覆盖所有街道。金牛区沙河源街道友联社区养老服务综合体是该市首个建成启用的社区养老服务综合体，为老年人提供生活照料、健康管理、精神关爱、居家养老等各类便捷养老服务。该综合体设有床位 42 张，为街道社区内生活不能完全自理，日常生活需要一定照料的半失能、失能老年人提供包括养老、助餐、助浴、医疗等日间照料和托养服务，让老人能够在家门口得到悉心照料和护理。该综合体还通过智慧系统，为金牛区 196 位老人提供居家上门服务，通过智能穿戴设备、智能床位、居家检测设备等，可实时掌握老人的心率、呼吸频率等情况，一旦发现紧急情况，24 小时呼叫响应和专业化服务队伍随时待命。同时，该综合体还将链接辖区内的微型养老机构服务、日间照料中心等，为其提供专业技术支持。此外，社区养老服务综合体的管理运营突出市场化、可持续，该综合体场地为国有资产，社会化养老企业承接运营后，享受市场价 1/3 的场地租赁价格①。

(三) 北京市：支持发展家庭养老床位

家庭养老床位是指按照普通养老机构的服务标准，由养老服务机构为居家的失能失智、半失能老人提供养老服务的家庭床位。它以养老机构为依托、以社区养老服务中心为支点，把养老机构专业化的养老服务延伸到家庭，对家有失能老人的家庭提供适老化改造、专业护理、远程监测等养老服务，是一种新型养老服务模式。

北京市海淀区探索"居家社区机构相协调"新路径，聚合居家、社区、机构养老服务资源，以政府补贴方式，推出专业养老床位"搬"进家的综合养老服务新模式。2019年，海淀区出台了《海淀区家庭养老床位建设试点实施方案》，在辖区 5 个街道的部分社区先行开展试点，设立家庭养老床位，为失能、失智、空巢、残疾等特殊困难居家老年人提供上门服务。按照"就近服务"的原则，家庭养老床位服务机构均是满足规定条件的、在海淀区域范围内合法的养老服务机构，如日间照料中心、社区养老服务驿站等，海淀区居家养老服务管理平台为有需要且符合条件的对象提供从申请到服务的全流程服务。同时，在家庭养老床位项目中，科学设定补贴标准，老年人和机构同享补贴。这种新模式在一定程度上解决了当地养老床位不足的问题，试点社区老年人对这种"足不出户有补贴、就近就便享服务"的新型养老服务模式的接受和认可程度较高。

三、河北省推进居家养老服务高质量发展的对策建议

(一) 针对不同群体分类施策，提供个性居家养老服务

广泛开展老年人居家养老需求调研，对不同年龄、不同健康状况、不同消费水平、不同需求的老年人进行精细化管理，合理配置居家养老服务资源，开发服务项目、配比专业服务人员，满足老年人多层次、个性化的养老需求。面向所有老年人，提供标准化服务和定制化服务，将日常生活照料、助餐服务、老年教育、文体娱乐、法律援

---

① 作者根据网络资料整理。

助、医疗康复、安宁疗护、精神慰藉等服务项目单独立项，供老年人根据自身需求自由搭配选择，实现"有需要买得到、买得起，购买后用得安、用得好"。

(二)加强居家养老载体建设，打造养老服务综合体

充分发挥社会力量、市场主体的作用，积极吸引优质社会资本参与社区养老服务综合体建设，依托现有的社区居家养老服务中心、社区医疗服务中心等平台，统筹整合物业空间、小区配套、社区服务等多种资源，打造集日托、全托、助餐、医养结合、康养服务、文化娱乐、便民服务等功能于一体的"政府引导监督、市场化运营"的社区养老服务综合体。同时，在农村地区推动乡镇卫生院改造成为乡镇医养结合养老服务中心，加快互助幸福院与村卫生室同步建设、联动发展，建成医养结合幸福院。

(三)积极推进适老化改造，改善居家养老环境

推动老年宜居社区建设，加快老旧小区加装电梯、楼道口建设无障碍通道、小区内导引指示标志系统适老化、公共空间设施适老化以及道路交通适老化改造，推进老年人家庭室内环境适老化改造，加大对特殊困难老年人家庭资金补贴力度，支持本地适老化设计、改造企业发展，鼓励高龄、行动不便、独居老年人家庭在室内安装安全扶手、智能坐便器、地板防滑、护理床、紧急呼叫器等适老化产品，提高老年人生活自理能力和居家养老舒适度。

(四)提高老年人家庭照护水平，强化家庭养老功能

依托社区日间照料中心、养老机构、医疗机构、相关专业院校、专业培训机构等，面向老年人家属和家政服务人员，定期开展专业的老年人家庭照护培训服务，根据老年人照护需要，开设居家健康养生、介护康复、起居照料、应急抢救、情绪管理、体征监测和临终关怀等定制课程，同时加强入户指导、现场教学指导和跟踪指导服务，提高家属和家政服务人员的家庭照护老年人技能水平，进而提升老年人居家养老的生活品质。

(五)加大政府补贴力度，大力发展家庭养老床位

借鉴北京市海淀区经验，采取为老年人和机构共同发放服务补贴、建设一次性补贴、机构运营补贴等政府补贴的方式，支持有实力的养老服务机构为居家、有专业养护需求、不愿或不需要入住养老机构的高龄、失能、独居以及其他需要短期托养的有特殊需求的老年人家庭，设立家庭养老床位。由养老机构对老年人疾病情况、身心状况、健康需求进行全面评估后根据照护等级签订协议，配备专业的养护人员，提供短期或长期的生活照料、康养护理等服务，并在被护理老年人家中安装智能化设备，进行24小时网络动态管理，推动养老和医疗机构专业养护服务向居家、社区延伸。

(六)加强科技支撑，推进居家健康养老服务

加强全省统一的智慧养老服务信息平台建设，整合政府部门、养老机构、医疗机

构、社区日间照料中心、农村互助幸福院、家政及餐饮等服务企业信息资源，打破条块分割，实现各类相关养老服务终端兼容、联网运营，拓展智慧养老服务领域，提高信息集中处理效率。加大智慧居家产品及服务的研发、推广力度，同时，针对老年人需求特点和使用习惯，加快智慧养老产品适老化改造，开发更适合老年人使用的智能产品。

（本文作者：李珊珊。本文原载于内刊《专题研究》2022 年第 2 期。）

全面提升生态环境质量和水平

环境就是民生，青山就是美丽，蓝天也是幸福。河北省第十次党代会指出，要加快建设绿色低碳、生态优美的现代化河北，这就要求我们要以习近平生态文明思想为指引，立足新阶段，适应新要求，深化污染防治和生态文明建设，持续用力，久久为功，全面提升生态环境质量和水平，推动经济社会绿色转型，把燕赵大地建设成为人与自然和谐共生的美好家园！

一、把握新时代新形势，深刻认识全面提升生态环境质量和水平的重大意义

良好生态环境是人和社会持续发展的根本。河北的生态环境建设不仅事关全省人民民生福祉，而且关系首都生态安全，加强生态建设和环境保护，全面提升生态环境质量和水平的政治意义、现实意义重大。

一是全面提升生态环境质量和水平是深入践行习近平生态文明思想，完整准确全面贯彻新发展理念的必然要求。生态文明建设是关系中华民族永续发展的根本大计，习近平总书记就生态文明建设提出了一系列重要论述，形成了系统、完整、科学的习近平生态文明思想。以习近平生态文明建设新理念新思路新战略为行动指南和根本遵循，加强生态环境建设，全面提升生态环境质量和水平，是深入践行习近平生态文明思想的具体体现，是贯彻新发展理念、推动高质量发展的必然要求。

二是全面提升生态环境质量和水平是扎实推动绿色发展、加快建设现代化经济强省、美丽河北的题中之义。人与自然和谐共生是现代化的新要求，建设现代化经济强省、美丽河北，其核心要义之一就是要坚持以绿色发展为本，强化环境保护和生态治理，持续扩大生态空间，全面提升生态环境质量和水平，使良好生态环境成为经济社会持续健康发展的底色和展现新时代美丽河北良好形象的亮色。

三是全面提升生态环境质量和水平是加速"两区"建设，筑牢京津冀生态屏障、维护首都生态安全的使命担当。建设首都水源涵养功能区、京津冀生态环境支撑区，筑牢生态屏障，是国家赋予我们的神圣使命。河北着眼全局，全面加强生态建设和环境保护，提升生态环境质量和水平，是加快"两区"建设、深化落实京津冀协同发展战略的具体行动，是进一步提升生态系统服务功能，拱卫首都生态安全的责任担当。

四是全面提升生态环境质量和水平是增进民生福祉，提升人民群众生态环境获得感的迫切需要。绿水青山是最普惠的民生福祉、最公平的公共产品。全面建成小康社会后，全省人民对优质生态产品的需求日益增长，对蓝天白云、繁星闪烁、清水绿岸、鸟语花香等优美生态环境有了更高要求。加强生态环境建设，全面提升生态环境质量和水平，是人民群众追求高品质生活的共识和呼声，是增强人民生态环境获得感、幸福感和安全感的客观需要。

二、立足新阶段新要求，推行生态环境新治理之道

生态环境没有替代品，用之不觉，失之难存。保护环境是我们的基本国策，党的十八大以来，河北省以前所未有的决心和力度，加强生态建设和污染防治，生态环境保护发生历史性新变化。当前河北省进入了生态环境质量改善由量变到质变的关键时期，迫切需要理念创新、手段创新、方式创新，推动生态环境治理体系和治理能力现代化。

一是树立系统思维，实施生态环境全要素全地域综合治理。生态是统一的自然系统，是相互依存、紧密联系的有机链条。长期以来，生态环境治理很大程度上是在山水林田湖草沙等不同要素和不同行政区域之间分开推进的，这种碎片化的治理模式很大程度上忽略了生态环境要素之间的关联性，影响了生态环境治理实效。要树立新思维，坚持山水林田湖草是生命共同体的理念，从系统工程和全局的角度，强化生态环境各领域各要素联动治理，要统筹上游和下游、陆地和海洋、城市和农村等，协同推动区域治理、流域治理，达到生态治理的最佳效果。

二是强化整体意识，实施生态环境全过程一体化治理。生态环境治理是由事前、事中、事后等治理环节前后衔接、有机构成的统一过程，传统的生态环境治理方式更为重视污染事后环节和末端治理，虽然随着实践的推进和治理主体风险意识的增强，污染事前的风险监测、预报预警等环节也日益受到重视，但事前、事中与事后的污染治理各个环节协调度仍不够。适应新要求，要更加注重源头预防、源头治理，加强不同治理环节有机衔接和整合，构建源头预防、过程控制、损害赔偿、责任追究的全程一体化的治理体系，提高生态环境治理效率。

三是坚持双轮驱动，实施生态环境制度化长效化治理。生态环境治理是一项复杂艰巨的任务，一个时期以来，河北省更多地运用行政管理手段，取得了污染治理和生态环境改善的重大成效。但从长期看，过于依赖行政治理方式也显示出许多弊端，难以适应精准治污、科学治污、依法治污的需要。面对新形势，要善于利用市场化手段，合理使用行政手段，双轮驱动加强生态环境治理，实现生态治理的长效根治。

四是统筹发展与保护，实施生态环境精准治理科学治理。当前和今后一个时期，是河北省乘势而上加快建设现代化经济强省、美丽河北的关键阶段，但经济转型升级任务仍然艰巨，生态环境治理任重道远，要牢固树立绿水青山就是金山银山理念，更加注重在发展中保护、在保护中发展，绝不能以牺牲生态和环境为代价发展经济，生

态环境治理也不能搞"一刀切",不能突破经济安全运行的底线,要积极利用现代技术等手段,推进精准治理、科学治理,实现经济发展与生态保护和谐共进,协调双赢。

三、开启现代化治理新征程,全面提升生态环境质量和水平

生态治理,道阻且长,行则将至。抓好河北生态环境建设,要坚持目标导向和问题导向,以"两区"建设为抓手,加强生态环境保护和治理,大力推动绿色低碳发展,加快资源利用方式转变,健全生态文明建设制度,全面提升生态环境质量和水平,使美丽河北的生态底色更加亮丽。

(一)更高标准打好蓝天、碧水、净土保卫战

实现天更蓝、山更绿、水更清、环境更优美,是河北人民的共同期盼,也是建设绿色低碳,生态优美的现代化河北的根本要求。要咬定"建设天蓝、地绿、水秀的美丽河北"的目标不放松,保持战略定力,更高标准打好蓝天、碧水、净土保卫战。坚决打赢蓝天保卫战,深化京津冀大气污染传输通道城市环境治理,全面解决"钢铁围城"、"重化围城"问题,有效应对重污染天气。坚决打好碧水保卫战,严格落实河长制、湖长制、林长制,建立"水体—入河(海)排污口—排污管线—污染源"全链条管理的水污染物排放治理体系,加强白洋淀、衡水湖、渤海近岸海域综合治理,加快消除城市黑臭水体。坚决打好净土保卫战,加大农用地、建设用地污染风险管控,加强农业面源污染治理,推进危险废物、医疗废物无害化处理。

(二)更大力度推动生态系统修复和保护

修复生态、保护生态是弘扬塞罕坝精神的重要体现,是践行使命重托,建设美丽河北的重大责任,要像保护眼睛一样保护生态环境,像对待生命一样对待生态环境。深入开展大规模国土绿化行动,以燕山和太行山"两山"、张家口和雄安新区"两翼"等为重点,加强绿色生态屏障、生态廊道建设,打造塞罕坝生态文明建设示范基地。深入推进地下水超采治理,大力推进节约用水、水源置换、生态补水等工程建设,依法有序关停自备井。深入推进湿地、草原、山体综合治理和修复,加强河湖湿地一体化修复保护,持续实施坝上地区退耕还草轮牧,推进矿山修复、采煤沉陷区治理。

(三)更高水平推动绿色低碳发展

绿色低碳发展是推动河北经济发展与环境保护协同共进、迈向高质量发展的必由之路,要加快推进经济社会发展全面绿色转型,构建绿色低碳循环发展经济体系。积极稳妥有序推进碳达峰、碳中和,统筹治污减排降碳协同增效,大力实施钢铁、石化等重点行业节能低碳改造,坚决遏制"两高"项目盲目发展,实施可再生能源替代行动,积极发展光伏、风电等新能源,大力削减煤炭消费。全面推行清洁生产,实施企业强制性清洁生产审核,全面推进企业清洁生产改造,建设清洁生产型示范企业。大力发

展循环经济，推进国家循环经济示范市、国家"城市矿产"示范基地、循环经济产业示范园区等建设，推动再生资源回收利用，构建循环经济产业链。

(四)更深程度推进资源节约集约利用

节约资源是保护生态环境的根本之策，生态环境问题，归根到底是资源过度开发、粗放利用、奢侈消费造成的，要大力节约集约利用资源，推动资源利用方式转变。深入实施节水行动，实施最严格的水资源管理制度，严守水资源开发利用控制、用水效率控制和水功能区限制纳污"三条红线"，稳妥推进水价改革，完善阶梯水价等调控政策，强化高耗水行业用水定额管理，加快发展节水农业。深入实施"节地增效"行动，严格保护耕地和永久基本农田，严格落实建设用地总量与强度双控，提高产业用地开发强度，加强工矿废弃地复垦和中低产田改良，加大城镇低效闲置土地再开发力度。大力推进节材，鼓励新建建筑采用绿色建材，加快发展绿色建筑，支持汽车发动机、变速箱、专用设备再制造产业发展。

(五)更加全面完善生态文明建设制度

当前河北省生态环境保护结构性、根源性、趋势性压力总体上尚未根本缓解，必须依靠制度、依靠法治推动生态环境建设，加快制度创新，增加制度供给，强化制度配套，让制度成为生态保护不可触碰的高压线。创新生态环境监管制度，健全生态环境保护激励约束并举的制度体系、政府企业公众共治体系和以"三线一单"为核心的生态环境管控体系，创新跨地区、跨流域、跨海域生态环境协同共治机制，持续深化京津冀生态环境联建联防联治。健全生态环境经济政策，完善生态功能区转移支付制度体系，实行生态环境损害赔偿制度和环境污染强制责任保险制度，探索推行与京津跨省域横向生态补偿机制。全面实行排污许可制，推进排污权、用能权、用水权、碳排放权市场化交易。

(本文作者：王哲平、张金杰。本文发表于2021年12月29日《河北日报》(理论版)。)

粮食安全战略背景下统筹粮食生产和经济协调发展对策研究

习近平总书记强调，粮食安全是战略问题，要牢牢把住粮食安全主动权，粮食生产年年要抓紧，面积、产量不能掉下来，供给、市场不能出问题；耕地是粮食生产的命根子，要严防死守18亿亩耕地红线，采取"长牙齿"的硬措施，落实最严格的耕地保护制度。河北省是粮食生产大省，当前又面临经济发展较大压力，土地作为稀缺资源，对粮食生产和经济发展将产生刚性约束，如何统筹粮食安全和经济高质量发展，是河北省面临的一个重大战略抉择。

一、粮食生产现状

(一) 从全球看

从2021年世界各国粮食产量前10名中可以看出，我国是世界第一大产粮国，但是我国有14亿人口，人均粮食484公斤，虽高于国际公认的400公斤粮食安全标准线，但在这十国中排名第八位(见表1)，表明虽然我国粮食总产量高，但人口数量也多，人均粮食水平并不高。

表1 2021年世界各国粮食产量前10名

粮食排名	国家	粮食产量(万吨)	人口数量(亿人)	人均粮食(公斤)
1	中国	68285	14.1178	484
2	美国	57109	3.2677	1748
3	印度	31471	13.5405	232
4	俄罗斯	13327	1.4396	926
5	巴西	11923	2.1087	565
6	印度尼西亚	11251	2.6679	422
7	阿根廷	7931	0.4469	1775
8	法国	6555	0.6523	1005
9	乌克兰	6173	0.4401	1403
10	加拿大	5702	0.3695	1543

资料来源：中国粮食产量世界第一，也是世界第一粮食进口国，第三粮食出口国[EB/OL]. 个人图书馆网，[2022-04-10]. http：//www.360doc.com/content/22/0410/16/35911732_1025752572.shtml.

同时，我国也是世界第一大粮食进口国，最近两年进口粮食增长幅度比较明显。2021年，我国进口粮食总量为1.6亿吨，比2020年增长18%（见图1）。我国虽然对进口大豆有很大的依赖性，但最近两年的进口量并没有增加，2020年粮食进口量增加最多的是小麦和玉米。

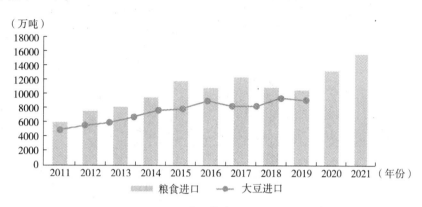

图1　中国粮食进口量

资料来源：中华粮网。

（二）从全国看

2021年，全国粮食播种面积达到117631.5万公顷，比上年增加86万公顷，增长0.7%，连续两年实现增长；全国粮食总产量达到68285.1万吨，比上年增加133.5万吨，增长2.0%，全年粮食产量再创新高，连续7年保持在65000万吨以上（见图2）。

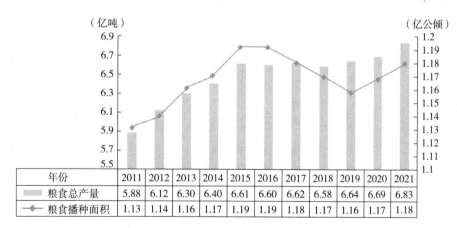

年份	2011	2012	2013	2014	2015	2016	2017	2018	2019	2020	2021
粮食总产量	5.88	6.12	6.30	6.40	6.61	6.60	6.62	6.58	6.64	6.69	6.83
粮食播种面积	1.13	1.14	1.16	1.17	1.19	1.19	1.18	1.17	1.16	1.17	1.18

图2　2011~2021年中国粮食播种面积及产量

资料来源：智研咨询。

（三）从各省看

2021年，播种面积排在全国前十的省份分别是：黑龙江、河南、山东、安徽、内蒙古、河北（第6名）、四川、吉林、江苏、湖南，其中黑龙江、河南、山东三大粮食主产地粮食种植面积均超 8000 千公顷。

2021 年，粮食总产量排在前十的省份分别是黑龙江、河南、山东、安徽、吉林、内蒙古、河北(第 7 名)、江苏、四川、湖南，其中产量最高的 3 个省份占全国的 30% 左右，黑龙江一地粮食产量占全国的 11.5%，三大粮食作物玉米、水稻、大豆产量均居全国之首。

2021 年，全国共有 15 个省市粮食单位面积产量超过平均值，分别为上海、新疆、辽宁、吉林、江苏、天津、山东、湖南、北京、浙江、河南、福建、河北(第 13 名)、湖北、江西。其中上海市居全国首位，单位面积产量达 8004.7 公斤/公顷；其次新疆粮食单位面积产量为 7318.9 公斤/公顷(见表 2)。

表 2　2021 年各地区粮食产量情况

	播种面积（千公顷）	排名	总产量（万吨）	排名	单位面积产量（公斤/公顷）	排名
全国总计	117631.5		68285.1		5805.0	
黑龙江	14551.3	1	7867.7	1	5406.9	22
河南	10772.3	2	6544.2	2	6075.0	11
山东	8355.1	3	5500.7	3	6583.7	7
安徽	7309.6	4	4087.6	4	5592.0	19
吉林	5721.3	8	4039.2	5	7060.1	4
内蒙古	6884.3	5	3840.3	6	5578.3	20
河北	6428.6	6	3825.1	7	5950.1	13
江苏	5427.5	9	3746.1	8	6902.0	5
四川	6357.7	7	3582.1	9	5634.3	18
湖南	4758.4	10	3074.4	10	6461.0	8
湖北	4686.0	11	2764.3	11	5899.1	14
辽宁	3543.6	14	2538.7	12	7164.4	3
江西	3772.8	13	2192.3	13	5810.8	15
云南	4191.4	12	1930.3	14	4605.4	26
新疆	2371.7	20	1735.8	15	7318.9	2
山西	3138.1	15	1421.2	16	4529.1	28
广西	2822.9	17	1386.5	17	4911.7	25
广东	2213.0	21	1279.9	18	5783.3	16
陕西	3004.3	16	1270.4	19	4228.7	29
甘肃	2676.8	19	1231.5	20	4600.6	27
贵州	2787.7	18	1094.9	21	3927.5	30

续表

	播种面积（千公顷）	排名	总产量（万吨）	排名	单位面积产量（公斤/公顷）	排名
重庆	2013.2	22	1092.8	22	5428.4	21
浙江	1006.7	23	620.9	23	6167.6	10
福建	835.1	24	506.4	24	6064.0	12
宁夏	689.3	25	368.4	25	5345.2	24
天津	373.5	26	249.9	26	6690.3	6
海南	271.4	28	146.0	27	5379.8	23
青海	302.4	27	109.1	28	3607.4	31
西藏	187.2	29	106.5	29	5688.0	17
上海	117.4	30	94.0	30	8004.7	1
北京	60.9	31	37.8	31	6196.8	9

资料来源：中商情报网。

（四）从河北省看

河北省承担着保障国家粮食安全的重大政治任务，始终把保障粮食安全摆在突出位置，紧盯稳面积、增产量目标，坚持保粮食、调结构、促增收，稳住农业基本盘，筑牢"三农"压舱石。2021年，河北省粮食播种面积有所增加，达到642.9万公顷，同比增长0.6%（见图3）；河北省粮食总产量达到3825.1万吨，同比增长0.8%，连续5年稳定在3500万吨以上，且粮食产量呈现了逐年增长态势（见图4）；河北省粮食单位面积产量为5950.1公斤/公顷。河北省粮食播种面积在全国排第六位，总产量排全国第七，单产排全国第十三位，说明河北省目前粮食生产主要依靠播种面积，粮食单产还有增加潜力。

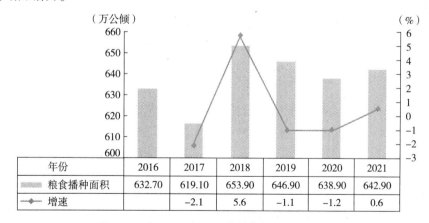

年份	2016	2017	2018	2019	2020	2021
粮食播种面积	632.70	619.10	653.90	646.90	638.90	642.90
增速		-2.1	5.6	-1.1	-1.2	0.6

图3 2016~2021年河北省粮食播种面积及增速

资料来源：智研咨询。

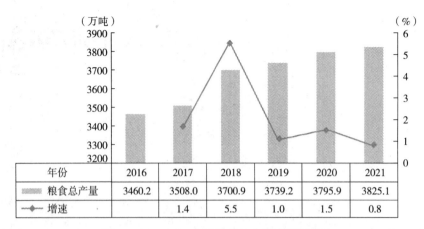

图4 2016~2021年河北省粮食总产量及增速

年份	2016	2017	2018	2019	2020	2021
粮食总产量	3460.2	3508.0	3700.9	3739.2	3795.9	3825.1
增速		1.4	5.5	1.0	1.5	0.8

资料来源：智研咨询。

二、粮食安全面临的形势分析

(一)从粮食播种面积看

我国粮食生产功能区布局，划定粮食生产功能区9亿亩，其中6亿亩用于稻麦生产，以东北平原、长江流域、东南沿海优势区为重点，划定水稻生产功能区3.4亿亩；以黄淮海地区、长江中下游、西北及西南优势区为重点，划定小麦生产功能区3.2亿亩(含水稻和小麦复种区6000万亩)；以松嫩平原、三江平原、辽河平原、黄淮海地区以及汾河和渭河流域等优势区为重点，划定玉米生产功能区4.5亿亩(含小麦和玉米复种区1.5亿亩)。2022年共有13个粮食主产区，除了东北三省，北方还有河南、山东、河北、内蒙古等省份，南方则有安徽、江苏、四川、湖南、湖北、江西6省[①]。

农业农村部发布的《中国农业展望报告(2022—2031)》，未来十年，受益于农业政策的持续发力，我国粮食播种面积有望稳定在17.5亿亩以上，其中谷物面积稳定在14.5亿亩左右，口粮面积稳定在8亿亩以上。受此因素影响，河北省的粮食播种面积将面临一定的刚性约束，在粮食安全的背景下，有被固定化的可能。

(二)从粮食自给率看

古代南方一直都是我国粮食的主产区，历史上有"苏湖熟、天下足""湖广熟、天下足"的说法。然而，近年来，粮食生产销售格局发生了显著变化，我国经济重心南移，粮食重心北移，"北粮南运"取代"南粮北调"。北方成为粮食增长中心，西部实现粮食基本自给，南方粮食供需失衡日益严重。北方粮食主产区发挥着越来越重要的作用，东北地区成为最大的粮食外调区，东南沿海成为最大的粮食调入区。2021年，全国粮食自给率最高的3个省份是：黑龙江、吉林、内蒙古(见图5)。有一半的省份难以自给

---

① 资料来源于《国务院关于建立粮食生产功能区和重要农产品生产保护区的指导意见》。

自足，既包括广东、浙江、福建等经济大省，也包括京津沪渝 4 大直辖市，以及青海、广西、贵州、西藏、陕西等西部地区。随着粮食主产区和主销区的异位，13 个主产区的粮食库存占到全国的 71%，销区仅占 9%，给主产区粮食生产带来很大压力。

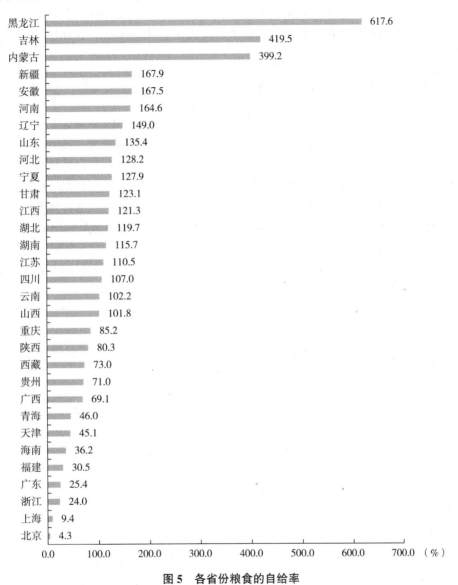

图 5　各省份粮食的自给率

资料来源：国民经略公众号。

农业农村部发布的《中国农业展望报告（2022—2031）》显示，未来十年，我国粮食等重要农产品有效供给将得到切实保障，农业质量效益和竞争力将显著提高，粮食综合生产能力将不断提高，单产水平提高较快，年均增长 0.9%，粮食产量不断增加，年均增长 1.3%，预计 2031 年粮食产量将达到 7.62 亿吨，谷物基本自给、口粮安全绝对能够确保，粮食自给率将提高到 88% 左右。河北省作为粮食主产区，为实现上述目标，粮食产量将维持逐年增长的趋势。

(三)从土地政策看

新中国成立以来,我国始终将保障粮食安全放在重要战略地位,规定国家对耕地实行特殊保护。国家"十四五"规划强调"藏粮于地、藏粮于技",在保证粮食底线安全的基础上,通过耕地保护和技术进步保障粮食安全供给能力,更加注重提高粮食综合生产能力。《中共中央 国务院关于做好2022年全面推进乡村振兴重点工作的意见》规定,落实"长牙齿"的耕地保护硬措施,严守18亿亩耕地红线,落实和完善耕地占补平衡政策,确保补充可长期稳定利用的耕地,实现补充耕地产能与所占耕地相当。

河北省耕地面积在全国排名第六位,是我国十三个粮食主产省区之一。截止到2020年12月底,全省拥有耕地、城镇村及工矿用地分别约占全省土地面积的32%和11%(见图6)。中共河北省委、河北省人民政府充分认识防止耕地"非粮化"稳定粮食生产的重要性、紧迫性,把确保国家粮食安全作为"三农"工作的首要任务,实施最严格的耕地保护制度。2022年1月25日,中共河北省委、河北省人民政府出台《关于做好2022年全面推进乡村振兴重点工作的实施意见》,提出落实"长牙齿"的耕地保护硬措施,加强高标准农田建设力度,坚决守住耕地保护地线。

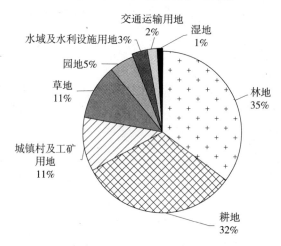

图6 河北省国土利用现状

资料来源:调查监测处.2020年河北省土地资源概况——河北省自然资源厅[EB/OL].河北省自然资源厅(海洋局)网,[2021-12-23].http://zrzy.hebei.gov.cn/heb/gongk/gkml/tjxx/zygk/tdgk/10671418858381664256.html.

总体来看,随着经济发展进入新常态,河北省正处在转型升级、爬坡过坎的关键阶段,新型工业化、城镇化建设还需不断推进,项目建设对土地的需求量不断加大,耕地后备资源不断减少,实现耕地占补平衡、占优补优的难度日趋加大,激励约束机制尚不健全,耕地保护面临多重压力,经济发展和粮食生产对土地资源需求的矛盾将更加突出。

(四)从资源环境看

河北省是全国水资源严重短缺的地区之一,人均水资源占有量仅为全国平均水平的 1/7。作为我国粮食主产区之一，河北省小麦、玉米等高耗水粮食作物占比较高，农业灌溉用水占全省用水量比重达到 60%以上，全省地下水供水量有 75%用于农业灌溉。在水资源短缺和保障粮食安全的双重压力下，河北省地下水超采严重，已发展成为"漏斗上的粮仓"。2014 年，河北省被国家认定地下水超采区范围近 7 万平方千米，涉及127 个县(市、区)，年超采量高达 59.7 亿立方米，并被列为地下水超采综合治理试点省份。近几年，河北省积极开展华北地区地下水超采综合治理，取得了一定效果，超采区深浅层地下水位已实现回升。但目前，河北省地下水超采问题依然突出，农业用水量大、用水效率总体较低，种植结构不合理、适水种植未全面普及，节水灌溉面积占灌溉总面积比例小，农业灌溉用水形势仍然十分严峻①。

从未来发展趋势看，河北省将面临地下水超采治理和保障粮食安全的双重压力，水资源的短缺限制了部分土地种植粮食。因此，改变农业粗放型生产模式，充分挖掘农业节水潜力，实现水资源的高效利用，是关系国家粮食安全的当务之急。

三、统筹粮食生产与经济发展的战略取向

通过分析，从国家粮食安全战略的高度看，粮食调入区有责任增加粮食生产，但总产量占比太低，不足以担负起国家粮食安全的重任，粮食主产区承担的粮食生产任务会更加艰巨。河北省虽未被列入粮食主要调出省，但粮食主产区的地位没有改变。从长远发展看，河北省的粮食产量将维持不断增长的趋势，这种情况下，粮食生产可能会对土地产生一定的刚性约束，这将影响河北省城镇化和重大项目建设的土地使用。更为不利的是，河北省耕地补充资源日趋减少，耕地占补平衡遇到瓶颈，维持耕地面积难度加大。另外，因为河北省缺水和限制地下水超采，在一定程度上影响粮食生产，还使一部分具备耕种条件的土地不能用于粮食生产，影响了土地的有效利用。为此，应该采取以下战略取向：

(一) 以技术创新保障粮食产量

粮食是民生之根本，保障国家粮食安全是实现经济发展、社会稳定、国家安全的重要基础，要牢记"确保国家粮食安全，把中国人的饭碗牢牢端在自己手中"的神圣使命。河北省是粮食主产区、粮食生产大省，因此，要有国家大局意识，积极推进农业供给侧结构性改革，坚定不移地落实好国家粮食安全战略，为粮食安全做出河北贡献。但河北省耕地资源有限，进一步挖掘的潜力不大，同时还是全国最严重的缺水地区，综合考虑河北省资源禀赋情况，依靠扩大播种面积，消耗土地、水资源的方式，增加粮食产量的路径难以持续，实现粮食安全的战略选择只能是加大农业科技创新，实施"藏粮于技"战略，依靠技术进步提高粮食综合生产能力，维持较高粮食总产量。

---

① 华北地下水超采治理：河北累计压减地下水超采量 52.3 亿立方米[EB/OL]. 人民网，[2022-03-21]. http：//he. people. com. cn/n2/2022/0321/c192235-35185057. html.

（二）经济发展与粮食生产协调推进

发展是第一要务，发展是解决一切矛盾的根本途径，确保粮食安全需要投入各种资源，经济发展也需要大量的资源，准确把握粮食安全与河北省经济发展的关系，在资源紧张的条件下，合理分配利用资源，既保障粮食安全，又确保经济稳定发展，是实现经济增长与粮食安全协调发展的关键。河北省作为我国13个粮食主产区之一，在担负国家粮食安全的同时，也造成了土地、水等资源消耗比较大，制约了经济的快速发展，导致河北经济发展水平总体落后于主销区，部分产粮大县"高产穷县"的状况有待改善。河北省应认真思考粮食生产方面的定位，厘清发展战略，不宜过多依赖种植面积的扩大来增加粮食总产量。从国务院《关于建立粮食生产功能区和重要农产品生产保护区的指导意见》看，全国划定粮食生产功能区9亿亩，以东北平原、长江流域、东南沿海、黄淮海地区、长江中下游、西北及西南优势区为重点。从今年中央一号文件的部署看，今后主产区、主销区、产销平衡区都要保面积、保产量，主销区、产销平衡区也要为粮食安全作出贡献。因此，河北只要保持粮食产量稳中有进即可。

综合分析，河北省未来要以长远的眼光处理好粮食生产与经济高质量发展的关系，统筹土地、水、资金等资源分配。一方面，深入实施"藏粮于地、藏粮于技"战略，坚持走依靠科技进步、提高单产的内涵式发展道路，提升粮食生产规模化、标准化、科技化、集约化、产业化水平，以更少的耕地确保粮食单产、总产双增长。另一方面，要在保证粮食总产水平的前提下，优化城乡土地空间规划，积极推动城镇化和重大项目建设；深化占补平衡政策改革，依法合规将农业用地转为建设用地，满足大规模经济建设用地需求，确保经济平稳高质量发展；逐步提高经济实力，缩小与其他沿海省份和部分周边省份的差距；改善人民生活水平，更好地以共享发展理念助力乡村振兴，以经济发展促进粮食生产，实现经济增长与粮食安全协调发展。

四、对策建议

（一）加快推进农业科技创新

习近平总书记指出，"要坚持农业科技自立自强，加快推进农业关键核心技术攻关"。技术创新是粮食安全的根本出路，要大力实施"藏粮于技"战略，以技术创新保障粮食稳定生产。一是完善农业科技创新机制。实施农业科技研发专项，加强农业科技基础前沿、关键共性技术研究，加快农业技术转移和成果转化，培育拓展新动能，使科技创新成为粮食生产主要驱动力。二是实施优质粮食工程和现代种业提升工程。科技兴农，良种先行，开展种源"卡脖子"技术攻关，加快培育一批突破性新品种。加快建立以企业为主体、基础公益研究为支撑、产学研用融合发展的现代种业创新体系，突破关键核心技术，着力提升强筋小麦、节水小麦、杂交谷子等重点作物育种创新能力。加强现代种业基地建设，搭建种业创新平台，鼓励骨干企业加大育种投入，加快生物育种技术新应用。健全动物防疫和农作物病虫害防治体系，提高农业生物灾害防控能力。三是加快农业设施迭代和装备更新。着眼于提高粮食生产效率和质量，推进农业设施升级换代，适应机械化、智能化、远程可视化发展趋势。小麦重点推进分层施肥播种、节水灌溉等环节机械化，谷子重点推进精量播种、低损收获等环节机械化，全面提高土地的产出率、劳动的生产率、资源的利用率。四是健全农产品标准体系。强化标准转化、推广、应用，实现粮食标准化生产。加强质量监管，完善农产品质量追溯体系，通过农业高质量发展保障粮食安全。

(二)着力提高粮食流通现代化水平

随着粮食市场的逐步放开，流通对生产的激励引导作用愈加明显，要聚焦关键环节，精准施策发力，不断深化粮食市场化改革，加快提高粮食流通现代化水平，增强"产购储加销"各环节协同联动和整体保障能力。一是加快粮食流通基础设施建设。加快粮食仓储、市场和物流等基础设施建设，着重加强粮食主产区仓容建设和仓库维修改造，全面提升粮食的市场流通能力。二是加快粮食批发市场的信息系统、质量检测系统等基础设施建设。推进粮食物流重要集散节点建设，着力推广散粮运输装卸新技术新设备，优化物流节点布局，提升粮食市场整体功能。三是加强粮食行业信息化建设。从收购与销售主体两方面推进流通主体资源整合与信息化，推动粮食市场线上线下融合发展，拓宽销售空间和渠道，有条件的地区可发展"网上粮店"，推广"网订店取""网订店送"等新型粮食零售业态。加强粮食交易中心和现货粮食批发零售市场电子商务信息一体化平台建设，促进粮食流通产业转型升级，提高粮食商品流通运行效率，为确保国家粮食安全奠定更加坚实的基础。

(三)提高耕地占补平衡政策实施效能

按照新发展阶段、新发展理念、新发展格局要求，我们应找好建设用地与保护耕地的平衡点，既要保障粮食生产用地，也要确保新型城镇化和项目建设用地。一是推进耕地质量提升和保护。要在保证耕地数量的同时，加快实施高标准农田建设工程，通过土壤改良、培肥地力、耕地修复等，改造中低产田，加强地力提升和培育，提高土地产出率、资源利用率。二是提升节约集约用地水平。健全完善建设用地批、供、管、用全程动态监管机制，强化投资率、容积率、产出率"三率"控制。全面清理处置批而未用土地，盘活存量建设用地，推进城镇低效用地再开发，引导产能过剩行业和"僵尸企业"用地退出、转产和兼并重组。合理开发利用城市地上、地下空间，推广多层标准化厂房。大力推进工矿废弃地复垦利用、生态绿化、农村旧村改造和"空心村"治理。三是改进耕地占补平衡管理。创新耕地占补平衡机制，在各地建设占用耕地实行占补挂钩、以补定占基础上，探索破解各地土地补充资源不平衡的有效措施。改进占补平衡管理方式，实行用地指标差别化、精细化管理，争取国家支持河北省实行占补平衡指标省级统筹，重点保障重大建设项目，特别是雄安新区大规模开发建设、重点工程等国家、省重大项目用地需求。

(四)推动水资源高效利用

河北省水资源严重短缺,同时还是粮食主产区,农业用水不足与保障粮食生产之间的矛盾日渐凸显,同时,水资源不足也对经济发展产生了不利影响。在当前资源环境约束日益增强的背景下,要贯彻落实习近平总书记指出的"以水定城、以水定地、以水定人、以水定产"重要要求,聚焦农业重点领域,大力发展农业农村节水,提高水资源利用效率。一是调整农业种植结构。在稳定粮食生产基础上,统筹考虑流域(区域)水资源条件和粮食安全,充分考虑水资源承载能力,在科学确定水土开发规模基础上,合理确定主要农作物灌溉定额,优化品种结构,培育引进抗旱高效作物品种,逐步压减高耗水、低效益作物,推动农业绿色转型。二是大力发展节水农业。推进工程节水、休耕退耕、良种良法配套,积极推行农艺节水措施,大力推进高效节水灌溉,开展节水技术应用示范,提高灌溉水利用效率。三是加强农田水利建设。合理利用当地地表水,加快引蓄水工程建设,实施大型灌区和重点中型灌区现代化改造,推进农业灌溉水源置换,推动水资源优化配置。四是严格落实最严格水资源管理制度。加强禁限采区取用水管理,严格取水许可审批,推动取水井关停,加强计量监控和水位监测,持续强化地下水管控。

(五)加快农业集约化发展

随着城镇化、工业化、现代化进程的不断加快,大量农村劳动力转移,农村地区已普遍出现空心化、老龄化现象,且这一趋势短期内仍将持续。在此背景下,要保障粮食生产不滑坡,就要建立新型的农业生产模式,提高农业集约化和规模化水平,提高农业生产效率。一是培育高素质农民。高素质农民是推进农业集约化发展亟须的中坚力量,要积极培育新型农业经营主体带头人、种粮能手、乡村本土能人、专业技能人才等"有文化、懂技术、善经营、会管理"的高质量农民,通过提高农业生产效益、增加农民收入,吸引外出农民工、高校毕业生、退役军人等更多人才返乡就业创业,为农业集约化发展提供人才支撑。二是构建现代农业经营体系。通过土地经营权流转、农业社会化服务、股份合作等多种形式,开展适度规模经营。完善利益联结机制,推行保底分红、股份合作、利润返还等方式,推广"龙头企业+合作社+基地+农户""四位一体"生产经营模式。三是培育新型农业经营主体。实施家庭农场培育计划和农民合作社规范提升行动,发展壮大农业专业化社会化服务组织,用市场化的手段,鼓励引导农民在自愿的基础上建立起集约化的农业生产合作组织。四是健全农业专业化社会化服务体系。发挥新型农业经营主体对小农户的带动作用,构建支持和服务小农户发展的政策体系,实现小农户和现代农业发展有机衔接。

(六)推进城乡融合发展

当前和今后一段时期,河北省将处于构建工农互促、城乡互补、协调发展、共同繁荣的新型工农城乡关系的重要机遇期。既要保持城镇化快速发展,保障推进城镇化的劳动力、资金、土地等要素支撑，又要确保粮食安全和农业农村的可持续发展，推动实现城乡融合发展和共同富裕。一是优化发展空间。严格落实生态保护红线、永久基本农田、城镇开发边界三条控制线，合理确定城市规模和空间结构，落实最严格的土地节约集约利用制度，转变城市发展方式，提高空间利用质量和效率。二是推进城乡要素自由流动。健全城乡统一的土地和劳动力市场，建立城市人才入乡激励机制，推进农村土地制度改革。加强财政投入保障，健全适合农业农村特点的农村金融服务体系，完善农业信贷担保体系，促进工商资本入乡。支持科技人员入乡返乡创新创业，推动涉农科研院所建立技术创新市场导向机制，探索公益性和经营性农技推广融合发展机制，促进科技成果入乡转化。三是做强产业支撑。推动位于农产品主产区内的城镇周边城郊地区集聚发展农村二三产业，延长农业产业链条，以"粮头食尾""农头工尾"为抓手，培育农产品加工业集群，发展农资供应、技术集成、仓储物流、农产品营销等农业生产性服务业，为有效服务"三农"、保障粮食安全提供支撑。

（本文作者：刘静、李珊珊、李菁。本文任务来源于河北省发展和改革委员会杨永君主任交办的研究任务。）